Blattfarbe:

a= Cabernet Mitos

b = Dunkelfelder

c= Ortega

Traubenfarbe:

1= Blauer Spätburgunder oben

2 = Schönburger mitte

3= Königin der Weingärten unten

Hillebrand, Lott, Pfaff

REBSORTEN - TASCHENBUCH

Taschenbuch der Rebsorten

Walter Hillebrand
Weinbauoberamtsrat a.D.
Bad Kreuznach

Heinz Lott
Landwirtschaftsdirektor a.D.
Worms

Franz Pfaff
Landwirtschaftsdirektor a.D.
Worms

FACHVERLAG FRAUND

Hillebrand, Walter
Taschenbuch der Rebsorten / Walter Hillebrand; Heinz Lott; Franz Pfaff
ISBN 3-921156-53x

13. neubearbeitete Auflage 2003
Verlag: Fachverlag Dr. Fraund GmbH
An der Brunnenstube 33-35, 55120 Mainz
Herstellung und Layout: Margit Kettering, Kaiserslautern
Anzeigen: Paul Partsch
Druck: Rohr-Druck, Kaiserslautern

Titelfoto: Franz Pfaff

Vorwort zur 1. Auflage

Eine Darstellung aller wichtigen Rebsorten erfolgte letztmalig 1930 im Weinbaulexikon.. In diesem Taschenbuch wurde daher versucht, alle heute wichtigen Rebsorten, einschließlich der interessantesten Neuzüchtungen, unter dem Blickwinkel der modernen Wirtschaftserfordernisse neu zu beschreiben. Da das Buch sowohl dem Praktiker als auch dem Schüler und Berater dienen soll, wurden nicht nur die Eigenschaften der Sorten dargestellt, sondern, soweit das möglich war, auch ihre Herkunft und Verbreitung. Dass die Darstellung der Neuzüchtungen, über die nur kurze Erfahrungen bestehen, nicht endgültig und vollständig sein kann, möge man berücksichtigen.

Die Existenz des deutschen Weinbaues hängt in hohem Maße von der Qualität der erzeugten Weine ab, denn diese wird nicht nur von der Güte der Lage, sondern auch von den Eigenschaften der angebauten Sorten bestimmt. Die Wahl der richtigen Rebsorte ist daher, bei der Erstellung eines neuen Weinberges, für jeden Winzer immer wieder eine entscheidende Frage. Das Taschenbuch der Rebsorten will daher ein Sortenratgeber sein.

Bei der Beurteilung einer Sorte muss stets bedacht werden, dass die Vermarktungsform eines Betriebes zu einer sehr unterschiedlichen Einstufung einer Sorte führen kann. Es ist ein Unterschied, ob ein Betrieb Flaschenweine vermarktet oder Fassweine. Wer gute Abnehmer für Spätlesen und Auslesen hat, wird zum Beispiel eine Sorte mit mittelmäßigem Ertrag und sehr hoher Qualität zu seinem Vorteil anbauen können, die in einem Fassweinbetrieb jedoch völlig unwirtschaftlich sein kann.

Das Taschenbuch will ein Ratgeber für alle Winzer sein und kann sicher auch im Beratungsdienst und in der Schule als Nachschlagewerk dienen. Die Beschreibung der Sorten stützt sich auf eigene Erfahrungen und zahlreiche Veröffentlichungen, die im angeführten Literaturverzeichnis zu finden sind.

Bad Kreuznach, im Mai 1972 *Walter Hillebrand*

1972 - 2002 = 30 Jahre Taschenbuch der Rebsorten

Vorwort zur 13. Auflage

Die erste Auflage vom „Taschenbuch der Rebsorten" erschien im Jahr 1972 - von Weinbauoberamtsrat Walter Hillebrand. Inzwischen sind drei Jahrzehnte vergangen und nach wie vor findet das Buch unter Fachleuten und Weinfreunden großen Anklang. Mit der 13. Auflage erfolgte eine gründliche Überarbeitung. Bei einigen Kapiteln kann sogar von einer Neufassung gesprochen werden.

Im Mittelpunkt stehen folgerichtig die vielen alten und bewährten Rebsorten, ergänzt durch zahlreiche Neuzuchten der verschiedenen Zuchtanstalten. So werden mehr als 100 Rebsorten unter verschiedenen Perspektiven eingehend beschrieben. Von besonderem Interesse sind hierbei die Ausführungen über Herkunft, Anbaueignung und Weinqualität.

Der Verstärkte Umschwung zu mehr Rotwein beziehungsweise Rotweinsorten musste neu bearbeitet werden. Dies gilt auch für resistente Sorten, die eine Einführung des biologischen Weinbaus wesentlich erleichtern.

Darüber hinaus vermittelt das Buch ein breites Wissen über das gesamte Sortenwesen und ihre Randgebiete. Hierzu gehören vor allem folgende Kapitel: Das botanische Bild der Rebe. Die Stellung der Rebe im Pflanzensystem. Der Lebensraum der Rebe an die Ökologie. Die Vielfalt der Weinaromen. Tafeltrauben und Zierreben. Gentechnik in der Rebenzüchtung. Entstehung der Rebsortennamen und andere bedeutsame Hinweise zur Beurteilung von Rebsorten. Nicht zuletzt vermitteln zahlreiche Tabellen eine schnelle Information über Wissenswertes.

Die Beschreibung der Sorten stützt sich auf die jahrzehntelange Erfahrung der Herausgeber und zahlreiche Veröffentlichungen, die im angeführten Literaturverzeichnis zu finden sind. Bei den Neuzuchten wurden die Angaben der Züchter, die ihre Sorten am besten kennen, übernommen.

Der Kreis, den das Taschenbuch der Rebsorten heute anspricht, hat sich wesentlich erweitert. Zu den Winzern, Fachschüler, Techniker, Studenten und Absolventen von Fach-, Fachhoch- und Hochschulen ist in letzter Zeit eine zunehmende Zahl von Weinfreunden gekommen, die sich nicht nur für Wein sondern auch für die Rebsorten interessieren.

Worms, im April 2003 Die Herausgeber

Inhaltsverzeichnis

Das botanische Bild der Rebe

Die Rebe ist eine Schlingpflanze (Liane), die in lichten Wäldern wächst, sich an den Bäumen hochrankt und ihre Laubtriebe über den Baumkronen ausbreiten. Sie kann dabei riesige Ausmaße erreichen. Stämme von erheblicher Dicke entwickeln und 200 bis 300 Jahre alt werden.

Lange bevor der Mensch die Erde betrat, gab es schon Reben, denn die Funde von Rebsamen reichen bis in den Übergang der Kreidezeit zum Teritär (vor etwa 80 000 000 Jahren) zurück. Zahlreiche fossile Reste von Reben hat man im Teritär (vor etwa 60 000 000 Jahren) gefunden, sodass damals schon ein gewisser Formenreichtum an Reben vorhanden war. Die Eiszeit (vor etwa 1 000 000 Jahren) drängte die Reben aus unserem Raum ins Mittelmeergebiet zurück. Nach der Eiszeit wanderten die Wildreben erneut in Mitteleuropa ein; die Vitis silvestris aus Südfrankreich, Süditalien und der Balkanhalbinsel, die Vitis causasica und vielleicht auch andere Wildreben aus Kleinasien durch den Donauraum. Letzte Exemplare von Wildreben sind in den Auewäldern der Oberrheins zu finden. Auch in der Schweiz und auf dem Balkan findet man noch Wildreben.

Europäische Wildrebe

Vitis silvestris

Vitis caucasica

Der Mensch hat schon in prähistorischer Zeit die Beeren wilder Reben zu seiner Nahrung gemacht und vielleicht auch schon ein alkoholisches Getränk daraus bereitet.

Unsere heutigen Kulturreben sind Nachkommen der Wildreben und Produkt von Mutationen und natürlichen Kreuzungen, die der Mensch immer wieder entdeckte und dann weiter vermehrte.

Stellung der Rebe im Pflanzensystem
(Systematik Taxonomie)

Die zahlreichen Pflanzen, die sich im Laufe der Erdgeschichte entwickelt haben, wurden erstmalig von dem schwedischen Arzt Carl von Linné (1707-1788) in ein System „Linne'sches System" genannt, geordnet. Dieses System wurde immer wieder verändert. Bis heute konnten sich die Botaniker auf keine einheitliche Einordnung einigen. Für die Taxonomie der Rebe gibt es daher unterschiedliche Darstellungen. Da die Unterschiede nur von wissenschaftlichem Interesse sind, soll nur die von Husfeld benutzte Systematik übernommen werden. In der Darstellung der Taxonomischen Kategorien wird eine Übersicht von Schenk* benutzt.

Taxonomische Kategorien

lateinisch/deutsch

		Superordo	Überordnung
Regnum	Reich	Ordo	Ordnung
		Familia	Familie
Subregnum	Unterreich	Subfamilia	Unterfamilie
Phylum	Abteilung	Genus	Gattung
Subphylum	Unterabteilung	Sectio	Sektion, Untergattung
		Series	Serie, Artgruppe
Classis	Klasse	Species	Art
		Subspecies	Unterart
Subclassis	Unterklasse	Varietas	Varietät, Sorte

* Literatur:

Schenk, W (1979): Die Stellung der Rebe im Pflanzensystem. Deutsches-Weinbaujahrbuch 30: 17-22.

Bauer; O. (1983): „Ampelographie der Rebe" in „Biologie der Rebe". Verlag D. Meiniger, Neustadt/Weinstraße

Taxonomische Einheiten

Beispiel/Synonym

Eukaryota	Pflanzen mit	Celastranae	
	echtem Zellkern	Rhamnales	Kreuzdorngewächse
Cormobiota	Sprosspflanzen	Vitaceae	Rebengewächse
Spermatophyta	Samenpflanzen	Vitoideae	Rebenartige
Magnoliophytina		Vitis	Rebe
(Angiospermae	Bedecktsamige	Euvitis	Echte Reben
Magnoliatae		Viniferae	Europäerreben
(Dicotyledoneae)	Zweikeimblättrige	Vitis vinifera L.	Weinrebe
Rosidae		ssp. sativa D.C.	Kulturrebe
(Rosiflorae)		Weißer Riesling	

Taxonomie der Echten Reben

Untergattung Muscadinia Planch. (ohne Diaphragma, Ranken ungegabelt)

1. V. rotundifolia Mchx.
2. V. munsoniana Simps.

Untergattung Euvitis Planch. (echte Reben-, Amerikaner, Europäer mit Diaphragma, Ranken gegabelt)

I. Gruppe Labruscae

3. V. labrusca L.

II. Gruppe Aestivales

4. V. aestivalis Mchx.
5. V. (var?) lincecumii Muns.
6. V. bicolor Lec.

III. Gruppe Cinerascentes

7. V. cinerea Engelm. (einzige reblausimmune Rebart)
8. V. cordifolia Mchx.
9. V. berlandieri Planch. (Kalkrebe, Ausgangsform wichtiger Unterlagen)

IV. Gruppe Rupestres

10. V. rupestris Scheele. (Felsrebe, Ausgangsform wichtiger Unterlagen)
11. V. monticola Buckl.
12. V. arizonica Engelm.

V. Gruppe Ripariae

13. V. riparia Mchx. (= vulpina L.) (Uferrebe, Ausgangsform wichtiger Unterlagen)

14. rubra Mchx.

VI. Gruppe Labruscoideae

15. V. californica Benth.

16. V. caribaea de Cand.

17- V. coriacea Shttl.

18. V. candicans Engelm.

19. V. blancoii Muns.

20. V. coignetiae Pull.

21. V. romanenti Rom.

22. V. thunbergi Sieb.

23. V. lanata Roxb.

24. V. pedicellata Laws.

25. V. piesezkii Maxim.

VII. Gruppe Incertae

26. V. davidii Rom.

27. V. pagnuccii Rom.

28. V. amurensis Rupr.

29. V. balsaeana Planch.

30. V. flexuosa Thnbg.

31. V. retordi Rom.

32. V. pentagona Diels u. Gilg.

33. V. armata Diels und Gilg.

34. V. bourgaeana Planch.

VIII. Gruppe Viniferae

35. V. vinifera L.

ssp. sativa D.C.

ssp. silvestris Gm

ssp. caucasica Vav. (Zusammenstellung von Bauer nach Husfeld)

L. = Carl von Linnè (1707-1788), schwedischer Arzt; G. = Johann Georg Gmelin (1709-1755), deutscher Botaniker; Mchx. = Andrè Michaux (1746-1802), franz, Naturforscher; d.C. = A. P. de Candolle (1806-1893), schweizer Botaniker; V. = N. J. Vavilov (1887-1942), russischer Botaniker und Genetiker; var. = Variation, auch ssp. = Subspezis (lat.) = Unterart; Vitis (lat.) Rebe; vinifera (lat.) = weintragende; silvestris (alt.) = im Walde wachsend.

Artgruppe Viniferae

Art	Vitis vinifera L.
Unterart	Vitis vinifera L. ssp. silvestris G. (Europäische Wildrebe)
	Vitis vinifera L. ssp. caucasica (Kaukasische Wildrebe)
	Vitis vinifera L. ssp. sativa D.C. (Kulturreben; Riesling, Silvaner usw.)
Sorten	Riesling, Silvaner, Müller-Thurgau usw. Die Kulturrebe (Edelrebe) umfasst nach Prof. Dr. R. Eibach von der Bundesforschungsanstalt für Rebenzüchtung, Siebeldingen, rund 16 000 Rebsorten, die sich durch Rebenzüchtung ständig vermehren.

Die Vitis silvestris wird gelegentlich auch als „Rheinische Wildrebe“, die Vitis caucasica als „Donau-Wildrebe“ bezeichnet.

Der Lebensraum der Rebe

Die Rebe ist ein Kind der gemäßigten Klimazone unserer Erde. Auf der nördlichen Halbkugel liegt ihr Verbreitungsgebiet etwa zwischen dem 30. und dem 51. Breitengrad. Darin finden sich die Anbaugebiete von Europa, Asien, Nordafrika und Nordamerika. Das Gebiet mit der stärksten Verbreitung der Rebe ist der Mittelmeerraum. In diesem Raum befinden sich die klassischen Rebländer: Griechenland, Italien, Frankreich, Spanien, Portugal und Nord-

Verbreitung der Weinrebe

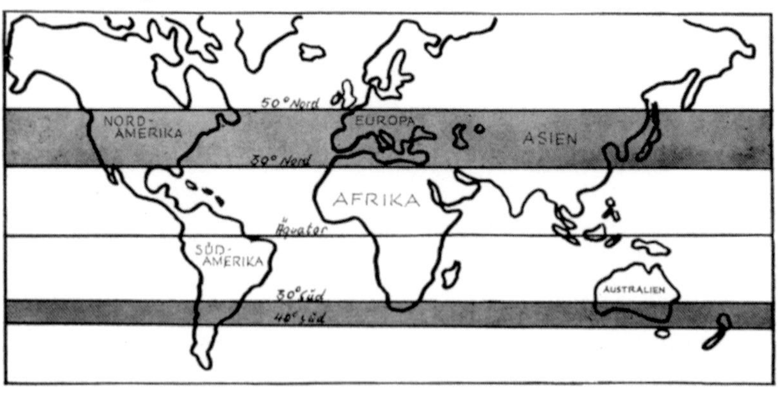

afrika. Hier liegt auch die Wiege der Reb- und Weinkultur, die dann von den Römern, bei ihren Eroberungszügen, verbreitet wurde und so auch nach Deutschland gelangt. ist. Über den 45. Breitengrad hinaus nach Norden sind die Bedingungen für die Rebe nicht mehr so günstig, sodass sich der Anbau weitgehend auf die südlich geneigten Hänge der warmen Flußtäler beschränkt. Mit Ausnahme der skandinavischen Staaten findet man Weinberge in allen europäischen Staaten. Selbst Polen hatte in Zielona Gora (Grünberg) einige Rebflächen. Auch in Großbritannien und vereinzelt in den Niederlanden wird neuerdings Weinbau betrieben.

Auf der südlichen Halbkugel der Erde liegt die Rebenanbauzone zwischen dem 30. und dem 40. Breitengrad und umschließt den Weinbau Südamerikas, Südafrikas und Australiens. In diese Länder hat der Europäer die Rebkultur gebracht.

Ansprüche der Rebe an Klima, Lage und Boden (Ökologie)

Klima: Die Rebe benötigt ein mildes Klima. Sie gedeiht weder in den heißen Tropen, noch im kalten Norden.
Als Grenze der **Temperatur** gilt ein Jahresdurchschnitt von etwa 9 Grad Celsius. Dabei kommt es darauf an, dass die Temperatur frei von extremen Werten ist. Die Winter sollen möglichst selten Kältegrade von 20 Grad unter Null erreichen, weil sonst Winterfrostschäden an den Reben unvermeidbar sind. Das Frühjahr soll ohne häufige Spätfröste ablaufen. Während der Blütezeit soll die Wärme möglichst nicht unter 15 Grad sinken, und der Herbst soll wieder lange genug warm sein, also ohne zu zeitige Frühfröste. In Deutschlands Weinbaugebieten liegt die mittlere Wintertemperatur um 0 Grad und die mittlere Sommertemperatur um 20 Grad Celsius. Unter solchen Bedingungen bringt die Rebe die schönsten Weine hervor. Der Austrieb der Rebe im Frühjahr erfolgt ab 13 Grad Celsius Bodentemperatur und 7,5 Grad Celsius Lufttemperatur.

An die **Niederschläge** stellt die Rebe keine hohen Ansprüche. Wenn diese richtig verteilt sind, kommt sie mit 450 mm jährlichem Regen aus.

Dieser soll möglichst im Winter und im Juli bis Anfang August fallen, wenn die Traubenbildung beginnt. Hohe Niederschläge über 700 mm erschweren den Rebbau, weil insbesondere in den nördlichen Gebieten die Peronosporagefahr bedeutend höher wird. Feuchte Herbste begünstigen die Traubenfäulnis. Als Minimum für die **Sonnenscheindauer** gelten jährlich 1500 bis 1600 Stunden und 1 300 Stunden für die Vegetationszeit.

Die Weinbauzonen in der EU

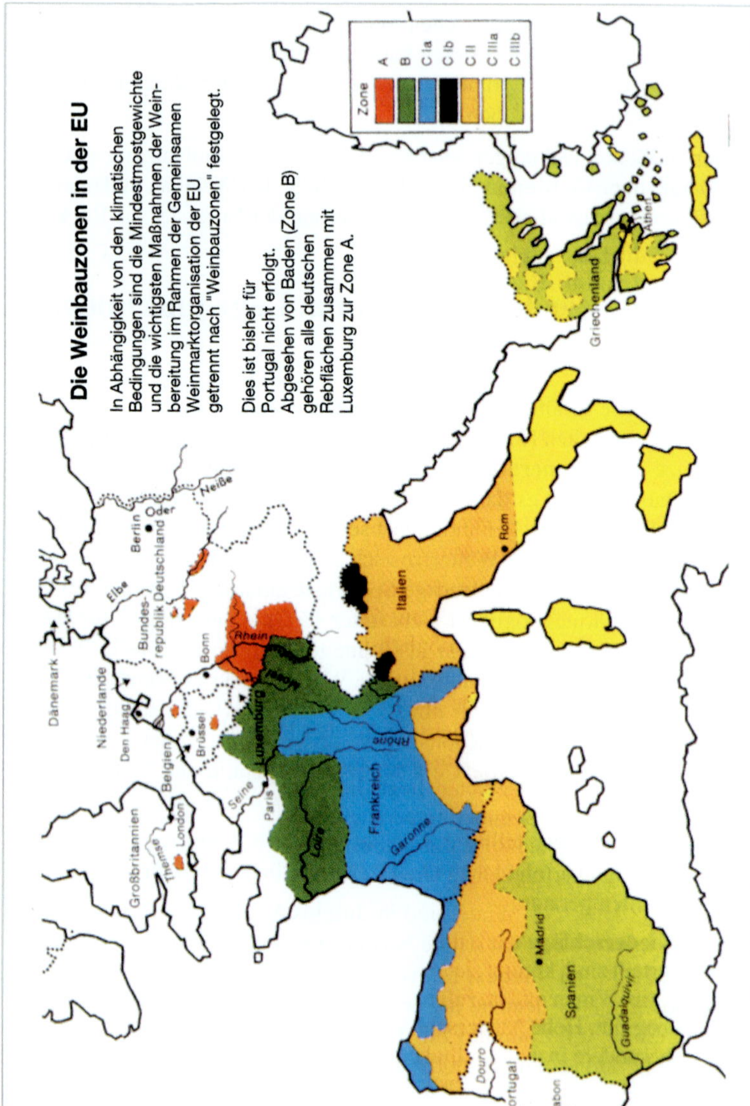

Die 13 „Bestimmten Anbaugebiete“ für Qualitätsweine in der Bundesrepublik

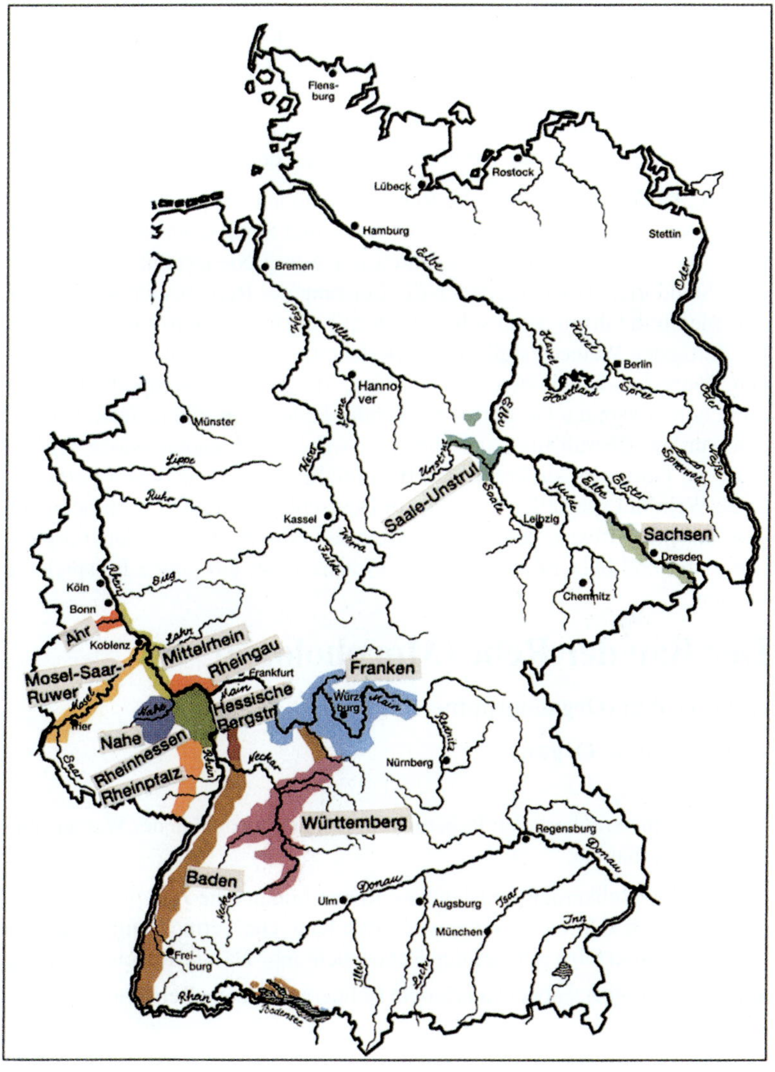

Lage: Von der Lage wird das sogenannte **Kleinklima** bestimmt, in dem die Rebe wächst. In den nördlichen Gebieten ist es meistens nur an südlich geneigten Hängen ausreichend günstig. Da sich mit zunehmender Höhe die Klimaverhältnisse verschlechtern (je 100 m Höhe - Abnahme der Temperatur um 0,5 Grad bis 0,6 Grad C), kann in den nördlichen Weinbaugebieten Deutschlands über 300 m NN (höchstens 350 m) kaum noch Weinbau betrieben werden. Die Anbaugrenze des anspruchsvollen Rieslings endet sogar schon bei 200 bis 250 Meter über NN. Nach Süden zu klettert auch die Rebe in größere Höhen, so am Bodensee auf 500 m, in Südtirol auf 800 m und in Sizilien sogar auf 1500 m. In den südlichen Gebieten der nördlichen Halbkugel, also Nordafrika, wandert die Rebe von den zu heißen Südhängen auf die etwas kühleren Nordhänge. Im mittleren Gebiet, Griechenland, Italien, Frankreich, Spanien usw. ist sie vorwiegend ein Kind der Ebene.

Boden: An den Boden stellt die Rebe keine hohen Ansprüche, denn sie gedeiht noch in den ärmsten Gesteins-, Kies- und Sandböden. In regenarmen Gebieten können allerdings, in Jahren mit wenig Niederschlägen, auf solchen Standorten Trockenschäden die Leistung der Rebe beeinträchtigen. In den meisten Jahren wachsen jedoch auf diesen Böden die rassigsten, feinduftigsten Weine. Es gibt keine Bodenart, seien es Lößböden, Lehmböden, Tonböden, Kalkböden, Kreideböden, Mergelböden, Keuperböden oder die schon erwähnten Gesteins-, Kies- oder Sandböden, die nicht Reben tragen würden. Überall fühlt sich die Rebe wohl, nur stauende Nässe sagt ihr nicht zu. Dort wird sie krank und frostanfällig. Auf allen Böden liefert sie einen Wein mit spezieller Eigenart. In Deutschland wird der Weinfachmann geschmacklich feststellen, ob der Wein auf Moselschiefer, Naheporphyr, Kaiserstuhllöß oder Frankenkeuper gewachsen ist, um einige Beispiele zu nennen.

Der Bau der Rebe (Morphologie)

Äußerer Bau (Organographie)

Unterirdische Organe

Wurzel

Die Wurzeln verankern den Rebstock im Boden und dienen der Wasser- und Nährstoffaufnahme.

Aus Samen (Rebkernen) entstandene Reben bilden eine *Pfahlwurzel* (Abb. 1), an der sich zahlreiche Seitenwurzeln bilden. Die Vermehrung der Reben durch Samen erfolgt nur bei der Rebenzüchtung. Da die Reben spalterbig sind (heterozygot), entsteht aus jedem Rebkern eine neue Rebsorte mit neuen Eigenschaften.

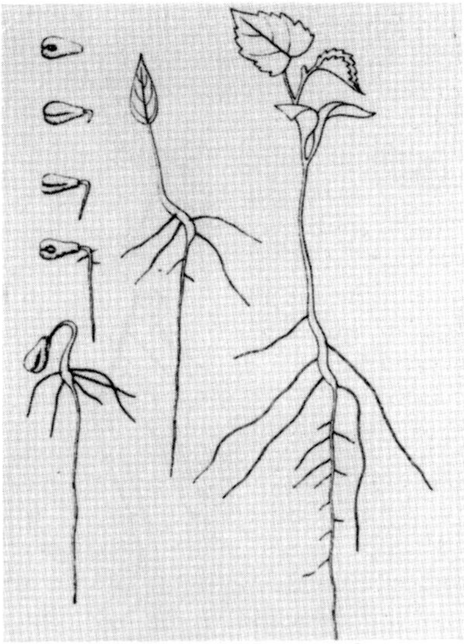

Abb. 1: Keimung der Rebe mit Ausbildung einer Pfahlwurzel

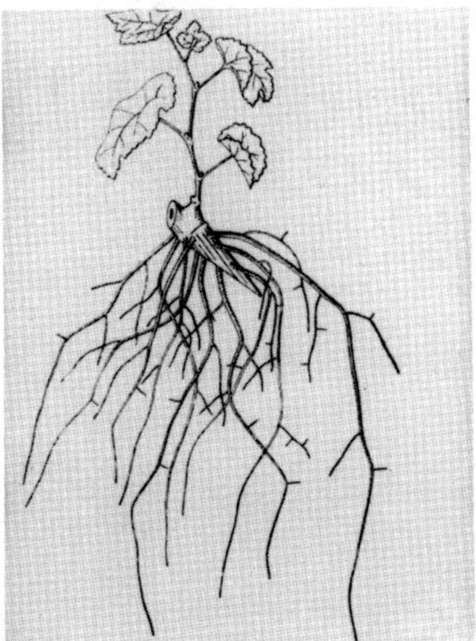

Abb. 2: Adventivwurzel an einem Augensteckling

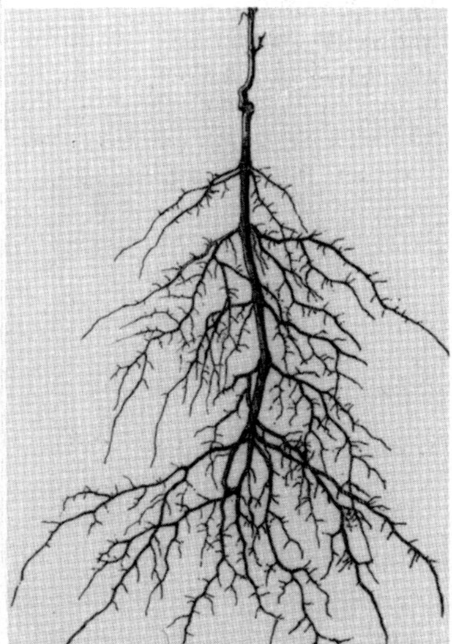

Abb. 3: Wurzelbildung an einem Triebstück (Ableger) einer Rieslingrebe

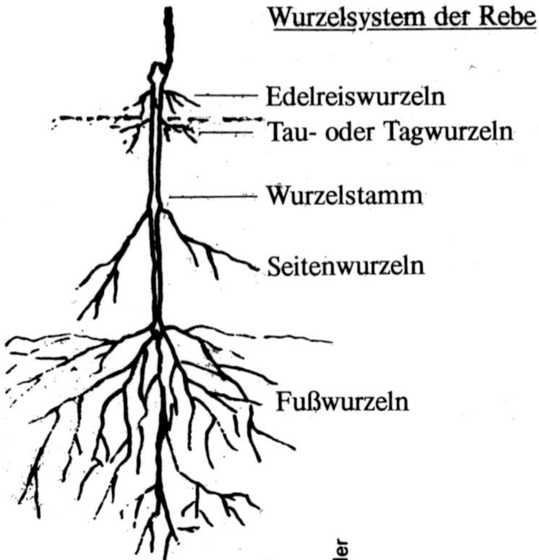

Abb. 4: Wurzelbildung einer veredelten Rebe (Pforpfrebe)

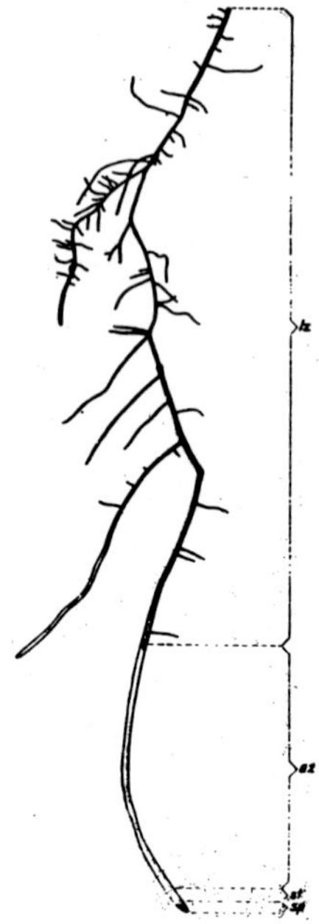

Abb. 5: Wurzel des Weißen Rieslings
sp) Region der Wurzelspitze
st) Streckungszone
az) Absorptionszone
lz) Leitungszone

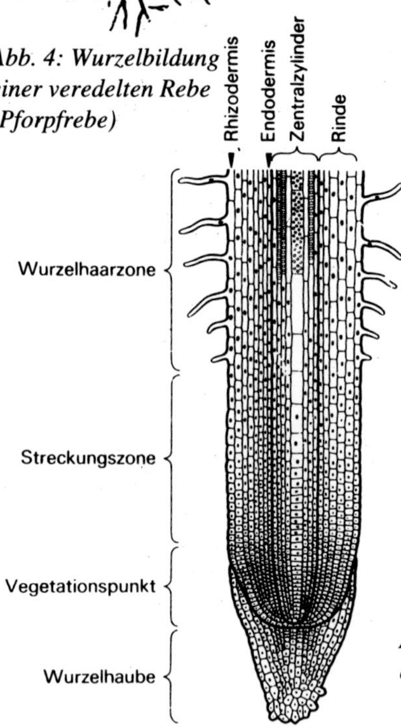

Abb. 5a: Äußerste Wurzelspitze einer Faserwurzel

Im weinbergsmäßigen Anbau erfolgt die Vermehrung auf vegetative Weise durch Ableger, da nur so von einer Sorte, z.B. Riesling, die Eigenschaften der Ausgangspflanze erhalten werden können. Dies ist möglich, da die Rebe in der Lage ist, an abgetrennten Sprossteilen Wurzeln (Adventivwurzeln) zu bilden (Abb. 2).

Die Ableger sind Triebstücke des einjährigen Holzes von 30 bis 35 cm Länge. Wo keine Reblausgefahr besteht, werden die Triebstücke in den Boden gesteckt, bewurzeln sich dort und bilden einen neuen Rebstock (Abb. 3). Wo im Weinbau die Gefahr der Reblausverseuchung besteht, werden sogenannte veredelte Reben gepflanzt. Auf ein 30 cm langes Triebstück einer resistenten amerikanischen Rebe wird ein europäisches Edelreis gepfropft. Die *Wurzelstange* der Rebe hat sich also aus einem Triebstück gebildet. Am untersten Knoten dieses Triebstücks bilden sie die *Fußwurzeln*. In durchlässigen Böden können sie mehrere Meter lang werden. In spaltenreichen Gesteinsböden dringen sie tief in Gesteinsrisse ein und holen aus der Tiefe Wasser herauf. Am mittleren Knoten bilden sich einige Seitenwurzeln (Abb. 4). Die Wurzeln verzweigen sich und sind an ihrem unteren Teil dicht mit *Faserwurzeln* (Abb. 5), den eigentlichen Organen der Wasser- und Nährstoffaufnahme, besetzt. Die äußere *Wurzelspitze* (Abb. 5a) der Faserwurzeln besteht aus einer *Wurzelhaube* verschleimter Zellen, die das vordringen im Boden erleichtern. Daran schließt sich der sogenannte *Vegetationskegel* an, ein Abschnitt lebhafter Zellteilung. In der darauf folgenden *Streckungszone* dehnen sich die neuen Zellen, die Wurzel wächst. Die anschließende Zone, *Absorptionszone* genannt, ist dicht mit *Wurzelhaaren* besetzt, die die eigentliche Funktion der Aufnahme des Bodenwassers mit den darin gelösten Nährsalzen ausüben. Die Absorptionszone geht dann in die *Leitungszone* über. Diese setzt sich in die Wurzelstange, den Stamm, alle grünen Rebteile bis zum Gipfel fort, durchzieht also die gesamte Rebe. Kurz unter der Erdoberfläche gibt es wenige *Tau- oder Tagwurzeln* (Abb. 4), die aber durch die Bodenbearbeitung immer wieder zerstört werden. Bei veredelten Reben können sich am Edelreis noch sogenannte *Edelreiswurzeln* (Abb. 4) bilden. Da dies Wurzeln des europäischen Teiles der Pfropfrebe sind, werden sie von der Reblaus befallen und müssen entfernt werden.

Oberirdische Organe

Die Achse

Die aufwärtswachsenden Stengelorgane der Rebe, welche Wurzeln und Blätter leitend miteinander verbinden, nennt man Achse. Sie besteht im wesentlichen aus Stamm, Schenkel und Trieb (Ruten) (Abb. 6).

Die Wurzelstange setzt sich nach oben in den Stamm fort, den man auch als *altes Holz* bezeichnet. Am oberen Ende des Stammes wird das *Fruchtholz* angeschnitten. Der Stamm umschließt die Leitbahnen, die der Wasser- und Assimilateleitung dienen. Er speichert Reservestoffe, die u.a. zum Austrieb benötigt werden und während Schlechtwetterperioden zurzeit der Blüte zusätzlich Nahrung liefern und dadurch die Blühfestigkeit erhöhen.

Schenkel

Bei manchen Erziehungsformen der Rebe setzt sich der Stamm in weiteres altes Holz fort, sogenannte *Schenkel* (Äste), die dann erst das Fruchtholz tragen.

Ruten

Die verholzten Triebe der Rebe nennt man *einjähriges* Holz oder einjährige Ruten. Kommen sie unmittelbar aus dem alten Holz, werden sie als wildes Holz bezeichnet, kommen sie aus zweijährigem Holz, nennt man sie *zahmes* Holz oder Fruchtholz (Abb. 7).

Das einjährige Holz ist durch Verdickungen, Knoten, gegliedert. Die Teile zwischen den Knoten heißen *Internodien* (Abb. 8). Am Knoten ist das Internodium durch eine Holzbrücke (Diaphragma) unterbrochen (Abb. 9, 9a). Gut ausgebildete Diaphragmen sind ein Zeichen guter Holzreife. Von außen nach innen unterscheidet man bei einjährigem Holz die Rinde, den Bast (sekundäre Rinde), die Holzschicht und das Mark. Einjähriges Holz mit einem großen Markanteil ist weniger frostfest. Zwischen Bastteil und Holzteil befindet sich das Kambium, ein sekundäres Bildungsgewebe.

Knospe

Die Knoten tragen die *Knospen*, auch Augen genannt (Abb. 10). Sie sind von zwei braunen Knospenschuppen umgeben und bergen die neuen Sprossanlagen, die eigentlichen Augen und zwar ein Haupt- und zwei Nebenaugen. Sie bilden sich während der Vegetationszeit an den Knoten in den Blattachsen des grünen Triebes (Abb. 10a). Außer den sichtbaren Augen gibt es auch noch unsichtbare Augen, sogenannte schlafenden Augen (Adventivknospen), die sich am alten Holz und sehr häufig am Rande von Schnittwunden entwickeln. Sommertriebe, die sich aus schlafenden Augen entwickeln, heißen *Wasserschosse*.

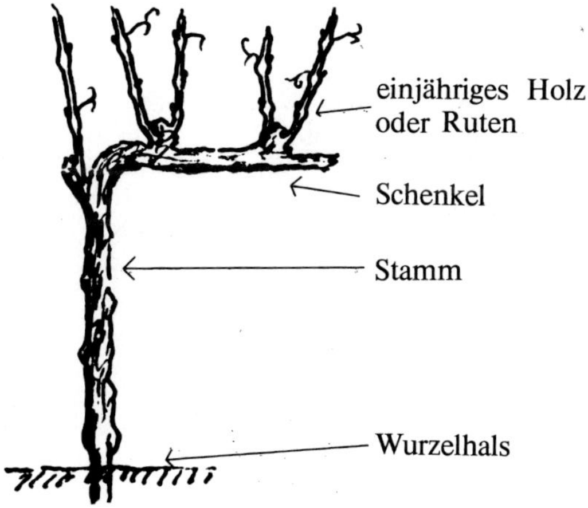

Abb. 6: Oberirdische Teile der Rebe

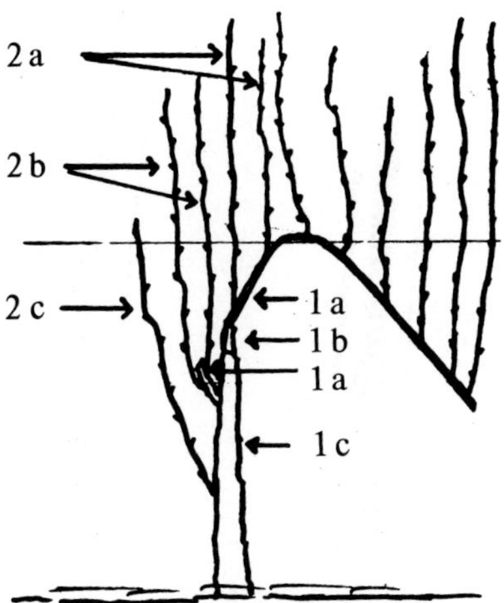

Abb. 7: Aufbau eines Rebstockes

1 = altes Holz
a = zweijährig
b = dreijährig
c = mehrjährig
2 = einjährige Triebe
a = Fruchtholz (einjährig auf zweijährig auf dreijährig = doppelt zahm)
b = Fruchtholz (einjährig auf zweijährig auf mehrjährig = einfach zahm)
c = wilder Trieb (einjährig auf mehrjährig)

Abb. 8:

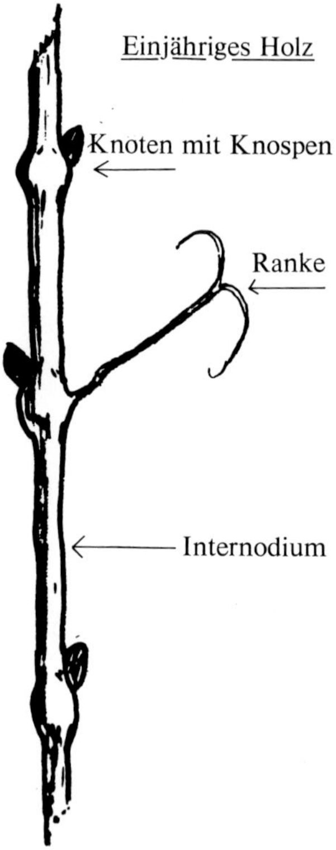

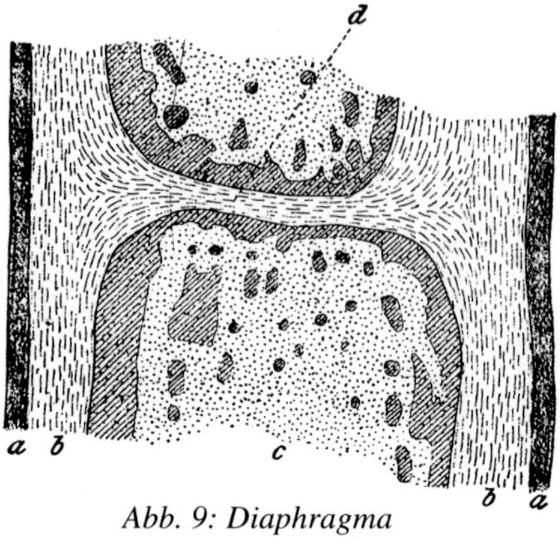

Abb. 9: Diaphragma
a = Rinde, b = Holz, c = Mark
d = Holzbrücke, Diaphragma
Zwischen a und b liegt das Kambium.

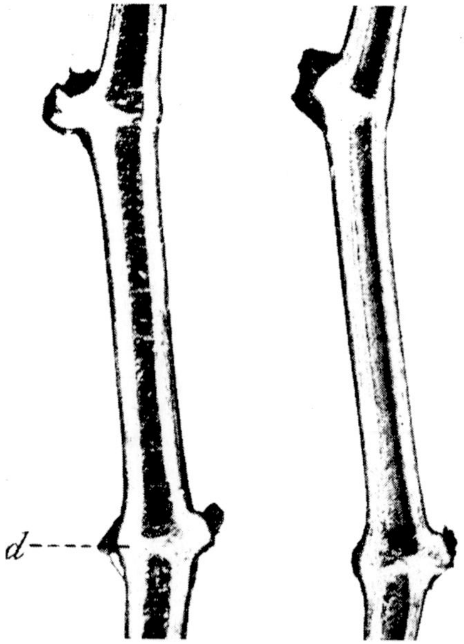

Abb. 9a: Längsschnitt durch einen einjährigen Rebtrieb
d = Holzbrücke, Diaphragma

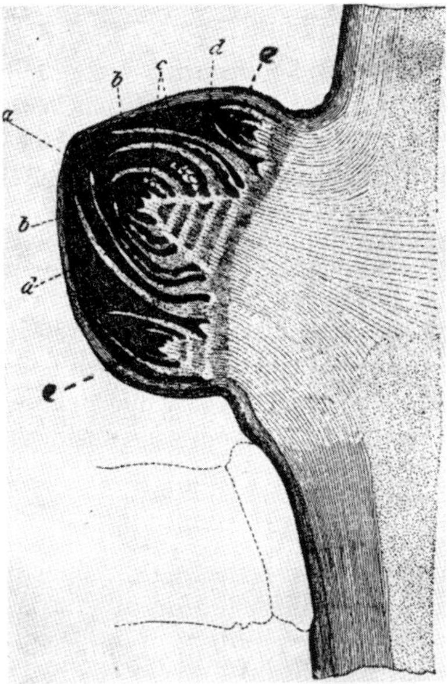

Abb. 10:
Querschnitt durch eine Knospe
a) Hauptauge
b) Blattanlage
c) Blütenanlage
d) Rankenanlage
e) Nebenaugen (Beiaugen)

Abb. 10a:
Winterknospe u. Geiztrieb in der Blattachse am Knoten

Sommertriebe

Aus der Knospe entwickelt sich im Frühjahr der Sommertrieb (Langtrieb), der in Knoten und Internodien gegliedert ist. Der Winzer nennt ihn *Lotte* (Abb. 11). Seine spitze heißt *Gipfel* (Abb. 12). Der Gipfel des wachsenden Triebes ist hakenförmig gekrümmt, was man als *Nutieren* bezeichnet. Bei abgeschlossenem Wachstum stellt sich der Gipfel aufrecht. Die an den Knoten sich bildenden *Blätter* sind gegenständig angeordnet (Abb. 11 u. 13), stehen also wechselseitig am Trieb.

Der sich aus einem Rebkern (Samen) entwickelnde Trieb hat spiralisch angeordnete Blätter, einen aufrecht stehenden Gipfel und nur am oberen Ende auch Ranken. Erst die aus den ersten Winterknospen im nächsten Jahr entstehenden Triebe haben die dreigliedrige Sprosseinteilung mit gegenständigen Blättern.

Abb. 11: Sommertrieb, Langtrieb, Lotte

Abb. 12: Gipfel, Triebspitze

Geiztrieb

In der Blattachse entwickelt sich ein Kurztrieb, auch *Geiztrieb, Axialtrieb oder Irxentrieb* genannt (Abb. 14). Bei ausgeglichenem Wuchs werden sie nicht übermäßig lang. Ihre Länge ist von Sorte zu Sorte verschieden. Sie tragen zur Zuckerbildung bei, fördern also die Traubenreife. Wird der Sommertrieb früh eingekürzt, kommt es zu einer stärkeren Geiztriebbildung. Bei manchen Sorten tragen die Geiztriebe auch Gescheine und Trauben, die aber nur in sehr warmen Jahren reif werden. In den Blattachsen der Geiztriebe können sich wieder Geiztriebe bilden. Die Mehrzahl der Geiztriebe verholzt im Herbst nicht und wird mit dem Blattfall abgeworfen.

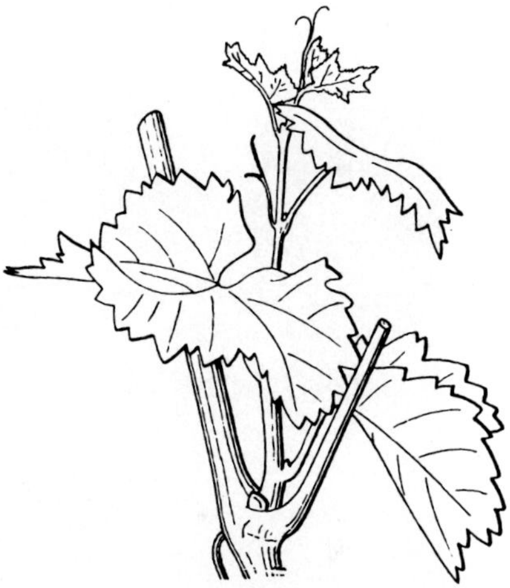

Abb. 14: Geiztrieb, Kurztrieb

Abb. 13: Blatt- und Rankenstellung

Austriebs-Kreislauf
von Rebstadium 01 (Winterauge)
bis 12 (5-6 Blätter entfaltet)

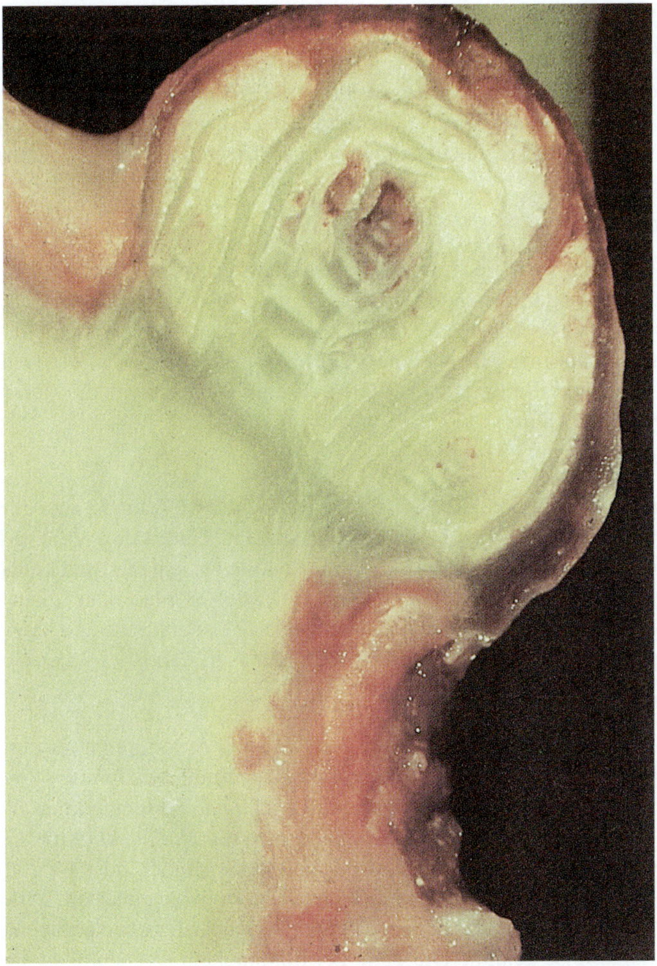

Schnitt durch eine Knospe

Das Blatt

Die Blätter entwickeln sich an den Knoten des Triebes. Als Ort der Assimilation sind sie neben den Wurzeln wichtigstes Ernährungsorgan. Die *Blattform* (Abb. 15) ist bei jeder Sorte anders und daher ein wichtiges Sortenmerkmal. Es werden drei Blattregionen unterschieden: Blattgrund, Blattstiel, Blattspreite (Abb. 16).

Blattgrund

Als Blattgrund wird die Ansatzstelle des Blattstieles am Knoten bezeichnet. Er hat dort einen schwachen Wulst, an dem sich zwei kleine Nebenblättchen (Afterblättchen) befinden, die allerdings nur an den jungen Blättern des Gipfels erkennbar sind. Mit beginnender Holzreife im Herbst bildet sich zwischen Trieb und Blattgrund des Blattstiels eine Trennschicht, die zum Abfallen der Blätter führt.

Blattstiel

Durch den Blattstiel ist die Blattspreite beweglich, sie kann in eine günstige Stellung zum Licht gebracht werden und sich im Winde bewegen. Die Blattstiele sind in Länge und Farbe von Sorte zu Sorte verschieden und können als Sortenmerkmal herangezogen werden. Der Stiel ist rund oder leicht plattgedrückt, besitzt auf der Oberfläche eine leichte Längsfurche und kann glatt, warzig, gerippt, schwach borstig behaart oder kahl sein.

Blattspreite

Die Blattfläche, die die eigentliche Funktion der Assimilation ausübt, wird als *Spreite* bezeichnet. Form, Farbe und Behaarung der Spreiten sind von Sorte zu Sorte verschieden und daher das wichtigste Sortenmerkmal. Wo der Blattstiel in die Spreite übergeht, befindet sich die *Stielbucht* (Abb. 17). Sie kann offen, halboffen, U-förmig, V-förmig, geschlossen oder überlappend sein. Die Spreite ist mit unterschiedlichen *Blattbuchten* versehen. In der Regel ist sie drei- bis fünflappig, bei wenigen Sorten auch siebenlappig oder nur andeutungsweise gelappt. Die Tiefe der Blattbuchten ist ebenfalls von Sorte zu Sorte verschieden. Die Spreite ist von *Blattadern* (Nerven, Rippen) (Abb. 19) durchzogen, die die Leitbahnen umschließen. Neben 5 Hauptadern und deutlich erkennbaren Seitenadern ist die Spreite bis in kleinste Sektoren durch eine starke Adernverästelung gegliedert. Die Teile der Blattspreite zwischen den Hauptadern nennt man *Interkostalfelder*. Die Spreitenoberfläche kann glatt, wellig oder blasig sein. Sie kann, besonders auf der Unterseite, von *Blattborsten* und *Blatthaaren* besetzt sein (Abb. 20). Der *Blattrand* (Abb. 21) ist bei jeder Sorte unterschiedlich stark gezähnt oder gesägt. Im Herbst zieht der Stock aus den Blättern die Nährstoffe, wodurch sich diese je nach Sorte gelblich oder rötlich färben. Bei Nährstoffmangel zeigen die Blätter

Abb. 15: Blattformen

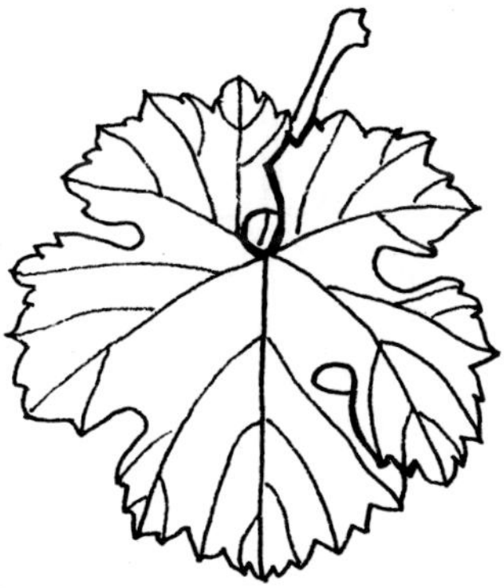

Riesling

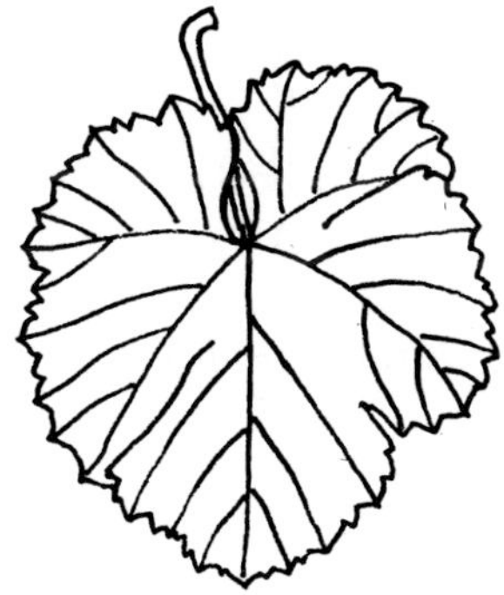

Silvaner

Müller-Thurgau

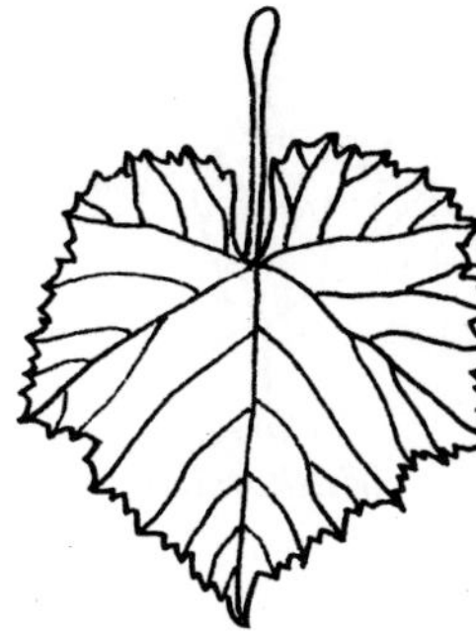

Blauer Burgunder

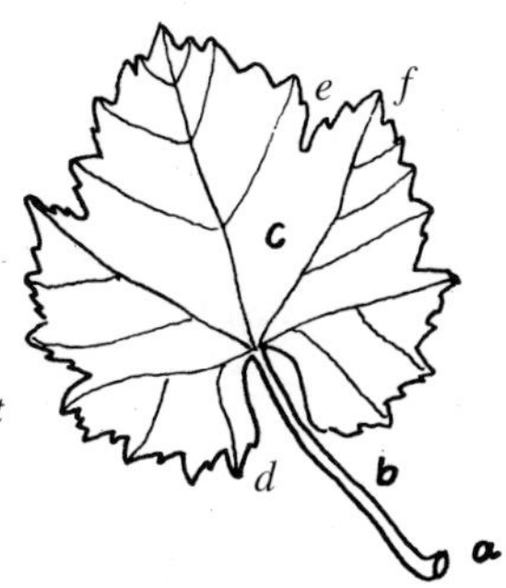

Abb. 16: Rebblatt
a = Blattgrund
b = Blattstiel
c = Blattspreite
d = Blattstielbucht
e = Blattbucht
f = Blattlappen

Abb. 17: Stielbuchten

offen
Riparia x Rupestris
3309

halboffen
Berlandieri x Riparia
5 BB

V-förmig
Muskateller

V-förmig
Gutedel

überlappend
Müller-Thurgau

geschlossen
Morio-Muskat

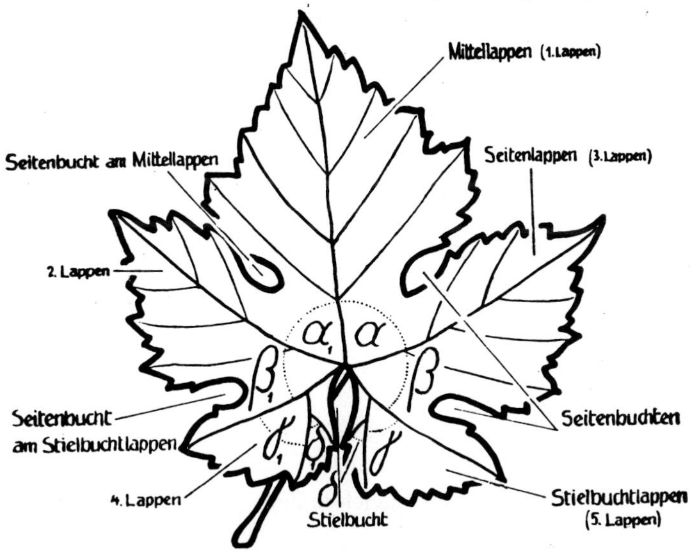

Abb. 18: Blattbuchten und Blattlappen

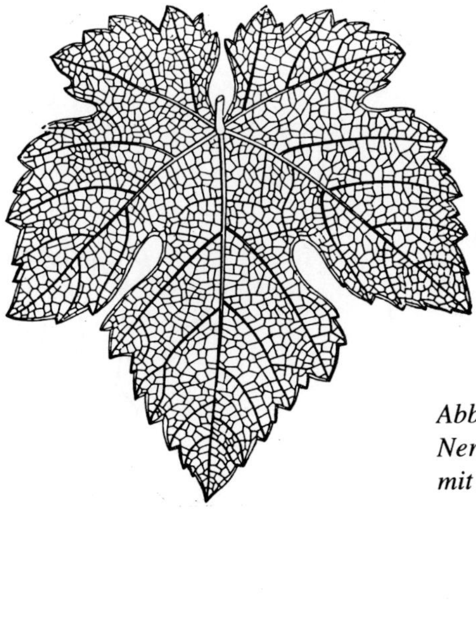

Abb. 19:
Nerven des Rebblattes
mit Interkostalfeldern

Abb. 20a: Blattborste

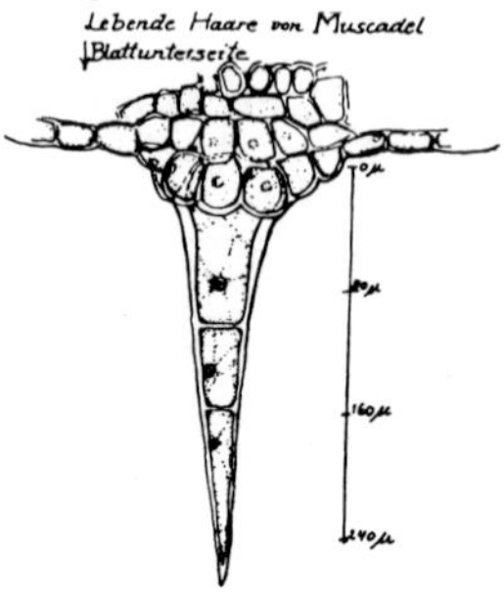

Abb. 20b: Blatthaar

Die größte und protoplasmareichste Zelle

Abb. 21: Blattrandformen

gezähnt
Traminer

gesägt
Auxerrois

gezähnt
Riesling

gesägt
Elbling

Abb. 22: Ranken

Abb. 23: Ranken

typische Verfärbungen der Spreiten. Auch der Blattstiel kann sich farbig verändern.

Ranken

Die Ranken entwickeln sich an den Knoten der Triebe. Sie sind die Kletterorgane der Rebe (Abb. 22). Am Trieb folgt auf zwei Knoten mit einer Ranke ein Knoten ohne Ranke. Die Ranken sind gabelähnlich verzweigt, und zwar zweiarmig, bei wenigen Sorten auch drei- oder gar vierarmig. Entwicklungsgeschichtlich werden die Ranken als umgestaltete Sprossgipfel angesehen. Die Stärke und Länge ihrer Ausbildung ist von Sorte zu Sorte verschieden. Die Spitze ist leicht gekrümmt. Bei Berührung wird die Unterstützung umschlungen, die Ranke dreht sich zu einer Spirale und hält den Trieb federnd fest (Abb. 23). Im Herbst verholzt die Ranke. Sie wird dann vom Winzer Kreppel genannt.

Blüte

Bei den fruchtbaren Sommertrieben entwickeln sich ab drittem Knoten statt Ranken *Blütenstände*, die *Gescheine* genannt werden. Der Blütenstand der Rebe ist botanisch keine Traube, sondern eine *Rispe* (Abb. 24, 35). Er besteht aus einem baumartigen Stielgerüst mit vielen Ästen, die an ihren Enden je eine Einzelblüte tragen. Je nach Fruchtbarkeit des Jahres entwickeln sich am Sommertrieb 1 bis 4 Gescheine mit 100 bis 150 Einzelblüten. Die Gescheine sind umgewandelte Ranken (Abb. 26). An unvollkommenen entwickelten Gescheinen, überwiegend das dritte oder vierte, ist das deutlich zu erkennen, denn sie tragen nicht selten einen Rankenfortsatz. Der Winzer nennt dies einen Spazierstock. An zwei Knoten entwickelt sich statt einer Ranke ein Geschein, dann folgt ein Knoten ohne Ranke oder Geschein und wieder zwei

Blütenstände

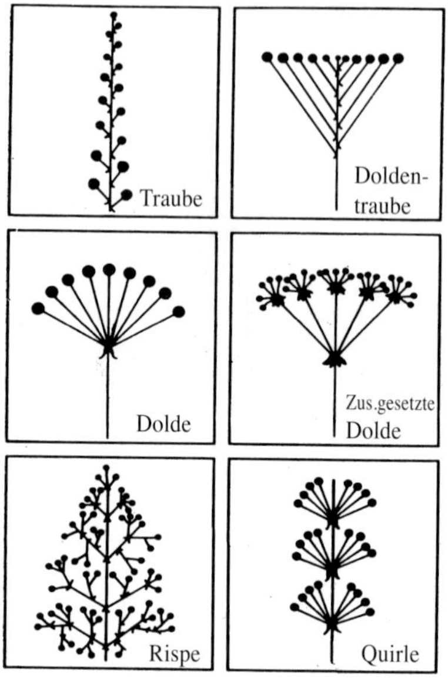

Abb. 24:
Blütenstände

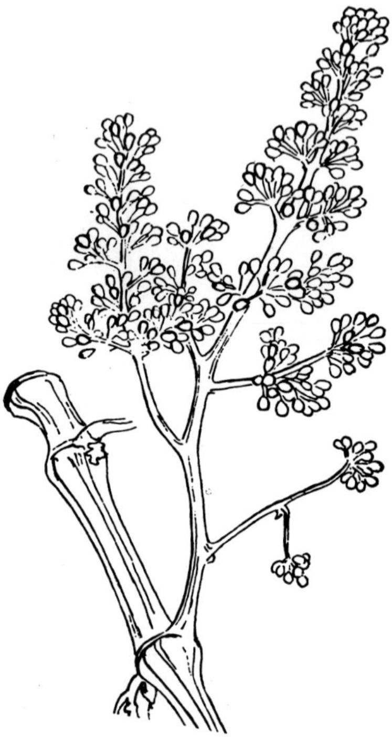

Abb. 25
Geschein, Rsipe

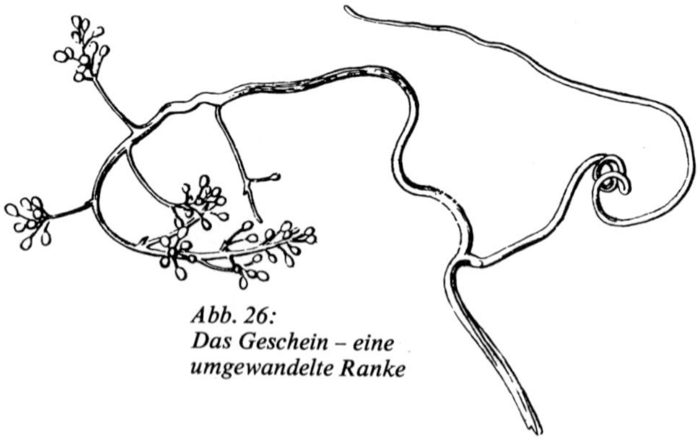

Abb. 26:
Das Geschein – eine umgewandelte Ranke

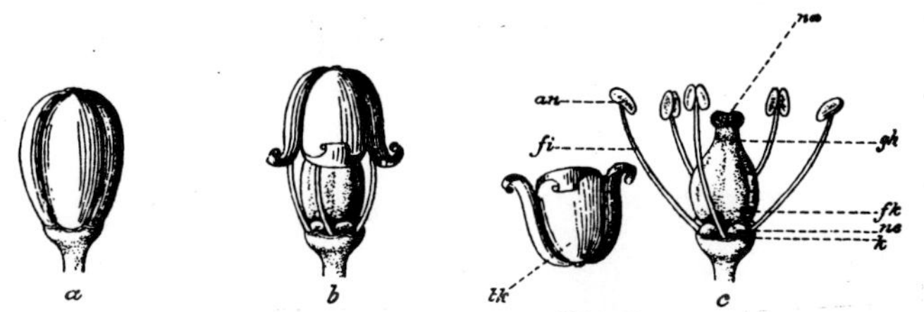

Abb. 27: a) Geschlossene Blüte, b) Öffnung der Blüte, c) Vollblüte, k = Kelch, bk = Blumenkrone, an = Staubgefäße, fi = Staubfaden, gh = Griffel, na = Nektardrüsen

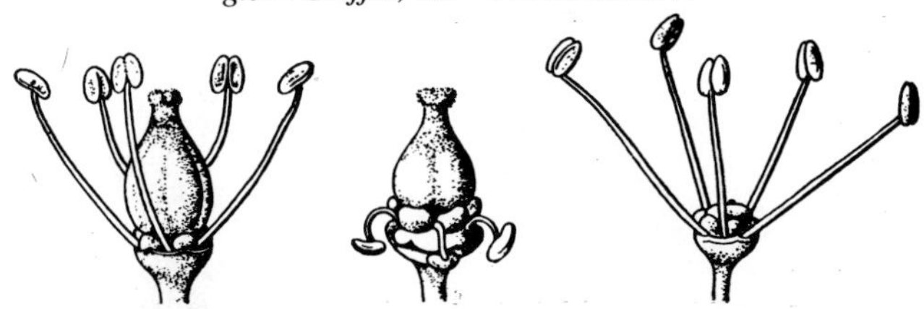

Abb. 28: Zwitterblüte, weibliche Blüte, männliche Blüte

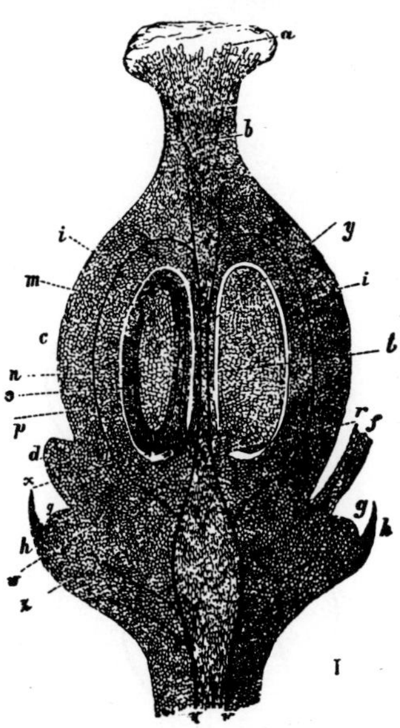

Längsschnitt durch den Fruchtkonten einer Rebenblüte

a) Narbenepithel, b) Griffel, c) Fruchtknoten, d) Nektarienen, f) ein Stück des Staubfadens, g) Abschnürungsstelle der Blumenblätter, h) Kelchrudimente, k) Samenknospen im Längsschnitt, s) Samenknospe in der Aufsicht, n) äußeres Integument, o) inneres Integument, p) Ruzellus, x) Mikropyle, r) Funiculus, v-v) durch den Blütenstiel eintretende Leitbündel, z) Abzweigungsstelle der wandständigen Leitbündel, w) Abzweigungsstelle der Samenknotenbündel, y) Fruchtknotenscheidewand

Trauben - und Beerenformen

Abb. 29: Traube

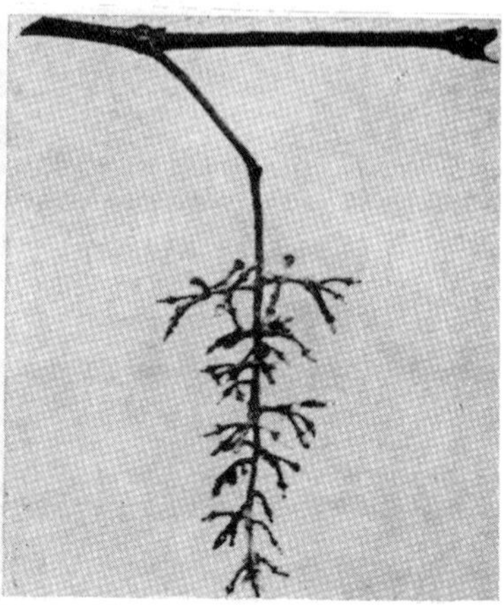
Abb. 30: Rappen

Abb. 31 Beere

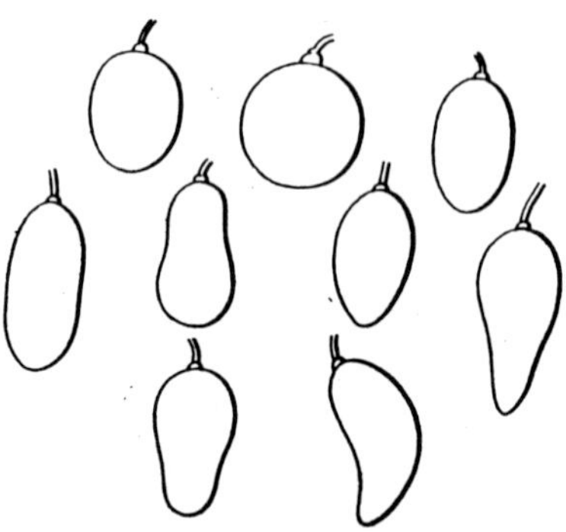
Abb. 32: Beerenformen

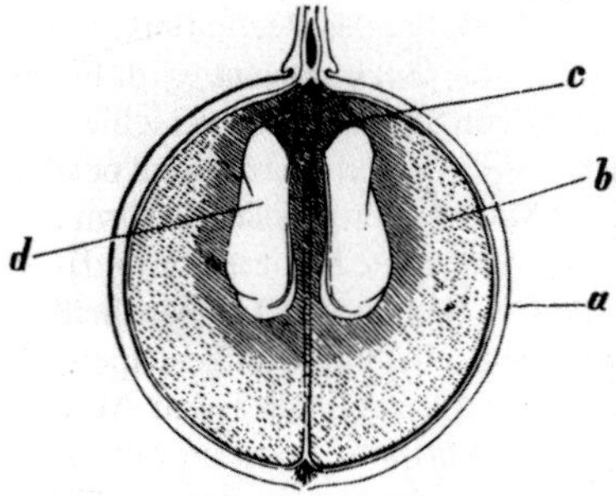

Abb. 33: Beere im Längsschnitt
a = Hülse, b = äußeres Berrenfleisch, c = Butzen, d = Samen

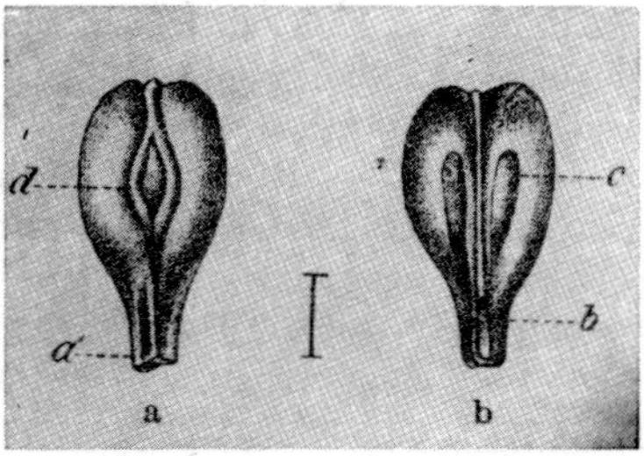

Abb. 34: Samen, Kerne
a = Rückseite, b = Bauchseite
a) Schnabel des Samens, b) Raphe, Ader c) Kernfalte, d) Chalaza, Rückenplatte

Knoten mit Ranken oder Gescheinen.

Die Blüte gliedert sich in den *Blütenstiel*, der in den *Blütenkelch* übergeht und in der *Blumenkrone* endet. Die *Rebblüte* entfaltet ihre fünf grünen *Blütenblätter* nicht, da diese zu einer Art *Käppchen*, auch *Mützchen* genannt, zusammengewachsen sind. Beim Blühvorgang wird das Käppchen durch die sich streckenden 5 *Staubblätter* abgestreift. Die Staubblätter gliedern sich in *Staubfäden* (Antheren), die durch eine Längsrinne in 2 Staubbeutel, die den Blütenstaub (Pollen) enthalten, geteilt sind. In der Mitte der Blüte befindet sich der *Fruchtknoten* mit *Griffel* und *Narbe*. Am Fuße des Fruchtknotens sind 5 *Nektardrüsen*, die einen feinen resedaartigen Duft verbreiten (Abb. 27).

Die Edelrebe hat *zwittrige* Blüten (Abb. 28) und ist ein Selbstbefruchter. Die Wildreben und die meisten amerikanischen Reben sind zweihäusig, haben also Pflanzen mit männlichen Blüten und andere mit weiblichen Blüten. Bei *männlichen* Blüten ist der Fruchtknoten verkümmert, bei *weiblichen* die Staubblätter (Abb. 28).

Frucht

Die Frucht der Rebe heißt *Traube* (Abb. 29). Das Stielgerüst nennt man *Rappen* (Abb. 30). An den Astenden der Rappen sitzen die *Beeren* (Abb. 31, 32, 33), die mit ihrem saftreichen Beerenfleisch 2 bis 4 Kerne (Samen) (Abb. 34) umschließen. Die Beere gliedert sich in die Beerenhaut, auch Schale oder Hülse genannt, die von einer feinen Wachsschicht, Duft genannt, überzogen ist. Im Inneren befindet sich ein saftreiches Gewebe, das Beerenfleisch, das um die Kerne verdichtet ist und dort *Butzen* oder *Mark* genannt wird. Farbe und Form der Beeren ist sehr vielgestaltig und von Sorte zu Sorte verschieden. Der Beerensaft ist hell, auch bei den meisten roten Sorten. Darum muss bei der Gewinnung roter Weine der Farbstoff durch Maischegärung oder

Blühendes Geschein

Erwärmung aus der Hülse ausgelaugt werden. Nur einige sogenannte Farbtrauben und rote Hybriden besitzen auch roten Beerensaft. Die Samen der Trauben heißen *Kerne*. Sie enthalten 10 bis 20% Öl, aus dem ein hochwertiges Speiseöl gewonnen werden kann. Bei mangelhaftem Verblühen kann es zur Ausbildung von kleinen Beeren ohne Kerne kommen. Man nennt dies Jungfernfrüchtigkeit oder Parthenokarpie. Diese kernlosen Beeren haben meistens ein sehr hohes Mostgewicht.

Innerer Bau (Anatomie)

Die Darstellung des inneren Baues der Rebe beschränkt sich auf einige wichtige Teile. Wer sich mit der Anatomie der Pflanze intensiver beschäftigen will, dem wird das Fachbuch „Biologie in Stichworten von Wilhelm Weber, Verlag Ferdinand Hirt, Kiel, empfohlen.

Zelle

Die Zelle ist die kleinste Einheit der Pflanze. Sie besteht aus einer mehrschichtigen *Zellwand*. Zwischen den Zellwänden befinden sich kleinste Zwischenräume (Interzellularräume). In ihnen wuchern z.B. die Hyphen der Peronospora und senden von dort ihre Saugorgane (Haustorien) in die Zellen, um sie auszusaugen. Das Blut der Zelle ist das *Protoplasma*. Junge Zellen sind davon völlig ausgefüllt, ältere nur teilweise. Die verbleibenden Hohlräume (Vakuolen) sind mit *Zellsaft* ausgefüllt. Das wichtigste Organ der Zelle ist der *Zellkern* mit den Chromosomen als Sitz der Erbmasse, der genetischen Information. Außerdem befinden sich in den Zellen als wichtige Funktionsorgane noch sogenannte *Organellen*, nämlich das Endoplasmatische Retikulum, die Ribosomen, der Golgi-Apparat, die Mitochondrien und die Mikrosomen. In Zellen besonderer Funktion befinden sich noch Plastiden als farblose Leukoplasten, gelbe Chromoplasten oder grüne Chloroplasten (Chlorophyllkörner), die Organe der Assimilation.

Gewebe

Zellen gleicher Bauart und Funktion heißen Gewebe. Sie werden in Bildungsgewebe und Dauergewebe unterschieden

Bildungsgewebe (Meristeme)

In den Bildungsgeweben erfolgt durch Neubildung von Zellen das Wachstum der Pflanze. Es wird unterschieden zwischen *primärem Bildungsgewebe*, für das Längenwachstum an Trieb und Wurzelspitze, und dem *sekundären Bildungsgewebe*, den Kambien, für das Dickenwachstum.

Dauergewebe

Sie bestehen aus ausgewachsenen Zellen, die sich nicht mehr teilen und meistens bestimmte physiologische Funktionen ausüben. Wichtige Gewebe sind

Weißweinsorten

Blatt- und Triebspritzen

Auxerrois

Bacchus

Ehrenfelser

Faberrebe

Gelber Muskateller

Grüner Silvaner

Huxelrebe

Kanzler

Kerner

Morio Muskat

Müller Thurgau

Muskat Ottonel

Optima

Ortega

Roter Gutedel

Roter Traminer

Ruländer

Scheurebe

Siegerrebe

Weißer Burgunder

Weißer Elbling

Weißer Gutedel

Weißer Riesling

Rotweinsorten

Blatt- und Triebspritzen

Blauer Frühburgunder

Blauer Limberger

Blauer Portugieser

Blauer Spätburgunder

Blauer Trollinger

Deckrot

Domina

Dornfelder

Dunkelfelder

Müllerrebe

Rotberger

St. Laurent

Sulmer

Heroldrebe

Helfensteiner

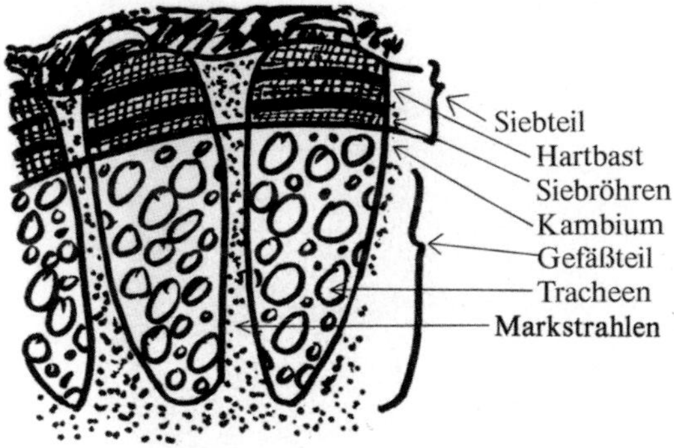

Abb. 35-1: Leitbündel

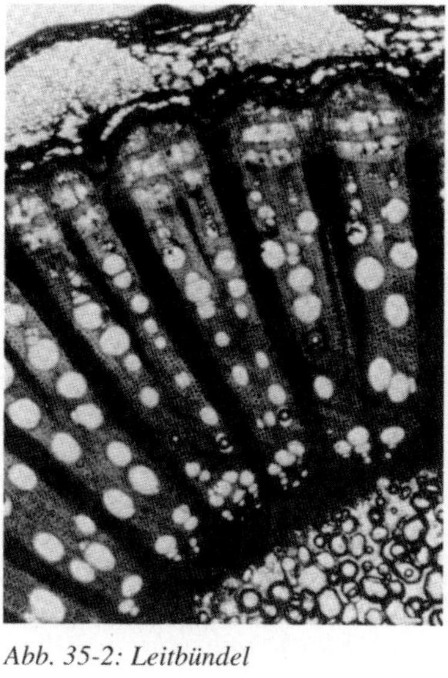

Abb. 35-2: Leitbündel

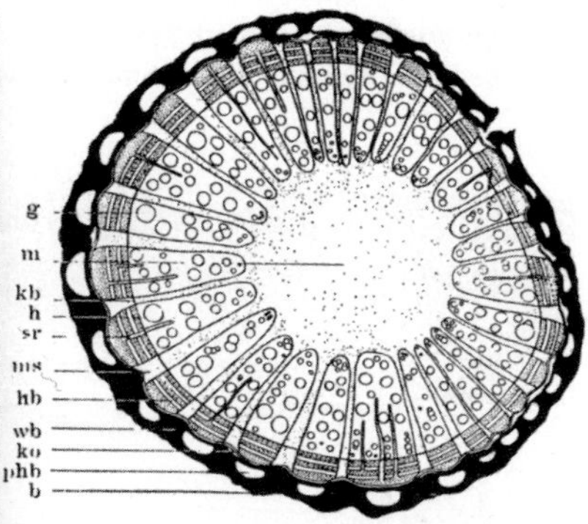

Abb. 36: Querschnitt eines einjährigen Rebtriebes in schematischer Darstellung
g) Gefäß, m) Mark, kb) Kambium, h) Holzstrahl, sr) sekundäre Rinde, ms) Markstrahl, hb) Hartbast, wb) Weichbast, ko) Kork, phb) primärer Hartbast, b) Borke

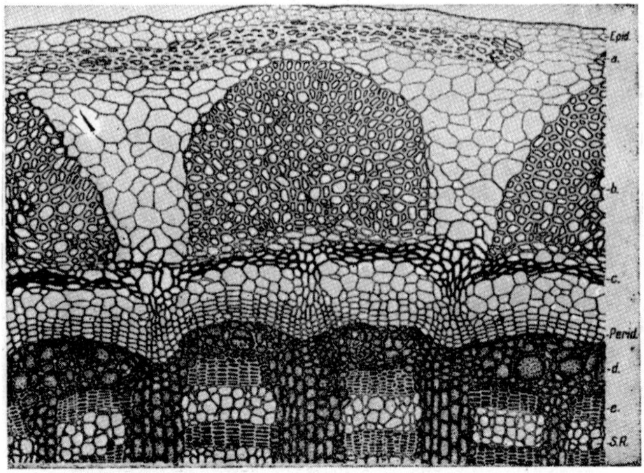

Abb. 37: Querschnitt durch die Rinde eines einjährigen Triebes Epid. = Epidermis, a= Kollenchym, b = Sklerenchym, (Faserstränge, primärer Hartbast), c = abgestorbenes Siebstranggewebe, Perid. = Periderm, Kork, d = Siebstranggewebe (Weichbast), e = Sklerenchymfaserstrang (Hartbast), SR = Siebröhre

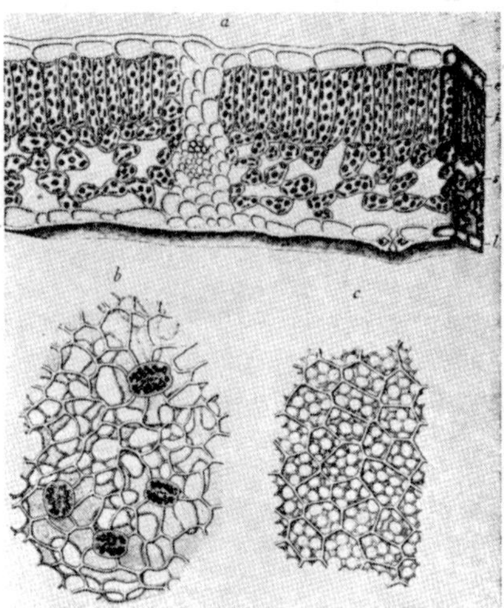

Abb. 38: Innerer Bau des Blattes
a = Querschnitte: e = Epidermis, p = Palisadenschicht, s = Schwammparenchym, l = untere Epidermis mit Spaltöffnungen, b) Flächenaufsicht auf die Blattunterseite mit Spaltöffnungen, c) Flächenaufsicht auf die Blattoberseite

Grundgewebe, Haut- und Abschlussgewebe, Festigungsgewebe und Leitungsgewebe. Das *Grundgewebe* (Parenchym) kann als Assimilationsgewebe, als Speichergewebe für Reservestoffe u.a. ausgebildet sein. *Haut-* und *Abschlussgewebe*: Bei den grünen Pflanzen heißen sie *Epidermis*. In den *Spaltöffnungen* besitzen sie Atem- und Transpirationsorgane und sind von einer feinen Haut, der Kutikula, überlagert. Bei den verholzten Pflanzenteilen heißen sie *Rinde*. Am grünen Trieb werden die Epidermiszellen mit beginnender Holzreife verkorkt und bilden einen *Korkmantel*, der beim mehrjährigen Trieb die *Rinde* bildet. Beim sekundären Dickenwachstum wird immer neue Rinde gebildet. Die äußeren Rindenteile werden später als *Bast* oder *Borke* abgestoß5en.

Leitungsgewebe durchziehen die ganze Pflanze von der äußeren Wurzelspitze, durch die Wurzelstange, den Stamm, die Schenkel, das Holz, den grünen Trieb bis in die Blätter, Ranken, Gescheine und Trauben.

Das Leitungsgewebe besteht aus *Leitbündeln* (Abb. 35), die vom Kambium einem sekundären Bildungsgewebe, gebildet werden.

Nach außen bildet das Kambium den *Siebteil* (Phloem) zur Assimilationsleitung, der in Hartbast und Weichbast gegliedert ist. Im verholzten einjährigen Trieb ist die Ausbildung mehrerer Hartbaststränge ein Zeichen guter Holzreife. Bei schlecht ausgereiften Trieben können die Hartbaststränge ganz oder teilweise fehlen. Nach innen bildet das Kambium den *Gefäßteil* (Xylem) zur Leitung des von den Wurzeln aufgenommenen Wassers mit den darin gelösten Nährsalzen. Die weitlumigen Wasserleitröhren heißen *Tracheen*, die englumigen *Tracheiden*. Ihre verstärkten Zellwände dienen gleichzeitig, ebenso wie die Hartbaststränge, der Festigung. Unterbrochen werden die Leitbündel von den *Markstrahlen*, die so den Stoffaustausch zwischen den äußeren und inneren Geweben in radialer Richtung vermitteln (Abb. 36).

Festigungsgewebe dienen dem Halt, der Stabilität der Pflanze. In lebenden Zellen, *Kollenchym* genannt, wird die Festigung durch Verstärkung der Zellkanten oder Zellwände erreicht. In toten Zellen, *Sklerenchym* bezeichnet, sind die Wände stark verdickt als *Steinzellen* (Nussschale) oder als *Fasergewebe*. In der Rinde werden die Sklerenchymzellen als Bastfaser, im Holz als Holzfasern bezeichnet. Die Borke des Rebstammes besteht aus solchen Holzfasern.

Absorptionsgewebe sind die Zellverbände der Wurzelhaare. Sie nehmen im Boden das Wasser mit den darin gelösten Nährsalzen auf.

Ausscheidungsgewebe sind u. a. *Hydathoden* (Wasserdrüsen) an den Blattzähnen des Blattrandes. Wird durch Sättigung der Luft mit Wasserdampf die Transpiration unterbrochen, erfolgt die Wasserabgabe in Tropfenform aus diesen Wasserdrüsen.

Ampelographische Merkmale

Die **Rebsortenkunde** beschäftigt sich mit den Unterscheidungsmerkmalen der Rebsorten. Die wichtigsten Merkmale sind die *Triebspitze*, das *Blatt*, die *Traube* und das *Holz*. Aber auch der Trieb, der Wuchs (hängend, aufrecht usw.), die Geiztriebbildung können als Sortenmerkmal herangezogen werden.

Die *Triebspitze* der Edelrebe ist offen, mehr oder weniger stark behaart und verschieden gefärbt. Das *Blatt* als Hauptsortenmerkmal hat unterschiedliche Größe, ist mehr oder weniger häufig gelappt und unterschiedlich stark gebuchtet. Die Blattoberfläche (Spreite) kann glatt, wellig, blasig usw. sein und hat eine unterschiedliche Grünfärbung. Der Blattrand kann mehr oder weniger stark gesägt oder gezähnt sein. Die Stielbucht ist offen, V-förmig, geschlossen oder überlappt. Manche Sorten ähneln sich so, dass sie nur an der Behaarung der Blätter unterschieden werden können. Hierbei unterscheidet man Blatthaare und Blattborsten. Sie befinden sich vornehmlich auf der Blattunterseite. Der Trieb kann dick oder dünn sein, eng- oder weitknotig. Das ausgereifte *Holz* zeigt farbliche Unterschiede. Auch die *Ranken* können als Sortenmerkmal dienen, denn sie sind unterschiedlich lang und unterschiedlich gegabelt.

Andere Sortenmerkmale sind Zeitpunkt des Austriebs, Beginn der Traubenreife, Anfälligkeit gegen Krankheiten, Holzreife, Winterfrostigkeit, Wuchsstärke, Mostgewichtsleistung, Säure, Weinart.

Chardonnay **Weißburgunder**

offene Stielbucht

Unverwechselbares Erkennungsmerkmal beim Chardonnay:
Der Merkmalsunterschied liegt darin, daß die Stielbucht des Chardonnay durch Blattnerven begrent ist, während beim Weißen Burgunder an den Blattnerven noch Blattgewebe daran ist.

Ampelographische Merkmale

Triebspitzen	**Blattformen**
 *Viniferatyp* *offen*	 *Amerikanertyp* *Berlandieri x* *Riparia* *5 BB*
 *Ripariatyp* *geschlossen*	 *Hybridentyp* *Trollinger x* *Riparia* *26 G*
 *Rupestristyp* *halboffen*	 *Europäertyp* *Riesling*

Deutschlands Rebsorten

Die bestockte Rebfläche in Deutschland umfasst rund 103 605 ha.

Das Rebsortiment Deutschlands ist gegenüber dem italienischen und französischen klein. Eine starke Bereicherung ist in jüngster Zeit durch zahlreiche Neuzüchtungen eingetreten. Von der Anbaufläche her stehen nur vier weiße vier rote Sorten im Vordergrund, nämlich Müller-Thurgau, Riesling, Silvaner, Burgunder sowie die Rotweinsorten Spätburgunder, Portugieser , Dornfelder und Regent. Alle anderen Sorten spielen bei den Selbstvermarktern und anderen Vermarktungsschienen im Rot- und Weißweinsortiment als Besonderheiten eine beachtliche Rolle. Unter den EU-Ländern ist Deutschland das klassische Land der Weißweine. Die Rotweinproduktion ist stark zunehmend und beschränkt sich auf besonders geeignete Lagen. Zur Erzeugung anspruchsvoller Rotweine von internationaler Prägung bzw. Rotweincharakter.

Die Rebfläche in Ostdeutschland umfasst 1 097 ha. Die wichtigsten Rebsorten sind Weißburgunder, Ruländer, Müller-Thurgau, Silvaner, Traminer, Kerner Spätburgunder, Portugieser. Das größte Anbaugebiet mit 651 ha ist Saale-Unstrut. Das zweite Anbaugebiet mit 446 ha ist Sachsen. Auf die Rotweinsorten entfallen auf Saale-Unstrut 136 ha und auf Sachsen 60 ha von der jeweiligen Gesamtfläche. Die pilzfeste Rotweinsorte Regent nimmt eine Rebfläche von insgesamt 15 ha ein.

Anteil der Hauptrebsorten an der gesamten bestockten Rebfläche von 103 605 ha:

Sorten		Anbaufläche ha		
		1994	2000	2001
Weiße				
1.	Riesling, Weißer	23 229	22 117	21 514
2.	Müller-Thurgau (Rivaner)	24 273	20 023	18 609
3.	Silvaner, Grüner	7 753	6 691	6 422
4.	Kerner	7 656	6 543	6 054
5.	Bacchus	3 525	3 209	2 967
6.	Ruländer (Grauer Burgunder)	2 559	2 769	2 905
7.	Burgunder, Weißer	1 628	2 594	2 795
8.	Scheurebe	3 706	2 948	2 693
9.	Faberrebe	1 909	1 489	1 305
10.	Gutedel, Weißer	1 250	1 200	1 177
11.	Huxelrebe	1 355	1 235	1 132
12.	Ortega	1 105	1 021	951
13.	Morio Muskat	1 474	1 059	905
14.	Elbling, Weißer	1 796	1 023	890
15.	Traminer	858	854	845
16.	Chardonnay	183	610	719
17.	Sonstige	2 767	2 210	1 998
Zusammen		**87 026**	**77 525**	**73 882**
Rote				
1.	Spätburgunder, Blauer	6 994	9 255	9 806
2.	Dornfelder	1 776	4 372	5 530
3.	Portugieser, Blauer	4 450	5 026	5 039
4.	Trollinger, Blauer	2 520	2 593	2 615
5.	Müllerrebe (Schwarzriesling)	2 121	2 405	2 481
6.	Limberger, Blauer	878	1 196	1 267
7.	Regent		449	649
8.	Dunkelfelder	187	298	317
9.	Sonstige	893	1 605	2 019
Zusammen		**19 819**	**27 200**	**29 723**
Bestockte Rebflächen insgesamt		**106 845**	**104 724**	**103 605**

Quelle: Statistisches Bundesamt Wiesbaden 2001

Weißweinsorten

Weißer Riesling

Von allen Reben stellt der Weiße Riesling unbestritten die wertvollste Sorte dar. Aus dem Saft seiner Trauben stammen unsere edelsten Weine. Trotz seiner späten Reife hat er die größte Verbreitung in den nördlichen Weinbaugebieten Deutschlands gefunden.

Verbreitung: Deutschland besitzt 21 514 ha mit Riesling bepflanzter Rebfläche und damit die größte der Welt. Weiterhin wird der Riesling im Elsass angebaut, in Österreich, in Südtirol, in der Schweiz und sogar in Australien, Südafrika, Kalifornien, Chile und Neuseeland.

Herkunft: Mit letzter Genauigkeit kann die Herkunft des Rieslings nicht bewiesen werden. Bassermann-Jordan weist in seiner „Geschichte des Weinbaus" auf die Vermutung hin, daß der Riesling eine gewisse Ähnlichkeit mit einer Rebsorte habe, die von dem römischen Schriftsteller Plinius (23-79 n. Chr.) beschrieben wurde (ammineische Rebe). Andere glauben, daß wir sie König Ludwig dem Deutschen (843-876) verdanken, der die Sorte erstmalig habe am Rhein anpflanzen lassen, wo er die dort heimischen Rebsorten Trollinger und Orleans langsam verdrängte. Auch in der Pfalz, den Wonnegau, an den Rhein und die Mosel wird seine Urheimat gelegt. Schließlich wird zum Ausdruck gebracht, dass der Riesling sich aus der am Rhein heimischen Wildrebe Vitis vinifera var. silvestris entwickelt habe. Immer handelt es sich hierbei um reine Vermutungen, die letztlich nicht bewiesen werden können.

Ursprung des Sortennamens: Der Ursprung des Namens lässt sich ebenfalls nicht eindeutig klären. Nach Bassermann-Jordan* wird in einer Urkunde aus dem Jahre 1430 von einem Ruslingwingarten bei Worms berichtet. 1511 ist einer anderen Urkunde aus der gleichen Gegend das Wort Rissling zu entnehmen. Ob der Name nun von der rissigen Borke der Rieslingstämme abgeleitet ist, wie früher vermutet wurde, oder von der Eigenart, bei kühlem Blütewetter leicht zu verrieseln, wie der Volksmund behauptet, wird ungeklärt bleiben.

Die Synonyme (Doppelnamen) des Rieslings sind sehr zahlreich. Im Weinbaulexikon sind 14 verschiedene Namen aufgeführt, im Winzerbuch von Scheu sind es 10 Namen und in der Ampelographie von Hermann Goethe über 15.

Nach dem bekannten Ampelographen H. Moog* heißt die richtige Sortenbezeichnung „Weißer Riesling". Eine Unterscheidung in Moselriesling und

---

***Moog, Hch. (1896-1963, Ampelograph**

Rheinriesling gibt es nicht. Viele Synonyme sind dadurch entstanden, dass die Sorte nach einem Ort benannt wurde, an dem sie besonders gute Weine hervorbrachte oder erstmalig angebaut wurde. Ein solcher Name ist „Klingelberger“, der noch heute für die Rieslingweine der badischen Ortenau verwandt wird, wo er erstmalig im Durbacher Klingelberg angebaut wurde. Die Bezeichnung „Hochheimer“ trugen früher Rieslingweine, die nach England ausgeführt wurden.

Die hohe Qualität der Rieslingweine hat auch immer dazu verführt, aus einem Namen Kapital zu schlagen. So gibt es eine Vielzahl von *falschen Rieslingbezeichnungen*. Hierbei handelt es sich in jedem Falle um Rebsorten, die mit dem Riesling nichts zu tun haben. In Rheinhessen gab es einen Bukettriesling, dessen echte Bezeichnung Bukettrebe ist. Sie stammt aus Randersacker in Franken und hatte wegen ihres reichen Ertrages in Rheinhessen und der Pfalz eine gewisse Verbreitung gefunden. In Bockenau an der Nahe nannte man den früher dort angebauten Ortlieber „Bockenauer Riesling“, wobei den Winzern die echte Bezeichnung völlig fremd ist. Vielleicht

Riesling-Anbau in den Weinbaugebieten Deutschlands 2001

Weinbaugebiet	ha	% der Anbaufläche des Gebietes
1. Mosel-Saar-Ruwer	5 748	55,3
2. Pfalz	4 863	20,8
3. Rheinhessen	2 594	9,9
4. Rheingau	2 518	78,6
5. Württemberg	2 336	20,6
6. Baden	1 309	8,2
7. Nahe	1 127	25,7
8. Mittelrhein	372	70,7
9. Franken	251	4,2
10. Hessische Bergstraße	243	53,3
11. Sachsen	72	16,1
12. Ahr	41	8,0
13. Saale-Unstrut	40	6,1

ist es zu dieser Bezeichnung auch deswegen gekommen, weil Riesling und Ortlieber nur wenige ampelographische Unterscheidungsmerkmale besitzen. Der Rieslaner sollte einmal als „Mainriesling“ seinen Weg in die Weinberge antreten. In Südeuropa und Südosteuropa gibt es eine Sorte, die „*Welschriesling*“ heißt und die Bezeichnung „*Schwarzriesling*“ für die Sorte Müllerrebe ist noch heute gebräuchlich. Schließlich bezeichneten früher viele Betriebe den Müller-Thurgau gerne nach seinen angeblichen Kreuzungspartnern „Riesling x Silvaner“, was heute in der Bundesrepublik verboten ist.

Sortenmerkmale: *Triebspitze* offen, gelblich-grün, stark weißlich behaart mit leicht rötlichem Anflug; *Blatt* mittelgroß, rundlich, fünflappig, wenig gebuchtet, stumpf gezähnt, Oberfläche blasig derb, in der Form stark wechselnd, Stielbucht überlappend; *Trieb* weitknotig, mittlere Geiztriebbildung; *Holz* hellbraun, dunkel punktiert, leicht gerieft; *Traube* klein bis mittelgroß, dichtbeerig, bei guten Trägern auch geschultert; *Beere* klein bis mittelgroß, rund, grüngelb, bei Besonnung auch gelbbraun, schwarz punktiert, schwaches Bukett; *Austrieb* mittelspät bis spät; *Blütezeitpunkt* spät bis sehr spät; Blühfestigkeit mittel; *Reife* spät bis sehr spät: *Wuchs* kräftig, *Ertrag* mittel.

Synonyme

Land	**Bezeichnung**
Deutschland	**Weißer Riesling** (echte Sortenbez.), **Riesling**, Rössling, Rösslinger, Riesler, Rieslinger, Rheinriesling, Moselriesling, Rheingauer, Johannisberger, Hochheimer, Niederländer, Klingenberger, Gräfenberger, Kastellberger, Karbacher Riesling, Kleinriesling, Kleinriesler, Weißer kleiner Riesling, Gewürztraube, Pfefferl
Frankreich	Riesling blanc, Petit Riesling, Gentile Aromatique Petracine (Moselle)
Italien	Riesling renano bianco, Riesling renano, Reno
Schweiz	Riesling, Petit Rhin
Österreich	Rheinriesling, Weißer Riesling
Ungarn Rajnai	Rizling, Grauer Riesling
Rumänien	Riesling de Rhin, Reynai, Rheinriesling
Bulgarien	Rizling
Russland	Risling, Risling rejnski
USA	Riesling, White Riesling, Johannisberger Riesling
Südafrika	Riesling

Eigenschaften der Sorte

Ansprüche an die Lage: Von allen Sorten, die wir kennen, stellt der Riesling die höchsten Ansprüche an die Lage. Nur wenn ausreichend Wärme vorhanden ist, erreichen die Trauben ihre Vollreife. Ganz grob gesagt, lässt er sich in unsren Breiten nur in Südwest- bis Südostlagen anbauen, wenn die Höhe über NN 200 m nicht überschreitet. In leicht erwärmbaren Böden (Sand-, Kies- und Gesteinsböden) können diese Grenzen auch etwas überschritten werden. Eine Ausweitung des Rieslinganbaues ist daher nur selten möglich.

Ansprüche an den Boden: Der Riesling stellt nur geringe Ansprüche an den Boden. Er wächst in Deutschland praktisch auf allen Bodenarten, vom flachgründigen Gesteinsboden bis zum tiefgründigen Lehm- oder Tonboden. In trockenen, flachgründigen, steinigen Südhängen wächst keine Rebe besser als der Riesling.

Holzreife: Die sehr gute Holzreife verleiht dem Riesling eine ausgezeichnete *Winterfrostfestigkeit*. Winterfröste von 20 Grad unter Null, und nach Jahren mit besonders guter Holzreife auch 25 Grad unter Null, übersteht der Riesling fast immer ohne Schaden. Nur dort, wo stauende Nässe herrscht, gibt es auch beim Riesling Winterfrostausfälle. Diese gute Frostfestigkeit verleiht ihm eine gleichmäßig hohe Ertragsfähigkeit. Dementsprechend schwanken die Erträge in Gebieten mit hohem Rieslingrebensortenanteil, wie z.B. der Mosel, nur wenig.

Krankheitsanfälligkeit: Der Riesling ist nicht besonders krankheitsempfindlich. Es besteht keine Überempfindlichkeit gegenüber Peronospora, Schwarzfleckenkrankheit oder Oidium. Vom Roten Brenner kann er dagegen stark befallen werden. Diese Anfälligkeit muss jedoch in Verbindung mit der Lage gesehen werden, denn der Rote Brenner tritt vornehmlich in trockenen, humusarmen Lagen auf die überwiegend mit Riesling bestockt sind. Steht der Müller-Thurgau an einer solchen Stelle, so wird er viel stärker von diesem Pilz befallen als der Riesling.

Botrytisanfälligkeit: Gegen *Beerenbotrytis* ist der Riesling im Vergleich zu anderen Sorten nicht übermäßig empfindlich. Von der *Stielfäule* wird er dagegen stärker heimgesucht. Je nach Witterung, Spritzfolge und Wüchsigkeit gibt es in manchen Jahren durch Stielfäule zahlreiche Bodentrauben. Auch gegen *Stiellähme*, einer physiologischen Störung beim Aufbau des Stielgerüstes der Trauben, ist der Riesling sehr empfindlich. In unharmonisch gedüngten oder überdüngten Böden tritt sie besonders gerne auf. Wuchsstarke Weinberge leiden darunter mehr als wuchsschwache. Als Sekundärerscheinung werden stiellähmebefallene Trauben dann von Stielfäule erfasst. Luftige Erziehung, harmonische Düngung und nicht zu üppiger Wuchs sind die besten Gegenmaßnahmen zur Eindämmung von Stielerkrankungen.

Erziehung: Nähere Angaben über die Erziehungsarten der Reben sind dem im gleichen Verlag erschienenen „Weinbau-Taschenbuch" zu entnehmen. Da der Riesling einen kräftigen Wuchs hat, sollte man bei der Erziehung den Grundsatz von Altmeister Georg Scheu* beachten, der sagte: Stell mich frei, ich trag für drei". Unter Berücksichtigung von Boden und Unterlage ist er eine Sorte für weiträumige Erziehung.

Normalerziehung: Die Gassenbreite sollte in Seilzuglagen nicht unter 1,50 m liegen und in Direktzuglagen zwischen 1,80 m und 2,00 m. Der Stockabstand richtet sich nach der Wuchskraft, als Summe von Boden, Unterlage und Sorte, und liegt zwischen 1,00 m bis 1,20 m. In triebigen Böden, die einen starken Anschnitt verlangen, wähle man als Fruchtholz den Halbbogen, in Böden mit geringer Wuchskraft den Flachbogen. Bei sehr weiten Stockabständen kann auch der Kordonschnitt angewandt werden.

Weitraumerziehung: Trotz seiner späten Reife eignet sich der Riesling auch für die Weitraumerziehung, weil er immer ein lockeres Triebwerk entwickelt. Zur gefürchteten Laubglockenbildung kommt es bei ihm nie. Die Gassenbreiten betragen mindestens 2,30 m und die Stockabstände liegen bei 1,00 m.

Der Riesling kann mit Erfolg in den verschiedensten Erziehungen angebaut werden. Der aufrechte Wuchs erleichtert die Heftarbeiten. Da sich die Triebe gut festranken, ist ein Drahtrahmen mit zwei bzw. einem beweglichen Heftdrahtpaar und mehreren Rankdrähten günstig.

Unterlagenwahl: Bei ihr muss die Wuchskraft des Bodens unter allen Umständen berücksichtigt werden. Auf triebigen Böden kann der Riesling fast jährlich in der Blüte völlig durchrieseln, wenn er auf einer stark triebigen Unterlage, wie z.B. der 5 BB steht, zusätzlich noch eng bepflanzt wurde und einen zu niedrigen Stamm besitzt. Die starkwüchsige 5 BB ist daher nur in sehr armen, flachgründigen Böden als Unterlage geeignet. In allen anderen Böden sind SO 4, Binova, 125 AA oder 8 B vorzuziehen. In fruchtbaren, ausreichend feuchten, aber wenig kalkhaltigen Böden stellt die 5 C eine brauchbare Unterlage für den Riesling dar.

Ertrag: Durch die Klonenselektion, die in den dreißiger Jahren begann, wurde die Ertragsfähigkeit des Rieslings erheblich gesteigert. Eine richtige Erziehung vorausgesetzt, bringen die Rieslingklone gute, jährlich wenig schwankende Erträge zwischen 60 und 110 hl/ha. Im langjährigen Mittel bleibt allerdings der Ertrag ca. 20 % hinter dem Silvaner zurück.

Reife: Von allen Ertragssorten hat der Riesling die späteste Reife. Die Vollreife wird in den südlichen Weinanbaugebieten Deutschlands etwa Anfang Oktober erreicht, in den nördlichen Gebieten nicht vor dem 15. Oktober. In

---

Scheu, Georg hat als Rebenzüchter im Weinbau bleibende Spuren durch seine Neuzüchtungen hinterlassen.

Riesling

vielen Jahren kommt man daher mit der Ernte in die herbstliche Schlechtwetterzone, die meistens ab 20. Oktober einsetzt. Um die Ernte noch bei möglichst gutem Wetter abschießen zu können, sollte der Rieslinganteil in einem Betrieb eine gewisse Grenze nicht überschreiten. Zahlen können hier nicht genannt werden, zumal in reinen Rieslinganbaugebieten der Anteil in einem Betrieb immer 70 bis 80 % betragen wird und vielfach auch muss. Entsprechend der späten Reife erfolgt die Ernte des Rieslings stets als letzte der in Deutschland angebauten Sorten. Je nach Weinbaugebiet fällt sie in den Oktober oder November. Es ist auch keine Seltenheit, dass Rieslingtrauben noch im Dezember gelesen werden. Wo man am Nikolaustag oder gar am Dreikönigstag erntet, handelt es sich meist um die Rebsorte Riesling. Die späte Ernte bringt natürlich auch einige Schwierigkeiten mit sich. In manchen Jahren trifft ein Frühfrost die Trauben im unreifen Zustand und verursacht einen Frostgeschmack. Andererseits ermöglicht ein Frühfrost an reifen Trauben die Gewinnung von Eisweinen. Diese Eisweine zählen zu den besonders kostbaren Spezialitäten des Rieslings. Leider kommt es auch häufig vor, dass Regen und Nässe im November die Ernte erschweren und das Lesegut verwässern. Es ist daher gerade beim Riesling richtiger, die gut reifen Trauben in einer Zeit zu ernten, in der das Wetter noch schön und trocken ist, bis etwa Ende Oktober und nur gesundes Lesegut hängen zu lassen. Das ergibt einen doppelten Vorteil: 1. Bleibt das Wetter gut, reifen die Trauben noch und es wird eine bessere Qualität geerntet. 2. Gibt es schlechtes Wetter, so wird nicht das beste Lesegut, sondern nur das geringere beeinträchtigt, das man sowieso hätte anreichern müssen.

Qualität: Die Qualität des Rieslings ist weitgehend von der Lage abhängig. Insgesamt ist die Qualitätsspanne, auf das Mostgewicht bezogen, sehr breit.

Mostgewicht: Der Riesling erreicht im langjährigen Durchschnitt in kleinen Lagen höchstens 65 Grad Öchsle. Da die Güte des Rieslingweines nicht allein vom Mostgewicht, sondern auch von der fruchtigen Säure abhängt, ist zur Erreichung eines Qualitätsweines kein so hohes Mostgewicht wie bei anderen Sorten, z.B. Grauer Burgunder, erforderlich, Da die Feinheiten des Weines auf leichten Gesteinsböden ausgeprägter sind als auf schweren, ist ein Rieslingwein, der auf einem Gesteinsboden gewachsen ist, mit 65 Grad Öchsle einem solchen aus schweren Boden mit 70 Grad Öchsle qualitativ gleichzustellen. die Kabinettweingrenze liegt bei 70 Grad Öchsle. Die genannten Öchslegrade sind nicht identisch mit denen vom Weingesetz vorgeschriebenen Grenzen, die Spätlesegrenze liegt bei 80 Grad. Auslesen werden ab 90 Grad Öchsle gewonnen. In vorzüglichen Jahren klettern die Mostgewichte in guten Lagen oft über 100 Grad. Trockenbeerenauslesen sind schon mit Mostgewichten über 200 Grad geerntet worden.

Säure: Sie kann als das Rückgrat des Rieslings bezeichnet werden und ist ein wesentlicher Bestandteil der Qualität, weil sie der Träger der fruchtigen Rieslingart ist. Je nach Reifegrad schwankt die Säure zum Zeitpunkt der Ernte zwischen 10 und 15 ‰. Wird diese Säure fachgerecht verringert, dann wirkt sie im ausgebauten Wein keineswegs störend. Nach einer längeren Lagerzeit solcher Weine ist fast nie mehr zu erkennen, dass das Ausgangsprodukt einmal eine extrem hohe Säure besaß. Im Gegensatz zu vielen anderen Sorten wirkt eine hohe Rieslingsäure kaum grasig. Die Säure spiegelt auch sehr deutlich die Bodenart wider, auf der der jeweilige Wein gewachsen ist. So schmeckt man z.B. den typischen Schieferton in den Moselweinen und an der Nahe die Frucht der Porphyrböden oder des Rotliegenden an der Nahe und in Rheinhessen.

Wein: Riesling-Weine nehmen auf der ganzen Welt die erste Stelle unter den Weißweinen ein. Er ist die anspruchsvollste und edelste Weinsorte Deutschlands. Seine Eleganz, seine Rasse, seine Aromen und seine anregende Art brachten ihn seit vielen Jahrhunderten zum „König der Weißweine".

Riesling-Weine kann man zu allen feierlichen Anlässen und Gelegenheiten servieren, denn „nobel erhöht er das Essen zum Mahl". Kennzeichnend für den Riesling ist seine feine Fruchtsäure und das dezente Pfirsicharoma. Außer diesem Aroma kommen Apfel-, Aprikosen-Aromen sowie feine Zitrusdüfte vor. Besonders auf Schiefer- und Buntsandstein-Schieferböden gedeihen duftige und mineralische Rieslinge von besonderem Stil. Reifere Riesling entwickeln häufig ein Aroma, das an Petrol erinnert. Große Besonderheiten sind die hochfeinen edelsüßen Auslese-Spezialitäten als Beeren- und Trockenbeerenauslesen und die außergewöhnlich fruchtigen Eisweine. Sie gehören international zu den bekanntesten und teuersten deutschen Weinen.
Neuerdings wird aus hochwertigen Rieslingweinen auch ein besonders wertvoller Riesling-Weinbrand hergestellt, der sich durch das typisch feine Bukett eines Rieslings auszeichnet. Das unterstreicht ebenfalls den besonderen Wert dieser Weine. Hinzu kommt, dass der Riesling eine hervorragende Sorte zur Erzeugung von Sekt ist.

Vorteile: Die Vorteile des Rieslings liegen in seinen rassigen Weinen, in seiner großen Qualitätsspanne, seinen guten weinbautechnischen Eigenschaften, seiner begrenzten Anfällígkeit gegen Peronospora und Phomopsis, seiner sehr guten Frostfestigkeit und seiner gesicherten Ertragsleistung und besten Absatzchancen . Hervorzuheben ist noch der geringe Anspruch an den Boden, die gute Trockenheitsresistenz und die hohe Widerstandsfähigkeit gegenüber der Chlorose.

Nachteile: Sie liegen in den hohen Ansprüchen an die Lage die den Anbau begrenzen, seiner Empfindlichkeit gegenüber Rieselschäden, Stiellähme und seiner späten Reife. Das ist gemessen an den Vorteilen wenig.

Anbauwert: Der Riesling hat neben dem hohen Anbauwert weltweit einen hohen Bekanntheitsgrad und wird auch in Zukunft die wichtigste Rebsorte für die besten Lagen der deutschen Weinbaugebiete sein.

Müller-Thurgau

Lange Jahre musste der Müller-Thurgau in Deutschland um seinen Anerkennung ringen. Mit seinen 18 609 ha nimmt er neben dem Riesling den zweiten Platz ein.

Besonders beliebt sind seine Schoppenweine. Trotz hoher Peronospora- und Botrytisanfälligkeit hat seine Anspruchslosigkeit hinsichtlich der Lage und seine Ertragstreue zu einem ausgedehnten Anbau geführt, der aber zur Zeit im Anbau rückgängig ist.

Verbreitung: 18 609 ha der deutschen Rebfläche sind noch mit Müller-Thurgau bestockt. In der Statistik von 1954 für Deutschland ist Müller-Thurgau mit 4 647 ha angegeben, ein deutliches Zeichen dafür, dass die Qualität besser war als zunächst ihr Ruf. Zehn Jahre später, 1964, ist die Fläche auf 14 702 ha angestiegen. Bis zum Jahre 1974 auf 22 423 ha, 1988 auf 23 881 ha und 1994 mit 24 273 ha mit ihre größte Ausdehnung erreicht. Während sich die Anbaufläche der Müller-Thurgau von 20 023 ha im Jahre 2000 auf 18 609 ha beziehungsweise um 1 414 ha verringerte, hat sich diejenige der Dornfelder im gleichen Zeitraum um 1 158 ha erweitert, nämlich von 4 372 ha auf 5 530 ha angestiegen. Diese Ausdehnung des Dornfelders und diverser Rotweinsorten bestätigt die große Nachfrage nach „Deutschem Rotwein" und geht vorwiegend auf Kosten des Müller-Thurgaus, und unbedeutender Weißweinsorten. Er ist weiterhin in der Schweiz, Südtirol, Österreich, Ungarn, Luxemburg und Elsass zu finden.

Herkunft: Die Müller-Thurgau-Rebe wurde 1882 von Prof. Dr. Müller, einem Schweizer aus dem Thurgau, neben vielen anderen Kreuzungen, an der königlichen Lehranstalt für Obst-, Wein- und Gartenbau in Geisenheim gezüchtet. Als Müller im Jahre 1891 nach Wädenswil bei Zürich in der Schweiz übersiedelte, um dort als Direktor der bekannten Eidgenössischen Versuchs- und Lehranstalt für Wein- und Obstbau zu wirken, nahm er aus Geisenheim 150 Kreuzungen als Stecklinge mit an den Zürichsee. Diese Neuzüchtungen wurden dort von seinem Weinbautechniker H. Schellenberg betreut. Dieser fand heraus, dass die Rebe Nr. 58 besonders wertvoll war. Ihm haben wir es also zu verdanken, dass wir heute eine Müller-Thurgau-Rebe besitzen. Als im Jahre 1912 in der Schweiz die Nassverbesserung verboten wurde, konnte sich der Müller-Thurgau, allerdings nicht ohne Überwindung vieler Widerstände, nach und nach durchsetzen und den in der Ostschweiz vorherrschenden Elbling verdrängen.

Im Jahre 1913 brachte dann Dr. Dern, langjähriger Landesinspektor für Weinbau in Bayern, der schon früh die Bedeutung der Rebenzüchtung erkannte, den Müller-Thurgau nach Deutschland zurück. Aber erst 1921 wurde die Sorte mehr bekannt, als Dr. Ziegler, erster Leiter der Bayerischen Rebenzüchtung in Würzburg, eingehende Anbauversuche mit ihr unternahm. Im Raume des heutigen Rheinland-Pfalz hat vor allem der frühere Leiter der Rebenzuchtanstalt Alzey, Georg Scheu, auf die Bedeutung der neuen Sorte hingewiesen. Auch in Deutschland waren die Meinungen unter den Fachleuten über diese Sorte jahrzehntelang sehr gegensätzlich und viele meinten, sie sei ein minderwertiger Massenträger. Heute ist ihr großer Wert unbestritten.

Der Müller-Thurgau wird als eine **Kreuzung** zwischen Riesling als Mutter und Silvaner als Vater angesehen, eine Sache, die nicht unbestritten ist. Dr. H. M. Eichelsbacher hat genaue Untersuchungen über das Erbgut angestellt und kommt zu dem Ergebnis, dass die Sorte keinerlei Erbgut der Sorte Silvaner enthält. Er schließt aufgrund seiner Untersuchungen auch die Möglichkeit aus, dass es sich um eine Selbstung der Rebsorte Riesling handeln könnte. Nach seiner Ansicht ist es überhaupt fraglich, ob die heute in Deutschland angebaute Müller-Thurgau-Rebe ein direkter Abkömmling der in der Schweiz angebauten Rebe „Riesling x Silvaner“ (Müller-Thurgau) sei. Die Entstehung der von Prof. Müller gezüchteten Sorte wird als ungewiss angesehen. Die Untersuchungen von Eichelsbacher haben ergeben, dass der Müller-Thurgau Deutschlands dem Formenkreis der Riesling-Muskateller-Gutedel entstammt. Breider rechnet diesen Formenkreis der Vitis silvestris zu und nicht der Vitis sativa. Auch der bekannte jugoslawische Rebenzüchter, Baron Turkovic, glaubt beim Müller-Thurgau nicht an eine Kreuzung Riesling x Silvaner. Prof. Birk, der frühere Leiter des Instituts für Rebenzüchtung, Geisenheim, hat bei Kreuzungsexperimenten zwischen Riesling und Silvaner niemals Typen von Müller-Thurgau erhalten, dagegen bei Kreuzungen Riesling x Riesling. Neuerdings konnte Dr. F. Regner, Klosterneuburg, Österreich den Vater mit Hilfe der Mikrosatelliten-Technik beziehungsweise der Genort-Analyse ermitteln. Danach ist der zweite Kreuzungspartner neben dem Riesling nicht der Silvaner, sondern der Gutedel.

Neue Erkenntnisse zur Abstammung der Sorte Müller-Thurgau von: „Dr. Erika Dettweiler und Diplom Biologe Andreas Jung - Die Müller-Thurgau-Rebe, ist das Kreuzungsprodukt von Riesling x Madeleine Royale.“

Kabinett und in guten Jahren mit Sicherheit eine schöne Spätlese. Wenn davon ausgegangen wird, dass die Spitzenlagen grundsätzlich mit Riesling bestockt werden, kann der Müller-Thurgau in allen übrigen Lagen angepflanzt werden. Diese Anspruchslosigkeit der Sorte ist mit der Grund für ihre große Verbreitung.

Ansprüche an den Boden: Die Bodenansprüche sind höher als die des Rieslings. Der Müller-Thurgau liebt mehr tiefgründige, frische, nicht zu trockene Böden. Auch tonige und kalkhaltige Böden sagen dem Müller-Thurgau noch zu, wo andere Sorten, zum Beispiel der Silvaner, chlorotisch werden. Ausgesprochen schwere Böden, die zur Verdichtung neigen, sind jedoch auch für den Müller-Thurgau ungeeignet. Gegen Trockenheit ist der Müller-Thurgau empfindlich, sodass er sich nicht für flachgründige, sandige, kiesige oder felsige Böden eignet. Durch geeignete Unterlagenwahl kann die Adaption der Sorte allerdings etwas verbreitet werden. So kann der Müller-Thurgau auf der starkwachsenden Unterlage 5 BB mit Erfolg auch noch auf etwas weniger fruchtbaren Böden angebaut werden.

Holzreife: Der Müller-Thurgau besitzt keine besonders gute Holzreife. Schon zwei bis drei Wintertage mit Temperaturen ab 15 Grad unter Null genügen, um Augenerfrierungen auszulösen. Die mangelhafte Holzreife wird durch sehr hohen Ertrag verstärkt. Auch feuchte Herbste vermindern die Holzreife. Auf eine gute Versorgung mit Kali und Magnesium ist zu achten, da der Müller-Thurgau für beide Nährstoffe eine höheren Bedarf hat. Die Stockabstände sind so zu wählen, dass zwischen den Bogreben (Fruchtruten) noch ein kleiner Zwischenraum von 5-10 cm verbleibt, um jeder Dichtlaubigkeit vorzubeugen, weil diese die Holzreife beeinträchtigt.

Die Winterfrostfestigkeit des einjährigen Holzes und der Augen ist nur mittelmäßig. Das alte Holz kann als ausreichend bis mäßig winterfrostfest bezeichnet werden, erreicht jedoch nicht die Härte des Rieslings, übertrifft aber den Silvaner. Besonders auf feuchten Standorten ist die Winterfrosthärte ungenügend. Schließlich wird die Winterhärte noch herabgesetzt, wenn die Stökke infolge überreichen Behangs erschöpft in den Winter gehen. Unter solchen Voraussetzungen hat man in einer Frostlage schon nach mäßig kalten Wintern Stockausfälle zu beklagen. Durch kurze scharfe Fröste kann es gelegentlich zum Ausfall ganzer Weinberge kommen. Diese Fälle sind zum Glück selten. Der Anbau ist rückläufig und hat zu Gunsten von Rotweinsorten abgenommen.

Düngung: Eine harmonische Nährstoffversorgung ist beim Müller-Thurgau wichtig. Das häufige Auftreten von Magnesiummangel und Kalimangel in Müller-Thurgau-Weinbergen zeigt, dass die Sorte an beiden Nährstoffen einen hohen Bedarf hat.

Krankheitsanfälligkeit: Der Müller-Thurgau gehört zu den anfälligen Sorten. Diese Schwäche ist als der größte Nachteil anzusehen. Von allen Sorten, die wir zurzeit haben, ist der Müller-Thurgau am meisten anfällig gegen Peronospora. Immer wieder kommt es in einzelnen Weinbergen zu empfindlichen Ertragsausfällen durch Gescheinsperonospora und Lederbeerenbefall, die gelegentlich den totalen Verlust der Ernte bedeuten. Auch gegen die Schwarzfleckenkrankheit ist der Müller-Thurgau sehr empfindlich. Das gleiche gilt vom Roten Brenner. Eine stärkere Oidiumempfindlichkeit liegt dagegen nicht vor.

Botrytis: Die Anfälligkeit des Müller-Thurgau ist mittelhoch. In feuchten Frühjahren kann man schon an den jungen Triebspitzen und Blättern Befall sehen. An den Blättern äußert sich der Befall als große braune Flecken, die sich welk präsentieren. Die infizierten Triebspitzen werden braun, überziehen sich mit grauem Pilzmycel und fallen ab. Gelegentlich tritt der Befall auch an Internodien auf und bringt den darüber liegenden Triebteil zum Absterben. Dieser Frühjahrsbefall ist zum Glück nie so umfangreich, dass er Schäden von wirtschaftlicher Bedeutung verursachen würde. Wesentlich unangenehmer ist die Anfälligkeit der Sorte gegen Stielfäule und Beerenfäule. Bei feuchtem Herbstwetter können heute noch gesunde Beeren über Nacht in Fäulnis übergehen und, wenn sie länger hängen, auslaufen. Dieser Sortenfehler begrenzt den Anbau des Müller-Thurgau in Betrieben mit Handlese, kann aber durch die Schlagkraft der Traubenvollernter behoben werden.

Stiellähme: Es ist eine mittlere Anfälligkeit vorhanden.

Erziehung: Der Müller-Thurgau hat einen kräftigen Wuchs, der allerdings etwas ungleichmäßig ist. Neben sehr langen Trieben gibt es, besonders mit fortschreitendem Alter, auch sehr kurze Triebe. Die Erziehung muss nicht nur auf die Wuchskraft, sondern auch auf die hohe Anfälligkeit gegen Peronospora und Botrytis abgestimmt werden. Eine weiträumige Erziehung sagt der Sorte am besten zu.

Normalerziehung: Die Gassenbreite sollte nicht unter 1,80 m angelegt werden, die obere Grenze liegt bei 2,20 m. Der Stockabstand hat bei der maschinengerechten Gassenbreite ein Optimum bei 1,20 m. Nur in armen, trockenen Böden darf man bis auf 1,00 m zurückgehen, aber in keinem Fall darunter. Der Abstand ist so zu wählen, dass die Bogreben (Fruchtruten) nicht übereinander gebogen werden müssen. Es soll zwischen ihnen ein kleiner Zwischenraum bleiben, damit die Laubwand luftig bleibt, weil dies die beste vorbeugende Maßnahme gegen Botrytis darstellt.

Der Müller-Thurgau ist auf den Beiaugen fruchtbar und trägt auch auf wildem Holz. Wegen der oft mangelnden Holzreife, die in erster Linie die oberen Triebteile betrifft, ist ein Schnitt von zwei kürzeren Bogenreben vorteilhafter als der einer langen.

Weitraumerziehung: Der Müller-Thurgau eignet sich wegen seinem günstigen Wachstum und seiner Wuchskraft sehr gut für die Weitraumerziehung. Mit dem Pendelbogen oder Rundbogen wird Menge und Güte in Einklang gebracht.

Unterlagen: Schwachwachsende Unterlagen sind für den Müller-Thurgau wegen seiner hohen Fruchtbarkeit nicht geeignet. In wuchskräftigen Böden sind SO 4, Binova und in kalkarmen Böden 5 C vorteilhaft, in wuchsschwachen 5 BB und 125 AA. Für die Weitraumerziehung eignet sich die 5 BB am besten. Nur in besonders fruchtbaren Böden können auch die etwas weniger wuchskräftigen SO 4 und Binova verwendet werden.

Ertrag: Im langjährigen Durchschnitt werden Erträge von 100 bis 150 hl/ha erreicht. Diese gute Fruchbarkeit verdankt die Sorte ihrer großen Blühfestigkeit und der Fruchtbarkeit der Beiaugen. Werden die Haupttriebe einmal durch einen Maifrost zerstört, bringt die Sorte auf den Beiaugen noch lohnende Erträge. Nach Winterfrösten erholt er sich schnell, jedoch sind ausgesprochene Winterfrostlagen vom Anbau auszuschließen. Dieses sind in erster Linie Geländemulden ohne Kaltluftabfluss. Werden beim Müller-Thurgau während der Blüte die Käppchen nur angehoben und infolge eines Wettersturzes nicht abgeworfen, kommt es nicht zu Rieselschäden wie bei anderen Sorten. Die Blühfestigkeit ist also groß.

Klone: Die Rebsorte Müller-Thurgau wird seit über 100 Jahren vermehrt und ist von ihren Leistungseigenschaften weitestgehend stabil und einheitlich. Zur Zeit sind 18 Erhaltungszüchter mit 64 Klone für die Sorte Müller-Thurgau beim Bundessortenamt eingetragen. Die moderne Klonenselektion besteht darin, in einer Population, deren Individuen sich genetisch unterscheiden, verschiedene Typen vegetativ zu vermehren und auf ihre Eigenschaften zu prüfen. Es treten gelegentlich Mutationen auf. So ist die Sorte „Findling" eine Mutation aus der Rebsorte Müller-Thurgau.

Reife: Unter den Hauptrebsorten Deutschlands (Riesling, Silvaner, Müller-Thurgau) reift der Müller-Thurgau am frühesten. Die Vollreife ist in guten Jahren oft schon am 15. September erreicht, in schlechten Jahren Ende September/Anfang Oktober. Für die starke Verbreitung waren frühe Reife und Ertragshöhe wichtige Gründe.

Ernte: Die Lese der Müller-Thurgautrauben leitet im allgemeinen den Herbst ein. Bei einer rasch um sich greifenden Fäulnis ist eine vorzeitige Lese erforderlich. Im Schnitt der Jahre beginnt die Müller-Thurgau Ernte im letzten Drittel des September. Die hohe Fäulnisempfindlichkeit, die rasch alle Trauben ergreift und zu erheblichen Mengenverlusten führen kann, erfordert die Bewältigung der Ernte in einer kurzen Zeitspanne.

Qualität: Der Müller-Thurgau ist in erster Linie eine Sorte für Qualitätswein, sofern die Erträge ein bestimmtes Maß (100 hl/ha nicht überschreiten. Durch Ertragsbegrenzung und gestaffelte Lese wird nicht selten die Spätlesestufe erreicht.

Mostgewicht: In den meisten Jahren bewegen sich die Mostgewichte des Müller-Thurgau zwischen 65 und 75 Grad Öchsle. Für den Winzer stellt sich immer wieder die Frage, ab welchem Mostgewicht ein Most nicht angereichert werden muss. Im Hinblick auf das neue Weingesetz heißt dies, ab wann die Qualität eines Kabinettweines erreicht ist. Unabhängig davon, was das Gesetz vorschreibt, wird man beim Müller-Thurgau diese Grenze bei 75 Grad Öchsle ziehen. Hierbei ist zu beachten, dass es immer schwer ist, Grenzzahlen zu nennen, da neben dem Mostgewicht viele andere Faktoren für die Qualität verantwortlich sind. In guten Lagen werden vom Müller-Thurgau auch spielend 80-85 Grad Öchsle erreicht. Insgesamt hat er aber nicht die Eigenschaft, ausgesprochen hohe Mostgewichte zu liefern, wie zum Beispiel der Graue Burgunder. Qualitätsbegrenzend, und das muss deutlich gesagt werden, sind sehr oft die hohen Erträge. In geringen Jahren kommt das Mostgewicht bei Erträgen von 150 hl/ha meistens nicht über 65 Grad Öchsle hinaus. Wer beim Müller-Thurgau hohe Mostgewichte erreichen will, muss den Ertrag begrenzen.

Säure: In den meisten Jahren sinkt die Säure des Müller-Thurgau unter die 10 ‰-Grenze, ist also als mittelhoch bis gering anzusprechen. In sehr guten Jahren kann sie sogar auf 5 ‰ sinken, ein Wert, der für die nördlichen Weinbaugebiete als zu gering anzusehen ist. In vielen Jahren ist daher eine Unterdrückung des biologischen Säureabbaues nötig. Der Vollständigkeit halber sei erwähnt, dass in ungünstigen Jahren auch Moste mit Säuren um 15 ‰ möglich sind. In der Regel ist jedoch die Säure nicht zu hoch.

Wein: Müller-Thurgau-Weine zeichnen sich durch ein feinblumiges Muskataroma und milder reifer Säure aus und sind in der Regel nicht langlebig. Anders verhält sich der Müller-Thurgau unter der Bezeichnung Rivaner als spritziger, fruchtiger und eleganter trockener Wein. Rivaner-Weine sind in der Regel nur als trockene Weine im Angebot. Der Name Rivaner setzt sich aus „Riesling und Silvaner“ zusammen. Besondere Qualitäten werden häufig unter dem Synonym „Rivaner trocken“ vermarktet. Auf der Flasche sollte man die Lagerzeit nicht über drei Jahre ausdehnen. Die Weine sind für eine frühe Füllung dankbar.

Müller-Thurgau

Wenn sie mit einem Rest an natürlicher Kohlensäure auf die Flasche kommen, schmecken sie besonders frisch und belebend. Solche Weine halten sich auf der Flasche auch länger jung.

Vorteile: Sie liegen in der frühen Reife und den damit verbundenen geringen Lageansprüchen, der Ertragstreue und der harmonischen Säure.

Nachteile: Hier sind die hohe Anfälligkeit gegen Peronospora, Botrytis, Schwarzfleckenkrankheit und Roten Brenner zu nennen. Weiterhin sind die Schwäche in der Holzreife und der Winterfrostigkeit zu beachten. Der Winzer hat aber gelernt, mit diesen Nachteilen fertig zu werden.

Anbauwert: Die Erträge der Rebsorte Müller-Thurgau liegen trotz Ertragsreduzierung oft über der gesetzlichen Ertragsbegrenzung; deshalb ist der Anbauwert – im Gegensatz zu früher - heute geringer einzustufen.

Grüner Silvaner

Der Grüne Silvaner war einmal die wichtigste Rebsorte Deutschlands. Im vorigen Jahrhundert verdrängte er in der Pfalz, in Rheinhessen und an der Nahe schrittweise den Elbling (Kleinberger). Er leitete damit eine bedeutende Qualitätsverbesserung ein. Gleichzeitig war er an der Ablösung des gemischten Satzes und dem Übergang zum reinen Satz beteiligt. Die ersten bedeutenden Erfolge in der Klonenzucht wurden mit dem Silvaner erzielt. Bis Ende der fünfziger Jahre war er am stärksten an der jährlichen Jungfeldfläche beteiligt. Danach war sein Anbau rückläufig. Zur Zeit gewinnt der Silvaner wieder mehr an Bedeutung und dies besonders in Rheinhessen und Franken.

Verbreitung: Mit einer Anbaufläche von etwa 20 000 ha nahm der Silvaner noch vor wenigen Jahren die größte Fläche im deutschen Weinbau ein. Inzwischen wurde er vom Müller-Thurgau überrundet und ist auf dem dritten Platz. Trotzdem besitzt Deutschland im Jahr 2001 mit 6422 ha immer noch die größte Silvanerfläche der Welt. Kleine Anbauflächen sind noch im Elsaß, der Schweiz (bei Sion/Wallis), in Österreich (Südsteiermark), Südtirol (Brixen), Ungarn, Rumänien (Siebenbürgen) zu finden.

Herkunft: Auch beim Silvaner hat man versucht, die Herkunft von einer römischen Sorte herzuleiten. Plinius (23-79 n. Chr.) hat in seinem Werk "Historia naturalis" eine Rebsorte, die apianische Rebe, beschrieben, die in ihren Merkmalen dem Silvaner ähnelt. Unterstützt wird diese Tatsache durch den Umstand, dass der Name "Vitis apiana" sich von apis= Biene herleiten lässt und so zu einem in Österreich gebrauchten Synonym, "Fliegentraube", hinführt. Wie unsicher solche Vermutungen sind, geht aus der Tatsache hervor, dass in der Literatur Meinungen zu finden sind, die in dieser römischen Sorte einen Vorfahren des Muskatellers zu erkennen glauben.

Bassermann-Jordan hat in seinem Werk "Geschichte des Weinbaus" eingehende Untersuchungen über die Herkunft des Silvaners angestellt. Seinen Darlegungen ist zu entnehmen, dass man bis ins Mittelalter von "huntschem Wein" (Vinum hunicum) und "frentschem Wein" (vinum francicum) sprach. Von daher gab es Vermutungen, dass francicum (fränkisch) ein Hinweis auf Franken sei, eine Bezeichnung, die der Silvaner an der Nahe und in Rheinhessen noch heute genießt. Bassermann-Jordan kann aber nachweisen, dass die Bezeichnung "huntschem" für geringen Wein und "frentschem" für guten Wein gebraucht wurde. Francicum= fränkisch könnte, wenn es auf den heutigen Silvaner hinweisen würde, bedeuten, dass die Sorte im Frankenreich Karls des Großen verbreitet worden wäre, der tatsächlich in unseren Breiten besseren Rebsorten Eingang verschafft hat. In keinem Falle, so meint Bassermann-Jordan, ließe sich folgern, dass der Silvaner aus Franken stamme. Es gibt sogar Überlegungen, seinen Ursprung in der Pfalz zu suchen.

In den heutigen Lehrbüchern wird die Heimat des Silvaners nach Transsylvanien (Siebenbürgen) in Rumänien gelegt. Bassermann-Jordan hält dies für unmöglich, weil dort der Silvaner nach seinen Untersuchungen 1870 erstmalig genannt worden sei. Andere Autoren vermuten, dass der Silvaner aus Österreich stamme, weil er z.B. im Rheingau, auch den Namen Österreicher trägt. Die Verfechter dieser Theorie glauben an eine Entwicklung aus Wildreben, die an den Ufern der Donau wuchsen (Vitis vinifera L var. caucasica V.).

Silvaner-Anbau in den Weinbaugebieten Deutschlands 2001

Weinbaugebiet	ha	% der Anbaufläche des Gebietes
1. Rheinhessen	2 987	11,3
2. Franken	1 252	20,7
3. Pfalz	1 211	5,2
4. Nahe	378	8,6
5. Baden	297	1,9
6. Württemberg	200	1,8
7. Saale-Unstrut	58	9,0
8. Hessische Bergstraße	24	5,3
9. Rheingau	10	0,3
10. Mittelrhein	4	0,8
11. Mosel-Saar-Ruwer	—	—
12. Ahr	—	—
13. Sachsen	—	—

Synonyme:

Land	Bezeichnung
Deutschland	**Grüner Silvaner, Silvaner**, Sylvaner, Franken, Österreicher, Frankenriesling, Grünfränkisch, Namen wie Salviner, Salvaner, Grünedel, Schönfeilner, Scharvaner und Bötzinger sind aus dem Sprachgebrauch verschwunden
Italien	Silvania, Silvaner bianco
Österreich	Silvaner, Grüner Zierfandl, Fliegentraube
Schweiz	Grüner Sylvaner, Joahnnisberger, Gros-Rhin
Frankreich	Silvain vert, Gentil vert, Picardon blanc, Gamay blanc, Clozier
Ungarn	Zöld Szilvani

Ursprung des Sortennamens: Die Bezeichnung Silvaner soll von Silvanus stammen (lat. silva= Wald) oder auf Transsylvanien zurückgeführt werden. Die Namen Franken und Österreicher sind eindeutig Synonyme. Es ist nämlich kaum zweifelhaft, dass der Silvaner von Österreich her in Deutschland eingewandert ist. So erinnert ein Bildstock in der Würzburger Lage "Stein" daran, dass Alberich Degen, Abt der Zisterzienserabtei Erbach im Steigerwald, die Reben 1665 einführte und anpflanzen ließ. In Heilbronn lässt sich der Silvaner 1700 erstmalig nachweisen. Die weiter westlich gelegenen Weinbaugebiete wurden erst im 19. Jahrhundert vom Silvaner nach und nach erobert, indem der Elbling (Kleinberger) mehr und mehr verdrängt wurde. Der Weg des Silvaners in die deutschen Weinbaugebiete scheint also von Österreich zunächst nach Franken erfolgt zu sein und von dort in die übrigen Gebiete. Synonyme sind auch beim Silvaner zahlreich vorhanden, haben aber im Sprachgebrauch stark abgenommen.

Sortenmerkmale: *Triebspitze* offen, hellgrün, mittel wollig behaart; Blatt mittelgroß, rund meist dreilappig, wenig gebuchtet, kreisförmig, Oberfläche grünglänzend, glatt, Rand schwach gezähnt, Stielbucht V-förmig bis geschlossen; *Trieb* engknotig, mittlere Geiztriebbildung; *Holz* hellbraun, dunkel gestreift; *Traube* mittelgroß, meist walzenförmig, mitteldichtbeerig; *Beeren* mittelgroß, rund und bei dichtem Stand etwas flachgedrückt, grüngelb, bei Überreife auch gelbgrün, ziemlich dicke Beerenhaut, süßschmeckend, ohne ausgeprägtes Sortenbukett; *Austrieb* spät; *Blütezeitpunkt* spät; *Blühfestigkeit* hoch; *Reife* spät; *Wuchs* mittelstark, buschig; *Ertrag* hoch; *Holzreife* mittelmäßig.

Eigenschaften der Sorte

Ansprüche an die Lage: Sie sind weniger hoch als die des Rieslings. Diese mittleren Ansprüche an die Lage stammen von der früheren Reife, die fast 14 Tage vor dem Riesling erreicht ist. In eine späte Lage sollte man den Silvaner nicht pflanzen, da seine Weine bei niedrigem Mostgewicht wenig ansprechend sind. Während sich eine hohe Säure beim Riesling nach der Entsäuerung fruchtig präsentiert, behält eine hohe Silvanersäure nach der Reduzierung einen grasigen unreifen Ton, der erst nach längerer Lagerzeit des Weines verschwindet. Wenn die besten Lagen in der Regel auch dem Riesling vorbehalten sind, so muss man doch bekennen, dass Silvanerweine aus guten Lagen höchste Qualität erreichen können. Die Vorteile des Silvaners liegen jedoch in erster Linie darin, dass er in Lagen, in denen der Riesling selten reif wird, noch gute Mostgewichte erreicht.

Ansprüche an den Boden: Diese sind höher als beim Riesling, können also auch als mittel bezeichnet werden. Für ausgesprochen trockene Hanglagen, mit flachgründigen Böden, ist er nicht geeignet, aber auch hier muss man betonen, dass durch die Wahl einer geeigneten Unterlage manches ausgeglichen werden kann. Auf der Unterlage 5 BB wächst der Silvaner auch auf trockenen Kiesböden noch befriedigend. Infolge der hohen Fruchtbarkeit kann es auf armen Böden zu Wachstumsdepressionen kommen, denen aber durch eine gute organische Düngung und etwas kürzeren Anschnitt begegnet werden kann. Häufig erholen sich im Wuchs zurückgefallene Anlagen in Jahren mit gut verteilten Niederschlägen recht schnell. Beginnender Wassermangel im Sommer zeigt sich an einer frühzeitigen Vergilbung der unteren Blätter. Bei anhaltender Trockenheit werden diese Blätter bereits im August abgeworfen.

Holzreife: Die Holzreife des Silvaners kann höchstens als mittelmäßig bezeichnet werden, da der Beginn später einsetzt als beim Riesling. Wenn sich die einjährigen Triebe des Rieslings oft schon über viele Internodien hinaus gebräunt haben, als Zeichen der Holzreife, beginnt beim Silvaner gerade das erste Internodium mit der Braunfärbung. Die mangelhafte Holzreife erfasst in der Regel nicht alle Triebe. Bevorzugt reif werden die Basistriebe und die Schwanzreben (am Ende der Fruchtruten). Die mittleren Triebe werden nur in günstigen Jahren völlig reif. Bei Frühfrost kann es passieren, dass außer ein oder zwei Trieben, die sich bereits gebräunt haben, alle anderen erfrieren. Diese nehmen in den Wochen nach dem Frühfrost eine schwarze Farbe an. Die mangelhafte Holzreife ist umso ausgeprägter, je fruchtbarer die Stöcke sind. Da beim Silvaner die Klonenzucht zu einer ganz beachtlichen Ertragssteigerung geführt hat, wurde damit gleichzeitig seine Holzreife beeinträchtigt. Kommt in engen, dichtlaubigen Beständen zu dem hohen Ertrag Botrytis hinzu, wird die Holzreife zusätzlich herabgesetzt. Wenige Tage starken

Winterfrost können dann viele Knospen des Silvanerholzes zum Erfrieren bringen. Für Frostlagen ist der Silvaner daher völlig ungeeignet.

Winterfrostfestigkeit: Das alte Holz erreicht nicht die hohe Winterfrostfestigkeit des Rieslings. In polaren Wintern, die den Riesling nur begrenzt schädigen, kann das alte Holz des Silvaners total zerstört werden. In ausgesprochene Winterfrostlagen sollte man diese Sorte nicht pflanzen. Solche Lagen sind insbesondere Senken und Mulden., in denen sich nicht nur im Frühjahr, sondern auch im Winter die kalte Luft potenziert. Ein gutes Zupflügen, damit etwa 10 cm des Stammes über der Veredlungsstelle etwas gegen Kälte geschützt sind, erscheint beim Silvaner wichtig. Da der Silvaner aus dem alten Holz gern schlafende Augen zum Austrieb bringt, kann der erfrorene Stamm aus solchen Trieben schnell wieder aufgebaut werden.
Die Schwäche des Silvaners hinsichtlich Holzreife und Winterhärte können durch entsprechende Unterlagenwahl und durch weinbautechnische Maßnahmen gemildert werden. Hierzu gehören weite Pflanzung, Verzicht auf starken Anschnitt und harmonische Düngung.

Krankheitsanfälligkeit: Die Anfälligkeit gegen Pilzkrankheiten kann zwischen Riesling und Müller-Thurgau eingestuft werden. So ist die Empfindlichkeit gegen Peronospora nur geringfügig höher als beim Riesling. Die Anfälligkeit gegen Roten Brenner ist etwa gleich. Gegen Schwarzfleckenkrankheit besteht eine geringere Anfälligkeit im Vergleich zum Müller-Thurgau, aber eine stärkere im Vergleich zum Riesling. Der Silvaner wird leichter von Oidium befallen als Riesling und Müller-Thurgau.

Botrytis: Die Botrytisanfälligkeit ist nur mittelhoch. Die Trauben sind weniger anfällig gegen Stielfäule als die des Rieslings, die Beeren dagegen mehr, aber lange nicht so stark wie die Beeren der Müller-Thurgautrauben. Ein Auslaufen der Beeren nach Botrytisbefall tritt nicht ein.

Stiellähme: keine.

Wuchs: Der Silvaner hat nicht den kräftigen Wuchs wie die Sorten Riesling und Müller-Thurgau; er lässt sich als mittelkräftig deklarieren. Es ist jedoch zu berücksichtigen, dass der Silvaner auf sehr armen Böden in wenigen Jahren vom Holz kommen kann, ein Vorgang, der durch eine Reihe von ertragreichen Jahren beschleunigt wird. Werden die Weinberge in gutem Düngungs- und Humuszustand gehalten, so erholen sich die Reben von ihrer Wuchsschwäche in Jahren mit ausreichenden Niederschlägen schnell. Es gibt Silvanerpfropfrebenweinberge, die auf fruchtbaren Böden noch nach 30 Jahren eine ausreichende Wuchskraft besitzen.

Erziehung: Die Erziehung des Silvaners schreibt keine eng begrenzten Formen vor. Für den modernen Weinbau ist eine weiträumige Erziehung vorteilhaft.

Normalerziehung: Da man schon in den 30er Jahren und später mit dem "Oppenheimer Hochspalier", das Stämme von 80 cm Höhe und Gassen von 1,50 – 1,60 m aufwies, gute Erfahrungen machte, sind heute Breiten von 1,80 m – 2,00 m angebracht. Der Stockabstand ist ganz auf die zu erwartende Wuchskraft abzustellen und schwankt dementsprechend zwischen 1,00 m und 1,20 m. Beim Fruchtholz sind zwei kurze Halbbögen besser als ein längerer Halbbogen, weil zwei ausreichend ausgereifte kürzere Trieb leichter vorhanden sind als ein langer. Beim Biegen brechen die Triebe leichter als die sehr geschmeidigen Rieslingruten. Man muss sich daher für diese Arbeit feuchte Tage aussuchen. Die Triebe haben einen nicht so aufrechten Wuchs wie Rieslingtriebe und ranken sich auch nicht so leicht fest. Ein Drahtrahmen mit zwei Heftdrahtpaaren, einem Biegdraht und einem Überbiegdraht sind am besten.

Weitraumerziehung: der Silvaner wird als ungeeignet für diese Erziehung angesehen, was falsch ist. Bei der Jochweitraumerziehung mit dreigeteilter Laubwand besteht lediglich die Gefahr der Laubglockenbildung durch den buschigen Wuchs der Sorte. Mit dem Zweibogenschnitt kann dieser Gefahr begegnet werden. Vorausgesetzt sind jedoch tiefgründige und fruchtbare Böden.

Unterlagswahl: In der Unterlagswahl bestehen keine besonderen Schwierigkeiten. Sie wird in erster Linie vom Kalkgehalt des Bodens bestimmt, da der Silvaner zu den chloroseempfindlichen Sorten gehört. in tiefgründigen und chloroseempfindlichen Böden sind SO 4, Binova und 125 AA vorzuziehen, bei armen, trockenen Bodenverhältnissen 5 BB. Wuchsschwache Unterlagen, wie zum Beispiel die 3309, sind ungeeignet.

Ertrag: Unter den alten Standardsorten Riesling, Grauburgunder und Weißburgunder gehört der Silvaner zu den ertragreichsten. Die Ertragshöhe des Müller-Thurgau erreicht er jedoch nicht. In frostfreien Lagen, wo wenig Ernteausfälle infolge der manchmal etwas mangelhaften Holzreife auftreten, können im langjährigen Durchschnitt Ernten von mehr als 100 hl/ha erreicht werden. Selbst in ärmeren Böden beträgt der Ertrag im langjährigen Mittel noch 80 hl/ha. Diese Ertragstreue macht den Silvaner zu einer bedeutenden Rebsorte für unsere Breiten. Die Nachhaltigkeit und Höhe des Ertrags wurde durch die Klonenselektion sehr gefördert.

Reife: Die Silvanertrauben reifen zwischen Riesling und Müller-Thurgau. Man kann die Reife als mittelspät bezeichnen. In sehr ungünstigen Jahren wird in den nördlichen Weinbaugebieten die Vollreife nicht immer erreicht.

Ernte: Frühestens in den letzten Septembertagen beginnt die Silvanerernte. In den meisten Jahren jedoch erst Anfang Oktober. Da der Silvaner die Fähigkeit besitzt, bei später Lese beachtliche Öchslegrade zu erreichen, sollte man mit seiner Ernte nicht zu früh beginnen. Selbst in einem ungünstigen Jahr, das die Trauben z.B. kaum über 65 Grad Öchsle hinauskommen lässt, schmeckt ein Wein aus spät gelesenen Trauben wesentlich besser als eine sogenannte Normallese. Das hängt damit zusammen, dass die spitze Säure abnimmt und anscheinend auch andere Aromastoffe die durch das längere Hängenlassen in den Beeren gebildet werden.

Qualität: Wie bei allen Sorten wird auch beim Silvaner die Qualität sehr stark durch die Güte des Standortes und die Höhe des Ertrages beeinflusst. Bei gleichen Lagen- und Bodenverhältnissen erreicht der Graue Burgunder ein höheres Mostgewicht auch der Kerner leistet mehr, um nur zwei Sorten zu nennen. Der Silvaner kann daher auch zu den Qualitätssorten gerechnet werden. Er nimmt eine Mittelstellung ein, denn es können neben Tischweinen und Qualitätsweinen auch Prädikatsweine gewonnen werden. Wer einmal eine Silvaner-Beerenauslese trinken durfte, wird dieser Auffassung zustimmen. In den Hauptverbreitungsgebieten Rheinpfalz, Rheinhessen, Franken und Nahe kann der Silvaner als der Riesling der mittleren Lagen angesehen werden.

Mostgewicht: Die Mostgewichte des Silvaners bewegen sich in den gleichen Grenzen wie die des Rieslings. In kleinen Lagen werden im Durchschnitt der Jahre ca. 65 Grad Öchsle erreicht. In mittleren Lagen sind es 70 bis 80 Grad und in guten über 80 Grad. Zur Erzeugung von Kabinettweinen sind je nach Anbaugebiet Mindestmostgewichte von 70 bis 79 Grad Öchsle als unterste Grenze vorgeschrieben.

Säure: Die Säure ist etwas geringer als beim Riesling. Die Spanne ist jedoch nicht so groß, wie manchmal zu lesen ist. Sie bewegt sich zwischen 3 und 4 o/oo. Zur Rieslingsäure besteht jedoch ein großer geschmacklicher Unterschied. Eine hohe Rieslingsäure wird durch einen fruchtigen Ton positiviert, eine hohe Silvanersäure präsentiert sich dagegen spitz und grasig. Durch spätere Lese kann der Säure die spitze Art genommen werden, selbst dann, wenn das Mostgewicht nicht steigen sollte.

Wein: Die Weine des Silvaners sind geschmacksneutral, worin zum Ausdruck kommt, dass sie kein hervorstechendes Bukett besitzen. Überwiegend wird die Auffassung vertreten, dass die Silvanerweine plump und breit seien, ihnen die Eleganz fehle und sie daher dem modernen Publikumsgeschmack wenig entsprächen. Ein solches Pauschalurteil ist falsch, wie alle solche Urteile. Von den Gesteins- und Kiesböden können bei ausreichender Feuchtigkeit sehr fruchtige Silvanerweine gewonnen werden. In schweren Böden präsentieren sich die Silvanerweine wuchtig.
Die ausgewogene und neutrale Geschmacksnote macht ihn zu einem angenehmen und universellen Speisebegleiter, denn Silvaner-Weine passen sehr gut zu folgenden Speisearten: Geräucherten Fisch, Fischspezialitäten

Grüner Silvaner

gebraten oder gekocht, Salat von Krustentieren, Austern, gebratener oder gegrillter Schweine- oder Rinderleber, zum Spargel, Geflügel, Kaninchen, Wild, Rindfleisch gebraten und gekocht auch besonders zu Schweine- und Lammbraten, Aufschnittarten, kräftige Käsesorten, Weichkäse, Ziegenkäse und andere Genüsslichkeiten aus einer guten Küche.

Nachteile der Sorte: Schwäche in der Holzreife und gegenüber Winterfrösten sowie Chlorose.

Anbauwert: Der Silvaner hat in den letzten Jahren flächenmäßig wieder zugenommen und somit als traditionelle Rebsorte an Bedeutung gewonnen. Er hat nach wie vor einen festen Platz als Standardsorte im deutschen Sortiment.

Blauer Silvaner

Der Blaue Silvaner ist wahrscheinlich die Ausgangssorte des aus ihm mutierten Grünen Silvaners. H. Goethe, G. Scheu und A. Dümmler bezeichnen ihn als eine minderwertige Spielart. Der in Österreich angebaute Muskat Silvaner hat nichts mit dem Grünen Silvaner zu tun. Es handelt sich um die bekannte französische Weißweinsorte Sauvignon blanc.

Verbreitung: Die Statistik von 2000 weist eine bestockte Rebfläche von 3 ha und für das Jahr 2001 eine Fläche von 4 ha aus.

Herkunft: Der Blaue Silvaner ist eine Mutation des Grünen Silvaners. Ampelographisch unterscheiden sich die beiden Silvaner nur in der Beerenfarbe. Die Rebschule Kaspar Steinmann in Sommerhausen/Main hat 1968 mit der Selektion des Blauen Silvaners begonnen und züchterisch diese alte Sorte leistungsfähig gemacht mit dem Klon "ST 25".

Sortenmerkmale: Besitz eine hellgrüne, gering behaarte Triebspitze; kleine bis mittelgroße Blätter, wenig bis undeutlich gelappt, Blattränder sind gezähnt, mittlere Geiztriebbildung; Trauben sind mittelgroß und dichtbeerig; die Traubenbeeren sind rundlich, mittelgroß, dunkelrot-violette Färbung und neutral im Geschmack. Austrieb ist mittel bis spät; Wuchs ist mittel bis kräftig; Beginn der Traubenreife ist mittelspät bis spät und im übrigen dem Grünen Silvaner ziemlich gleich.

Eigenschaften der Sorte

Ansprüche an die Lage: Beansprucht mindestens mittlere, besser gute Lage.

Ansprüche an den Boden: Am besten sind tiefgründige, lockere und warme Lehm- und Lößlehmböden geeignet. Seine Standortansprüche sind mit dem des Grünen Silvaners eigentlich identisch. Der Stockabstand beträgt rund 1,00 m und die Stammhöhe ab 70 cm. Im übrigen ist die Erziehung mit dem Grünen Silvaner vergleichbar.

Sonstige Eigenschaften und Kriterien: Der Blaue Silvaner besitzt eine mittlere Winterfrosthärte und ist gegenüber den Pilzkrankheiten von Peronospora gering bis mittel, gegen Oidium nur mittel und gegen Botrytis gering bis mittel anfällig. Anbautechnik und andere Erfordernisse können vom Grünen Silvaner übernommen werden.

Ertrag: Den Traubenertrag kann man als mittel bis hoch bzw. als stabil bezeichnen. Kurzer Anschnitt ist zu empfehlen.

Mostgewicht: Im Durchschnitt der Jahre liegt das Mostgewicht um 4° Oechsle über dem Grünen Silvaner – diesen Wert hat der Züchter Steinmann langjährig ermittelt. Die Mostsäure ist ebenso dem Silvaner ähnlich.

Wein: Im Vergleich zum Grünen Silvaner soll der Wein meist fruchtiger und extraktreicher sein.

Grauer Burgunder (Ruländer)

In den letzten Jahren hat der Ruländer in Deutschland eine steigende Verbreitung gefunden. Er zählt zu den besten Sorten unseres heimischen Rebenbestandes, dessen wuchtige, feurige Weine mit dem vollen Bukett eine besondere Kostbarkeit darstellen.

Verbreitung: Den größten Anbau hat Deutschland mit 2905 ha. In Frankreich ist der Ruländer im Elsaß, in der Champagne und in Burgund (Gegend von Meursault und Mercurey) zu finden. Der fast ganz verschwundene

Anbau in der Ostschweiz nimmt wieder etwas zu. In Ungarn und Österreich sind ebenfalls kleine Ruländerbestände vorhanden.

Herkunft: Wahrscheinlich ist der Ruländer durch eine Knospenmutation aus dem blauen Burgunder entstanden, worauf auch seine Zweitbezeichnung "Grauer Burgunder" hinweist. Mit dem "Weißen Burgunder" und dem "Blauen Burgunder" bildet er eine Familie, denn alle drei Sorten sind im Sommer kaum voneinander zu entscheiden und identifizieren sich erst bei der Traubenreife durch die Farbe der Beeren. Die Heimat des Ruländer dürfte in Burgund zu suchen sein. Von dort gelangte er schon früh in die Schweiz. Ungarn soll ihn von Kaiser Karl IV (1347 – 1378) erhalten haben. In Deutschland gab ein Kaufmann namens Johann Seger Ruland aus Speyer um 1711 den Anstoß zu seiner Verbreitung. Bassermann-Jordan* nimmt an, dass der Ruländer aus der Champagne in die Pfalz gelangte. Ruland entdeckte ihn in einem verödeten Garten und vermehrte ihn schnell, nachdem er seinen Wert erkannt hatte.

Ursprung des Sortennamens: Es besteht kein Zweifel, dass die heutige Bezeichnung "Ruländer" auf den Kaufmann Ruland aus Speyer zurückzuführen ist. Die heute mehr im Vordergrund stehende Bezeichnung "Grauer Burgunder", die der Ampelograph Moog in seiner Sortenkunde als die richtige Bezeichnung voranstellt, hat inzwischen den Namen Ruländer zurückgedrängt. Die Bezeichnung Grauer Burgunder hat sich für die Weine als verkaufsfördernd erwiesen.

Sortenmerkmale: *Triebspitze* offen, starkwollig, weißlich-hellgrün; *Blatt* mittelgroß, schwach dreilappig, kaum gebuchtet, Oberfläche leicht blasig, Rand stumpf gezähnt, Stielbucht V-förmig offen, *Trieb* engknotig, mittlere Geiztriebbildung;; *Holz* dünn, rotbraun; *Traube* mittelgroß, walzenförmig, dichtbeerig; *Beeren* mittelgroß, länglich, dünnhäutig, graurot, schwaches Bukett; Austrieb spät; Reife mittelspät; Wuchs mittelstark; Ertrag gut; Holzreife gut; *Blütezeitpunkt* spät; *Blühfestigkeit* mittel bis hoch.

Eigenschaften der Sorte

Ansprüche an die Lage: Der Graue Burgunder stellt hohe Ansprüche an die Lage, die etwa in der Mitte zwischen Riesling und Silvaner liegen. Das gegenüber dem Riesling höhere Mostgewicht darf nicht dazu verleiten, ihn in geringen Lagen anzupflanzen, weil seine Weine nur dann ansprechen, wenn die Mostgewichte über 80 Grad Öchsle liegen.

Ansprüche an den Boden: Der Graue Burgunder liebt einen tiefgründigen, kräftigen Boden. Auf einer starkwüchsigen Unterlage, wie z.B. 125 AA, darf der Boden auch etwas weniger wuchsstark sein. Lediglich ausgesprochen

***Bassermann-Jordan, Friedrich von (1872-1959), Weingutsbesitzer in Deidesheim, Verfasser des Buches „Die Geschichte des Weines".**

flachgründige Felsböden sowie Kies- und Sandböden sind vom Anbau auszuschließen, da die Güte des Grauen Burgunders nicht nur vom Mostgewicht, sondern auch von seiner Fülle, dem Extrakt, bestimmt wird.

Die **Holzreife** der einjährigen Triebe ist fast so gut wie die des Rieslings. Auch das alte Holz hat eine ausreichende Winterhärte. Für Maifrostlagen ist die Sorte nicht geeignet, da die Beiaugen weniger fruchtbar sind.

Krankheitsanfälligkeit: Es besteht keine besondere Empfindlichkeit gegen eine Pilzkrankheit, denn der Graue Burgunder wird von Peronospora, Rotem Brenner, Oidium und Schwarzfleckenkrankheit nicht stärker befallen als der Riesling.

Synonyme: Im Vordergrund stehen die beiden Namen "Ruländer" und "Grauer Burgunder" für den deutschen Sprachraum und "Pinot gris" für den französischen. Trotz der im Wallis gebräuchlichen Bezeichnung "Malvoisie" besteht keine Verwandtschaft zum Malvasier. Der im Elsaß und der übrigen Schweiz gebräuchliche Name "Tokayer" hat nichts mit dem echten ungarischen Tokayer aus der Furmintraube zu tun.

Synonyme:

Land	**Bezeichnung**
Deutschland	**Grauer Burgunder, Ruländer,** Grauclevner, Tokayer. Namen wie Roter Burgunder, Speyrer, Mauserl, Druser und Viliboner sind aus dem Sprach gebrauch verschwunden
Österreich	Ruländer
Schweiz	Malvoisie (Wallis), Tokayer (Nord-Ostschweiz)
Ungarn	Skürkebarát, Grauer Mönch, Auvergnas gris
Rumänien	Rulanda
Frankreich	Pinot gris, Malvoisien, Auvernas gris, Tokay dÁlsace (Elsaß)
Italien	Pinot Grigio

Botrytis: Ganz allgemein kann man von keiner hohen Botrytisanfälligkeit der Trauben sprechen. Da die Trauben dicht gepackt sind, kommt es nach sehr gutem Verblühen zu außerordentlich dichtbeerigen Früchten. Mit fortschreitendem Dickenwachstum der Beeren erfolgt eine Pressung, die zum

Platzen einiger Beeren führt. Davon werden vorwiegend Beeren im Innern der Traube erfasst. Auf diese Weise können sehr früh einzelne Fäulnisnester entstehen. Im Gegensatz zum Müller-Thurgau ergreift die Fäulnis nur langsam die ganze Traube. Die Beeren neigen nicht zum Auslaufen. In den meisten Jahren beginnt die Fäulnis erst im Reifezustand der Traube und geht dann zur Edelfäule über. Die Dichtbeerigkeit, bei sehr gutem Verblühen, kann auch zu einem Abpressen einzelner Beeren oder Beerenäste führen; wofür der Ausdruck "Ruländerkrankheit" gewählt wurde. **Stielfäule** ist beim Grauen Burgunder sehr selten, so dass es auch in einem nassen Jahr keine Erdtrauben gibt. Auch gegen **Stiellähme** ist diese Sorte wenig empfindlich, deshalb ist die Bereitung von Eiswein gut möglich.

Wuchs: Der Wuchs ist mittel bis kräftig und lässt sich mit der Sorte Riesling vergleichen. Die einjährigen Triebe sind etwas dünner als beim Riesling. Im Alter lässt der Wuchs etwas schneller nach.

Erziehung: Alle Weinbaulehrbücher empfehlen eine hohe Erziehung mit langem Bodenschnitt. Ritter* hatte dagegen, wie seine Geisenheimer Versuche bewiesen, auch mit dem Kordonschnitt sehr gute Erfolge erzielt. Allerdings müssen die Stöcke dann durch weiten Standraum und kräftigen Anschnitt entsprechend belastet werden.

Normalerziehung: Für den Grauen Burgunder sind breite Gassen, hohe Stämme und nicht zu enge Stockabstände unerlässlich. Gassenbreiten unter 2,00 – 2,20 m sollten vermieden werden. In einem der Sorte entsprechenden wüchsigen Boden gehört dazu ein Stockabstand von 1,00 bis 1,20 m. Es wird ein Flachbogen oder ein Halbbogen angeschnitten. Die Bogrebe wird über einen Hilfsbiegedraht steil nach unten gebogen. Auf wenig wuchsstarken Böden genügt der Anschnitt eines kurzen Halbbogens und ein Stockabstand von 1,00 m. Eine ausreichend hohe Laubwand ist zur Erreichung einer ausreichenden Qualität unerlässlich.

Weitraumerziehung: Der Graue Burgunder eignet sich für die Weitraumerziehung sehr gut. Hierbei hat der Rund- und Pendelbogenschnitt meistens die besten Ergebnisse gebracht, auch sind mit der Jocherziehung und Zweibogenschnitt (Winkelrutenschnitt) gute Erfahrungen gemacht worden.

Unterlagenwahl: Bei der Unterlagenwahl sollte die 5 BB ausgeschieden werden. Wo man eine starkwüchsige Unterlage benötigt, ist die 125 AA angebracht. In allen anderen Fällen sind die Unterlagen SO 4 und Binova angebracht.

Ertrag: Im gemischten Satz, der bis in die zwanziger Jahre in den Weinbergen vorherrschte, war fast immer auch der Graue Burgunder. Die Stöcke waren aber so degeneriert, dass sie nur geringen Ertrag brachten. Dank sorgfältiger

Selektion trat in den fünfziger Jahren durch den Hauser** Klon 1 eine Wende ein. Ritter hat bei seinen Klonen Erträge bis 226 kg/a erreicht. Heute zählt der Graue Burgunder zu den ertragreichen Sorten, die ja nach Bodenart und Erziehung Mengen von 80 – 120 hl/ha liefern. Bei der Klonenzüchtung sollte vor allem neben der Ertragssicherung zunehmend die Weinqualität berücksichtigt werden.

Reife: Die Reife des Grauen Burgunders fällt mit dem Silvaner zusammen und kann als mittelspät bezeichnet werden.

Ernte: Die Lese sollte erst dann erfolgen, wenn das Mostgewicht wenigstens 80 Grad Öchsle erreicht hat. Bei geringeren Werten sind die Weine zu dünn. Noch besser sind höhere Zuckerwerte. In den meisten Jahren können die Trauben auch lange hängen, da sie sehr stielfest sind. Die beste Erntezeit ist nach dem Silvaner, etwa Mitte Oktober.

Qualität: Hinsichtlich der Qualität gehört der Graue Burgunder zu unseren besten Sorten. Er erreicht im Durchschnitt 10 Grad Öchsle mehr als der Riesling.

Mostgewicht: Für Kabinett-Weine sind mindestens 80 Grad Öchsle erforderlich. Gute Spätlesen beginnen bei 90 Grad Öchsle. Unter 70 Grad Öchsle sind die Weine wenig ansprechend. Man muss ihn also in gute Lagen pflanzen, in denen er auch in mittleren Jahren wenigstens 80 Grad Öchsle erreicht.

Säure: Die Säure ist niedriger als beim Riesling und besitzt nicht deren fruchtige Art. Die Differenz beträgt etwa 4,5 o/oo. In Baden werden die Grauburgunder-Weine mit 5-6 o/oo Säure auf die Flasche gebracht.

Wein: Grauer Burgunder- bzw. Ruländer-Gewächse sind gehaltvoll, wuchtig, fruchtig und besitzen häufig ein sehr feines Pinot-Bukett. Große Ruländer-Weine haben Weltruf. Der Ruländer als solches liefert Auslesen, Beerenauslesen, Trockenbeerenauslesen und sehr pikante und fruchtige Eisweine von einmaliger Güte, wie sie eigentlich nur vom Riesling und Silvaner erzielt werden. Die Sorte gilt mit Recht als die edelste der Burgunderfamilie. Sie zählen zu den extraktreichsten unter den Weißweinen.

Elegante und spritzige, nicht zu kräftige Grauburgunder-Weine eignen sich als Begleiter zu Austern, Lachs und anderen Fischspezialitäten sowie diversen Fleisch- und Wildgeflügelsalaten und letztlich zur Reh- und Hasenbraten. Gehobene Grauburgunder-Weine passen zu kräftigem Schweine-, Rinder- und Lammbraten sowie zu Wildbret und anderen kulinarischen Speisen.

---

*Ritter, Franz, Prof. (1902-1986), ehemaliger Leiter des Instituts für Weinbau und Kellerwirtschaft an der Hess. Lehr- u. Forschungsanstalt für Wein-, Obst- und Gartenbau in Geisenheim/Rh.

** Hauser, Adolf (1898-1964), Weingutsbesitzer Bickensohl/Kaiserstuhl

Zu den vollen, schweren "Ruländer" serviert man kräftige Käsesorten oder feine Desserts. Die edelsüßen Kreszenzen bis hin zum Eiswein eignen sich besonders gut als Aperitif oder als krönender Abschluss einer Probe.

Anbauwert: Insgesamt hat der Graue Burgunder einen hohen Anbauwert. In Baden, vornehmlich am Kaiserstuhl, ist er die Spitzensorte. In allen übrigen Weinbaugebieten hat er sich in den letzten Jahren den Platz einer wichtigen Ergänzungssorte erobert. Gegenüber dem Weißburgunder oder Chardonnay erreicht der Graue Burgunder eine bessere Reife und Mostgewichtsleistung.

Weißer Burgunder

Zu den Qualitätssorten, die in den letzten Jahren vermehrt angebaut werden, gehört der "Weiße Burgunder". Wo man ihn in das Rebsortiment eines Betriebes aufnahm, hat er meistens den Silvaner verdrängt. Er wird aber in Deutschland nie die Bedeutung erlangen, die er in manchen Weinbaugebieten Frankreichs besitzt.

Verbreitung: Die Bundesrepublik besitzt 2795 ha Weißen Burgunder, die etwa zu gleichen Teilen auf Baden-Württemberg und Rheinland-Pfalz verteilt sind. Innerhalb dieser Länder ist die Sorte hauptsächlich in Baden, Rheinhessen und in der Pfalz zu finden. Hauptanbaugebiet des Weißen Burgunders, des Pinot blanc, und seiner bedeutendsten Spielart, des Chardonnay, ist Frankreich, wo man ihn als den französischen Riesling ansehen kann. In der Champagne ist die Côte des Blancs vorwiegend mit Weißem Burgunder und Chardonnay bestockt, die dort die bekannten "Blanc des blancs Weine" liefern. In Burgund ist der Côte de Beaune der "Weiße Burgunder" und der Chardonnay um Meursault, Pulygni Montrachet und Chassagne Montrachet zu finden. Die bekannten Weißweine des Chablis, einem kleinen Weinbaugebiet zwischen Tonnerre und Auxerre, im Departement Yvonne, entstammen ausschließlich beiden Sorten. Schließlich gehört der Weiße Burgunder in der Champagne und im Elsaß zum festen Rebsortiment. Weiterhin ist er im Wallis der Schweiz, in Oberitalien, in Südtirol, in Österreich (Niederösterreich und Burgenland) zu finden.

Herkunft: Der Weiße Burgunder ist durch Mutation aus dem Ruländer entstanden, der seinerseits aus dem Blauen Burgunder mutiert ist. Das wird an der Eigenschaft des Ruländers deutlich, der an einzelnen Stöcken gelegentlich Triebe mit blauen oder weißen Trauben entwickelt. Oft finden sich auch Trauben, die neben blauen Beeren einen Sektor mit weißen Beeren besitzen. Bekannt ist der Weiße Burgunder nach Hornickel seit dem 14. Jahrhundert. Nach Schenk lässt er sich urkundlich bis in das 16. Jh. zurückverfolgen und fand ab dem 17. Jh. Eingang in die Weinberge vom Burgund. Von dort erfolgte eine Verbreitung in andere europäische Weinbaugebiete. Die frühere Annahme, dass die kleine Siedlung Chardonnay, nördlich Macon und unweit Tournus, Ausgangspunkt des Weißen Burgunders sei, kann nicht aufrechterhalten werden, weil zur Sorte Chardonnay keine Verwandtschaft besteht, wie früher angenommen wurde. Schenk weist darauf hin, dass auf der Weinbauausstellung in Lyon 1872 die ampelographische Selbstständigkeit des Chardonnay dokumentiert wurde. Trotzdem wurde bis in unsere Tage immer wieder von einer engen Verwandtschaft von Weißem Burgunder und Chardonnay gesprochen. Dazu trug natürlich auch bei, dass der Chardonnay häufig als Pinot Chardonnay bezeichnet wurde.

Sortenname: Die früher übliche Bezeichnung "Weißer Klevner" wurde 1874 von einer ampelographischen Kommission in "Weißer Burgunder" umgewandelt, um deutlich zu zeigen, dass zum "Blauen Burgunder" und "Grauen Burgunder" eine enge Verwandtschaft besteht. Der Weiße Burgunder wird gelegentlich auch als Pinot Chardonnay bezeichnet, was falsch ist. Nach französischer Auskunft ist **Chardonnay** eine eigenständige Sorte und Pinot Chardonnay ein Synonym. In der Blattform lässt er sich deutlich von den Burgundern (Blauer, Grauer und Weißer) unterscheiden. Der Chardonnay liefert qualitativ bessere Weine als der Weiße Burgunder, liegt aber auch im Ertrag niedriger. Auch der "Morillon blanc" wird öfters als Weißer Burgunder angesehen. Nach Vogt ist er mit dem Chardonnay identisch, eine Meinung, die auch Dümmler im Weinbaulexikon äußert, ebenso wie Scheu in seinem Winzerbuch und die Österreicher Ruckenbauer und Traxler in ihrem Buch "Weinbau heute". Viel wahrscheinlicher ist er jedoch ein degenerierter und darum minderwertiger Weißer Burgunder und nicht mit dem Chardonnay identisch. Der Chardonnay ist die Spielart auf der qualitativen, der Morillon auf der entgegengesetzten Seite des Weißen Burgunders. Der Auxerrois darf nicht mit dem Weißen Burgunder verwechselt werden. Er ist nach Zimmermann und Moog eine eigenständige Sorte, kann daher nicht als Spielart des Burgunders angesehen werden.

Sortenmerkmale: *Triebspitze* offen, starkwollig, weißlich bis gelbgrün; *Blatt* mittelgroß, schwach dreilappig, kaum gebuchtet, Oberfläche leicht blasig, Rand stumpf gezähnt, Stielbucht V-förmig offen; *Trieb* engknotig, mittlere Geiztriebbildung; *Holz* dünn, graubraun bis rötlichbraun; *Traube* mittelgroß, nicht geschultert, dichtbeerig, walzenförmig; Beere länglich bis rund, dünnhäutig, grüngelb, neutraler Geschmack; *Austrieb* spät; *Reife* mittelspät; *Wuchs* mittelstark; *Ertrag* gut; *Holzreife* gut; *Blütezeitpunkt* spät; *Blühfestigkeit* mittel bis hoch.

Synonyme:

Land	**Bezeichnung**
Deutschland	**Weißer Burgunder, Weißburgunder,** Weißer Klevner, Clevner oder Clävner, Weißer Ruländer, Weißer Arbst
Frankreich	Pinot blanc, Pinot Chardonnay, Chardonnay, Blanc de Champagne, Morillon blanc, Auvernat, Arnaison blanc
Österreich	Weißer Burgunder, Weißburgunder
Schweiz	Pinot blanc
Ungarn	Fehêrburgundi, Burgundi fehêr, Burgundi kisfehêr, Kisburgundi fehêr, Pinot blanc
Italien	Pinot bianco, Borogna bianco

Eigenschaften der Sorte

Ansprüche an die Lage: Die Ansprüche an die Lage werden von der Tatsache bestimmt, dass die eigentliche Qualität bei dieser Sorte über 80 Grad Öchsle liegen muss. Es kommen also nur gute, warme Lagen infrage. Insgesamt sind die Lageansprüche etwas geringer als die des Rieslings. Vor einem Anbau in geringeren Lagen muss gewarnt werden, da dann die Weine qualitativ gering bleiben.

Ansprüche an den Boden: Sie sind als mittel bis hoch anzusetzen. Tiefgründige Böden mit ausreichender wasserhaltender Kraft sind zu bevorzugen. Auf einer stark wachsenden Unterlage können auch etwas wuchsschwache Böden ausreichen. Da der Wein seine Qualität auch vom Extrakt erhält, scheiden arme Sand- und Gesteinsböden aus. Auf Kalkböden erhalten die Weine mehr Bukett.

Holzreife: Sie ist gut und liegt kaum unter derjenigen des Rieslings. Dementsprechend ist die Sorte mit einer ausreichenden Winterfrostfestigkeit ausgestattet. Die Spätfrostanfälligkeit ist wegen des späten Austriebs nicht überbetont. Trotzdem sollten Maifrostlagen vom Anbau ausgeschlossen werden, da die Beiaugen nicht übermäßig fruchtbar sind.

Krankheitsanfälligkeit: Eine Überempfindlichkeit besteht weder gegen Peronospora, Roten Brenner, Oidium noch Schwarzfleckenkrankheit. In dieser Hinsicht kann die Sorte mit dem Riesling verglichen werden. Auch gegen

Botrytis, sowohl Beerenbotrytis als auch Stielfäule und Stiellähme, ist keine besonders betonte Empfindlichkeit vorhanden. Sehr anfällig gegen Traubenwickler.

Wuchs: Er ist mittelstark bis kräftig. Die Geiztriebbildung ist gering. Die Triebe sind engknotig und neigen so sehr zum Mastigwerden wie die der Sorte Müller-Thurgau.

Erziehung: Gassenbreiten von 1,80 bis 2,00 m sind die Norm. Stammhöhen ab 70 cm erhöhen die Blühfestigkeit. Der Stockabstand muss der Wuchskraft angepasst werden. Unter wuchsschwachen Verhältnissen soll er 1,00 m und unter wuchsschwachen Verhältnissen 1,20 m nicht unterschreiten. Als Fruchtholz hat sich eine lange Bogrebe, die über einen Hilfsbiegedraht tief nach unten gebogen wird, oder der Flachbogen gut bewährt.

Weitraumerziehung: Es sind der Rundbogenschnitt und der Pendelbogenschnitt möglich.

Unterlage: In gründigen Böden sind die Unterlagen SO 4 Binova und 5 C empfehlenswert, in wuchsschwachen die 125 AA und die 5 BB. Ausgesprochen schwach wachsende Unterlagen scheiden aus.

Ertrag: Nur bei guten Klonen ist ein gleichmäßiger und ausreichend hoher Ertrag gewährleistet. Im langjährigen Durchschnitt werden Mengen von 80 bis 100 hl/ha erreicht. Zu hohe Erträge beeinträchtigen die Qualität.

Reife: Die Reife des Weißen Burgunders fällt mit der des Silvaners zusammen und kann als mittelspät bezeichnet werden.

Ernte: Vor einer zu frühen Ernte muss gewarnt werden, da die Weine erst ab 80 Grad Öchsle in den Qualitätsbereich kommen. Die beste Erntezeit liegt kurz vor dem Riesling.

Mostgewicht: Wird der Weiße Burgunder neben dem Riesling gepflanzt, bringt er in der Regel ein um 6 bis 8 Grad höheres Mostgewicht. Um eine dem Riesling gleichwertige Weinqualität zu erreichen, ist allerdings auch ein höheres Mostgewicht nötig.

Säure: Sie ist etwas niedriger als beim Silvaner und schwankt um 10 bis 12 °/oo. In kleinen Lagen ist die Säure hoch und beeinträchtigt die Qualität.

Wein: Die Weine des Weißburgunders sind fein aromatisch, vollmundig, fruchtig und extraktreich und zeigen oft ein feines Bukett. Die Sorte selbst ist besonders für den trockenen Ausbau geeignet. In guten Jahren werden hohe Mostgewichte um 85° Oechsle erzielt und es entstehen daraus Weine von höchster Güte.

Burgunder-Weine können zu allen Tageszeiten und zu jeder Gelegenheit getrunken werden. Ein Hochgenuss sind die hochwertigen, eleganten und edelsüßen Ausleseweine zu den verschiedenartigsten Frischkäsearten, Edelpilz- oder Grauschimmel-Käsesorten sowie anderen Käsespezialitäten. Wegen seiner dezenten Aromen und der ausgewogenen Fruchtsäure eignen sich Weißburgunder sehr gut zu geräuchertem Fisch und anderen Fischspezialitäten, Krustentieren, Austern, Wildsalat, gebackener Leber, Spargel, Geflügel und Kaninchen, Fleisch-, Geflügel- und Wildgeflügelsalat, gekochtes Rindfleisch mit grüner Soße oder mildem Meerrettich und zu vielen anderen Genüsslichkeiten.

Weißburgunder ist eine ideale Sorte für die Versektung. Gute Weißburgunder, ob als Wein oder Sekt entstehen nur aus gesunden Trauben mit ausreichender Reife aus einer guten Lage und einem guten Jahrgang.

Vorteile der Sorte: Geringe Krankheitsanfälligkeit, Stielfestigkeit, gleichmäßiger Ertrag und gute Mostgewichtsleistung.

Nachteile der Sorte: Hohe Ansprüche an die Lage, die knapp unter derjenigen des Rieslings liegen. Hohe Mostgewichtsansprüche des Weines.

Anbauwert: Den höchsten Anbauwert besitzt die Sorte in Baden, wo ihre Weine in den Gebietscharakter passen. Für die Rieslinggebiete sind die Weine zu neutral. Die starke Nachfrage nach Weißburgunder trocken, führte in den letzten Jahren in den meisten deutschen Anbaugebieten zu einer Steigerung des Anbauwertes.

Auxerrois

Nach dem letzten Weltkrieg wurden, bei dem Bemühen die Weinqualität zu steigern, auch Anbauversuche mit dem Auxerrois angelegt. Inzwischen ist die Sorte durch Neuzüchtungen überrundet worden.

Verbreitung: Die Rebstatistik von 2001 weist für den Auxerrois eine Anbaufläche von 96 ha aus. Der Hauptanteil, von über 50 ha, entfällt davon auf Baden. In den Weinbaugebieten Pfalz, Rheinhessen und Nahe sowie Saarland, sind über 30 ha im Anbau. In Frankreich ist der Auxerrois im Elsaß, in der Champagne, dem Chablis und Burgund verbreitet.

Herkunft: Hierüber liegen keine sicheren Angaben vor. Es ist aber anzunehmen, dass die Sorte die gleiche Heimat wie der Burgunder hat. Nach Deutschland ist sie von Lothringen gekommen. Sie hat von dort ihren Weg an die Obermosel genommen und über das Elsaß nach Baden.

Bezeichnung: Der Name geht wahrscheinlich auf die Grafschaft Auxerrois zurück, die zwischen der Nordburgund und der Champagne lag. Früher wurde der Auxerrois als Spielart des Weißen Burgunders angesehen, wie man dem Weinbaulexikon und dem Winzerbuch von Scheu entnehmen kann. Vogt bezeichnet die Sorte als dem Weißen Burgunder nahe verwandt. Goethe zählt sie in seiner Ampelographie zum Weißen Burgunder. Moog und J. Zimmermann beweisen aber, dass es sich um eine selbstständige Sorte handelt.

Synonyme: (Doppelnamen): **Auxerrois**, Weißer Auxerrois, Oinot Auxerrois, Auxerrois blanc, Auxerrois blanc von Laquenexy, Auxois und Auxera.

Sortenmerkmale: *Triebspitze* offen, gelblich-grün, schwach bis mittelstark weißlich behaart; *Blatt* mittelgroß, schwach dreilappig, fast nicht gebuchtet, Rand gesägt, Stielbucht ausgeprägt V-förmig offen. Das Blatt hat Ähnlichkeit mit dem des Weißen Burgunders, kann aber nach Moog an dem fast gradlinigen Verlauf der drei Hauptnerven beim Auxerrois-Blatt unterschieden werden. Der Blattmittellappen ist etwas kürzer als derjenige des Weißen Burgunders: *Holz* hellbraun; *Traube* mittelgroß, mehr locker als dichtbeerig, gelbgrün; *Beere* hellgelb, mittelgroß, länglich mit schwachem Sortenbukett; *Austrieb* spät; *Reife* mittelfrüh bis mittelspät; *Wuchs* kräftig; Ertrag mittel; *Holzreife* mittelgut und mittlere Winterfrosthärte; *Blühzeitpunkt* spät; *Blühfestigkeit* mittelhoch.

Eigenschaften der Sorte

Ansprüche an die Lage: Sie entsprechen den Ansprüchen des Weißen Burgunders, können also als mittel bis hoch bezeichnet werden. Die Lage soll windgeschützt sein, da eine gewisse Blühempfindlichkeit vorhanden ist. Maifrostanfälligkeit wie Silvaner.

Ansprüche an den Boden: Sie sind mittel bis hoch. Lediglich in zu trockenen flachgründigen Böden versagt er.

Krankheitsanfälligkeit: Gegenüber Pilzkrankheiten ist keine Überempfindlichkeit vorhanden. Die Trauben faulen leicht, da sie dünnhäutig sind.

Erziehung: Nur in weiträumiger Normalerziehung oder Weitraumanlagen gibt es befriedigende Erträge. Die Fäulnisanfälligkeit verlangt luftige Pflanzweise. Als Schnitt sind zwei lange Bogreben vorteilhaft.

Unterlagenwahl: In allen Fällen sollte man die SO 4 vorziehen.

Ertrag: Selten kommt die Sorte über eine Leistung von 60 hl je ha. Der Ertrag ist schwankend. Beiaugen und wilde Triebe wenig fruchtbar. Blüte verträgt keinen Regen.

Reife: Die Traubenreife fällt fast mit der des Silvaners zusammen und liegt höchstens kurz dahinter.

Ernte: Sie wird zwischen Silvaner und Riesling vorgenommen. Bei zu später Ernte ist die Säure zu gering.

Qualität: Das Mostgewicht übertrifft den Müller-Thurgau und Silvaner um etwa 10 Grad. Allerdings verlangt der Wein auch etwas höhere Öchslegrade.

Säure: Sie ist niedrig und liegt meist unter 7 bis 8°/oo.

Wein: Auxerrois-Weine sind körperreich, jedoch nicht so fruchtig und saftig wie der Weißburgunder und eignen sich besonders zum trockenen Ausbau.

Vorteile der Sorte: Nicht zu späte Reife.

Nachteile der Sorte: Geringer Ertrag.

Anbauwert: Die geringe Ertragsfähigkeit verleiht der Sorte keinen Anbauwert. Wir haben zur Qualitätsverbesserung Sorten, die mehr leisten.

Chardonnay

Der Chardonnay zählt zu den besten Sorten der Welt. Spitzenweine werden vor allem in Frankreich gewonnen. Am bekanntesten sind die Chablis-Weine. Auch für die Champagner-Bereitung ist der Chardonnay ein wesentlicher Qualitätsfaktor. Im Jahre 1991 wurde die Rebsorte Chardonnay in die Liste der zugelassenen Sorten Deutschlands aufgenommen.

Verbreitung: In Deutschland waren bis 1994 nur 183 ha im Ertrag und ist bis 1999 auf 531 ha, bis 2000 auf 610 ha und bis 2001 auf 719 ha angestiegen. Hauptanbaugebiet ist Frankreich (20 000 ha). Aber auch in den übrigen ausländischen Weinbaugebieten wird der Chardonnay mehr oder weniger angebaut. Mit ca. 50 000 ha liegt die Rebsorte Chardonnay im Weltweinbau hinter dem Riesling an sechster Stelle.

Herkunft: Das Ursprungsgebiet der Rebsorte Chardonnay liegt in Vorderasien. Sie kam mit der Ausbreitung der Weinkultur nach Frankreich und fand schwerpunktartig in Burgund eine neue Heimat. Dort sollen sich die Klöster (Benediktiner, Zisterzienser) um die weitere Ausbreitung verdient gemacht haben. Hierbei wurde auf Sortenreinheit (Pinot Chardonnay – Weißer Burgunder) kaum geachtet. Auch heute steht er oft mit dem Weißen Burgunder im gemischten Satz. Für die Namensgebung könnte die kleine Siedlung Chardonnay, nördlich Mâcon und unweit von Tournus, in Frage kommen.

Sortenmerkmale: Obwohl die Sortenunterschiede zu der Burgunderfamilie gering sind und somit Verwechslungen immer wieder auftreten, reichen die ampelographischen Unterschiede aus, um den Chardonnay als selbstständige Sorte zu bezeichnen. *So schreibt Schumann:* "Im Vergleich zum Weißen Burgunder sind die Blätter des Chardonnay glatter, weniger blasig, die Stielbucht ist ausgeprägt lyraförmig, während sie beim Weißburgunder mehr V-förmig sind. Der deutlichste Unterschied liegt aber darin, dass die Stielbucht des Chardonnay durch Blattnerven begrenzt ist, dagegen beim Weißen Burgunder noch Blattgewebe daran liegt". Für den Winzer sind die Trauben des Chardonnay ein deutliches Erkennungsmerkmal. Sie sind klein bis mittelgroß, kompakt und bei Reife grüngelb bis bernsteinfarben, gegenüber grüngelb beim Weißen Burgunder. Die Beerenhäute sind dünn, was sich in einer gewissen Botrytisanfälligkeit zeigt.

Eigenschaften der Sorte

Ansprüche an die Lage: Sie entsprechen weitgehend den Ansprüchen des Weißen Burgunders, d.h. es sollten mindestens 80 Grad Öchsle erzielt werden. Hohe Lageansprüche, also gute Rieslinglagen, sind Voraussetzung für einen typischen Chardonnay. Weinrandlagen scheiden aus. Zu kernige, harte Säurewerte sind der Weinqualität abträglich.

Ansprüche an den Boden: Sie sind als mittel bis hoch anzusetzen. Tiefgründige warme kalkhaltige Böden sind am besten geeignet. Auf einer starkwachsenden Unterlage können auch etwas wuchsschwache Böden ausreichen.

Holzreife: Sie ist gut und liegt kaum unter derjenigen des Rieslings, d.h. die Sorte hat eine gute Winterhärte. Die Spätfrostanfälligkeit ist nicht überbetont, sie ist mit dem Blauen Burgunder identisch. Trotzdem sollten Maifrostlagen vom Anbau ausgeschlossen werden, zumal die Beiaugen nicht besonders fruchtbar sind.

Krankheitsanfälligkeit: Eine besondere Anfälligkeit gegen Peronospora, Roter Brenner, Oidium und Schwarzfleckenkrankheit besteht nicht. Auch in dieser Hinsicht ergibt sich eine Parallele zum Weißen Burgunder. Allerdings neigt der Chardonnay, auf Grund der Dünnschaligkeit und der verstärkten Geiztriebbildung, zu Beerenbotrytis mit negativem Einfluss auf den Sortencharakter. Ob eine Entblätterung der Traubenzone Vorteile bringt, muss noch untersucht werden. Gegebenenfalls sollte das Lesegut, in Abhängigkeit von der Gesundheit, getrennt gelesen werden.

Erziehung: Der Chardonnay benötigt weiträumige Erziehung von 1,80 – 2,00 m, weil er bei enger Pflanzung leicht durchrieselt. Normalerziehung= Gassenbreiten unter 1,80 m kommen nur in Steillagen in Frage. Stammhöhen ab 70 cm erhöhen die Blühfestigkeit. Der Stockabstand muss der Wuchskraft angepasst werden und liegt bei mindestens 1,10 – 1,30 m.

Unterlage: In tiefgründigen, kalkhaltigen Böden sind die Unterlagen SO 4 und Binova vorzuziehen, in wuchsschwachen die 125 AA.

Ertrag: Er ist in Abhängigkeit vom Pflanzgut recht schwankend. Ausländisches Pflanzgut soll im allgemeinen niedrigere Erträge bringen als deutsches Pflanzgut, das bis jetzt nur für Versuchszwecke zur Verfügung steht.

Reife: Die Reife des Chardonnay fällt mit dem des Weißen Burgunders zusammen und kann als mittelspät bezeichnet werden.

Ernte: Eine frühe Lese kann bei Botrytisbefall erforderlich werden, um grundsätzlich den Sortencharakter zu erhalten. Die beste Erntezeit –vorausgesetzt gesundes Lesegut- liegt kurz vor dem Riesling.

Mostgewicht: Wird der Chardonnay neben den Weißen Burgunder gepflanzt, dürften bei gleichen Erträgen kaum Mostgewichtsunterschiede auftreten. Da der Chardonnay insbesondere bei ausländischem Pflanzgut niedrigere Erträge bringt, liegt in diesem Fall nach dem Menge-Güte-Gesetz das Mostgewicht entsprechend 6-8 Grad Öchsle höher.

Säure: Sie wird stark vom Jahrgang und dem Lageeinfluss geprägt, d.h. in kleinen Lagen ist die Säure hoch und beeinträchtigt die Qualität (10 bis 14 °/oo).

Wein: Die Weine übertreffen in guten Lagen qualitativ die des Weißen Burgunders und finden weltweit Interesse. Typisch sind die Chablis-Weine mit der Frucht nicht ganz reifer Äpfel. Die Weine sollten durchweg trocken ausgebaut werden, um die nervige Säure und den Sortentyp voll zum Ausdruck zu bringen. Hochwertige Weine sind bestens geeignet für den Ausbau im Barrique. Frische, fruchtige Weine eignen sich auch für die Sektbereitung. Im großen und ganzen besitzen die Weine dieser Rebsorte eine neutrale frische, fruchtige, teils rassige Art und sind von stoffigem und nachhaltigem Sortencharakter. Ein Weißwein von guter Lagerfähigkeit. Wird in vielen Weinbauländern der Erde angebaut. Ist ein ausgezeichneter Speisebegleiter.

Anbauwert: Er ist begrenzt, da nur trockene Weine interessant sind. Wegen der hohen Ansprüche an die Lage eine Konkurrenzsorte zum Riesling. Er kann daher nur auf dessen Kosten angebaut werden. Chardonnay ist ein guter Sektgrundwein.

Roter Traminer

Eine typische Sorte der nördlichen Weinbaugebiete ist der Traminer. Er gehört zu den qualitativ besten Sorten unserer Heimat. Sein Anteil an deutschen Rebflächen ist zwar bescheiden, es gibt aber selten ein Weingut, das auf Qualität Wert legt, ohne Traminer. Er kann als eine Spezialsorte zur Gewinnung von Spitzenweinen angesehen werden. Ob der Gewürztraminer mit dem Roten Traminer identisch ist oder als Spielart aufgefasst werden muss, ist bis zum heutigen Tage ungeklärt. Die Statistik kennt nur die Bezeichnung Roter Traminer.

Verbreitung: Die deutsche Rebstatistik weist 1994 einen Anteil von 858 ha und 2001 noch 845 ha Traminer aus. Der Hauptanteil davon liegt in der Pfalz mit 350 ha. Das zweite große Anbaugebiet ist Baden mit 203 ha. In Frankreich ist das Elsaß die Heimat des Traminers. Bekannte Traminerweine werden weiterhin in Österreich (Süd-Steiermark) und in Südtirol (Tramin) gewonnen.

Herkunft: Über die Herkunft dieser alten Kultursorte unserer Heimat gibt es unterschiedliche Aussagen. Die ältesten verlegen sie nach Thessalien, dem nördlichen Teil Griechenlands, wo eine Rebsorte Uva aminea beheimatet war.

Diese Vermutung wird durch die Tatsache genährt, dass in den ältesten Weinbüchern die Sorte, nach Goethe, den Namen Vitis aminea führt. Da die Reb- und Weinkultur ihren Weg über Griechenland nach Italien nahm, könnte der Traminer tatsächlich aus Griechenland zu den Römern gelangt sein.

Anderen Angaben zufolge soll sich der Traminer aus der von Plinius (röm. Schriftsteller 24 bis 79 n. Chr.) beschriebenen nomentanischen Rebe, benannt nach der Stadt Nomentum (La Mentana, Italien), entwickelt haben.

Schließlich wird angenommen, dass die Römer bei ihrem Vordringen nach Norden den Traminer in Südtirol bereits vorfanden, um ihn dann sowohl nach Italien als auch nach Germanien zu verbreiten.

Es gibt aber auch die Vermutung einer Entwicklung aus einer am Rhein heimischen Wildrebe. Dieser Meinung wird man am wenigsten beipflichten können.

Tatsache ist, dass der Traminer schon lange, es sollen 1 500 Jahre sein, am Oberrhein und in der Pfalz angebaut wird. In dem bis Anfang dieses Jahrhunderts in den heimischen Weinbergen vorherrschenden sog. "gemischten Satz"

Roter Traminer

(gemeinsamer Anbau verschiedener Sorten), gab es stets auch Traminerreben. Durch ein starkes Nachlassen der Fruchtbarkeit infolge Degeneration ging der Anbau stark zurück. Auch in Südtirol ist er von anderen Sorten, insbesondere dem Vernatsch (Trollinger), stark zurückgedrängt worden. So ist es zu erklären, dass Zweifel an einem Traminеranbau in Südtirol schon in alter Zeit aufkommen konnten.

Auf jeden Fall gehört der Traminer zu den ältesten Kultursorten unserer Heimat. Sein Stammbaum verrät alten Adel.

Sortenname: Heute wird nicht mehr daran gezweifelt, dass Tramin in Südtirol bei der Namensgebung Pate gestanden hat, denn in früheren Zeiten wurden Reben fast immer nach dem Herkunftsort, wo sie in größerem Umfange angebaut wurden, benannt. Dass Tramin einen bedeutenden Traminеranbau gehabt haben muss, lässt sich daraus ableiten, dass der Sortennachweis bis in das Jahr 1 000 n. Chr. zurückgeht.

Die in Baden heute noch unter Winzern gebräuchliche Bezeichnung Clevner weist auf das oberitalienische Chiavenna (Cleven) hin und könnte bedeuten, dass einmal Pflanzreben von dort bezogen wurden. Erklärend sei hinzugefügt, dass man in Württemberg als Clevner oder Clävner eine Spielart des Blauen Frühburgunders bezeichnet, in der Ostschweiz Klevner oder Kläfinger (Chlävner, Chlävinger) ein Blauer Spätburgunder ist und im Elsaß der Name Clevner für den Chardonnay benutzt wird.

Neben dem Riesling besitzt der Traminer die meisten Doppelnamen, was seine große Bedeutung als Qualitätssorte unterstreicht.

Synonyme (Doppelnamen): In Deutschland wird fast nur noch die Bezeichnung Traminer benutzt. Bei alten Winzern kann man gelegentlich auch noch den Namen Dreimänner hören. In der badischen Ortenau spricht man noch offiziell vom Clevner.

Bis zum heutigen Tage ist nicht geklärt, ob unter Traminer und Gewürztraminer zwei Spielarten zu verstehen sind, die sich ampelographisch unterscheiden lassen. Im äußeren Habitus sind auf jeden Fall keine Unterschiede vorhanden. H. Goethe meint in seiner Ampelographie von 1876, dass der Traminer mannigfaltigen Veränderungen durch Lage, Klima und Boden unterworfen sei, so dass fraglich wäre, ob er seinen gewürzten Geschmack unter allen Verhältnissen bewahre. Auch Moog äußert sich in seiner Rebsortenkunde von 1957 ähnlich. Im Weinbaulexikon von 1930 bezeichnet Dümmler Traminer und Gewürztraminer als eine Sorte, deren Unterschiede im Bukett auf qualitative Unterschiede in der Lage zu suchen seien. Vogt spricht in seinem Buch "Weinbau" vom Gewürztraminer als von einer Spielart des Roten Traminers. Volle Klarheit könnte, wie Moog schon meint, nur durch einen Vergleichsanbau geschaffen werden. Goethe hat auf jeden Fall Recht, dass der Traminer seinen gewürzten Geschmack nicht unter allen Verhältnissen in gleicher Stärke hervorbringt. Auch die Höhe des Ertrages spielt eine Rolle, weil das Bukett mit steigendem Ertrag abnimmt.

Auf leichten Böden scheint das Bukett ausgeprägter als auf schweren. Saatgutrechtlich und weingesetzlich ist Roter Traminer die echte Bezeichnung und Gewürztraminer ein zugelassenes Synonym. Weder das Bundessortenamt noch das Statistische Bundesamt führen zwei Sorten.

Synonyme:

Land	**Bezeichnung**
Deutschland	**Roter Traminer, Gewürztraminer,** Clevner, Klävner, Dreimänner, Christkindltraube, Rotedel, Rotfranke, Fränkisch u.a.m.
Frankreich	Savagnin rose, Fromenteau rouge, Fromenté rose, Traminer musqué, Traminer parfumé, Traminer aromatique, Gentin rose aromatique
Elsaß	Traminer, Gewürztraminer, Rotclevner, Rousselett, Frenscher
Italien	Traminer aromatico, Termeno aromatico
Südtirol	Gewürztraminer, Traminer, Traminer rosa
Österreich	Traminer, roter Nürnberger, Ranfoliza
Ungarn	Tramini piros, Fermintin rouge
Schweiz	Roter Traminer
Rumänien	Traminer roz, Traminer rosiu, Tramini, Traminer
Bulgarien	Mala dinka

Sortenmerkmale: *Triebspitze* offen, stark behaart, weißlich bis bordeauxrot; *Blatt* klein, oft mehr breit als lang, dreilappig, schwach gebuchtet, Oberfläche stark blasig, unterseits stark, oberseits schwach behaart, Rand stumpf gezähnt, Stielbucht V-förmig bis geschlossen; *Trieb* engknotig, mittlere bis starke Geiztriebbildung, dichtlaubig; *Holz* dünn, engknotig, braun mit bläu lichem Anflug; *Traube* mittel bis klein, dichtbeerig; *Beere* klein, rund bis oval, rotgrau, typisches Sortenbukett; *Austrieb* spät; *Blüte* spät; *Blühfestigkeit* gering; *Reife* spät; *Wuchs* mittelstark; *Ertrag* gering bis mittel; *Holzreife* gut.

Eigenschaften der Sorte

Ansprüche an die Lage: Sie sind sehr hoch. Der Traminer benötigt eine windgeschützte und gute Lage. Der Anbau in weniger guten Lagen ist völlig falsch, da er zu einem guten Verblühen eine hohe Wärmesumme braucht und der Wein nur bei hohem Mostgewicht den Erwartungen entspricht.

Ansprüche an den Boden: Die Böden sollen leicht erwärmbar, tiefgründig und wuchskräftig sein. Auf armen Böden degenerieren die Stöcke schnell. Flachgründige, arme Böden, die sich z.B. für den Riesling noch eignen, sind für den Traminer ungeeignet. Die Sorte ist sehr chloroseanfällig.

Holzreife: Diese ist überwiegend als gut zu beurteilen. Sie kann allerdings dann etwas mangelhaft sein, wenn zu eng gepflanzt wurde und durch die Engknotigkeit der Triebe sehr dichtlaubige Bestände entstehen. Infolge der geringen Besonnung reifen nicht alle Triebe aus. Die Winterfrostfestigkeit ist gut. Durch seine mittelmäßige Fruchtbarkeit wird er allerdings auch nie überfordert, wie das häufig bei den Sorten Müller-Thurgau und Silvaner der Fall ist. Mittelbar trägt natürlich auch die gute Lage, die sein Anbau erfordert, zur guten Winterfrostfestigkeit bei. Die Spätfrostanfälligkeit ist wegen des mittelspäten Austriebs nicht überbetont. Vor einem Anbau in Maifrostlagen wird gewarnt, da die Beiaugen nicht fruchtbar sind.

Krankheitsanfälligkeit: Gegenüber den Pilzkrankheiten ist keine Überempfindlichkeit festzustellen. Traubenfäulnis und Stielkrankheiten treten nur in zu dichtlaubigen Beständen stärker auf.

Erziehung: Hierbei ist zu beachten, dass die Sorte infolge Engknotigkeit und stärkerer Geiztriebbildung zur Bildung einer dichten Laubwand neigt.

Normalerziehung: Dichtlaubigkeit und die Neigung zum Verrieseln erfordern weiträumige Pflanzweise. Trotz des mäßigen Wuchses sind Gassenbreiten ab 1,80 – 2,00 m nötig. Der Stockabstand hat sich, je nach der Wüchsigkeit von Boden und Unterlage, zwischen 1,20 m und 1,30 m zu bewegen. Die Neigung zum Verrieseln kann durch viel altes Holz, also einen hohen Stamm ab 70 cm, verringert werden. Als Fruchtholz sind zwei lange Bogreben, die über einem Hilfsbiegedraht tief nach unten gebogen werden, vorteilhaft. Die Stockabstände müssen so weit sein, dass das Fruchtholz nicht übereinander gebogen werden muss, weil sonst dichte Laubwände entstehen, die das Verrieseln fördern und zu früher Beerenfäule führen.

Weitraumerziehung: Der Traminer eignet sich sehr gut für die Weitraumerziehung. Wenn man darauf achtet dass keine dichte Laubwand entsteht, sind alle Formen der Weitraumanlage geeignet. Besonders gute Erfahrungen sind mit dem Pendelbogen gemacht worden.

Unterlage: Gute Affinität besteht zu den Unterlagen SO 4 und Binova.

Ertrag: Er liegt selten über 50 hl/ha. Das hängt damit zusammen, dass die Sorte schwer zu selektionieren ist. Glaubt man einmal einen guten Klon ausgelesen zu haben, zeigt er auf einem anderen Standort meistens wieder geringeren Ertrag. Selektionen, die zur Zeit vor dem Abschluss stehen, scheinen aber bessere Ergebnisse zu bringen.

Reife: Die Traubenreife liegt kurz vor der des Rieslings und kann als mittelspät bezeichnet werden.

Ernte: Der Traminerwein entfaltet nur dann seine volle Schönheit, wenn er sehr spät gelesen wird. Dies ist besonders dann wichtig, wenn die Weine unverschnitten als selbstständige Flaschenweine auf den Markt kommen sollen. Die beste Lesezeit liegt kurz vor der des Rieslings.

Mostgewicht: In guten Lagen steigt das Mostgewicht auch in geringen Jahren mindestens auf 80 Grad Öchsle und in guten Jahren stets auf 90 Grad und mehr. Die Kabinettweingrenze liegt bei 80 Grad. Überzeugende Spätlesen brauchen 90 Grad Öchsle. Die Mostgewichtsleistung ist höher als beim Riesling.

Säure: Sie bewegt sich um 8 °/oo, oft auch etwas weniger.

Wein: Traminer-Weine sind mit rosenblütenduftigen, exotischen und getrockneten Fruchtaromen ausgestattet. Sie haben viel Spiel und wenn sie mit 6 -7°/oo Säure auf die Flasche kommen, auch Rasse. Traminer Weine mit 90 Grad Öchsle und darüber zeichnen sich durch Fülle und Sortenfrucht aus und gehören dann zu den Spitzengewächsen unter den deutschen Weißweinen. Als besonderes Geschmackserlebnis sind die edelsüßen Traminer-Spezialitäten und vor allem die feinfruchtigen Traminer-Brände – sie eignen sich besonders als Aperitif und zum Dessert.

Er passt gut zu Pasteten, diversen Salatarten und Salatgerichten sowie einer breiten Käsevariation von milden bis herzhaften Käsespezialitäten.

Nachteile der Sorte: Unsichere Erträge, sehr hohe Ansprüche an die Lage und den Boden, verrieselt leicht, hohe Chloroseanfälligkeit

Vorteile der Sorte: Gute Mostgewichtsleistung (8 bis 10 Grad über Riesling), würzige, feine Weinart, gute Frosthärte.

Anbauwert: Der Traminer ist eine Spezialsorte für Qualitätsflaschenweinbetriebe. Der wirtschaftliche Anbau wird sich in allen Fällen auf kleine Flächen beschränken. Trotz der kleinen Anbaufläche, die der Traminer immer einnehmen wird, zählt er zu den edelsten Sorten und hat einen fest fundierten Anbauwert. Eine repräsentative Weinprobe ohne einen Traminerwein ist fast undenkbar.

Spielart:

Weißer Traminer

(Savagnin blanc): In Franreich zählt er im Departement Jura zu den empfohlenen Sorten. Aus ihm werden die berühmten Weine, wie der Vin jaune du Jura und der von Arbois, gewonnen. Als Rarität ist der sogenannte *Heidewein* (Paien) zu nennen, der in der Schweiz in Visperterminen, im Tal der Visp des oberen Wallis, gewonnen wird.

Früher roter Malvasier

Diese sehr alte Rebsorte, die überwiegend als "Frühroter Veltliner" bezeichnet wird, war früher im gemischten Satz in vielen Weinbergen vertreten und ist im Anbau fast verschwunden.

Verbreitung: Der weinbergsmäßige Anbau beschränkt sich hauptsächlich auf Österreich. In Deutschland sind nur 6 ha vorhanden. In die Sortenliste eingetragen.

Ein Bruder dieser Sorte, der "Weiße Malvasier", ist in allen Weinländern des Mittelmeerraumes, auf Madeira, in Südafrika und Kalifornien verbreitet.

Herkunft: Von H. Goethe wird die Heimat in die bekannte Weingegend von Gumpoldskirchen in Niederösterreich gelegt. Vielleicht stammt er aber aus Italien, das sicher als Ausgangspunkt vieler Sorten gelten kann.

Nach dem Bericht des päpstlichen Legaten Alexander über den Reichstag zu Worms, 1521, hat Luther sich vor der Abreise aus der Stadt durch Malvasierwein gestärkt. Entweder war dies eingeführter, echter Malvasier aus Italien, der wegen des Reichstages herbeigeschafft worden war, oder es handelte sich um Trollinger, der damals in der Pfalz, fälschlich als Malvasier bezeichnet wurde.

Sortenname: Nach Moog ist "Früher roter Malvasier" die richtige Bezeichnung. Im Sprachgebrauch herrscht aber der Name "Frühroter Veltliner" vor. Nach Bassermann-Jordan könnte die Bezeichnung "Malvasier" auf Napoli die Malvasia in Morea hinweisen, was auch die Herkunft der Sorte aus

Italien nahe legt. Weitere Synonyme sind Frühröt, ostitalienischer Malvasier, Rote Babotraube, Printschraube, Feldlinger, Roter Mährer, Roter Harthaunisch, Malvoise rouge (Frankreich), Malvoisie rosso (Italien), crveba Babovina (Kroatien).

Sortenmerkmale: *Triebspitze* offen, stark wollig, hellgrün mit rötlichem Anflug; *Blatt* groß, gezähnt, deutlich fünflappig, Stiel gebuchtet, rötliche Blattrippen, oft breiter als lang, hellgrün; *Holz* dick, rund, dunkelbraunrot, schwarz punktiert, weitknotig; *Traube* groß, lang zugepitzt, oft geschultert, dichtbeerig; *Beere* mittelgroß, rundlich, rosa, Haut dick; *Austrieb* mittelspät; *Blüte* spät; *Blühfestigkeit* hoch bis sehr hoch; *Reife* mit Müller-Thurgau; *Wuchs* kräftig, mittlere Geiztriebbildung; *Ertrag* sehr gut; *Holzreife* gut. Der Frühe rote Malvasier hat keine botanische Beziehung zum Rot-Weißen Veltliner oder Grünen Veltliner.

Eigenschaften der Sorte

Ansprüche an die Lage: Mittel, mit Müller-Thurgau vergleichbar.

Ansprüche an den Boden: Nach Lenz Moser genügen magere Böden, denn sie entsprechen noch den Ansprüchen. Bei zu starkem Wuchs kann die Sorte durchrieseln. Scheu warnt vor zu feuchten Lagen. Kalkverträglichkeit gut.

Winterfrostfestigkeit: Etwas empfindlich, da die Holzreife nicht immer befriedigt.

Spätfrostempfindlichkeit: Vergleichbar mit Müller-Thurgau.

Krankheitsanfälligkeit: Empfindlich gegen Peronospora, wenig empfindlich gegen Oidium und Phomopsis. Wenig anfällig gegen Stiel- und Beerenfäule.

Erziehung: Auf Grund des kräftigen Wuchses ist eine weiträumige Pflanzung vorteilhaft. Bei Normalerziehung sind Gassenbreiten von 1,80 m bis 2,00 m, Stockabstände von 1,10 bis 1,30 m und Stammhöhe von 70 cm – 80 cm angebracht. Das Fruchtholz soll nur bleistiftstark sein, da dicke Reben weniger fruchtbar sind. Flachbogen und Halbbogen in wuchsschwachen, Pendelbogen in wuchsstarken Böden haben sich bewährt. Für Weitraumerziehung in allen Formen sehr gut geeignet.

Ertrag: Ertragstreue Sorte mit etwa 80 hl/ha.

Unterlage: Bei Normalerziehung SO 4, Binova und 125 AA, bei Weitraumerziehung 5 BB.

Reife: Früh, fällt mit Müller-Thurgau zusammen.

Ernte: Da die Trauben nicht so leicht faulen, kann die Ernte bis zur Silvanerlese oder später hinausgeschoben werden.

Mostgewicht: 75 bis 80 Grad Öchsle, liegt etwas über dem Müller-Thurgau.

Säure: 6 bis 8 °/oo.

Wein: Kräftig, ausdrucksvoll mit dezentem Bukett. Sie sind alkoholreicher, extraktreicher und lieblicher als Weine des Grünen Veltliner. Nach Lenz Moser wird eine gute Qualität bescheinigt. Ein vielseitiger Speisebegleiter.

Vorteile: Geringe Bodenansprüche, säurearm, kaum chloroseanfällig. Die gute Stielfestigkeit gestattet leicht eine Gewinnung von Spätlesen. Ertragstreu, keine Verrieselungsgefahr.

Nachteile: Weincharakter etwas umstritten.

Anbauwert: Die Weine übertreffen die des Silvaners. Wo etwas lebendigere Weine gewünscht werden, ein guter Silvanerersatz.

Weißer Gutedel

Der Gutedel ist eine Tafeltraube, wird aber auch als Keltertraube angebaut und liefert einen wohlschmeckenden, bekömmlichen Kneipwein.

Verbreitung: Als Tafeltraube dürften der Weiße Gutedel und sein Bruder, der Rote Gutedel, über die ganze Welt verbreitet sein. Als Keltertraube finden wir ihn vornehmlich in der Schweiz (besonders Westschweiz und Wallis), im Elsaß, in Deutschland im badischen Markgräflerland und in geringem Umfang auch in Österreich. Unbedeutende Anbauflächen finden sich noch in Ungarn, Jugoslawien und der Tschechoslowakei. Die deutsche Anbaufläche umfasst, nach der Statistik von 1994, 1355 ha und 2001 noch 1177 ha, von denen 1146 ha im badischen Markgräflerland stehen.

Herkunft: Der Gutedel gilt als die älteste unserer Kulturreben. Seine Urheimat wird, nach Hoffmann, im Jordantal Palästinas vermutet. Ein Anbau in Oberägypten am mittleren Nil in der Großoase El Fayum, 80 km SW von Kairo, vor etwa 5 000 Jahren gilt als sicher verbürgt, da mehrere Formen dort noch heute zu finden sind. Eine weite Verbreitung der Sorte wird auch durch die seefahrenden Phönizier (1200-130 v. Chr.) zu Griechen und Römern vermutet. Die Beschreibung einer römischen Rebe, der Vitis amminea, könnte auf den Gutedel zutreffen. Wie unsicher solche Angaben jedoch sind, geht aus der Tatsache hervor, dass auch für den Riesling die gleiche römische Herkunft vermutet wird. Andere Autoren glauben in der römischen Rebe Vitis eugenius, d. h. Junker, den Gutedel wieder zu erkennen, da diese Bezeichnung unter den deutschen Synonymen zu finden ist.

Sicher weiß man, dass ein Diplomat des französischen Königs Franz I am Hofe des Sultans Solima II., der Vicomte d´Auban, 1523 Gutedelreben von Konstantinopel nach Fontainebleau und Burgund brachte. Vielleicht wurde der Gutedel nach dieser Einführung in dem Dörfchen Chasselas, südwestlich von Mâcon, erstmalig angebaut. Aber auch Cahors am Lot, nördlich Toulouse, wird als Ausgangspunkt für eine Verbreitung angesehen. Widersprüchlich sind Angaben, dass die damaligen Gutedelreben um Chasselas aus der Schweiz stammen sollten. Dort hätten sie sich aus einer zahlreich vertretenen Wildreben entwickelt. Diese Angabe ist nicht damit zu vereinbaren, dass ein General Ludwigs des XV., de Courten, Gutedelreben von Fontainebleau nach Sitten in die Schweiz gebracht haben soll. In Deutschland ist der Gutedel 1607 für Württemberg und Franken belegt, 1727 für Sachsen und 1740 für die Gemeinde Ebringen bei Freiburg. Größere Verbreitung fand die Sorte 1870 durch Markgraf Karl Friedrich von Baden, der aus der Schweiz, von Vevey am Genfer See, Pflanzgut einführte.

Synonyme:

Land	**Bezeichnung**
Deutschland	**Weißer Gutedel**, Moster (Markgräflerland), Junker (Taubertal), Süßling, Silberling, Frauentraube, Schönedel (Sachsen), Krachmost, Doppelte Spanische
Schweiz	**Chasselas** (Westschweiz), Fendant, Rosmarintraube (Wallis), Gutedel (Ostschweiz), Dorin, Terravin (Waadtland), Perlan (Genf)
Österreich	**Weißer Gutedel,** Moster, Wälscher
Frankreich	**Chasselas blanc**, Chasselass, Chasselas de Fontainebleau, Gutedel (Elsaß), Chasselas croquant, Valais blanc
Italien	Marzemina bianca, Tribianco tedesco, Tribi vognoble
Ungarn	Fehér ropvos Fabian, Gyöngyzölö, Fabiantraube
England	Royale Muscadine, Amber Chasselas, White Chasselas, Queen Victoria

Sortenmerkmale: *Triebspitze* offen, rotbraun, kahl bis ganz schwach behaart; *Blatt* mittelgroß, hellgrün, rotgeadert, stark fünflappig, tief gebuchtet, stumpf gezähnter Rand, Stielbucht V-förmig bis geschlossen; *Trieb* weitknotig, lange Ranken, starke Geiztriebbildung; *Holz* rötlichbraun, deutlich gestreift, dunkel gefleckt; *Traube* groß, kegelförmig, oft geschultert, locker- bis dichtbeerig; *Beeren* grüngelb, sonnenseits gebräunt, groß, rund, dünnhäutig aber feste Beerenhaut; *Austrieb* mittelspät; *Blütezeitpunkt* spät bis sehr spät; *Blühfestigkeit* mittelhoch; *Reife* mittelspät; *Wuchs* kräftig; *Ertrag* hoch; *Holzreife* gut.

Der Muskateller hat einen sehr ähnlichren Habitus, seine Blätter sind aber scharf gesagt, die des Gutedels deutlich gezähnt. Die Triebspitze des Gutedels ist kaum, die des Muskatellers schwach behaart. Der Muskat-Ottonel ähnelt dem Gutedel noch mehr, hat aber etwas kürzere Ranken.

Eigenschaften der Sorte

Ansprüche an die Lage: Der Gutedel verlangt eine mittelgute, windgeschützte Lage, weil die Blüte etwas kälteempfindlich ist. In geschützten Gärten und an Hauswänden gedeiht er vorzüglich.

Ansprüche an den Boden: Die Böden sollen fruchtbar, tiefgründig und nicht zu trocken sein. Bei guter Düngung und Humusversorgung gedeiht der Gutedel auch in nicht zu flachgründigen Gesteinsverwitterungsböden. Auch Kalkböden sagen ihm zu.

Winterfrostigkeit: Sie ist mittelmäßig und mit der des Ruländers vergleichbar.

Spätfröste: Sie führen zu starken Ertragsausfällen, da die Beiaugen nicht oder nur wenig fruchtbar sind.

Krankheitsanfälligkeit: gegen Peronospora und Roten Brenner hoch, gegen Oidium, Schwarzfleckenkrankheit und Botrytis weniger stark ausgeprägt. Stiel- und Beerenfäule treten daher nur begrenzt auf. Gegen Stiellähme ist die Anfälligkeit hoch. Vom Traubenwickler wird der Gutedel stark befallen. Anfällig gegen Stielkrankheiten. Wenig anfällig gegen Beerenfäule.

Erziehung: Die guten Ertragsleistungen einzelner Gutedelstöcke, die zur Tafeltraubengewinnung angebaut werden, zeigen, dass eine weiträumige Pflanzung vorteilhaft ist.

Normalerziehung: Bei Gassenbreiten von 1,80 m bis 2,00 m sind Stockabstände von 1,10 m bis 1,30 m und Stammhöhen von 70-80 cm angebracht.

Weitraumerziehung: Der Gutedel eignet sich ausgezeichnet für diese Erziehung, wobei die Form von untergeordneter Bedeutung ist.

Der Schnitt kann auf lange Bogen, kurze Strecker oder Zapfen erfolgen, da die Sorte auf allen Formen gleich fruchtig ist.

Unterlage: SO 4 Binova, 125 AA, in schwachen Böden 5 BB.

Ertrag: In geeigneten Lagen trägt der Gutedel regelmäßig, Es werden Erträge zwischen 80 und 150 hl/ha erzielt.

Reife: Die Traubenreife fällt in die Zeit zwischen Müller-Thurgau und Silvaner, ist also mittelfrüh.

Ernte: Da die Beeren nicht sehr schnell faulen, kann die Lese mit dem Silvaner erfolgen.

Qualität: der Gutedel zählt nicht zu den Sorten, die begehrte Qualitätsweine liefern, aber im Bereich der leichten, ansprechenden Weine stellt er eine Spezialität dar.

Mostgewicht: In der Regel werden 65 bis 75 Grad erreicht, in guten Jahren auch 80 Grad Öchsle. Bei einer gezielten Ertragsreduzierung sind höhere Mostgewichte erreichbar.

Säure: Sie ist nicht hoch und bewegt sich zwischen 5 bis 6 °/oo.

Wein: Sie sind leicht, süffig, mild und sehr bekömmlich. Es sind ausgezeichnete Kneipweine und passen je nach ihrer Ausbauart zu vielen Speisen. Ähnlich wie Müller-Thurgau-Weine schmecken sie jung getrunken am besten.

Vorteile der Sorte: Leicht bekömmlicher Wein, gute Tafeltraube, mittlere bis gute Frosthärte.

Nachteile der Sorte: etwas blühempfindlich, anspruchsvoll an Boden und Bodenfeuchte.

Anbauwert: In Deutschland ist er begrenzt und beschränkt sich auf das Markgräflerland (Baden). Ferner wird der Gutedel als Keltertraubensorte heute nur noch in der Schweiz und vereinzelt im Nordosten Frankreichs angebaut. Unter der französischen Bezeichnung Chasselas steht er in den Sortimenten vieler Weinbauländer der Erde. In der Schweiz ist die Sorte als Fendant, Dorin oder Perlan bekannt und hat am Genfer See, Neuburgersee ind im Wallis eine große Anbaubedeutung. Als Tafeltraube besitzt der Gutedel einen hohen Anbauwert. Die Trauben sind gut transportfähig und schmecken angenehm süß.

Spielarten:

Roter Gutedel

Nach Moog hat der Rote Gutedel die gleichen Sortenmerkmale wie der Weiße Gutedel, mit Ausnahme der roten bis grauroten Beerenfarbe und dem späteren Austrieb. Scheu behandelt den Roten Gutedel als unterscheidbare Sorte mit etwas anderen Eigenschaften. Dessen Krankheitsanfälligkeit soll etwas größer sein, insbesondere die Botrytisanfälligkeit der Beeren. Dümmler gibt eine etwas frühere Traubenreife an. Die Ansicht von Moog ist sicher richtig, dass es sich um artgleiche Sorten handelt, also um Mutationen, wobei der Weiße Gutedel wahrscheinlich aus dem Roten Gutedel mutiert ist.

Als Tafeltraube ist der Rote Gutedel sehr geschätzt.

Königs-Gutedel

Es handelt sich um eine Tafeltraube mit ziemlich früher Traubenreife. Die Beeren sind blaurot und dickhäutig. Die Blätter sind weniger geschlitzt.

Früher Weißer Gutedel

Diese Tafeltraube wird auch Diamanttraube, Perltraube oder Chasselas Coulard genannt. Die Traubenreife liegt früher als beim Weißen Gutedel.

Geschlitzter Gutedel

Wegen seiner gefiederten Blätter wird diese Tafeltraube auch Petersilien-Gutedel genannt. Die Sorte hat aber als Tafeltraube wenig Bedeutung, da der Ertrag zu gering ist.

Weißer Muskat-Gutedel (Muskateller-Gutedel)

Nach Scheu soll diese Gutedelspielart in Frankreich, Deutschland, Österreich und Ungarn anzutreffen sein, was für Deutschland nicht mehr zutrifft. An Doppelnamen werden Chasselas blanc musque, Chasselas musque le vrai und Passatuti angegeben. Die Ansprüche an Boden und Lage decken sich mit denen des Weißen Gutedels. Der Wuchs ist schwach. Die Beeren zeichnen sich durch ein feines Muskatbukett aus. Als Tafeltraube gut geeignet, als Keltertraube von Neuzüchtungen überholt. Ähnelt sehr dem Muskat-Ottonel und ist eventuell mit diesem verwandt.

Krachgutedel

Gutedel-Spielart, die früher in Südbaden und im Elsass verbreitet war. Frühe Reife, gute Fruchtbarkeit und vorzüglicher Wein sollen die Sorte auszeichnen. Die hartschaligen Beeren führen zur Namensgebung, da sie beim Essen zwischen den Zähnen krachen. Synonyme sind Kracher, Krachender Süßling, Chasselas croquant.

Mädchentraube

Sorte, die in Südosteuropa, vom Neusiedlersee im Burgenland bis zum Schwarzen Meer verbreitet ist und einen sehr wohlschmeckenden, frischen Wein liefert, der dem Markgräfler Gutedelwein ähnelt. Synonyme: Ungarn Leanyka, Rumänien Feteasca, Bulgarien Fetiaska, UDSSR Fetjaska.
Die Verwandtschaft zum Gutedel wurde erst in jüngster Zeit herausgestellt. Von der Bezeichnung her gibt es noch viele andere Gutedel-Spielarten. Ob es sich dabei immer um echte Spielarten handelt, ist zweifelhaft.

Weißer Elbling

Der Elbling war vom Mittelalter bis ins 19. Jhd. eine weit verbreitete Sorte nicht nur in Deutschland, sondern auch in Luxemburg, der Champagne, Lothringen, dem Elsass, der Schweiz und Osteuropa. Mit der Abschaffung der Zehntweine musste er von Jahr zu Jahr besseren Sorten weichen. Heute haben sich einige Anbauinseln an der Ober- und Untermosel gehalten. Die dort gewonnenen Weine eignen sich vorzüglich zur Sektherstellung, werden aber zunehmend von Selbstmarktern auch als Flaschenweine vermarktet.

Verbreitung: Die Rebsortenstatistik der BRD von 1994 weist eine Anbaufläche von 1 105 ha, 2000 von 1 023 ha und 2001 von 890 ha aus, von denen 870 ha an der Ober- und Untermosel stehen. Dort gehört der Elbling zu den zugelassenen Sorten. In der übrigen BRD ist der Anbau nicht mehr gestattet. Auch Luxemburg verfügt noch über eine kleine Anbaufläche. Der früher sehr umfangreiche Anbau in der Ostschweiz ist völlig verschwunden, ebenso der im Elsass und der Champagne. In Lothringen ist der Elbling noch unter den zugelassenen Sorten zu finden. Insgesamt jedoch eine Sorte, die aus den Weinbergen Europas immer mehr verschwindet, denn auch an der Mosel zeichnet sich, trotz der Aufwertung des Weines, ein leichter Rückgang im Anbau ab.

Herkunft: Viele Autoren glauben, dass der Elbling von den Römern in unsere Heimat gebracht worden sei. Die früher weit verbreitete Bezeichnung "Alben" könnte von dem lateinischen "Albus=wie" abgeleitet sein. Bassermann-Jordan hält diese Meinung nicht unbedingt für bewiesen, weist aber auf die linguistische Ähnlichkeit zwischen dem Namen der römischen Rebsorte Vitis albuelis bzw. Vitis alba nach Columella (um 60 n. Chr.) und Plinius (23-79 n. Chr.) oder Vua albena nach Macrobius (um 400 n. Chr.) u. den deutschen Bezeichnungen Alben, Elbling hin. Der Elbling könnte auch aus Gallien nach Germanien gekommen sein und nach Gallien evtl. aus Italien. Vielleicht war er auch schon in Gallien oder Germanien bodenständig, als die Römer ins Land kamen. Die Herkunft lässt sich, wie bei vielen Sorten, nicht klären.

Synonyme:

Land	**Bezeichnung**
Deutschland	**Weißer Elbling, Elbling**, Kleinberger, Grobriesling, Alben, Albig, Weißalbe, Elben, Süßgrober, Rheinelbe, Weißer Silvaner, Klemplich, Klämmer
Schweiz	Burger Elbling
Österreich	Großriesler, Kurzstingel
Ungarn	Elben fehér
Italien	Albana
Südtirol	Welsche
Luxemburg	Elbling
Frankreich	Allemand, Bourgeois, Mouillet, Facum blanc, Vert-Doux, Gros blanc, Gonais blanc
Elsass	Rheinalben, Burger

Sortenname: Von den beiden Hauptbezeichnungen Elbling und Kleinberger ist Elbling ampelographisch die richtige Bezeichnung.

Sortenmerkmale: Triebspitze offen, stark wollig mit rötlichem Anflug; Blatt groß, dreilappig, wenig gebuchtet, großer Mittellappen, Oberfläche blasig rauh. Rand scharf gezähnt, Stielbucht überlappend; Trieb weitknotig, mittlere Geiztriebbildung; Holz gelbbraun; Traube groß, dichtbeerig; Beere groß, länglich, dünne Haut, grün bis gelbgrün, ohne Sortenbukett; Austrieb mittelspät; Blüte spät; Blühfestigkeit hoch; Reife spät bis sehr spät; Wuchs stark; Ertrag sehr hoch; Holzreife mittelmäßig.

Die Sorte kann mit dem Riesling und Gelben Ortlieber verwechselt werden. Das Blatt des Rieslings ist etwas kleiner, nicht so länglich und etwas deutlicher gebuchtet. Auch der Ortlieber ist etwas mehr gebuchtet. Außerdem hat der Elbling an der Blattbasis Borstenhaare und Wollhaare.

Eigenschaften der Sorte

Ansprüche an die Lage: Für eine gute Elbling-Qualität ist eine mittlere Lage ausreichend.

Ansprüche an den Boden: Gering, denn der Elbling gedeiht eigentlich auf allen Böden gut. Auf Muschelkalkboden gedeiht er ebenso gut.

Holzreife: Einer nicht besonders guten Holzreife entspricht einer begrenzten Winterfrostfestigkeit, die aber etwas besser ist als die des Müller-Thurgau.

Krankheitsanfälligkeit: Gegenüber Peronospora ist, verglichen mit dem Riesling, eine höhere Anfälligkeit vorhanden. Die Empfindlichkeit gegen Oidium ist hoch. Die Trauben werden rasch von Botrytis befallen, da die Beeren eine sehr dünne Haut haben. Die Anfälligkeit gegen Stiellähme ist hoch.

Erziehung: Der Wuchskraft entsprechend ist eine weiträumige Erziehung angebracht, wobei allgemein der Bogenschnitt empfohlen wird. In der Normalerziehung sollten die Gassen 1,80 m bis 2,00 m betragen, und der Stockabstand nicht weniger als 1,20 m bei einer Stammhöhe von 70 – 80 cm. Die Dichtlaubigkeit erfordert viel Laubarbeiten. Durch eine luftige Erziehung kann die Oidium- und Botrytisempfindlichkeit etwas gedämpft werden. In der Weitraumerziehung ist der Bogenschnitt anzuwenden.

Unterlagenwahl: In schwachtriebigen Böden nimmt man die 5 BB, in wuchsstarken Böden die SO 4, Binova oder 5 C.

Ertrag: Der Elbling gehört zu den ertragreichsten Sorten, die wir besitzen, wenn auch gering Blühfestigkeit zu größeren Jahrgangsschwankungen führt. Er bringt immer über 100 hl/ha und erreicht nicht selten noch wesentlich höhere Mengen.

Reife: Früh, mit oder vor Müller-Thurgau.

Ernte: Die Traubenfäulnis zwingt oft zu früher Lese. Der beste Zeitpunkt liegt zwischen Müller-Thurgau und Riesling.

Qualität: Das Mostgewicht liegt im langjährigen Mittel zwischen 54 und 70 Grad Oechsle. Der Riesling erreichte im Vergleich dazu 59 bis 93 Grad und der Müller-Thurgau 63 bis 82 Grad.

Die **Säure** liegt durchschnittlich zwischen 12 und 15 ‰, die des Rieslings zwischen 11 und 16 % und die des Müller-Thurgau zwischen 7 bis 10 ‰.

Der **Wein** wird von Dümmler im Weinbaulexikon als leicht, lieblich, angenehm, frisch, fruchtig und anregend bezeichnet. H. Goethe spricht von einem leichten, wässrigen Wein ohne Bukett und G. Scheu charakterisiert den Wein als arm, sauer, dünn und ohne Aroma. Die beiden letzten Urteile sind sicher etwas zu negativ. Bourquin hat 1980 über den Elblingwein ein positiveres Urteil gefällt. Er bezeichnet den Elbling als den kleinen Bruder des Rieslings. Der Elbling eignet sich, als neutraler Tischwein, zum Verschnitt mit allen Rebsorten, gäbe vielen Markenweinen eine gewisse Frische und ist ein guter Sektgrundwein. Auch vom Elbling könnten Kabinettweine und Spätlesen gewonnen werden. In besonders guten Jahren seien sogar Auslesen möglich, denn der Elbling habe, wie die Huxelrebe, die Eigenschaft jungfernfrüchtige Beeren zu bilden, die ein hohes Mostgewicht erreichten und ausgelesene Weine von hohen Zuckerwerten lieferten. Die Weine und die Sekte sind heute eine Spezialität des Obermoselgebietes.

Vorteile der Sorte: Hoher Ertrag und gute Sektsorte.

Nachteile der Sorte: Empfindlich gegen Oidium und Beerenfäule, etwas winterfrostempfindlich.

Anbauwert: Insgesamt sehr begrenzt. In den genannten Anbaugebieten als Sektgrundwein für die betreffenden Winzer eine wichtige Sorte.

Spielart:

Roter Elbling, der in allen Merkmalen, außer der roten Beerenfarbe und der höheren Blühfestigkeit, dem Weißen Elbling gleicht.

Klone gibt es von beiden Formen. Die Klone des Weißen Elblings wurden, wie Loos berichtet, in den Jahren 1914/15 von Fueß im Bernkasteler "Haargarten" ausgelesen. Die Klone des Roten Elblings stammen aus Waldlaubersheim an der Nahe, wo die Sorte längst nicht mehr angebaut wird. Weinbautechniker Kirsten hat die Klone in der kammereigenen Rebenveredlungsstation Nittel/Obermosel weiter betreut.

Als weitere **Spielarten** nennt Dümmler im Weinbaulexikon einen Gelbelbling mit kleinen Beeren. Der Grobelbling, Hartelbling, Sitzelbling und Schlitzer sind nur als degenerierte Weiße Elblings anzusehen. Der früher noch unterschiedene Schwarz- oder Blauelbling ist eine Spielart des Trollingers.

Gelber Muskateller

Dass der Muskateller vom langen Stehen sauer wird, lernt man schon in der Schule durch das schöne Löns-Lied von der Lüneburger Heide. Von daher müsste man annehmen, dass die Sorte in Deutschland in großem Umfange angebaut würde, denn wo sollte schon eine so genaue Weinkenntnis herkommen. Das trifft jedoch nicht zu. Die heimische Sortenstatistik weist nur 94 ha Gelben Muskateller aus. Der Anbau erfolgt als besondere Spezialität und für Verschnittzwecke.

Einige Weingüter in der Pfalz und in Württemberg führen sortenreine Muskateller-Weine im Angebot. In den übrigen weinbautreibenden Ländern der Welt ist jedoch der Gelbe Muskateller, einschließlich seiner zahlreichen Spielarten, eine bedeutende Rebsorte.

Synonyme:

Land	**Bezeichnung**
Deutschland	**Gelber Muskateller, Muskateller,** Weiße Muskattraub
Österreich	Muskateller, Schmeckende, Katzendreckler, Gelber Weihrauch
Italien	Moscata bianca, Moscatello bianco, Moskat bianco
Spanien	Moscatel menudo bianco, Moscatel morisco, Zoruna
Frankreich	Muscat blanc, Muscat de Frontignan, Muscat blanc commun, Blanche douse
Ungarn	Weier Muskataly, Bela Dinka, Muskat beli

Verbreitung: Als Hauptverbreitungsgebiete werden von den verschiedensten Autoren die Länder Italien, Frankreich, Spanien, Portugal, Ungarn, Jugoslawien, Bulgarien, Russland, Algerien und Chile genannt. Kleine Anbauflächen gibt es noch am Genfer See und im Wallis der Schweiz, in der Tschechoslowakei und Österreich. In der EU spielt der Muskateller besonders in Italien eine bedeutende Rolle. Aus ihm werden vor allen Dingen schwere Dessertweine hergestellt. Auch der bekannte italienische "Est-Est-Est", aus der Gegend nördlich von Rom, wird aus Muskateller gewonnen. Ebenso wie man in Deutschland das Bukett des Rieslings gerne mit etwas Muskateller anhebt, unterstützt man den französischen Sauternes und den ungarischen Tokayer durch einen Schuss seines Weines.

Herkunft: Scheu erwähnt, dass der Muskateller aus dem spanischen Pyrenäengebiet stammen könnte. Diese Annahme ist sicher zu bescheiden, denn er ist ohne Zweifel eine der ältesten Rebsorten der Menschheit. Dafür sprechen auch die sehr zahlreichen Spielarten. Nach Bassermann-Jordan hat man schon Kaiser Barbarossa (1152-90) Muskatellerweine angeboten, die sicher aus heimischen Weinbergen stammte. Karl der Große soll sich Muskatellerwein aus Frontignan in Frankreich besorgt haben. Schließlich meinen Autoren, dass der Muskateller möglicherweise die von Plinius dem Älteren um 60 n. Chr. beschriebene Sorte "Uva Apiana" sein könnte. Von daher ist es nicht schwer, seine Heimat nach Kleinasien, der Urheimat unserer Kulturrebe, zu legen, zumal sie auch als "Noah-Rebe" apostrophiert wird.

Sortenname: In Deutschland spricht man ganz allgemein vom Muskateller, ohne dabei zu erwähnen, ob es sich um Gelben oder Roten Muskateller handelt. Die ampelographische Bezeichnung heißt "Gelber Muskateller". Der schöne Muskatgeschmack des Weines hat bei der Namengebung sicher Pate gestanden.

Sortenmerkmale: Triebspitze offen, hellgrün, etwas bronziert, mittel wollig behaart; Blatt mittelgroß, fünflappig, deutlich gebuchtet spitz gesägter Rand. Hellgrün, meist länger als breit, Stielbucht V-förmig offen; Holz gelb bis hellrotbraun, feingebuchtet; Traube groß, lang, kaum geschultert, walzenförmig, mitteldichtbeerig; Beere rundlich bis leicht länglich, grüngelb, an der Sonne bräunlich, starkes Muskatbukett, mittelgroß; Austrieb spät; Blüte spät bis sehr spät; Blühfestigkeit mittel; Wuchs stark; Ertrag mittelmäßig; Holzreife gut.

Eigenschaften der Sorte

Ansprüche an die Lage: Die Sorte benötigt wegen der mittelspäten Reife eine gute Lage. Die Ansprüche an die Lage liegen höchstens ein klein wenig niedriger als bei der Sorte Riesling. In windoffenen Lagen kann es zu Verrieselungen der Blüte kommen.

Ansprüche an den Boden: Diese können als mittel gekennzeichnet werden, denn der Muskateller gedeiht auch noch gut in steinigen oder sandigen Böden, wenn diese tiefgründig und nicht zu trocken sind. Schwere bindige Kalkböden sind ungeeignet.

Winterfrostigkeit: Sie ist dank der guten Holzreife nur wenig geringer als die des Rieslings, aber besser als die des Silvaners.

Krankheitsanfälligkeit: Insgesamt besteht keine Überempfindlichkeit gegen Krankheiten. Die Anfälligkeit gegen Peronospora kann mit der des Rieslings verglichen werden. Die Oidiumanfälligkeit ist etwas größer und entspricht der des Silvaners.

Botrytis: Die etwas dünnhäutigen Beeren platzen bei Nässe leicht auf und gehen dann rasch in Fäulnis über. Stielfäule tritt nur begrenzt auf. Gegen Stiellähme ist keine betonte Empfindlichkeit vorhanden.

Erziehung: Der Muskateller ist sehr anpassungsfähig und kann daher in den verschiedensten Formen erzogen werden.

Normalerziehung: Die Neigung zum Verrieseln verlangt weiträumige Erziehung mit viel altem Holz. Gassenbreiten ab 1,80 m bis 2,00 m und Stockabstände ab 1,20 m und in wüchsigen Böden von 1,30 m sind angebracht. Die Stammhöhe sollte mindestens 70 – 80 cm betragen. Beim Schnitt sind zwei Bogreben, die über einen Hilfsdraht gebogen werden, zweckmäßig. Bei schwachwüchsigen Verhältnissen genügt eine Bogrebe.

Weitraumerziehung: Sie entspricht besonders gut der Art des Muskatellers. Die Rundbogen- oder die Pendelbogenerziehung fördert die Ertragsfähigkeit.

Spalieranbau: Als Tafeltraube an Hauswänden ist der Muskateller sehr gut geeignet und bringt dort reiche Erträge.

Unterlagenwahl: Wegen der Blüteempfindlichkeit sind die Unterlagen SO 4, Binova und 5 C vorzuziehen. In wuchsschwachen Böden ist die 125 AA zu empfehlen, 5 BB bei Muschel- und Keuperkalkböden.

Ertrag: Im weinbergsmäßigen Anbau befriedigt der Ertrag nur auf warmen Standorten. Im langjährigen Durchschnitt können 60-65 hl/ha erreicht werden. Zur Tafeltraubengewinnung können Einzelstöcke eine ganz beachtliche Menge und Güte bringen, ein Zeichen, dass auf warmen Standorten und bei weiträumiger Erziehung die Sorte sehr fruchtbar ist.

Ernte: Der Erntezeitpunkt wird häufig von der Traubenfäule bestimmt und liegt dann meistens zu früh. Daher ist eine luftige Erziehung, die dem Botrytisbefall vorbeugt, wichtig. Die beste Erntezeit liegt zwischen der des Silvaners und der des Rieslings. Die Trauben sind dann hochedel.

Qualität: In ungünstigen Lagen erreicht das Mostgewicht selten mehr als 60 Grad Oechsle. In einer warmen Lage sind dagegen ohne Schwierigkeiten Zuckerwerte von 70-80 Grad zu erreichen.

Säure: In ungünstigen Lagen und bei zu früher Lese kann sie sehr hoch sein. In einer guten Lage und bei später Lese, wenn die Säure am Stock abgebaut werden kann, ist sie selten höher als 10‰.

Wein: Er ist leicht, rassig und durch ein kräftiges, aber feines Muskatbukett ausgezeichnet. In guten Jahren könnte man daraus durchaus einen selbstständigen Flaschenwein gewinnen, der als Spezialität sicher gut bezahlt würde.
Die Weine sind in jedem Falle edler als Morio Muskat-Weine. In weniger günstigen Jahren ist das Bukett vielleicht etwas zu aufdringlich und die Säure zu kernig, um daraus Flaschenweine herstellen zu können. Trotzdem eignen sich die Weine dann immer noch vorzüglich für Verschnittzwecke. Dem Riesling verleiht ein kleiner Schuss Muskateller mehr Spiel; die neutralen Silvaner und Weißburgunder werden lebendiger. Die Bukettausbeute kann gesteigert werden, wenn man die Maische eine Nacht ziehen lässt.

Vorteile der Sorte: Feines Muskatbukett.

Nachteile der Sorte: Blühempfindlichkeit, nur mittlere Erträge, Beerenfäule, späte Reife, hohe Standortansprüche.

Anbauwert: Er ist begrenzt, gilt als Spezialität. Als Tafeltraube gut geeignet.

Spielarten: Es gibt eine Vielzahl von Sorten, die in ihrer Bezeichnung das Wort "Muskat" tragen (Morio Muskat, Muskat Silvaner usw.), um damit ihr ausgeprägtes Muskatbukett zu kennzeichnen, die aber mit dem Muskateller nichts gemeinsam haben.

Roter Muskateller

Es handelt sich um eine Mutation des Gelben Muskatellers, denn außer der Beerenfarbe sind die Eigenschaften völlig identisch. Doppelnamen sind Grauer Muskateller, Violetter Muskateller, Muskat gris, Muscat rouge, Muscat brun, muscat de corail.

Die von H. Goethe beschriebene Sorte "Schwarzblauer Muskateller" wird von Dümmler zum Roten Muskateller gerechnet.

Der Rote Muskateller ist für die deutschen Anbaugebiete zugelassen, hat sich jedoch im allgemeinen Anbau nicht durchsetzen können.

Muskat Ottonel

Zu den älteren Rebsorten, die einen Wein mit besonders feinem Bukett liefern, gehört der Muskat Ottonel. Leider ist er ein unsicherer Träger und hat daher nur 7 ha Anbaufläche.

Verbreitung: Der Muskat Ottonel ist im Elsass zu finden, in Deutschland und in Österreich, wo er sich besonders in der Steiermark und Burgund, am Neusiedler See, ausgebreitet hat.

Herkunft: Nach der Ampelographie von H. Goethe soll der Muskat Ottonel ein Sämling von Robert Moreau sein, der ihn 1852 in einem Weinberg bei Angers an der Loire fand. Er ist seit dieser Zeit an der mittleren Loire als Tafeltraube zu finden. Moog weist auf die Ähnlichkeit zum Gutedel hin und bezweifelt von daher, dass der in Deutschland angebaute Muskat Ottonel mit dem von H. Goethe beschriebenen identisch ist. Hornickel bezeichnet ihn als Spielart des Muskatellers.

Sortenname: Bei dieser Sorte wird einheitlich der Name Muskat Ottonel verwandt. Bei Frank Schoomaker, "Das Wein-Lexikon", ist die Bezeichnung "Muskat Ottone" zu finden.

Sortenmerkmale: Triebspitze offen, rotbraun, leicht wollig behaart; Blatt glatt, mittelgroß bis klein, scharf gezähnt wie Muskateller, dreilappig bis schwach fünflappig, tiefe Blattbuchten, die eng und meist überdeckt sind, Stielbucht V-förmig bis geschlossen; Holz dunkelgraublau, engknotig, lange Ranken; Traube mittelgroß bis klein, locker bis dichtbeerig, walzenförmig bis einseitig geflügelt; Beere mittelgroß bis groß, rund, gelbgrün sonnenseitig braunfleckig, dickschalig, hartfleischig, kräftiges, feines Muskatbukett; Austrieb mittelspät; Blüte sehr spät, kurz nach Riesling; Blühfestigkeit gering; Reife spät; Wuchs mittelstark bis schwach, hängend und mittelstarke Geiztriebbildung; Ertrag unsicher und niedrig; Holzreife gut, frostfest.

Eigenschaften der Sorte

Ansprüche an die Lage: Diese sind als mittel bis hoch zu bezeichnen. Wegen der Blühempfindlichkeit müssen die Lagen windstill und genügend warm sein. In windoffenen Lagen kommt es in jedem Jahr zu Rieselschäden. Tonböden sind zu kalt.

Ansprüche an den Boden: Der nicht sehr starke Wuchs verlangt kräftige, tiefgründige, fruchtbare Böden. Flachgründige, trockene und auch schwere, tonige Böden sind ungeeignet. Sehr kalkempfindlich.

Holzreife: Sie ist gut. Lenz Moser bezeichnet die Sorte als äußerst winterhart.

Krankheitsanfälligkeit: Etwas anfällig gegen Peronospora und Oidium. Die Botrytisanfälligkeit ist mit der des Silvaners vergleichbar. Empfindlich gegen Kupfer. Anfälligkeit gegen Kältechlorose.

Erziehung: Der unsichere Ertrag kann durch weiträumige Normalerziehung mit Gassen von 1,80 m bis 2,00 m, Stockabständen von 1,30 m und Stammhöhen von 70-80 cm verbessert werden. Die Sorte braucht einen langen Schnitt auf bleistiftstarkem Holz. In der Weitraumlage trägt sie in der Regel besser. Die Erziehung mit Rund- oder Pendelbogen dürfte hier besonders geeignet sein.

Unterlagenwahl: Trotz der Schwachwüchsigkeit sollte auf die 5 BB verzichtet werden. Geeignet sind SO 4 und Binova.

Ertrag: Lenz Moser nennt Erträge von 8 000 bis 10 000 kg/ha. Scheu meint, dass bei guter Selektion die Tragbarkeit gut sei. Aus anderer Quelle wird der Ertrag als niedrig angegeben. Das kann man auch von vielen Praktikern hören. In einer geeigneten Lage, wo Rieselschäden nicht so stark auftraten, wurde ein Durchschnittsertrag von 65 hl/ha erreicht.

Qualität: Das Mostgewicht erreicht gut die Höhe des Silvaners und liegt bei nicht zu früher Lese auch darüber. Die Säure ist in ihrer Höhe ebenfalls mit der des Silvaners vergleichbar. Der Wein ist gefällig, mit einem kräftigen, aber sehr feinen Muskatbukett. Er hat von allen Muskatellerarten das vornehmste Bukett. Reife Weine stellen als Flaschenweine eine Spezialität dar, die gute Preise erzielen. Weiterhin eignen sich die Weine vorzüglich zum Verschnitt mit den neutralen Weinen des Silvaners, Gutedels und Weißburgunders. Aber auch der Riesling kann durch einen Schuss Muskat Ottonel sehr gewinnen. Während beim Morio Muskat das Bukett der unreifen Trauben abstoßend ist, schmeckt dieses beim Muskat Ottonel bereits angenehm.

Vorteile der Sorte: Weine mit besonders feinem Bukett, gute Winterfrostfestigkeit.

Nachteile der Sorte: Ertragsunsicher, hohe Ansprüche an die Lage. Ist sehr kalkempfindlich und gehört somit zu den chloroseanfälligen Sorten.

Anbauwert: In Deutschland ist er begrenzt. In Qualitätsbetrieben, die für Spezialitäten gute Preise erzielen, kann eine kleine Fläche mit Muskat Ottonel lohnend sein. Das Weinbauinstitut Freiburg/Baden ist mit zwei Klone beim Bundessortenamt eingetragen und stehen zum Anbau zur Verfügung.

Grüner Veltliner

Verbreitung: In Österreich beträgt die Anbaufläche ca. 20.000 ha Das Hauptanbaugebiet ist Niederösterreich, denn die Standortverhältnisse sind für den Grünen Veltliner in Österreich sehr günstig. Grüner Veltliner wird auch in Tschechien als Veltlin Zelené oder Veltlinske Zelené und in Ungarn als Zöldveltelini angebaut. Das sind 30 % der Gesamtrebfläche, und damit ist der Grüne Veltliner die Hauptrebsorte des Landes. Auch in Ungarn, der Slowakei, in Mähren und Kroatien ist er zu finden. Wegen zu später Reife hat der Grüne Veltliner in Deutschland keine Bedeutung und nur wenige Hektar sind noch im Anbau.

Veltliner: Zu den alten Rebsorten Europas, die auch in Deutschland anzutreffen sind, gehören die Veltliner. Drei Sorten tragen diesen Namen. Es wird unterschieden zwischen dem "Grünen Veltliner", dem "Rot-weißen Veltliner", in Österreich nur Roter Veltliner genannt und dem "Frühen-roten Veltliner", der nach den Untersuchungen von Moog der "Frühe rote Malvasier" ist. Die Herkunft der Veltliner kann, wie bei fast allen alten Sorten, nicht eindeutig geklärt werden. Er scheint aber schon bei den Römern bekannt gewesen zu sein, denn bei Bassermann-Jordan ist nachzulesen, dass Kaiser Augustus Veltlinerweine aus dem rhätischen Teil Tirols gerne getrunken habe. Dort wird auch berichtet, dass der Vater Schillers, Joh. Kasp. Schiller, in seinen "Öconomischen Beiträgen" von 1766 den Veltliner aufführt. Hauptverbreitungsgebiet des Veltliners ist Österreich.

Sortenname: In Deutschland spricht man ganz allgemein vom Veltliner. An der Nahe wird der Veltliner als Dreimänner bezeichnet, eine Doppelbezeichnung, die in anderen Gegenden dem Traminer zukommt. In Österreich ist neben der Bezeichnung "Grüner Veltliner" noch "Weißgipfler" gebräuchlich, seltener "Manhards- oder Mouhardsrebe" oder "Grün-Muskateller".

Sortenmerkmale: Triebspitze offen, stark weißwollig; Blatt mittelgroß, rundlich, tief fünflappig gelappt, stumpf gezähnt, oben hellgrün, unten wollig, Stielbucht V-förmig oder geschlossen; Holz graubraun, dunkel, gestreift, engknotig; Traube ziemlich groß, kegelförmig, geschultert, meist dichtbeerig; Beere länglich, grün bis gründgelb, dickschalig; Austrieb früh; Blüte spät; Reife mittel bis spät, etwa mit dem Silvaner; Wuchs mittelstark, aufrecht; Ertrag gut; Holzreife gut.

Eigenschaften der Sorte

Ansprüche an die Lage: Diese sind unter den österreichischen Verhältnissen nicht sehr hoch. In Deutschland benötigt die Sorte eine gute Lage, wie wir sie für den Ruländer aussuchen würden, da die Trauben nicht früh genug reifen.

Ansprüche an den Boden: Diese sind nicht zu hoch. Mittelkräftige Böden sagen am besten zu. Verträgt Trockenheit. Neigt auf schweren kalkreichen Böden zur Chlorose.

Holzreife: Eine gute Holzreife verbürgt eine ausreichende Winterfrostfestigkeit.

Krankheitsanfälligkeit: Hervorzuheben ist eine hohe Empfindlichkeit gegen Roten Brenner. Die Beeren sind etwas botrytisanfällig. Eine Selektion von Lenz Moser hat diesen Fehler nicht. Die Peronosporaanfälligkeit der Blätter ist normal, die Trauben sind etwas empfindlicher.

Erziehung: Die weitgehende Umstellung des österreichischen Weinbaues auf Weitraumkultur hat gezeigt, dass auch der Grüne Veltliner für einen weiten Standraum dankbar ist.

In der **Normalerziehung** pflanzt man nicht unter 1,80 m bis 2,00 m Gassenbreite, bei 1,20-1,30 m Stockabstand und 70-80 cm Stammhöhe. Als Schnitt wählt man zwei kurze Flachbogen. In der Weitraumerziehung 3,00 x 1,20 m, ist der Zapfen-Streckerschnitt angebracht.

Unterlagenwahl: Die stark wachsende 5 BB ist für wuchsschwache Standorte, also arme Böden, geeignet. Sonst ist die SO 4 angebracht. Lenz Moser empfiehlt die Aripa.

Ertrag: Er ist gut und erreicht bei richtiger Kultur im Durchschnitt 100 hl/ha.

Klone sind in Deutschland nicht vorhanden. Es gibt in Österreich eine Reihe sehr guter Klone.

Reife, Ernte und **Qualität:** Die Trauben reifen vor dem Roten Veltliner, etwa mit dem Silvaner und können auch mit diesem oder kurz danach geerntet werden. Die Mostgewichte sind mittelmäßig, die Säure liegt um 8 bis 10 ‰. Die Weine haben ein angenehmes Bukett, sind jedoch nicht extraktreich und können als ansprechend, frisch, oft spritzig, würzig, mit angenehmer Säure und bekömmlich bezeichnet werden. Die Weine sind gut lagerfähig. Zählen zu den Spitzensorten des Landes. Die Sorte Veltliner nimmt in Österreich mindestens ein Drittel der bestockten Rebflächen ein und damit sind die unterschiedlichen Qualitäten möglich. Sie ist in Österreich eine sehr bekannte und sehr beliebte Spezialität. Veltliner Weine passen zu vielen Speisen.

Sauvignon blanc

Diese französische Keltertraube ist in Wirklichkeit ein Europäer, denn sie bevölkert vom Atlantik bis Jugoslawien die Weinberge. Sauvignon blanc ist weltweit eine der wertvollsten Weißweinsorten und ihre Weine gehören zur Spitzenklasse der Welt. Mit der Rebsorte Semillon zusammen liefert sie die berühmten Sauternes-Weine.

Verbreitung: Hauptanbaugebiet ist Frankreich und zwar Sauternes (45 Kilometer südlich von Bordeaux), Graves (am linken Ufer der Garonne, westlich und südlich Bordeaux), Charente

Synonyme:

Land	**Bezeichnung**
Deutschland	**Muskat-Silvaner**
Frankreich	Sauvignon blanc, Sauvignon jaune, Sauvignon fumé, Blanc fumé, Quinechon
Österreich	Muskat-Sylvaner, Feigentraube
Italien	Champagne, Sciampagna
Russland	Gros Sauvignon, Pinot Mestny Bely
Australien	Blanc Fumé
Chile	Blanc Fumé
Kalifornien	Blanc Fumé
Kanada	Blanc Fumé
Neuseeland	Blanc Fumé
Südafrika	Blanc Fumé
Slovenien	Muskatni Silvanec
Kroatien	Muskatni Silvanec

(nördlich von Bordeaux, Gegend um Cognac), Reuilly, Quincy (am Cher, Nebenfluss der Loire), Sancerre und Pouilly-sur-Loire (obere Loire). In 30 Departements zählt sie zu den empfohlenen Sorten. Weitere Anbauländer außerhalb von Frankreich sind Italien, Österreich, Spanien, Serbien, Kroatien, Ungarn, Tschechien, Slowakei, Rumänien, Russland, Griechenland. Ebenso findet man die Rebsorte Sauvignon blanc in Kalifornien, Israel, Chile, Argentinien, Brasilien, Uruquay, Bolivien sowie Südafrika, Australien, Neuseeland und in anderen Anbaugebieten der Erde.

Herkunft: Nach alten Urkunden ist die Sauvignon blanc in den Weinbergen Frankreichs schon früher nachweisbar und zwar ab 280 n. Chr., als der römische Kaiser Probus das Rebpflanzverbot aufhob, wurde sie im Weinbaugebiet des Loiretal angepflanzt, von wo sie sich weiter verbreitete. Somit dürfte die Sorte Sauvignon blanc ihren Ursprung im Bordeaux-Gebiet haben.

Sortenmerkmale: Triebspitze offen, weiß-wollig; Blatt mittelgroß, fünflappig, breiter als lang, stark gewellt, wenig gebuchtet, stumpf gezähnt, hellgrün, Stielbucht V- oder U-förmig offen; Holz mittelstark, gerillt, haselnussbraun, eng bis weitknotig; Traube klein, dichtbeerig, zylinderförmig, kurzstielig, oft geflügelt, dem Silvaner etwas ähnlich; Beere klein bis mittelgroß, ungleich dick, länglich, gelblichweiß, dickhäutig mit vanilleartigem Muskatgeschmack; Austrieb mittelfrüh bis spät; Reife mittelspät; wuchskräftig; Ertrag mittelmäßig bis gut, etwas unregelmäßig; Holzreife mittel bis gut, sehr abhängig von den Witterungsverhältnissen.

Eigenschaften der Sorte

Ansprüche an die Lage: hoch, gelangt nur in warmen Lagen zur vollen Reife und sollte nur in guten, warmen und nicht so hohen, aber südlichen Lagen gepflanzt werden.

Ansprüche an den Boden: Diese sind als mittelfristig zu bezeichnen. Etwas kargere Böden sagen ihr mehr zu als zu schwere; jedoch gedeiht sie bestens auf guten und tiefgründigen Böden. Die Anpassung an die Triebigkeit des Bodens ist mit der richtigen Unterlagenwahl möglich.

Winterfrostfestigkeit: Die Holzreife setzt spät ein und bei ungünstiger Vegetation ist sie mangelhaft und die Winterfrosthärte daher gering.

Maifrostanfälligkeit: Wegen des nicht sehr frühen Austriebes nicht überempfindlich.

Krankheitsanfälligkeit: Gegenüber Peronospora und Oidium ist sie mittelmäßig anfällig und gegen Gescheinsbotrytis und Beerenfäule anfälliger. Außerdem wird sie im Vergleich zu anderen Sorten von den Rebzikaden stärker befallen.

Wuchs: Die Sorte Sauvignon blanc hat einen sehr kräftigen und aufrechten Wuchs und ist verrieselungsanfällig bei ungünstigen kühlen Witterungsverhältnissen während der Blüte.

Erziehung: Hierbei sind der kräftige Wuchs und die Schwäche in der Frostfestigkeit zu beachten. Die Erziehung muss eine gute Holz- und Traubenreife unterstützen, und dies wird gewährleistet über eine sehr luftige Spaliererziehung. Ebenso ist eine gute Pflege- und Bestandsführung erforderlich.

Normalerziehung: Die Gassenbreite nicht unter 2,00 m; der Stockabstand 1,20 m und die langen Bogreben werden am besten über einen so genannten Überbiegdraht gebogen und zwischen dem Ende der Fruchtrute zum Nachbarstock soll etwas Zwischenraum bleiben, der die Durchlüftung fördert. Pro Quadratmeter können bei dieser Sorte 8 bis 10 Augen angeschnitten werden, wobei pro lfd. Meter Biegdrahtlänge nicht mehr als 12-14 Augen pro Bogrebe stehen dürfen.

Weitraumerziehung: Lenz Moser empfiehlt die Hochkultur für diese Rebsorte nur in mageren Böden und luftigen Lagen. Wegen des kräftigen und aufrechten Wuchses eignet sich Sauvignon blanc sehr gut für eine weiträumige Pflanzung in Spaliererziehung mit Rund- und Halbbogenanordnung.

Unterlage: Je nach den Bodenverhältnissen sind der SO 4, Binova, 5 C und 8 B den Vorzug zu geben. Die Unterlage Kober 5 BB führt zu einem starken Triebwerk und zur Reduktion des Ertrages und zur schlechten Holzreife.

Ertrag: Dieser ist mittelmäßig und liegt bei 60 bis über 70hl/ha. Eine beachtliche Anzahl von Klone begünstigen und stabilisieren das Leistungspotential dieser Sorte, denn die Erträge sind allgemein sehr schwankend.

Ernte: Die Reife liegt im Bereich von Silvaner. Bei späterer Ernte nimmt mit zunehmender Reife die Farbtönung der Trauben von hellgelb bis zu strohgelb. Je nach den Witterungs- und Standortverhältnissen kann es zu unreifen Frucht- und unreifen Geschmacksnoten kommen.

Qualität: Der Wein wird als voll, rund, extraktreich, mit feinem Bukett bezeichnet. Im Verschnitt mit Semillon liefert er die berühmten und weltweit bekannten Sauternes-Weine. Am Cher der oberen Loire und den übrigen Anbaugebieten erfolgt der Anbau sortenrein zu schönen, selbstständigen, fruchtigen Weinen. Auch in Deutschland bemüht man sich um den Anbau dieser Rebsorte.

Mostgewicht: Bringt eine gute Mostgewichtsleistung nur bei Vollreife sowie einer unterstützenden Säurestruktur um 6 bis 8,5 ‰.

Wein: Er zählt zu den Weinen von großer Aromenvielfalt im Geruch und Geschmack. Insbesondere sind es würzige Aromen, die an Paprika, schwarze Johannisbeeren, Zitrusfrüchte und andere Fruchtnoten erinnern. Ein Wein von außergewöhnlicher Duftigkeit und rassiger Art. Auslesen als Dessertwein sind ein besonderes Genusserlebnis. Im Bordeaux-Anbaugebiet entstehen aus dem Cuvée von Sauvignon blanc und Semillon, der delikate, pikante, aromatische, weltbekannte Sauternes-Wein.

Vorteile der Sorte: Besitzt eine große ökologische Streubreite an den Boden Kräftiger und aufrechter Wuchs. Gute Mostgewichte und Säurestruktur. Gute und interessante Weinqualität

Nachteile der Sorte: Stellt hohe Ansprüche an die LageVerrieselungsanfällig Mangelhafte Holzreife und somit geringe Winterfrosthärte. Gegenüber Gescheinsbotrytis, Beerenfäule und Oidium anfällig. Schwankender Ertrag.

Anbauwert: Bei der Rebsorte Sauvignon blanc wird die Menge und Güte sehr beeinflusst von den Standort- und Witterungsverhältnissen während der Vegetation. Im Weißweinsortiment stellt sie eine interessante Bereicherung durch ihre Geschmacks- und Aromenvielfalt. Bekannt ist diese Rebsorte auch unter dem Namen Muskat Silvaner und wird, wie bereits erwähnt, in vielen Ländern angebaut.

Welschriesling

Zu den zahlreichen Sorten, die man als falsche Rieslinge bezeichnen kann, gehört als bedeutendster Vertreter der Welschriesling. Er gehört zum festen Rebenbestand Südosteuropas und liefert dort ansprechende Konsumweine und Weine mit großer Qualitätsspanne. Er schmeckt jung am besten.

Verbreitung:
Hauptverbreitungsgebiete sind Süd- und Südosteuropa. Österreich besitzt eine Anbaufläche von rund 500 ha, was die dritte Stelle unter den dortigen Sorten bedeutet. Weiterhin finden wir ihn in Ungarn, Rumänien, Bulgarien, Albanien, Südtirol und Norditalien.

Herkunft: Nach Prof. H. Goethe ist der Welschriesling eine französische Sorte, deren Ursprung in der Champagne zu suchen ist. Von dort soll sie nach Heidelberg gekommen sein und wegen ihrer Abstammung und gewissen Ähnlichkeit mit dem Riesling die Bezeichnung “Welschriesling” erhalten haben. Vom Rhein sei sie dann nach Österreich und Ungarn gewandert. Dümmler setzt im Weinbaulexikon hinter diese Herkunft ein ? mit der Bemerkung, dass die Sorte in der Champagne nicht bekannt sei.

Sortenname: Welschriesling, Wälschriesling, Olasz, Riesling laski, Taljanska grasevina, Biela sladka (grassica), ital. Riesling, Riesling italico.

Sortenmerkmale: Triebspitze offen, hellgrün, weißwollig; Blatt mittelgroß, hellgrün, fünflappig, tief gebuchtet, scharf gezähnt, unterseits feinwollig behaart, Stielbucht offen; Traube mittelgroß, walzenförmig, geschultert, dichtbeerig, sehr langer Stiel; Beere klein bis mittelgroß, rund, gelbgrün, dünnschalig, punktiert; Holz dünn, hell, gelbbraun, engknotig, dicke Knoten, gestreift; Wuchs mittelstark; Reife sehr spät; Holzreife gut; Austrieb spät.

Eigenschaften der Sorte

Ansprüche an die Lage: Die späte Reife verlangt eine gute, warme Lage.

Ansprüche an den Boden: Die hohe Kalkverträglichkeit gestattet den Anbau auf Kalkböden. Der Welschriesling verlangt gute, nährstoffreiche und nicht zu trockene Böden.

Krankheitsanfälligkeit: Nicht überempfindlich gegen Peronospora und Oidium, wenig botrytisanfällig. **Frostfestigkeit:** Durch späten Austrieb wenig spätfrostgefährdet. Winterfrostfestigkeit sehr gut.

Erziehung: Sowohl für Normal- als auch für Weitraumerziehung sehr gut geeignet. Anschnitt von 6 bis 8 Augen/qm.

Unterlage: 5 BB und 125 AA, SO 4.

Ertrag: Regelmäßig, 80 bis 100 hl/ha.

Qualität: Die Mostgewichte liegen um 70 bis 105 Grad Oechsle, die Säure bewegt sich über 9 ‰ bis 15 ‰.

Wein: Feines Bukett, süffig, feinwürzig, guter Konsumwein. Oft Verschnittpartner für schwere Weine. Von internationalem Bekanntheitsgrad sind die berühmten Beerenauslesen, Ausbruchweine und Trockenbeerenauslesen aus dem Burgenland. Eignet sich sehr gut als Sektgrundwein.

Rotweinsorten*

Blauer Spätburgunder

Der Burgunder zählt zu den ältesten Kulturreben der Menschheit. Als Heimat gilt, nach Hoffmann, entsprechend den Angaben des russischen Genetikers und Ampelologen Negrul, das Niltal. Er könnte sich dort aus der *Vitis vinifera occidentalis* entwickelt haben. Sein Weg nach Europa ist mit der Verbreitung der Rebkultur durch Phönizier, Griechen und Römer verbunden. Der Anbau des Spätburgunders in Burgund kann bis in das 4. Jh. zurückverfolgt werden. So wie der Riesling unter den Weißweinsorten, nimmt der Blaue Spätburgunder unter den Rotweinsorten die oberste Qualitätsstufe ein. In den nördlichen Weinbaugebieten Europas werden die edelsten Rotweine aus ihm gewonnen. Der infolge Degeneration der Sorte stark gefährdete Anbau konnte, dank intensiver Klonenzucht, wieder gesichert werden.

Verbreitung: Die Statistik von 1994 weist eine Anbaufläche von 6 994 ha und bis 2001 eine bestockte Fläche von 9 806 ha für Deutschland aus. Der Hauptanteil befindet sich in Baden, in der Pfalz, in Rheinhessen und Württemberg. Bekannte Rotweinanbaugebiete mit bedeutendem Spätburgunderanbau sind Assmannshausen im Rheingau, die Ahr, Ingelheim/Rhein, Affental und Waldulm in Baden. Frankreich hat einen bedeutenden Anbau in Burgund, besonders der Côte de Beaune. In der Champagne stellt der Spätburgunder in der Montagane de Reims und der Vallée de la Marne den größten Teil des Rebenbestandes. In Italien sind die Lombardei und Südtirol Anbaugebiete. In der Schweiz ist er im Wallis, am Neuenburgersee und in der Ostschweiz beheimatet. Weitere Anbauländer sind Ungarn und Rümänien. In Übersee ist der Spätburgunder in Kalifornien, Argentinien, Chile, Australien und Südafrika zu finden.

Herkunft: Die Urheimat des Blauen Spätburgunders ist sicher in Burgund

---

*ohne Neuzüchtungen

zu suchen, denn der Anbau ist dort ab dem 4. Jh. nachweisbar. Er könnte von der von Plinius beschriebenen allobrogischen Rebe aus der Gegend von Vienne (Rhone), südlich Lyon, stammen. Hoffmann schreibt in seinem Buch "Weinbau in Stichworten", dass die Nachfolger Karls d. Großen den Spätburgunder 881 aus Burgund in die Kaiserpfalz nach Bodmann am Bodensee gebracht hätten. 1318 ist die Sorte in einer Urkunde des Klosters Salem und 1330 in einer solchen des bekannten Weinortes Affental (Ortenau) in Baden erwähnt. Hornickel erwähnt eine Urkunde aus dem Jahre 1394.

Synonyme: Im deutschen Sprachraum lautet die echte Bezeichnung "Blauer Spätburgunder", im französischen "Pinot noir".

Synonyme:

Land	**Bezeichnung**
Deutschland	**Blauer Spätburgunder**, **Spätburgunder,** Blauburgunder, Clävner, Klävner, Klebrot. Alte Bezeichnungen sind Schwarzer Burgunder, Schwarzer Riesling, Süßling, Süßedel, Süßrot, Möhrchen, Malterdinger
Frankreich	**Pinot noir,** Pinot Franc noir, Bourguignon noir
Österreich	**Blauer Spätburgunder,** Blauer Nürnberger
Italien	Pignol, Pignola, Pino nero
Ungarn	Kisburgundi kék, Pinot noir
Schweiz	**Blauer Spätburgunder**, Klevner, Pinot noir

Sortenmerkmale: *Triebspitze* offen, stark behaart, weißlich hellgrün; *Blatt* mittel, dunkelgrün, blasig, rundlich bis schwach dreilappig oder andeutungsweise fünflappig, unterschiedlich starke Seitenbuchten, bei guten Trägern nur andeutungsweise gebuchtet, Blattrand stumpf gezähnt, Stielbucht V-förmig offen; *Holz* graubraun, dunkel gestreift und gefleckt, engknotig mit wenig ausgeprägten Knoten; *Traube* mittelgroß, dichtbeerig, walzenförmig, selten geschultert; *Beere* mittelgroß, rund bis oval, dunkelblau bis violettblau, stark beduftet, dünnhäutig, feiner Sortengeschmack; *Austrieb* mittel bis spät; Blüte spät; Blühfestigkeit hoch; Reife mittelfrüh bis spät; Wuchs mittelstark und mittelstarke Geiztriebbildung; *Ernte* mittel; *Holzreife* gut.

Bis auf die Beerenfarbe sind die Sortenmerkmale identisch mit denen des Ruländers (Grauer Burgunder) und des Weißen Burgunders.

Blauer Spätburgunder

Eigenschaften der Sorte

Ansprüche an die Lage: Der Blaue Spätburgunder stellt hohe Ansprüche an die Lage, die aber nicht so hoch sind wie die des Rieslings. Sie liegen etwa in der Mitte zwischen Riesling und Silvaner. Ein Anbau in geringeren Lage ist falsch, da die Qualität eines Rotweines auch vom Alkoholgehalt abhängt. Die Lagen sind daher so zu wählen, dass auch in geringen Jahren Mostgewichte von wenigstens 80 Grad Oechsle erreicht werden. In geringen Lagen bleibt die Säure unharmonisch hoch. Die verschiedenartigsten Spätburgunder-Klone können Defizite der Lage, des Jahrgangs und der Kellerwirtschaft nicht ausgleichen.

Ansprüche an den Boden: Alle Ampelographen empfehlen gute, warme, fruchtbare, lockere, tiefgründige Böden, die nicht zu trocken, aber ausreichend feucht sind. Richtig ist, dass schwere, kalte zur Verdichtung neigende Böden dem Blauen Spätburgunder keine idealen Standorte bieten. Bei Auswahl einer wuchsstarken Unterlage sind dagegen leicht erwärmbare und trokkenere Gesteins, Sand- oder Kiesböden mit ausreichendem Feinerdegehalt noch recht gut geeignet. Auf diesen Böden ist in der Regel die Farbausbeute und das Burgunderbukett ausgeprägter als in schweren Böden.

Holzreife: In den meisten Jahren hat die Sorte eine gute Holzreife und damit eine ausreichende Winterfrostfestigkeit, wenn diese auch nicht ganz die Härte des Rieslings erreicht. Empfindlich gegen Maifröste.

Krankheitsanfälligkeit: Sie ist ebenfalls nicht überbetont. In den dicht gepackten Trauben quetschen sich die Beeren gegenseitig auf und gehen dann in Fäulnis über. Trotz der etwas dünnen Beerenhaut kommt es nie zu einem so raschen Umsichgreifen der Beerenfäule, wie wir das vom Müller-Thurgau her kennen. Da aber braune Botrytisbeeren die Farbausbeute mindern und der tiefdunklen Weinfarbe einen Stich ins Braune verleihen, sind Maßnahmen zur Verhinderung jeglicher Beerenfäule angebracht. Stielfäule und Stiellähme treten selten auf, so dass fast nie ein hoher Anteil von Bodentrauben auftritt.

Wuchs: Die heutigen Selektionen des Blauen Spätburgunders sind frohwüchsig und können als mittelstark- bis starkwüchsig angesehen werden.

Erziehung: In der Normalerziehung sind Gassenbreiten von 1,80 m bis 2,00 m angebracht. Die Stammhöhe sollte 70 bis 80 cm betragen. Als Schnittform werden lange Halbbogen empfohlen. Auch für die Weitraumerziehung eignet sich der Spätburgunder, insbesondere in der Pendelbogenerziehung ist zu merken, dass die Blühfestigkeit der Sorte durch viel altes Holz gefördert wird.

Unterlagen: Besonders empfehlenswert sind die Unterlagen SO 4 und Binova, gefolgt von 5 C und 125 AA. In sehr wuchskräftigen, kalkarmen Böden eignet sich auch die 3309. Die 5 BB ist nicht geeignet.

Ertrag: Durch die Klonenzucht konnten die Erträge auf rund 100 hl/ha gesteigert werden. Die Spätburgunderklone Deutschlands sind also zu den fruchtbarsten Sorten zu rechnen. Von besonderer Bedeutung beim Spätburgunder ist gesundes Lesegut und dies bestimmt die Klon-Entscheidung. Durch die erfolgreiche Selektion lockerbeeriger (L-Klone) Klone verschiedener Züchter konnte die Botrytisgefahr der Trauben wesentlich gemindert und die Farbausbeute und Gesundheit des Lesegutes erhöht werden.

Reife: Der Blaue Spätburgunder reift mittelfrüh bis spät, also kurz vor dem Silvaner.

Ernte: Da es beim Spätburgunder darauf ankommt, einen ausreichend hohen Alkoholgehalt zu erreichen, sollte die Lese spät erfolgen, also nach dem Silvaner. Damit das möglich ist, müssen die Reben weiträumig gepflanzt werden, um eine Beerenfäule weitgehend zu vermeiden. Eine selektive Lese fördert die Rotweinqualität.

Qualität: Aus geeigneten Lagen werden auch in Deutschland, an der nördlichen Grenze des Weinbaues, die schönsten Rotweine aus der Spätburgundertraube gewonnen. Es ist interessant, dass das nördlichste Weinbaugebiet Europas, die Ahr, ein Spätburgundergebiet ist. Die **Mostgewichte** erreichen in Deutschlands nördlichen Gebieten Zuckerwerte von 80 bis 90 Grad Oechsle, in den südlichen Gebieten 90 bis 100 Grad Oechsle. Ritter erzielte in Geisenheim, trotz der hohen Erträge, im Durchschnitt von 10 Jahren etwa 80 Grad Oechsle. Die **Säure** beträgt im Durchschnitt 6 bis 8 %o. Zur Erhöhung der Qualität ergibt ein knapper Anschnitt kräftige Triebe mit gut entwickelten und reifen Trauben. Kurz- und Doppeltriebe auf der Bogrebe rechtzeitig entfernen. Ebenso während der Reife bzw. Blauverfärbung der Traubenbeeren die "Spätentwickler" bzw. die grün- oder schwach rötlichen Trauben entfernen, damit eine bessere Ausfärbung möglich ist. Ferner ist bei reichtragenden Weinbergen und in allen Junganlagen eine Ertragsreduzierung durchzuführen, um die Qualitäts- und Farbausbeute zu erhalten. Bei sehr dichter Traubenzone eine leichte und gezielte Entblätterung von einem bis höchstens zwei Blätter je Trieb entfernen.

Wein: Vollmundig, samtig, mit einem feinen an Bittermandeln erinnernden Aroma (Burgunderton), körperreich und alkoholreich. In Deutschland werden die Rotweine ziemlich gerbstoffarm hergestellt. Der Barrique-Ausbau setzt sich auch in Deutschland immer mehr als Spezialität durch. Der Ausbau erfolgt je nach Jahrgang und Aromenpotenzial bis zu 22 Monate in 225 l-fassenden kleinen Eichenfässern. Spätburgunder-Rotweine von gehobener Qualität entwickeln sich in Barrique-Ausbau zur Perfektion von Feinheit, Eleganz, Fülle und Größe. Insgesamt werden aus dem Blauen Spätburgunder die besten Rotweine der Welt gewonnen. Auch in Deutschland stehen sie innerhalb der Rotweine an der Spitze.

Die fruchtigen und spritzigen Spätburgunder Weißherbste sind sehr beliebt. Sie werden aus weiß gekelterten Spätburgundertrauben gewonnen, die nicht auf der Maische vergoren wurden. Die Weine sind hellrot, frisch, mit etwas mehr Säure, auch rassig und vollmundig. Die Weinarten Rotwein, Rosé und Rotling unterliegen bestimmten weingesetzlichen Vorschriften.
Schließlich ist zu bemerken, dass aus den Spätburgunderweinen Sekte von bester Qualität gewonnen werden können.

Der Blaue Spätburgunder ist der ideale Begleiter von Wildgerichten, Kaninchen und vieler Bratenfleischsorten .

Vorteile der Sorte: Gute Fruchtbarkeit, geringe Krankheitsanfälligkeit, hochedle Weine.

Nachteile der Sorte: Etwas hohe Lageansprüche.

Anbauwert: Für gute Lagen heute noch die beste Rotweinsorte, insbesondere für die nördlichen Gebiete.

Barrique bzw. Eichenfaß - Lagerkeller

Im Bordeaux-Weinbaugebeit bezeichnet man mit dem Begriff „Barrique" (= Faß) tonnenartige Eichenfäßer von 225 bis 230 l Inhalt, wie sie üblicherweise für den Ausbau von Bordeaux-Weinen verwendet werden.

Mutationen:

Aus dem Blauen Spätburgunder haben sich im Laufe der Jahrhunderte durch Mutation zahlreiche Spielarten gebildet, die einen wichtigen Platz unter den Kulturreben einnehmen.

Mutation - Blauer Spätburgunder mit blauen, grauen und weißen Trauben am gleichen Rebstock

Blauer Spätburgunder

Mutanten			
	→ Ruländer (Grauer Burgunder) →	Weißer Burgunder	
	→ Frühburgunder		→ Chardonnay**
	→ St. Laurent*		→ Auxerrois**
	→ Müllerrebe (Schwarzriesling) Samtrot		
	→ Clevner		→ Morillon
	→ Bodenseeburgunder		
	→ Blauer Arbst		

Es gibt noch weitere Spielarten, die aber keine Bedeutung mehr haben und nur noch in Restbeständen vorhanden sind oder gar nicht mehr angebaut werden.

*Nach Untersuchungen von Dr. K. Wenzel in Geisenheim besteht keine Verwandtschaft zum Spätburgunder
**Chardonnay und Auxerrois werden heute als selbstständige Sorten angesehen

Blauer Frühburgunder

Dieser Burgunder zählt wie der Spätburgunder zu den ältesten Kulturreben. Er nimmt unter den Burgunderrotweinen die höchste Stufe ein.

Verbreitung: In den Anbaugebieten mit beachtlichen Flächen der Blauen Spätburgunder ist auch der Blaue Frühburgunder im Anbau mit kleinerer Fläche als Spezialität im Rotweinangebot vertreten. Die Statistik von 1994 weist eine Rebfläche von 44 ha, für das Jahr 2000 von 99 ha und für das Jahr 2001 für Deutschland insgesamt 123 ha aus. Die Hauptanbaugebiete sind Rheinhessen, Ahr, Württemberg und die Pfalz. Franken hat eine Fläche von 4 ha und Mosel-Saar-Ruwer von 2 ha im Anbau.

Herkunft: Wie bereits erwähnt gehört der Blaue Frühburgunder zu den alten und bekannten rotweinsorten und ist eine Mutation aus dem Blauen Spätburgunder. Der Name bezieht sich auf die frühe Reife im August.

Synonyme:

Land	Bezeichnung
Deutschland	**Blauer Frühburgunder, Frühburgunder,** Früher Clävner, Möhrchen, Jakobstraube, Augusttraube, Augustklevner, Juliustraube, Magdalenentraube, Jakobitraube, Früher Burgunder, Frühe Jakobstraube, St. Jakobstraube
Österreich	Früher Burgunder, Früher blauer Klevner, Frühreifer schwarzer Burgunder, Frühblaue, Augustiner, Laurenzitraube, Blaue Jakobstraube, Frauentagtraube und Zherna Mushza in der Steiermark
Frankreich	Madeleine Noir, Pinot Madeleine, Tuannes negrés, Ischia, Vigne d´Ischia, Noir printannier, Raisin précoce, Morillon hatif, Pinot noire précoce, Raisin de St. Jean, Raisin de Juillet
Italien	Luviana veronese, S. Lorenzo, Lujega

Burgunder Blattformen

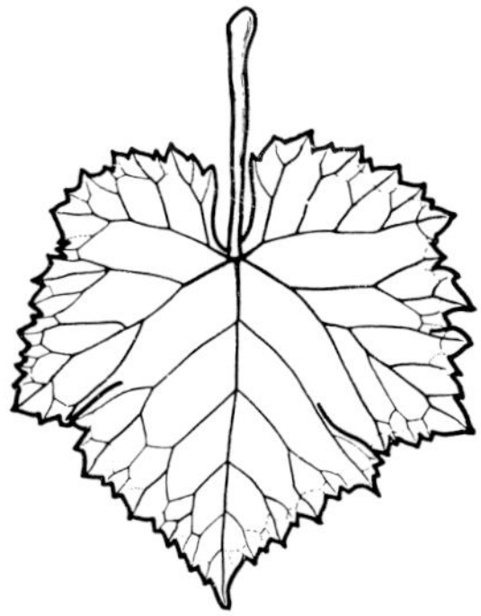

Blauer Spätburgunder (Pinot noir)

Weißer Burgunder (Pinot Blanc)

Ruländer, Grauer Burgunder (Pinot Gris)

Chardonnay

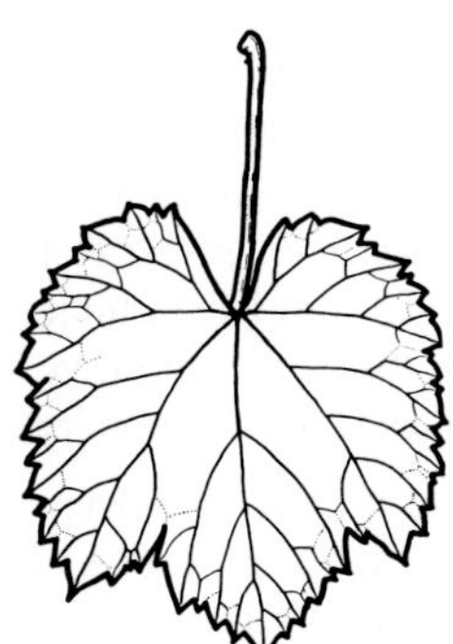

Auxerrois

Sortenmerkmale: *Triebspitze* offen, stark behaart, unbeborstet, fast aufrecht bis leicht hängend; *Wüchsigkeit* mittelstark; *Geiztriebbildung* mittel bis schwach; *Gescheine* mittelgroß an kurzem Stiel; *Blühzeit* früh bis mittelfrüh, bei nur mittlerer Blühfestigkeit; *Blatt* mittelgroß, mittel- bis dunkelgrün, schwach gelappt, Stielbucht offen, Rand spitz gezähnt; *Traube* mittelgroß, dichtbeerig mit dunkelblauen Beeren von feinem Sortengeschmack und hohem Extrakt, Beerenhaut etwas dicker als die des Spätburgunders, wenig anfällig gegen Fäulnis; *Ertrag* nur mittelhoch bis niedrig; *Holzreife* sehr gut und damit gute Winterfrostfestigkeit, die diejenige des Rieslings übertrifft.

Eigenschaften der Sorte

Ansprüche an die Lage: Hoch, also keine geringen Lagen, da die Qualität eines Rotweines vom Fruchtzucker-Alkoholgehalt abhängt.

Ansprüche an den Boden: Leicht erwärmbare, durchlässige, lockere fruchtbare Böden sind wegen Farbe und Bukett vorzuziehen.

Krankheitanfälligkeit: Sie ist gering, wegen der dicken Beerenhaut, insbesondere gegenüber Botrytis. Stiellähme tritt kaum auf. Die Sorte leidet wenig unter Bodentrauben.

Erziehung: in der Normalerziehung sind Gassenbreiten von 1,80 bis 2,00 m, mit Stammhöhen von 70-80 cm zu wählen. Als Schnittform ist die Halb-(Pendel-)bogenerziehung zu wählen, weil diese die Blühfestigkeit verbessert. Auch für Weitraumerziehung geeignet, da in dieser ebenfalls die Blühfestigkeit verbessert wird.

Unterlagen: Es sind SO 4 Binova und 125 AA zu wählen. Sehr stark wachsende, wie z. B. 5 BB erhöhen die möglichen Verrieselungen.

Ertrag: Selbst in gut selektionierten Beständen werden 60-70 hl/ha kaum überschritten.

Ernte: Ab Mitte September, also früh bis mittelfrüh.

Qualität: Das Mostgewicht übertrifft im langjährigen Schnitt dasjenige des Blauen Spätburgunders, was gerade für Burgunderweine von großer Bedeutung ist. Die Säure liegt mit durchschnittlich 6-8 ‰ in einem für Rotweine günstigen Bereich. Die frühe Reife des Frühburgunders erbringt farbintensive, kräftige, ausdrucksvolle, pinotduftige, samtige Rotweine, die den Spätburgunder im Ausdruck übertreffen. Ausleseweine sind eine Besonderheit.

Anbauwert: Durch leistungsfähige Klone konnte der Ertrag auf ein wirtschaftliches Niveau angehoben werden und somit kann der Anbauwert durchaus als gut bezeichnet werden. Frühburgunder-Rotweine sind eine ausgezeichnete Qualität und unter den Weinkennern eine Spezialität. Die Rotweinqualität liegt in der Regel über der des Spätburgunders, denn sie zeichnen durch ihre zarte Art, feinen Pinotduft, edle Würze und vornehmen Burgunder-Charakter von bester Qualität aus. Beim Bundessortenamt sind für die Sorte Blauer Frühburgunder drei Erhaltungszüchter mit ihren 14 Klonen eingetragen und versorgen die Pflanzguterzeuger bzw. Rebenveredler mit Klone bester Leistungseigenschaften.

Schwarzriesling (Müllerrebe)

Die Müllerrebe hat sich in Deutschland, vornehmlich durch die Auslesezucht von Schneider (Heilbronn) und Herold (Weinsberg), eine gewisse Anbaufläche erhalten. Die Rebstatistik weist ein Areal von 2481 ha aus, das zum größten Teil in Württemberg liegt und mit einer kleinen Fläche in Nordbaden, Rheinhessen, Pfalz, Nahe und Franken.

Die Heimat der Müllerrebe ist sicher in Burgund zu suchen, sie ist schon vor 400 Jahren nachzuweisen, da sie als eine Mutation des Blauen Spätburgunders angesehen werden kann. Sie ist dort allerdings nicht im Verzeichnis der Sorten für AC-Weine zu finden, wohl aber in der Champagne. Die Müllerrebe wird weiterhin im Elsass angebaut, in der Umgebung von Beaugency an der Loire, in der Steiermark Österreichs.

Synonyme:

Land	Bezeichnung
Deutschland	**Müllerrebe, Schwarzriesling**
Frankreich	**Pinot Meunier**, Farineux noir
Österreich	Blaue Postitschtraube (Steiermark)
Ungarn	Molnár tóke kék
Italien	Morone farinaccio

Sortenmerkmale: *Triebspitze* offen und auffallend dichtfilzig, weißwollig (wie mit Mehl bestäubt); *Blatt* mittelgroß, fünflappig, mittelstark, sehr rauh und blasig, unterseits dichtwollig, behaart, Rand gesägt, Stielbucht V-förmig bis geschlossen; *Traube* mittel, dichtbeerig; *Beeren* klein bis mittel, schwarzblau, rund bis oval: *Holz* graubraun, mehr engknotig; *Austrieb* mittel bis spät; *Blüte* spät; *Blühfestigkeit* hoch; *Reife* mittelspät; *Ertrag* mittel; *Holzreife* gut.

Eigenschaften der Sorte

Die **Ansprüche an die Lage** sind geringer als die des Blauen Spätburgunders und können als mittel bis gut angesprochen werden.

Schwarzriesling

Die **Ansprüche an den Boden** sind ebenfalls nur mittelhoch bis gering. Eine gute Holzreife bedingt eine gute Winterfrostfestigkeit. Die Krankheitsanfälligkeit ist gering. Die Trauben faulen leicht.

Die **Wuchskraft** ist vergleichbar mit der der Sorte Riesling, also mittelstark bis kräftig. Insgesamt eine wenig komplizierte Sorte. Mittlere Geiztriebbildung.

Erziehung: Die Müllerrebe ist für eine weiträumige Erziehung dankbar. Sie trägt sowohl auf Zapfen als auch auf Bogen. Der Bogenschnitt über einen Hilfsbiegedraht herrscht vor. Neben der Normalerziehung kann auch die Weitraumerziehung verwandt werden.

Unterlagenwahl: 5 BB, 125 AA, in wüchsigen Böden auch SO 4, Binova und 5 C.

Ertrag: Er ist mittelhoch (60-80 hl/ha) und entspricht etwa dem des Spätburgunders.

Wein: Die Weinqualität bleibt in der Regel hinter der Qualität des Spätburgunders, dem "König der Rotweine" zurück. Spätlesen von Schwarzriesling sind von großer Fülle, Harmonie, Eleganz und feinen samtigen Geschmacks- und Geruchsaromen nach Brugunder. Ferner erinnern sie im Geschmack an Kirschen, schwarze Johannisbeeren und reife Pflaumen.

Vorteile der Sorte: Qualitätswein ist frisch, rassig und in der Regel nicht so alkoholreich.

Nachteile der Sorte: Spätburgunderqualität wird nicht erreicht. Der Anbauwert ist auf Württemberg begrenzt. Reift später als Spätburgunder.

Anbauwert: Am stärksten in Württemberg im Anbau. Ferner auch in anderen Anbaugebieten als Besonderheit zu finden.

Samtrot

Herkunft: Selektion der Staatlichen Lehr- und Versuchsanstalt für Weinbau und Gartenbau, Weinsberg. *Mutation der Müllerrebe*; entdeckt vom Klonenzüchter *Schneider*, Heilbronn, und dann selektiv bearbeitet an der Weinsberger Anstalt durch August Herold.

Laut Bundessortenamt gilt der Samtrot als blauer Spätburgunderklon.

Eigenschaften der Sorte

Der *Ertrag* ist etwas schwankend (80-90 hl/ha). Das *Mostgewicht* liegt im Allgemeinen über dem des Spätburgunders und übertrifft die Müllerrebe um etwa 10 Grad Oechsle. Die *Säure* bewegt sich mit 6 bis 8 ‰ in einem für Rotweine harmonischen Bereich. Der Wein ist, wie der Name zum Ausdruck bringt, samtig und burgunderähnlich.

Anbauwert: Der Anbau ist auf Württemberg begrenzt und liegt um 100 ha. Qualitätsorientierte Rebe nur für den Selbstmarkter interessant.

Blauer Portugieser

Unter den Rotweinen liefert der Portugieser die Konsumqualitäten. In guten Jahren vermag er uns auch tiefdunkle Weine mit Burgundercharakter von guter Qualität zu schenken. Seine reiche Fruchtbarkeit und Anspruchslosigkeit hinsichtlich Lage und Boden haben ihm bis zum heutigen Tage einen festen Platz in unseren Weinbergen erhalten.

Verbreitung: Die Bundesrepublik Deutschland verfügt mit 5039 ha über den größten Portugieseranbau. Der Löwenanteil entfällt davon auf Rheinland-Pfalz und innerhalb von Rheinland-Pfalz auf die Pfalz und Rheinhessen. Alle anderen Bundesländer oder Weinbaugebiete verfügen über unbedeutende Flächen. In Österreich sind etwa 3000 ha (ca 5 %) mit Portugieser bestockt, und die Spitzenstellung unter den dortigen Rotweinsorten wird von den Sorten Zweigelt und Blaufränkisch eingenommen. Auch in Ungarn gehört der Portugieser zum festen Rebsortiment. Kleine Bestände sind noch an der Marne in Frankreich zu finden.

Herkunft: Der Portugieser ist wahrscheinlich von Portugal oder Spanien nach Österreich (Bad Vöslau) gekommen und von dort in seine Verbreitungsgebiete in Mitteleuropa. Nach Schumann, der sich eingehend mit der Herkunft des Portugiesers beschäftigt hat, hat der Bürgermeister von Gumpoldskirchen, Johann Baumann, in seiner Anleitung zum einträglichen Betrieb des Weinbaues in Österreich, 1956 berichtet, dass der Herrschaftsbesitzer, Freiherr v. Fries, 1772 den Portugieser von Oporto nach Vöslau brachte. Von dort habe die Rebe ihren Siegeszug nach allen Ländern des österreichischen Kaiserstaates und nach Württemberg, Baden und in die Rheingegend angetreten. An der Verbreitung in Deutschland war Johann Philipp Bronner (1792-1864) maßgeblich beteiligt. Verschiedene Angaben, dass der Portugieser nicht aus Portugal stamme, sondern vor undenklichen Zeiten in Niederösterreich und Ungarn kultiviert worden sei, können daher nicht stimmen.

Synonyme: Im deutschen Sprachraum wird nur die Bezeichnun " Portugieser" gebraucht, während der Name "Oportorebe" in Vergessenheit geraten ist.

Synonyme:

Land	Bezeichnung
Deutschland	**Blauer Portugieser, Portgieser**
Österreich	Blauer Portugieser, Oportorebe, Blaue Feslauertraube, Früher Vöslauer, Badner
Ungarn	Oporto
Frankreich	Autrichien, Portugais Bleu

Sortenmerkmale: *Triebspitze* offen, ganz schwach behaart, fast kahl glänzend, gelblich grün, junge Blätter und Stengelteile mit rötlich-bräunlichem Anflug; *Blatt* groß, glatt, glänzend grün, dreilappig, bis schwach fünflappig, Blattrand grob gezähnt, Stielbucht V-förmig bis geschlossen; *Holz* gelb bis leicht rotbraun, feine Streifen, violett beduftet, dunkel punktiert, lange Internodien; *Traube* mittel bis groß, konisch, dichtbeerig; *Beere* etwas länglich, pflaumenblau, beduftet, dünne Beerenhaut, mittlere bis schwache Beerensaftfarbe; *Austrieb* mittel; *Blüte* spät; *Blühfestigkeit* hoch; *Reife* mittel bis spät; *Wuchs* sehr kräftig bei mittlerer Geiztriebbildung; *Ertrag* hoch; *Holzreife* mittelmäßig.

Eigenschaften der Sorte

Ansprüche an die Lage: Der Portugieser stellt an die Lage nur geringe Ansprüche. Sie können mit den Ansprüchen des Müller-Thurgau verglichen werden. Wer allerdings bessere Rotweine gewinnen will, muss eine bessere Lage wählen.

Ansprüche an den Boden: Die Sorte ist sehr anspruchslos und gedeiht auch noch in armen Sandböden sehr gut. Kalk- und Mergelböden sagen ihr noch gut zu. Nasse und sehr feuchte Standorte sind weniger geeignet.

Die Maifrostanfälligkeit verbietet einen Anbau in gefährdeten Lagen.

Holzreife: Eine mittelstarke Holzreife bedingt eine leichte Anfälligkeit gegen Winterfrost. In arktischen Wintern können die Stöcke total erfrieren.

Krankheitsanfälligkeit: Der Portugieser ist etwas empfindlich gegen Peronospora und sehr anfällig gegen Oidium. Schwarzfleckenkrankheit und Roten Brenner. Die Trauben werden leicht von Beerenbotrytis befallen, besonders bei enger Pflanzweise und auf feuchten Standorten.

Erziehung: Der kräftige Wuchs verlangt eine weiträumige Erziehung mit hohem Stamm. Für Portugieser sind Gassenbreiten von 1,80 m bis 2,00 m und mehr sowie Stammhöhen von 70-80 cm angebracht. Für die Weitraumerziehung ungeeignet.

Blauer Portugieser

Unterlagen: Da der Portugieser sehr rieselfest ist, kann er ohne Bedenken auf die Unterlage 5 BB veredelt werden, wobei natürlich die Notwendigkeit einer weiträumigen Erziehung zu beachten ist. In tiefgründigen, fruchtbaren Böden ist es angebrachter, die etwas wuchsschwachen Unterlagen SO 4, Binova oder 5 C zu verwenden. Sehr bewährt hat sich die Unterlage 125 AA.

Ertrag: Der Portugieser gehört zu den reichtragendsten Sorten unserer Heimat. Seine Blühfestigkeit sichert kontinuierlich hohe Erträge. Je nach Fruchtbarkeit des Bodens sind Durchschnittserträge von 140 bis 200 hl/ha zu erzielen. Eine Ertragsreduzierung ist aus Qualitäts- und Vermarktungsgründen erforderlich.

Reife: Nach Scheu liegt die Reife 14 Tage vor der des Silvaners. Auch "Babo und Mach" sowie das Weinbaulexikon zählen den Portugieser zu den früh reifenden Sorten. Andere Sortenbeschreibungen sprechen von einer mittelfrühen bis späten Reife. Im deutschen Weinbau zählt der Portugieser zu den früher reifenden Rotweinsorten (vergleichbar mit den Rebsorten Frühburgunder, Regent, Dornfelder u.a.).
Ernte: Die Lese des Portugiesers wird fast immer kurz vor der des Müller-Thurgaus vorgenommen. Das ist eigentlich falsch und erfolgt entweder wegen beginnender Traubenfäulnis, die man wegen der die Rotweinfarbe störenden braunen Stoffe der faulen Beeren vermeiden möchte, oder weil man rote und weiße Trauben nicht gleichzeitig verarbeiten will. Um eine bessere Farbausbeute und ein höheres Mostgewicht zu erhalten, weil Rotweine etwas mehr Alkohol haben sollen, ist ein Lesezeitpunkt vor oder mit dem Silvaner günstiger. Allerdings sind dann Maßnahmen nötig, die eine zu frühe Traubenfäule verhindern.

Qualität: Das Mostgewicht erreicht bei der üblichen, vorwiegend frühen Lese Zuckerwerte zwischen 60 und 65 Grad Oechsle. Bei späterer Ernte lassen sich aber Durchschnittswerte von 70 bis 80 Grad Oechsle erreichen.

Die **Säure** ist mild und liegt zwischen 6 bis 8 ‰. Unreife, sehr früh gelesene Portugieser können aber 12 ‰ Säure und mehr haben.

Wein: Im Geschmack erinnern die Portugieser-Rotweine an rote Johannisbeeren und reifen Himbeeren. Sie wirken feinfruchtig, mild, mit geringer Gerbstoffnote. Portugieser-Rotweine aus guten Lagen und entsprechender Ertragslenkung sowie gesunder und vollreifer Trauben präsentieren sich deutlich farbintensiver, sortentypischer, fruchtiger, gehaltvoller, dichter und extraktreicher. Geeignet sind sie zu Nudelgerichten, Geflügel, Kalbfleisch, zu Rostbeef, Schinken, Weichkäse und anderer Käsearten.

Vorteile der Sorte: Regelmäßige und hohe Erträge, geringe Ansprüche an Lage und Boden.

Nachteile der Sorte: Winterfrostempfindlich, empfindlich gegen Oidium und

Beerenbotrytis. Sehr empfindlich gegenüber Maifrost.

Anbauwert: Als Lieferant für preiswerte Tischweine ist der Anbauwert unbestritten. Bei später Lese kann dieser sicher noch gesteigert werden. Unter günstigen Voraussetzungen von Lage, Witterung und Rebstockpflege wird Spätburgunderniveau erreicht.

Spielarten:

Grauer Portugieser: Er ist in Niederösterreich nur noch in Restbeständen zu finden. Es wird eine sehr hohe Fruchtbarkeit angegeben. Der Anbau ist in Österreich nicht mehr erlaubt.

Grüner Portugieser: Diese, früher in Österreich angebaute Sorte erscheint in der Sortenstatistik ebenfalls nicht mehr. Sie ist aus dem grauen Portugieser entstanden und weist weniger Beerenfäule auf. Ihr Anbau ist in den österreichischen Weinbaugebieten Niederösterreich und Burgenland verboten. Doppelnamen: Grüngelber Portugieser, Weißer Portugieser.

Roter Portugieser: Diese, auch Königstraube genannt, sehr spät reifende, reichtragende Sorte hat ampelographisch nichts mit dem Blauen Portugieser zu tun.

Weißer Portugieser: Eine wertvolle, nicht mit dem Blauen Portugieser oder Grünen Portugieser verwandte Sorte, deren echte Bezeichnung Weiße Geißdutte, eine Tafeltraube, heißt.

Blauer Limberger

Wer einen Rotwein sucht, der die Eigenschaften eines frischen Moselweines besitzt, muss zum Limberger greifen. So wie die Sorte zwei Hauptnamen hat, nämlich Limberger und Blaufränkisch, so hat der Wein zwei Gesichter, denn er erinnert an den edlen Burgunder, ist aber zugleich leicht wie ein Portugieser.

Verbreitung: Das größte Anbaugebiet ist Österreich mit über 3000 ha, die vornehmlich im Burgenland und Niederösterreich zu finden sind. Eine beachtliche Limberger-Rebfläche von rund 2000 ha befindet sich in Tschechien. Auch Italien,

Ungarn und Kroatien besitzen einige hundert Hektar Limberger-Rebflächen. Die Rebenstatistik von Deutschland gibt im Jahre 1994 eine bestockte Rebfläche von 878 ha, für 2000 von 1196 ha und für das Jahr 2001 eine Fläche von 1267 ha an, die fast alle in Württemberg liegen.

Herkunft: Ab der zweiten Hälfte des 18. Jahrhunderts lässt sich der Limberger in Österreich nachweisen, ohne dass es gelungen wäre, seine Urheimat aufzufinden. Ob diese die Umgebung von Wien ist oder Lemberg in Kroatien, kann man nicht feststellen. Hermann Goethe berichtete, dass ein Weingutsbesitzer und Weinhändler aus Bad Vöslau (zwischen Wien und Wiener Neustadt), Robert Schlumberger, für seine Verbreitung gesorgt habe. Im Weinbaulexikon wird die Vermutung ausgesprochen, dass der Name Limberger auf einen Rebschulbesitzer zurückzuführen sei, der die Sorte in den Handel gebracht habe. Ruckenbauer und Traxler sprechen die Vermutung aus, dass es sich um eine positive Selektion aus bodenständigen Rotweinsorten handele, die unter Karl dem Großen (742-814) durchgeführt wurde. Andererseits glaubt man aber auch, dass die Bezeichnung "Blaufränkisch" auf eine Herkunft aus Franken hinweisen könnte. Diese Vermutung ist von den Klimaansprüchen der Sorte her nicht zu untermauern. Deutschland hat die Sorte sicher aus Österreich erhalten.

Synonyme:

Land	**Bezeichnung**
Deutschland	**Blauer Limberger**, **Lemberger, Limberger**, Blaufränkisch
Österreich	**Blaufränkisch**, Schwarze Fränkische
Ungarn	Kékfrankos

Die von der internationalen ampelographischen Kommission in Colmar 1875 festgesetzte Bezeichnung "Blaufränkisch" hat sich in Deutschland nicht durchgesetzt.

Sortenmerkmale: *Triebspitze* offen, hellgrün, glänzend, etwas bronziert, mittel bis schwach behaart; *Blatt* hell bis dunkelgrün, mittelgroß, breit, dreilappig mit schwachen Seitenbuchten, glatt, scharf, gezähnt, Stielbucht V-förmig bis geschlossen, überlappend; *Holz* weitknotig gelbbraun, an den dikken Knoten etwas rötlich, fein gestreift; *Traube* mittelgroß, geschultert, mehr locker als dichtbeerig; Beeren rund, mittelgroß, schwarzblau, dicke Haut; *Austrieb* mittelspät; *Blüte* spät; *Blühfestigkeit* hoch; *Reife* mittelspät; *Wuchs* stark, aufrecht, mittlere Geiztriebbildung; *Ertrag* mittel bis hoch; *Holzreife* mittel bis gut.

Eigenschaften der Sorte

Ansprüche an die Lage: Vergleichbar mit Blauem Spätburgunder und Weißem Riesling.

Ansprüche an den Boden: Auch hierin stellt der Limberger nur mittlere Ansprüche. Er verträgt noch schwere Kalkböden, auch Muschelkalk, gedeiht aber am besten in tiefgründigen, fruchtbaren Lösslehmböden, die etwas sandig sein können.

Krankheitsanfälligkeit: Gegenüber keiner Pilzkrankheit, auch nicht Botrytis, ist eine besondere Empfindlichkeit vorhanden. Jedoch wird die Sorte etwas von Stiellähme befallen.

Holzreife: Eine gute Holzreife bedingt eine ausreichende Winterfrostfestigkeit. Nach Lenz Moser erfriert sie ab minus 20 Grad.

Spätfrostanfälligkeit: Der frühe Austrieb macht sie in dieser Richtung zu einer empfindlichen Sorte, Maifrostlagen sind daher vom Anbau auszuschließen.

Erziehung: Der kräftige Wuchs verlangt eine weiträumige Erziehung. Alle Fachleute berichten übereinstimmend von einer guten Tragbarkeit bei langem und auch bei kurzem Schnitt. In der **Normalerziehung** wird man Gassenbreiten ab 1,80 bis 2,00 m wählen und Stammhöhen ab 70 cm. In der **Weitraumerziehung** eignet sich der Rundbogen oder der Pendelbogenschnitt.

Unterlagenwahl: Der Wuchskraft entsprechend wird man SO 4, Binova und 5 C vorziehen und nur in armen Böden zur 5 BB oder 125 AA greifen.

Ertrag: Der Ertrag erreicht im langjährigen Mittel 70 bis 80 hl/ha. Die Anfälligkeit der Blüte gegen Verrieseln konnte durch die Klonenzucht weitgehend ausgeschaltet werden.

Reife: Sie erfolgt spät, kurz nach der des Blauen Spätburgunders.

Ernte: Die geringe Empfindlichkeit der Trauben gegen Fäulnis gestattet eine späte Lese, die nach der des Blauen Spätburgunders vorgenommen werden muss.

Qualität: Das Mostgewicht bleibt unter gleichen Verhältnissen 10 Grad hinter dem des Spätburgunders zurück. Im langjährigen Durchschnitt erreicht es in einer mittleren Lage zwischen 70 und 80 Grad Oechsle. Die Säure liegt um 2-3 ‰ über der des Spätburgunders und erreicht im Durchschnitt um 8-10 ‰.

Wein: Die Rebsorte Blauer Limberger gehört zu den klassischen Rotweinen mit sehr viel Sortencharakter, der als spätreifende Sorte besonders lagerfähig ist. Limberger-Rotweine sind gehaltvoll und nachhaltig, machen mit ihrer angenehmen Säure- und Gerbstoffstruktur auf sich aufmerksam. Hinzu kommt eine ausgeprägte, dunkle Rotwein-Farbe. Für eine lange Lagerung gut geeignet. Limberger-Weine sind eine große Genüsslichkeit zu Grillgerichten, Sauerbraten, Wildkaninchen, Feldhas und anderen diversen Bratenfleischarten sowie Blauschimmelkäse und andere feinwürzige Käsearten.

Blauer Trollinger

Der Trollinger ist sicher einer der säurebetontesten Rotweine Deutschlands. Sein Wein hat etwas von der Standhaftigkeit der Bewohner seiner Heimat Südtirol mitbekommen. Als Lieferant von Tafeltrauben war er früher in allen Weinbaugebieten unserer Heimat vertreten, hat sich aber immer mehr auf Württemberg zurückgezogen.

Verbreitung: In Deutschland ist eine Fläche von 2615 ha mit Trollinger bestockt, die fast ganz in Württemberg liegt, wo sie mit 2598 ha rund 23 % eine der Hauptrebsorten darstellt. Das zweite Hauptverbreitungsgebiet ist Südtirol, wo der Trollinger unter der Bezeichnung „Groß Vernatsch" ebenfalls die Hauptrebsorte ist. Er ist weiterhin als Hausstock sehr verbreitet und wird als Gewächshaustraube unter der Bezeichnung "Black Hamburg" in Belgien, Holland und England gezogen. Früher, als der gemischte Satz noch vorherrschte, gab es viele Weinberge mit einzelnen Trollingerstöcken, die als Einmachtrauben die Bezeichnung "Fleischtraube".

Herkunft: Als Urheimat wird Südtirol angenommen. Dazu verleitet vor allen Dingen der Name, denn er könnte sich über Tirolinger zu Trollinger gewandelt haben. Dagegen spricht, dass er in Südtirol "Groß-Vernatsch" genannt wird. Trotzdem wird man seinen Ursprung in Südtirol oder im Trentino zu suchen haben, zwei alten Weinlandschaften. Die Römer brachten dann den Trollinger an den Rhein, wo er in der Pfalz und an der Bergstraße seine Bleibe fand und sich in die Weinberge der Nachbargebiete verbreitete. Heute ist der Trollinger nur noch in Württemberg als Keltertraube zu finden. Die Schwaben sollen ihn aber Mitte des 17. Jahrhunderts aus Tirol und nicht aus der Pfalz bezogen haben. Seine heutige Bezeichnung "Trollinger" ist denn auch in Württemberg entstanden, denn in der Pfalz und an der Bergstraße nannte man ihn früher Hammelshoden, Mohrendutte, Fleischtraube usw.

Sortenmerkmale: *Triebspitze* offen, hellgrün, gelegentlich kupferbronziert, mittelwollig bis flaumig behaart; *Blatt* groß, grün, blasig, drei- bis fünflappig, unterschiedlich stark gebuchtet, Blattrand unregelmäßig gezähnt, Stielbucht V-förmig bis geschlossen; *Holz* dick, weitknotig, gelbbraun, dunkle Punkte und Streifen; *Traube* sehr groß, pyramidenförmig, meist geschultert, lockerbeerig; *Beere* groß, rund rotblau, stark beduftet, dickhäutig; *Austrieb* mittel bis spät; *Blüte* spät bis sehr spät, bei hoher bis sehr hoher Blühfestigkeit; *Reife* sehr spät; *Wuchs* stark und starke Geiztriebbildung; *Ertrag* hoch; *Holzreife* gut.

Synonyme:

Land	**Bezeichnung**
Deutschland	**Trollinger,** Fleischtraube, Bocksauge, Bocksbeutel, Bockstraube, Troller, Hammelshoden, Zottelwälscher, Schwarzwälscher, Pommerer, Bammerer, Schwarzer, Frankenthaler
Südtirol	**Groß-Vernatsch**, Edel-Vernatsch, Meraner Kurtraube
Italien	Schiavone, Schiava grossa, Uva cenerente
Österreich	Großer Burgunder, Aegytischer
Frankreich	Raisin bleu de Frankental, Frankental noir, Chasselas de Jérusalem, Raisin de Languedoc
Belgien	Gros bleu
England	Black Hamburg

Eigenschaften der Sorte

Ansprüche an die Lage: Die späte Reife verlangt eine sehr gute frostfreie Lage, sodass man diese Ansprüche mit denen des Blauen Spätburgunders vergleichen kann. Eigentlich sind sie noch höher, da der Trollinger kein so hohes Mostgewicht erreicht, wie der Spätburgunder.

Ansprüche an den Boden: Der kräftige Wuchs lässt den Trollinger auch auf armen Böden gut gedeihen. Er ist recht chlorosefest, verträgt also hohen Kalkgehalt. Nach württembergischen Erfahrungen sind Löss-Lehmböden weniger gute Standorte für den Trollinger. Bindige, lettige Böden scheiden aus, weil sie kalt sind und die späte Reife noch fördern. Warme Böden der

Keuper- und Muschelkalkformation sind gut geeignet.

Krankheitsanfälligkeit: Die Empfindlichkeit gegen Peronospora ist kaum höher als die des Rieslings. Dagegen ist eine deutliche Schwäche gegenüber Oidium vorhanden. Eine hohe Anfälligkeit gegen Botrytis ist nicht vorhanden.

Die mittlere Holzreife bedingt eine nur mäßige **Winterfrostfestigkeit**. Gegen Stiellähme mittel bis stark anfällig.

Erziehung: Der starke Wuchs verlangt unbedingt eine weiträumige Erziehung.

Normalerziehung: Gassenbreite 1,80 m bis 2,00 m, Stockabstand 1,20 m bis 1,30 m. Stammhöhe 70 bis 80 cm, Schnitt lang. Auch für Weitraumerziehung eignet sich der Trollinger gut. Da die basalen Augen wenig fruchtbar sind, wird der Anschnitt langer Bogenreben erforderlich.

Unterlagen: Die gute *Blühfestigkeit* gestattet die Veredelung auf stark wüchsige Unterlagen wie 5 BB und 125 AA.

Ertrag: Der Trollinger gehört zu den fruchtbarsten Sorten und bringt Durchschnittserträge von 100 bis 150 hl/ha. Eine Ertragsreduzierung erhöht die Qualität.

Reife: Die Reife ist sehr spät; kurz nach der des Rieslings. In ungünstigen Jahren färben sich die Trauben nicht gleichmäßig aus, es bleiben einige Beeren hellrot. Diese späte Reife hat dazu geführt, dass der Trollinger, außer in Württemberg, aus den Weinbergen Deutschlands verschwunden ist und höchstens noch als Tafeltraube eine Hauswand ziert. In Württemberg hat er sich in erster Linie wegen seines guten Ertrages gehalten.

Qualität: Das Mostgewicht erreicht im langjährigen Mittel etwa 70 Grad Oechsle, die Säuren 7 bis 10 ‰. In den meisten Jahren müssen die Weine verbessert werden. Die Qualität bewegt sich vorwiegend auf der Stufe von Konsumweinen. In sehr guten Lagen und sehr guten Jahren können natürlich auch Spitzenweine wachsen.

Wein: Trollinger-Rotweine sind in der Regel von hellroter Farbe und einer fruchtigen Säure geprägt. Im Bukett erinnern sie etwas an Kirschen und rote Johannisbeeren. In ihrer gesamten Ausdrucksform sind Trollinger-Rotweine leichte, spritzige Weine für alltägliche Gelegenheiten von früh bis spät und sind sehr bekömmlich. Ertragslenkende Maßnahmen erhöhen die Extraktwerte und das Mostgewicht bei gleichzeitiger Reduzierung der Säure und liefern somit etwas gehaltvollere, reifere, dichtere und farbintensivere Trollinger-Rotweine.

Sie eignen sich besonders als Speisebegleiter gut zu Nudelgerichten, Geflügel, Kasseler, Tartar, gekochtem Schinken, verschiedene Käsearten und vor allem zu den regionalen Speisen insbesondere zu Spätzle und Maultaschen.

Vorteile der Sorte: Kräftiger Wuchs, hoher Ertrag und gute Chlorosefestigkeit.

Nachteile der Sorte: Späte Reife und geringe Winterfrosthärte.

Anbauwert: In Deutschland auf Württemberg beschränkt.

Muskat-Trollinger

Diese Spielart des Blauen Trollingers wird in keinem Umfang in Württemberg als Spezialität angebaut. Der Anbau soll bis in das Jahr 1850 zurückverfolgt werden können. In den Rebanlagen um die Burg Schaubeck ist der Muskat-Trollinger ab 1881 zu finden. Das Weingut Brüssele des Grafen Adelmann in Kleinbottwar hat bewiesen, dass aus der Sorte hervorragende Rotweine gewonnen werden können. Die sehr späte Reife erfordert einen Anbau in besten Lagen. Ähnlich wie der Riesling, liefert auch der Muskat-Trollinger im niedrigen Mostgewichtsbereich gut vermarktungsfähige, ansprechende Weine. Die Weine bestechen durch ein sehr elegantes Muskatbukett. Im Prädikatsweinbereich besitzen sie eine fruchtige, pikante, edelreife Art. In Frankreich ist der Muskat-Trollinger eine beliebte Tafeltraube, deren Anbau in den letzten Jahren ständig zugenommen hat.

Saint Laurent

Der St. Laurent gehört zu den guten Rotweinsorten und ist eigentlich zu wenig verbreitet. Bei ausreichendem Ertrag wird ein sehr guter, farblich dunkler Rotwein erzeugt, der qualitativ zwischen Blauem Spätburgunder und Blauem Portugieser einzustufen ist.

Bisher wurde der St. Laurent als eine Spielart des Blauen Spätburgunders angesehen. Nach Untersuchungen von Dr. K. Wenzel, Institut für Mikrobiologie in Geisenheim/Rh., stimmt dies nicht. Bei Untersuchungen der Farbstoffe stellte sich heraus, dass die Sorte St. Laurent acylierte Anthozyane (Pflanzenfarbstoffe) enthält, die beim Blauen Spätburgunder und seinen Spielarten nicht auftreten.

Verbreitung und Herkunft: Hauptverbreitungsgebiet ist Tschechien mit über 2000 ha, gefolgt von Österreich um 1000 ha. In Deutschland sind 350 ha mit dem St. Laurent bestockt. Der größte Flächenanteil erstreckt sich auf die beiden Anbaugebiete Pfalz und Rheinhessen mit stark zunehmendem Anbau. Hermann Goethe bezeichnet den St. Laurent als französische Keltertraube, einen Status, den sie heute nicht mehr besitzt. In der EU-Liste bzw. Verordnung über die Rebsorten ist sie nicht aufgeführt.

St. Laurent

Nach Deutschland kam die Sorte durch Ökonomierat Bronner (1792-1864) aus Wiesloch, der sie von einem Winzer Baumann in Bollweiler, das nordwestlich Mühlhausen (Elsass) liegt und heute keinen Weinbau mehr besitzt, erworben hat. Sein Sohn, Carl Bronner, der Rebenveredler war, hat dann für eine gewisse Verbreitung gesorgt. Wo in Frankreich die Heimat des St. Laurent zu suchen ist, lässt sich nicht genau klären. Die Versuchung ist groß, diese in Saint Laurent, einem Weinbauort im Haut Medoc bei Bordeaux, anzunehmen. Dafür gibt es aber außer dem Namen keinen Anhaltspunkt, da die Sorte dort nie angebaut wurde. Daneben kommt auch der Weinort Saint Laurent-Sur-Saône bei Mâcon in Frage, zumal dort die Sorte noch im Anbau ist.

Sortenname: Der Name Saint Laurent kann ebenfalls nicht auf den gleichnamigen Weinbauort in Medoc zurückgeführt werden, sondern bezieht sich wahrscheinlich auf den Kalenderheiligen St. Laurentius-St. Lorenztag (10. August) - mit Rücksicht auf die 10 bis 12 Tage vor dem Blauen Spätburgunder beginnende Reife.

Synonyme: Blauer Saint Laurent, Saint Laurent, Sankt Lorenztraube, Lorenztraube, Laurentiustraube, Schwarzer und Pinot St. Laurent.

Sortenmerkmale: *Triebspitze* offen, gelblichgrün, stark weißwollig; *Blatt* mittelgroß, fünflappig, meistens nur mittelstark gebuchtet, die *Blatt*lappen überdecken sich, matt dunkelgrün, unterseits leicht flaumig-wollig; *Holz* engknotig, dunkelrotbraun; *Traube* mittel bis groß, dichtbeerig, meist kegelförmig; *Beere* oval, mittlere bis kräftige Beerensaftfarbe und dicke, schwarzblaue Beerenhaut; *Austrieb* mittelfrüh; *Reife* mittelfrüh; *Wuchs* kräftig; *Ertrag* gut bis mittel; *Holzreife* mittel bis gut.

Eigenschaften der Sorte

Ansprüche an die Lage: Wegen der frühen Reife werden nur mittelgute Lagen beansprucht. Man kann die Sorte in dieser Hinsicht etwas mit der Scheurebe vergleichen, da sich genau wie diese in kühleren Lagen eine zu hohe Säure behält.

Ansprüche an den Boden: Diese sind ebenfalls nur mittel, wobei tiefgründige und frische Böden eher zusagen als schwere tonige. Kalkhaltige Böden sind gut geeignet. Steinige und flachgründige Böden kann er nicht vertragen und geht im Wuchs und der Ertragsleistung sehr rasch zurück.

Holzreife: Die meist gute Holzreife bedingt eine ausreichende Winterfrostfestigkeit.

Die **Maifrostanfälligkeit** verbietet einen Anbau in Frostlagen.

Krankheitsanfälligkeit: Etwas anfällig gegen Peronospora und Oidium. Botrytis befällt die Beeren wegen ihrer dicken Haut nicht leicht. Empfindlich in der Blüte.

Erziehung: Scheu empfiehlt einen weiten Standraum, und Lenz Moser hält sie für sehr gut geeignet für Weitraumanlagen. Ein regelmäßiger und guter Ertrag ist nur bei ausreichendem Standraum gesichert. In der **Normalerziehung** sind daher Gassenbreiten ab 1,80 m bis 2,00 m, Stockabstände ab 1,20 m und Stammhöhen ab 70-80 cm angebracht. In der **Weitraumerziehung** empfiehlt sich die Pendelbogen- oder Rundbogenerziehung.

Unterlagen: In wuchsstarken Böden sind SO 4, Binova und 5 C angebracht, in wuchsschwachen 125 AA und 5 BB.

Ertrag: Verschiedene Verfasser, auch Scheu, sprechen von einer sehr guten Fruchtbarkeit, die bei richtiger Erziehung die des Portugiesers erreichen soll. Das ist sicher etwas zu hoch gegriffen. In den meisten Fällen ist der Ertrag nur als mittelhoch anzusehen und erreicht im langjährigen Mittel 70 bis 80 hl/ha.

Reife: Die Reife liegt etwas später als die des Portugiesers, aber mindestens 10 Tage früher als die des Blauen Spätburgunders.

Ernte: Die Ernte sollte nicht zu früh erfolgen, damit die Säure am Stock abgebaut wird. Aus diesem Grunde ist auch eine luftige Erziehung, die keine frühe Traubenfäule aufkommen lässt, angebracht. Die beste Erntezeit liegt kurz hinter der der Sorte Silvaner.

Wein: Rotweine von der Rebsorte St. Laurent sind von klassischem Rotweinstil. Sie besitzen eine angenehme Fruchtsäure und sind von rustikalen Geschmacksfacetten sowie in seiner Gesamtaromatik von Tannin in feinster Weise überlagert. Die Weine präsentieren sich dicht und gehaltvoll. Von besonderer Köstlichkeit und Sinnenerlebnis sind die St. Laurent Spät- und Auslesen mit ihrem zart-herbem, sehr feinem Burgunderaroma. Solche Weine verfügen über eine lange Lebensdauer.

St. Laurent-Weine passen besonders gut zu Wildbret sowie zu diversen kräftigen, dunklen Fleischgerichten und vielen Käsesorten und sonstiger Grill- und Bratenspezialitäten besonderer Art.

Vorteile der Sorte: Klassische Rotweinsorte mit hohem Bekanntheitsgrad, frühere Reife als Spätburgunder, geringe Anfälligkeit gegenüber Krankheiten und weinbaulich unkompliziert.

Nachteile der Sorte: Maifrostempfindlich. Betonte Säure. Etwas unsichere Erträge.

Anbauwert: Wo Rotwein erzeugt wird, ist sie dem Portugieser vorzuziehen. Sorte passt gut zum deutschen Rotweinsortiment und ist als Ergänzung sinnvoller als Schwarzriesling in bestimmten deutschen Anbaugebieten.

Cabernet Sauvignon

Er ist die beste und edelste der Bordeauxsorten, die den besten Rotwein Frankreichs und sicher auch der Welt liefern. Im Verschnitt mit Cabernet franc und häufig auch mit der bekannten Rebsorte Merlot, liefert er den berühmten Rotwein des Médoc.

Verbreitung: Hauptanbaugebiete Frankreichs sind die Landschaften um Bordeaux, wie Médoc, Graves, Pomerol und Saint Emilion. Weiterhin findet man sie an der Loire, in den Gebieten Anjou und Saumur. In mehr als der Hälfte der Departements des Landes, die Weinbau besitzen, gehört sie zu den empfohlenen Rebsorten. Die Anbaufläche in Frankreich liegt bei über 100.00 ha. Weitere Anbaugebiete sind Südtirol, Italien, Griechenland, Jugoslawien, Ungarn, Rumänien, Türkei, Russland, Südafrika, Kalifornien, Mexiko, Argentinien, Chile, Australien, Deutschland und andere Länder. Die große ökologische Streubreite dieser Sorte ist auf die geringen Ansprüche an den Boden zurückzuführen; an die Lage selbst stellt sie allerdings sehr hohe Ansprüche.

Synonyme:

Land	**Bezeichnung**
Deutschland	**Cabernet Sauvignon**
Frankreich	Cabernet Sauvignon, Sauvignon, Marcoupet, Biduré, Petite Vidure, Petit Cabernet, Bouchet-Sauvignon
Rumänien	Bordeaux
Spanien	Burdeos Tinto
Marokko	Petit Cabernet
Bulgarien	Kaberne-Sovinjon, Lafite
Russland	Kaberne-Sovinjon, Lafite

Herkunft: Genau Angaben über seine Heimat sind leider nicht möglich. So alt wie der Weinbau im Bordeaux-Gebiet, ihn haben spätestens die Römer eingeführt, ist auch der die Bordeaux-Weine über die Grenzen des Landes hinaus berühmt. So ist zu verstehen, dass der Anbau dieser Sorte in fast allen weinbautreibenden Ländern der Erde von Erfolg gekrönt ist und die Anbaufläche sich weltweit ständig ausdehnt.

Ursprung des Sortenamens: Vermutlich hängt Sauvignon mit dem französischen "sauvage" (=wild) zusammen und leitet die Entstehung von einer Wildrebe ab.

Sortenmerkmale: Triebspitze offen, stark wollig, rötlich; Blatt mittelgroß, fünflappig, tief gebuchtet. Stielbucht V-förmig geschlossen und häufig mit einem Buchtzahn ausgestattet; Rand weit gezähnt; Holz kräftig, haselnußbraun; Traube mittelgroß, dichtbeerig, oft geschultert; Beere klein, rund, dikke und harte Beerenhaut, festes Fruchtfleisch; Reife mittelspät bis spät; Wuchs kräftig; Widerstandsfähigkeit gegen Oidium gering, gegen Botrytis sehr gut, gegen Winterfrost ausreichend, gegen Spätfrost empfindlich, sowie gegen Stillähme. Neigt bei schlechtem Blühwetter zum Verrieseln.

Eigenschaften der Sorte

Ansprüche an die Lage: Um die nötige Qualität zu erreichen, sind warme und sehr gute Lagen erforderlich, denn es handelt sich um eine klimatisch sehr anspruchsvolle Sorte.

Ansprüche an den Boden: Die Sorte stellt an den Boden keine besonderen Ansprüche, denn sie wächst im Médoc auf kargen Kies- und Sandböden ausgezeichnet. Fruchtbare, lehmige und tiefgründig Böden sind besser geeignet und sind wegen der dort entstehenden gehaltvolleren Weine als Standort vorzuziehen.

Krankheitsanfälligkeit: Die Widerstandsfähigkeit gegenüber Peronospora ist gut und gegen Oidium, Eutypa und Schwarzfleckenkrankheit gering. Die Widerstandsfähigkeit gegenüber Botrytis ist mit Ausnahme der Gescheinsbotrytis sehr gut. Ferner ist die Sorte etwas anfälliger gegen Stillähme.

Wuchs: Die Sorte verfügt über einen aufrechten und sehr kräftigem Wuchs und ist mit dem Riesling vergleichbar.
Erziehung: In den Sandböden des Médoc wird sie sehr niedrig erzogen und kurz geschnitten. In fruchtbaren Böden kann sie auch eine weiträumige Pflanzung vertragen.

Normalerziehung: Der außergewöhnlich kräftige Wuchs erfordert einen Mindeststockabstand von 1,20 m und einer Gassenbreite von grundsätzlich 2,00 m, bei einer Mindeststammhöhe von 70-80 cm mit einer Bogrebe und einem Anschnitt von 6-8 Augen je Quadratmeter, wobei auf der Bogrebe nicht mehr als 12 bis 14 Triebe sich entwickeln sollen.

Weitraumerziehung: Der aufrechte und kräftige Wuchs dieser Sorte eignet sich ebenso gut für eine Weitraumspaliererziehung mit Rundbogen und ebenso einem Anschnitt von 6 bis 8 Augen pro Quadratmeter.

Geeignete Unterlagen: Zeigt mit den bekannten Berl. x Rip. Kreuzungen eine gute Ertragsaffinität, wie z. B. SO 4, Binova, 124 AA u. a.

Ertrag: Dieser liegt bei 60 bis 80 Hektoliter. Kühle Witterungsverhältnisse während der Blüte führen zum Verrieseln und somit zu Ertragseinbußen.

Reife: Die Sorte ist bekannt für eine späte Reife und verlangt daher eine warme, sonnige und geschützte Südlage. Die dicke und robuste Beerenhaut sowie die gute Widerstandsfähigkeit gegenüber der Beerenfäule kommt der späten **Reife** entgegen und somit entstehen keine Farbdefizite.

Ernte: Die Ernte ist sehr abhängig von der Jahreswitterung und der Reifeentwicklung im August und September. Der Erntezeitpunkt liegt im Oktober, denn die Sorte reift wie bekannt relativ spät und sollte nur im Vollreifestadium geerntet werden, um die aggressiven geschmacklichen Einflüsse einer gewissen Unreife auszuschließen.

Qualität: Da die Trauben lange hängen bleiben können, kann die Lese sehr spät erfolgen, so dass Mostgewichte über 100° leicht erreicht werden können. Die Säure ist mittel. Die Sorte liefert granatrote bis sehr dunkle, feurige, vollmundige Weine mit viel Tannin. Eine gute Bestands- und Ertragsführung garantiert sehr sortentypische, facettenreiche Rotweine von höchster Güte und Pikanz. Beteiligt an der hohen Qualität ist natürlich auch sehr ausschlaggebend die Fruchtsäure von 5 bis 7 ‰ (häufig auch höher) sowie der erkennbare Gerbstoffgehalt.

Wein: Wie bereits erwähnt haben die Weine einen hohen Gerbstoffgehalt und erlangen ihren Genußhöhepunkt erst nach längerer Lagerzeit in der Flasche. Das Gewächs von Cabernet Sauvignon im Cuveé mit Merlot zählt zu den ausdrucksvollen und großen Rotweinen der Welt. Ausgestattet ist der Cabernet Sauvignon-Rotwein mit einer ausgeprägten Farbtiefe, feiner Würzfülle und Sortenfrucht, sowie nachhaltiger Geschmacksaromen gepaart mit einer feinen Tannin- und Säurestruktur. Über den Verschnitt mit Merlot wird der Cabernet Sauvignon Rotwein eleganter, stoffiger, weicher und geschmachsharmonischer. Über den Verschnitt mit milderen Sorten und entsprechender Lagerzeit entwickeln sich die typische Geruchsaromen von schwarzen Johannisbeeren, diversen Blütendüfte, Tabak, Zedernholz und anderen Aromen. Geschmacklich reichen die Aromen vom grünen Pfeffer, Minze, Nelken über Eukalyptus bis zu Brombeere und Pflaume. Typische

Cabernet Sauvignon-Rotweine mit intensiver Farbtiefe und Gerbstoffe sind lange lagerfähig; jedoch ist der hohe Gerbstoffgehalt nicht immer der Qualität förderlich. Erst nach längerer Reifezeit im Barriquefass und auf der Flasche entfalten sie ihre volle Eleganz, Fülle, Mächtigkeit und Größe. Cabernet Sauvignon-Rotweine passen zu kräftigem und dunkeln Bratenfleisch mit kräftiger und dunkler Soße. Er ist zu vielerlei kulinarischen Menues ein guter und zuverlässiger Speisebegleiter ersten Ranges.

Vorteile der Sorte: Kräftiger und aufrechter Wuchs, geringe Bodenansprüche, nicht spätfrostgefährdet, Erträge und Qualität gut, frei von Botrytisbefall, langlebige Weine.

Nachteile der Sorte: Späte Reife, anfällig gegen Oidium; Schwarzfleckenkrankheit, Gescheinsbotrytis und Eutypa, die Lagenansprüche sind höher als beim Spätburgunder, neigt bei kühler Witterung zum Verrieseln.

Anbauwert: International besitzt diese Sorte einen hohen Bekanntheitsgrad und zugleich einen hohen Anbauwert. Nur auf warmen, sonnigen, geschützten Südlagen lassen sich farbkräftige Cabernet Sauvignon-Spitzenrotweine erzeugen, denn der Rotweinkenner und Rotweinliebhaber verlangt Rotweine mit Volumen und Struktur – nach Weinen von internationalem Zuschnitt. Zur weiteren Geschmacksoptimierung ist die Rebsorte Merlot ein guter Cuvéepartner. Cabernet Sauvignon-Weine reintönig als auch verschnitten sind sehr farbkräftig, reich an Bukett und von hervorragender Güte.

Merlot

Mit den beiden Rotweinsorten Cabernet Sauvignon und Cabernet franc ist Merlot die dritte Sorte im Bunde der ersten Rotweinsorten der Bordeaux-Landschaft.

Verbreitung: Das Hauptanbaugebiet von Merlot ist Frankreich, insbesondere das Bordeaux-Gebiet (Saint-Emilion, Médoc und Pomerol). In mehr als der Hälfte aller Departements mit Weinbau gehört sie zu den empfohlenen Rebsorten und ihre Anbaufläche beträgt über 60.000 Hektar. In der Schweiz hat sie ihre Heimat im Tessin. Ihre Weine sind dort mit einer besonderen Schutzmarke Viti (Vini Ticinesi) versehen. Weitere Anbaugebiete sind die Weinbauländer Italien, Bulgarien, Moldawien und

Rumänien. Ebenso verfügen Kalifornien und Chile über einige tausend Hektar Merlot im Anbau. Ferner ist sie mit entsprechenden Flächen in Argentinien, Australien, Brasilien, Israel, Kanada, Mexico, Neuseeland, Texas, Uruguay und in anderen Staaten vertreten. Auch in Deutschland zählt sie zu den zugelassenen Rebsorten.

Herkunft: Wo die Rebsorte Merlot herstammt ist unbekannt, jedoch hat sie vermutlich ihren Ursprung in Frankreich und wurde im Bordeaux-Anbaugebiet "Médoc" bereits im 18. Jahrhundert erstmals urkundlich erwähnt und bereits verstärkt dort angebaut.

Ursprung des Sortennamens: Die Bezeichnung "Merlot" kommt von Merle, kleine Amsel, und soll auf die Vorliebe der Amseln für diese frühreife Sorte hinweisen.

Sortenmerkmale: Triebspitze offen, wollig, rötlich gerändert, junge Blätter haben einen weißflammigen Überzug; Blatt groß, drei- bis fünflappig, schwach

Synonyme:

Land	**Bezeichnung**
Deutschland	**Merlot**
Frankreich	Merlot Noir, Merlau, Vitraille, Crabutet, Bigney, Sémillon Rouge,
	Plan Medre, Plant Médoc
Italien	Merlott
Schweiz	Vini Ticinesi
Ungarn	Merlot Noir, Médoc Noir

gebuchtet, Rand ungleichmäßig gezähnt, Stielbucht herzförmig offen; Holz rotbraun, violetter Schimmer, kräftig, engknotig, Traube mittelgroß, verzweigt, dünnschalig; Beere rundlich, mittelgroß, schwarzblau; Reife mittelfrüh, vor Cabernet Sauvignon; Wuchs mittelstark; Austrieb früh, daher maifrostgefährdet; Widerstandsfähigkeit gegen Peronospora und Traubenfäule gering, gegen Oidium gut.

Eigenschaften der Sorte

Ansprüche an die Lage: Wegen der früheren Reife stellt er keine so hohen Anforderungen an das Klima wie die Rebsorte Cabernet Sauvignon, denn es genügen für Merlot mittelfrühe Lagen. Der frühere Austrieb führt zur Maifrostgefährdung und außerdem ist die Winterfrosthärte gering. Ist es zum Zeitpunkt der Blüte regnerisch und kühl kommt es zu Verrieselungen.

Ansprüche an den Boden: Die Bodenansprüche sind gering. Leicht, gut erwärmbare Böden mit guter Wasserversorgung sind ausreichend. Ein sehr gutes Menge-Güte-Verhältnis erzielt diese Sorte auf tiefgründigen und warmen Böden. Trockene Handlagen sind für den Anbau völlig ungeeignet, denn hier kommt es zu Entwicklungsstörungen sämtlicher grüner Rebteile und der Traubenausbildung.

Krankheitsanfälligkeit: Er ist empfindlich gegenüber Peronospora (falscher Mehltau) und Graufäule (Botrytis) während er gegenüber dem Oidium (Echter Mehltau) weniger anfällig ist.

Wuchs: ist mittelstark bis starkwüchsig und wird beeinflußt von der Triebigkeit der Bodenart und der verwendeten Unterlage.

Erziehung: Eignet sich wie viele Rotweinsorten für die weiträumige Drahtrahmen-Spaliererziehung mit einem Stockabstand von 1,00 bis 1,20 m und einem Reihenabstand von 2,00 m. Das mittel- bis engknotige und sehr fruchtbare einjährige Holz auf eine kurze Boggrebe bzw. 6-8 Augen je qm anschneiden.

Unterlagenwahl: Als Unterlagen eignet sich entsprechend der Bodenverhältnisse und der Bewirtschaftungsweise die Unterlagen Binova, SO 4, 125 AA und andere.

Ertrag: Bei günstigen Standort- und Witterungsverhältnissen liegen die Erträge zwischen 60 bis 80 hl/ha. Wegen zu hoher Ertragsleistung mit geringer Qualität sind Tallagen für Merlotanbau ungeeignet. Eine Ertragsregulierung ist für eine gute Weinqualität von Vorteil.

Reife: Im Vergleich zu den Sorten Cabernet Sauvignon und Cabernet franc reift die Sorte Merlot früher und ergibt einen fruchtigen milden Rotwein. Aus Gründen seiner ausgeglichenen Sortenart eignet sich der Merlot vornehmlich als Cuvée-Partner zum Cabernet Sauvignon. Auch als eigenständige Sorte bringt sie eine hervorragende Qualität.

Ernte: Die mittelspäte Reife ist verantwortlich für eine Ernte bis Mitte Oktober. Qualität: Da die Erträge üblicherweise nicht allzu hoch sind, bringt die Sorte Merlot Top-Rotweine von sehr ansprechender Fruchtigkeit und sehr guter Qualität hervor. Merlot-Weine sind körperreich, elegant, fruchtig, rund und verhältnismäßig mild von dunkelroter Farbe und feinem Beerenbukett.

Mostgewicht: Unter geeigneten Standortverhältnissen werden 9 bis 100° Öchsle immer erzielt. Meistens liegen die Zuckerwerte darüber.

Säure: Die Säure schwankt zwischen 6 und 8 ‰und nimmt mit zunehmender Reife rasch ab.

Wein: Der Merlot-Wein ist ein fruchtiger, körperreicher, vollmundiger, milder Rotwein mit ausgeprägter Sortenfrucht. Er ist und bleibt Bestandteil großer Bordeaux-Weine. Allerdings ist er im Gegensatz zu Cabernet Sauvignon früher genussreif, jedoch nicht so langlebig. Im Verschnitt mit dem gerbstoffreichen Cabernet Sauvignon bewirkt dieser eine gewisse Weichheit und Rundung der Geschmacks- und Geruchsaromen und fördert gleichzeitig die Trinkreife und den Trinkgenuss dieses Cuveés. Merlot-Sorten-Rotweine passen gut zu diversen Bratenfleischarten mit kräftiger und dunkler Soße vom Schwein, Rind, Lamm, Reh und anderen Fleischarten sowie würzigen Käsearten und anderen Speisefolgen.

Vorteile der Sorte:
Kräftiger Wuchs, frühe Reife, große ökologische Streubreite, gute Rotweinqualität und Cuvéepartner für gerbstoffreiche und säurebetonte Weine, hoher Bekanntheitsgrad

Nachteile der Sorte: Empfindlich gegen Spät- und Winterfröste, geringe Widerstandsfähigkeit gegenüber Peronospora und Traubenfäule

Anbauwert: Die Rebsorte Merlot besitzt eine beachtliche ökologische Streubreite, denn sie stellt an den Standort keine besonders hohen Ansprüche und ist deshalb weltweit im Anbau. Als selbständiger Rotwein ist die Sorte Merlot eine ausgezeichnete Qualität. Sie ist ein guter Cuvée-Partner zu Rundung gerbstoffbetonter Rotweine und dies ergibt füllige, geschmeidige Weine mit weichen Tannine sowie tiefer Farbe.

Tauberschwarz

Tauberschwarz (Blauer Hängling) ist eine alte und bekannte Landsorte des badischen Frankenlandes. Mit dem Rückgang des Weinbaues im Tauber- und im Vorbach-Tal ist diese Rotweinsorte bis auf einen Weinberg mit ca. 400 Rebstöcken fast völlig verschwunden. Seit Mitte der 60er Jahre wurde die Sorte Tauberschwarz wegen ihrer guten Sorteneigenschaften von den Staatlichen Lehr- und Versuchsanstalt für Wein- und Obstbau in Weinsberg/Württemberg züchterisch bearbeitet und mittlerweile eine beachtliche Klonenzahl herausselektioniert. Die Sorte ist in die Sortenliste beim Bundessortenamt eingetragen und seit Oktober 1996 im Regierungsbezirk Stuttgart für den Main-Tauber-Kreis und zwei Gemeinden des Kreises Hohenlohe für den Anbau zugelassen.

Verbreitung: Nach dem Weinbaukataster von 1986 befand sich noch 1 ha im Taubertal, wo die Sorte einmal stark verbreitet war. Durch die Selektionszüchtung konnte diese regionale Rotweinspezialität erhalten und bis zum Jahre 2001 wieder auf eine bestockte Rebfläche von 10 ha aufgebaut werden.

Ursprung des Sortennamens: Der Ursprung des Namens läßt sich nicht eindeutig klären.

Sortenmerkmale: Triebspitze kahl, grün-rötlich; Blatt mittelgroß, rund; Stielbucht offen; Wüchsigkeit ziemlich kräftig; Krankheitsempfindlich gegen Botrytis; Traubengröße mittelgroß und lockerbeerig; Beerengröße mittelgroß und rund; Beerenfarbe dunkelblau und dünnhäutig; Beerenreife mittelfrüh; Geschmack süß.

Synonyme:

Land	**Bezeichnung**
Deutschland	**Tauberschwarz,** Blauer Hängling, Blaue Frankentraube, Blaue Hartwegtraube, Süßrot, Grobrot, Häusler
Tschechien	Karmazyn
Kroatien	Viesanka

Eigenschaften der Rebsorte

Ansprüche an die Lage: Zur Erzielung einer guten Rotweinqualität benötigt Tauberschwarz eine warme und gute Lage.

Ansprüche an den Boden: Sie stellt keine besonderen Ansprüche an den Boden.

Holzreife: Die Sorte Tauberschwarz zeichnet sich durch gute Stockmerkmale und gute Winterfrosthärte bei gleichzeitiger Fruchtbarkeit der Beiaugen aus.

Krankheitsanfälligkeit: Gegen Peronospora und Oidium gering anfällig. Durch die dünnschaligen Beeren besteht eine gewisse Bortytis-Neigung.

Erziehung: Bei einer Neuanlage sollte die Gassenbreite nicht unter 2 m betragen und die Stockabstände an die Wuchskraft der Rebsorte, der Unterlage und den Standortverhältnissen anpassen. Die Mindeststammhöhe sollte 70 bis 80 cm aus pflanzenbaulichen und ergonomischen Aspekten betragen.

Wuchs: Die Wüchsigkeit und die Geiztriebbildung ist als mittel zu bezeichnen.

Mostgewicht und Säure: Das Mostgewicht liegt zwischen 75 und 80° Öchsle und die Säure bei 7 bis 8,5 ‰.

Ertrag: Durch die Klonenzucht liegen die Erträge bei 100 bis 120 kg/a. Beim Bundessortenamt ist der Klon "We 600" eingetragen. Weitere Kleinklone befinden sich in züchterischer Bearbeitung.

Wein: In der Farbe etwas licht und in guten reifen Jahren granatrot und dann würzige Rotweinart.

Vorteile der Sorte: Gute Winterfrosthärte, fruchtbare Beiaugen, lockerbeerig und geringe Ansprüche an den Boden.

Nachteile der Sorte: Die Beeren sind dünnhäutig und somit besteht eine gewisse Botrytis-Empfindlichkeit.

Anbauwert: Die Sorte Tauberschwarz ist zunächst für die zugelassenen Kreise im Regierungsbezirk Stuttgart eine besondere Spezialität als angenehm und fruchtiger Rotwein von rubinroter Farbe.

Weinarten

Die Weinarten Rotwein, Rosé und Rotling unterliegen bestimmten weingesetzlichen Vorschriften.

1. Rotwein

Rotwein muß ausschließlich aus Rotweintrauben hergestellt werden. "Rotwein" ist ein wahlweise zu gebrauchender Begriff. Er wird zur verpflichtend vorgeschriebenen Angabe bei Tafelwein. Wenn keine engere geographische Bezeichnung als das Wort "deutsch" gebraucht wird.

2. Roséwein – Rosé

Roséwein bzw. Rosé muß, wie Rotwein, ausschließlich aus Most von Rotweintrauben hergestellt werden und eine blaß- bis hellrote Farbe aufweisen. Es ist ab dem Jahrgang 1995 nicht mehr erforderlich, daß die Trauben "hellgekeltert" sein müssen. Das ermöglicht die Umbenennung eines zu hellen Rotweines in Roséwein und den Verschnitt mit Rotwein zwecks Farbvertiefung. Zulässig ist auch der Verschnitt mehrerer Rotweinsorten zur Herstellung eines Roséweines. Roséwein bzw. Rosé ist eine verpflichtend vorgeschriebene Angabe.

2.1 Weissherbst

Weißherbst ist eine Roséwein. Der Begriff "Weißherbst" darf nur verwendet werden, wenn der so bezeichnete Roséwein zu 95 % ausschließlich aus weißgekeltertem Most von Weintrauben einer einzigen roten Rebsorte hergestellt worden ist. Die restlichen 5% können auch rotgekeltert (aus der gleichen Rebsorte!) zur Farbkorrektur verwendet werden. Der zur Süßung eingesetzte Traubenmost ist aber nach wie vor durch Weißkelterung zu gewinnen. Im Gegensatz zum Roséwein ist keine bestimmte Farbe vorgeschrieben, d. h.

die Herstellung eines weißweinfarbenen Weißherbstes ist zulässig. Der Begriff darf nur in Verbindung (direkter Zusammenhang) mit der Rebsorte auf dem Etikett erscheinen. Dabei sind das Wort "Weißherbst" und die Rebsorte in Schriftzeichen gleicher Art, Größe und Farbe anzugeben. Weißherbst ist, wie Roséwein, eine verpflichtend vorgeschriebene Angabe. Wird die Bezeichnung Weißherbst gebraucht, darf die Bezeichnung Roséwein oder Rosé nicht verwendet werden.

3. Rotling

Der Begriff "Rotling" darf nur verwendet werden für einen Wein von blaß- bis hellroter Farbe, der durch das Verschneiden von Weißweintrauben, gemaischt, mit Rotweintrauben, auch gemaischt, hergestellt worden ist. "Rotling" ist eine verpflichtend vorgeschriebene Angabe. Die Süßreserve zur Süßung von Rotling-Weinen durfte bisher nur aus Rotling-Ausgangsmaterial gewonnen werden. **Zur Rotling-Süßung dürfen jetzt auch Süßreserven aus weißem und / oder rotem Traubenmost verwendet werden.**

3.1 Schillerwein

Schillerwein ist ein Rotling; für ihn gelten deshalb die gleichen Herstellungsvorschriften wie für Rotling. Der Begriff kann jedoch nur für Qualitätswein b. A. oder Qualitätswein mit Prädikat aus dem b. A. Württemberg verwendet werden. "Schillerwein" ist eine verpflichtend vorgeschriebene Angabe.

3.2 Badisch Rotgold – Grauburgunder und Spätburgunder

Badisch Rotgold ist, wie der Schillerwein, ein Rotling. Deshalb muß auch er eine blaß- bis hellrote Farbe aufweisen. Er wird hergestellt durch das Verschneiden von Trauben oder Maische der Rebsorten Grauburgunder (Ruländer) und Spätburgunder. Der Anteil des Grauburgunders muß mehr als 50% ausmachen. Der Begriff ist nur für Qualitätswein b. A. und Qualitätswein mit Prädikat aus dem b. A. Baden erlaubt. "Badisch Rotgold" ist eine verpflichtend vorgeschriebene Angabe mit dem Zusatz "Grauburgunder und Spätburgunder".

4. Weinart und Qualitätsstufe

Die Begriffe

- Rotwein
- Roséwein bzw. Rosé,
- Rotling

dürfen sowohl zur Bezeichnung von Tafel- als auch von Qualitätswein b. A. bzw. Qualitätswein mit Prädikat verwendet werden, die Begriffe

- Weißherbst,
- Schillerwein,
- Badisch Rotgold

nur zur Bezeichnung von Qualitätswein b. A. bzw. Qualitätswein mit Prädikat.

Neuzüchtungen

Grundlage für Weine hoher Qualität

Nachdem Prof. Husfeld in den zwanziger und dreißiger Jahren moderne Erkenntnisse der Genetik in die deutsche Rebenzüchtung einführte, standen ungeahnte Möglichkeiten zur Verfügung. Ab dieser Zeit wurden Kreuzungen nicht mehr spontan, sondern auf wissenschaftlicher Basis durchgeführt. Die Entwicklung verlief hauptsächlich in drei Richtungen.

1. Unterlagsrebenzüchtung zur Lösung des Reblausproblems.
2. Züchtung von resistenten Sorten.
3. Schaffung von Neuzuchten, die qualitativ den herkömmlichen Sorten überlegen sind.

Zu 1.

Die Unterlagsrebenzüchtung hat bislang die größten Erfolge zu verbuchen. Innerhalb einer kurzen Zeitspanne war es möglich, reblausresistente Unterlagen zu züchten, die in Verbindung mit der Pfropfung den Weinbau vor dem Untergang bewahren. Obwohl das Reblausproblem züchterisch also auf biologisch elegante Art und Weise gelöst wurde, kann sich die Züchtung keineswegs auf ihren Lorbeeren ausruhen. Mittlerweile zeigen eingeführte Unterlagen vereinzelt Schwächen gegenüber der gefährlichen Reblaus, so daß die Züchter vor neuen Herausforderungen stehen.

Zu 2.

Weitaus weniger erfolgreich waren bisher Bemühungen um praktikable resistente Sorten. Resistenz, Ertrag und Weinqualität in Einklang zu bringen, erwies sich viel schwieriger als erwartet. Ein Meilenstein in der Resistenzzüchtung war die Siegfriedrebe, die von Prof. Husfeld gezüchtet wurde. Da diese Sorte nicht nur gegenüber Pilzen, sondern gleichzeitig gegen die gefürchtete Reblaus eine beachtliche Widerstandskraft aufwies, sprachen die Fachleute von in einer "Idealrebe". Von wissenschaftlicher Bedeutung war die Erkenntnis, daß es erstmals gelang, den Foxgeschmack, der an die Resistenzgene der eingekreuzten Wildreben gekoppelt schien, wegzuzüchten. Die klassische Hybridzüchtung, die besonders in Frankreich in großem Umfang betrieben wurde, galt nunmehr als überholt. Die Siegfriedrebe mußte bekanntlich wegen ihrer unerwartet hohen Virusanfälligkeit wieder aus dem Weinbau zurückgezogen werden. Geblieben sind allerdings wichtige züchterische Möglichkeiten, die der späteren Züchtung zugute kamen. Die Resistenzzüchtung ist heute in allen Zuchtanstalten zum Schwerpunkt geworden. Gegenwärtig stehen eine Reihe resistenter Sorten in den Prüffeldern und Versuchsanlagen. Einige sind sogar schon zum Anbau freigegeben worden. Eine

Spitzenstellung nimmt zur Zeit die Rebsorte Regent ein. Anhand ihrer guten Eigenschaften wird sie mit Recht als Glücksfall der Rebenzüchtung bezeichnet. Im Hinblick auf einen umweltfreundlichen, biologischen Weinbau wird den resistenten Rebsorten eine große Zukunft prophezeit.

Zu 3.

Die Sorte Müller-Thurgau war die erste erfolgreiche Neuzucht. Mit einer Anbaufläche von 18.609 ha steht sie hinter dem Riesling an zweiter Stelle. Diese starke Verbreitung in allen deutschen Weinbaugebieten und teilweise auch im Ausland kennzeichnet ihren hohen Anbauwert. Besonders in geringen Lagen ist die Sorte Müller-Thurgau herkömmlichen Sorten überlegen. Nach dem Zweiten Weltkrieg kamen unter anderem die Scheurebe und Morio Muskat dazu. Sie füllten eine Lücke auf dem Gebiet der Bukettsorten und entsprachen somit dem Zeitgeschmack. In der Folge wurden zahlreiche Neuzüchtungen der Praxis zur Verfügung gestellt. Hierzu gehören vor allem Huxelrebe, Bacchus, Faberrebe, Kanzler, Heroldrebe, Nobling, Freisamer und andere neue Sorten. Nach einer Neuzuchteneuphorie in den sechziger bis achtziger Jahren kamen die alten Sorten wieder mehr in den Vordergrund. Insbesondere hat hierzu auch die Klonenselektion ihren großen Anteil dazu beigetragen, denn viele dieser alten Sorten mußten erst wieder ertraglich und gesundheitlich neu aufgebaut werden. Mittlerweile ist die Klonenzüchtung hinsichtlich Ertragssicherheit und Ertragsleistung an ihrer Obergrenze angekommen und man selektiert auf Qualitätsklone bei sämtlichen Sorten. Nur wenige Neuzuchten konnten sich halten. Eine Ausnahme bildet die Sorte Dornfelder, die in der Beliebtheit der Weintrinker an der Spitze steht. Aber auch die Rebsorte Regent erfreut sich großer Nachfrage. Ob sich der gegenwärtige Trend zu Rotwein, von dem mehr oder weniger alle Rotweinsorten profitieren, fortsetzt muß abgewartet werden.

Staatliche Lehr- und Versuchsanstalt für Landwirtschaft, Weinbau und Gartenbau, Oppenheim
Fachbereich Rebenzüchtung, Alzey, Rheinland-Pfalz

Der Fachbereich Rebenzüchtung in Alzey, vormals Landesanstalt für Rebenzüchtung, ist aus der ehemals Hessischen Rebenzuchtstation hervorgegangen, die zunächst ihren Sitz in Pfeddersheim bei Worms hatte und dann nach Alzey verlegt wurde. Ihr erster Leiter, dem wir auch die bekannten Alzeyer Züchtungen verdanken, war Georg Scheu. Er hat sich sehr um die richtige Beurteilung des Müller-Thurgaus bemüht und in der "Scheurebe" dem Weinbau eine besonders wertvolle neue Sorte geschenkt. Das von ihm verfaßte "Mein Winzerbuch" ist auch heute noch für jeden Winzer, Fachberater und Weinbaulehrer nützlich zu lesen. Nach Georg Scheu wirkte Dr. H. Breider kurze Zeit in Alzey. Bis 1972 stand die Landesanstalt unter der Leitung von Dr. Ed. Zimmermann. Mit seinem tüchtigen Mitarbeiter H. Wagner hat er in einer undoktrinären Einstellung für eine breite Versuchsanstellung mit

Neuzüchtungen in der Praxis gesorgt. Von 1972 bis 1997 lag die Züchtungsarbeit in Händen von Dr. Otmar Bauer. Heute wird der Fachbereich Rebenzüchtung von Dr. Werner Hofäcker geleitet. Das rheinhessische Hügelland, früher ein ausgesprochenes Konsumweingebiet, hat sich vor allem auch durch die Alzeyer Neuzüchtungen zu einem bedeutenden Qualitätsweinbaugebiet entwickeln können. Erst 1982 gestattete das Land Rheinland-Pfalz die Züchtung pilztoleranter Sorten auf der Grundlage von Europäer mit Amerikanerarten. Die ersten Zuchtstämme daraus erlangen nunmehr Praxisreife.

Alzeyer Neuzüchtungen

Weißweinsorten		**Pilzresistente Zuchtstämme**
Scheurebe	Faberrebe	AZ 82-14-104
Siegerrebe	Regner	AZ 82-17-8911
Huxelrebe	Würzer	AZ 82-17-8910
Kanzler		

Weißweinsorten

Scheurebe

Nach der Müller-Thurgau-Rebe ist die Scheurebe die zweite Neuzüchtung, die sich im deutschen Weinbau durchsetzen konnte. Es ist nicht selten, daß in

einer Weinprobe die Scheurebe den Spitzenwein stellt. Es gibt in Deutschland, insbesondere in Rheinland-Pfalz, kaum ein Qualitätsweingut ohne wenigsten einen Weinberg mit dieser Sorte.

Verbreitung: Stagniert, immerhin hat sie bis zum Jahr 1992 bundesweit ihre größte Ausdehnung erreicht. Die Statistik von 1994 weist ein Anbaufläche von 3706 ha aus. Die Masse davon steht in den Gebieten Pfalz, Rheinhessen und Nahe. Auch in Österreich hat diese neue Sorte eine geringe Verbreitung gefunden.

Herkunft: Landesanstalt für Rebzüchtungen, Alzey (frühere Hessische Rebenzuchtstation, Pfeddersheim bei Worms).

Züchter: Georg Scheu. Zuchtjahr 1916. Sortenschutz und Eintragung in die Sortenliste 1956, klassifiziert.

Kreuzung: Silvaner x Riesling*.

Sortenname: Der Sämling erhielt seinen Namen nach dem Züchter "Georg Scheu", der von 1909 bis 1947 dem Weinbau diente. Neben dem eigentlichen Sortennamen "Scheurebe" hat sich die Bezeichnung "Sämling 88", kurz "S 88" genannt, gehalten. Breider bezeichnet die Sorte einmal als "Scheu-Riesling".

Sortenmerkmale: Triebspitze offen, rotbraun oder grün, schwach behaart mit rötlichem Anflug; Blatt mittelgroß, mittel bis stark gelappt, vorwiegend fünflappig, Rand gezähnt, in seiner Form an Riesling erinnernd, auf der Oberseite aber glatter und etwas dunkelgrüner, Stielbucht überlappend; Holz hellbraun mit grauen Anflug; Traube mittelgroß mit ausgeprägtem Bukett; Austrieb spät bis sehr spät, etwa 8 Tage nach Silvaner; Reife mittelspät; Wuchs stark, mittlere Geiztriebbildung; Blütezeitpunkt spät – sehr spät; Blühfestigkeit mittelhoch; Ertrag gut, höher als bei Riesling; Holzreif sehr gut, aber frostempfindliche Winteraugen. Chlorosefestigkeit sehr gut.

Eigenschaften der Sorte

Ansprüche an die Lage: Die Scheurebe braucht mindestens eine mittlere Lage, also eine Silvanerlage. Echte Qualitätsweine werden aber nur dann gewonnen, wenn sie in besseren Lagen gepflanzt wird. In geringen Lagen bleibt die Säure hoch, so daß die Weine einen unreifen Ton behalten und ein zu starkes, wenig schöne Bukett. Spitzenweine werden nur in Spitzenlagen erreicht.

Ansprüche an den Boden: Die Scheurebe ist eine Sorte u. a. auch für Chloroseböden. Das soll nicht heißen, daß sie keine Chlorose bekäme, sondern nur, daß sie lange nicht so schnell chlorotisch wird wie z. B. der Silvaner. Insgesamt sind ihre Ansprüche an den Boden gering, denn auf Grund ihrer guten Wuchskraft gedeiht sie auch noch in steinigen, trockenen Böden. In sehr triebigen Böden hat man in den ersten Jahren häufig Schwierigkeiten mit einem zu üppigen Wuchs, der Rieselschäden auslöst und die Erntemenge sehr herabdrückt. Scheu selbst gibt in seinem Winzerbuch folgenden Hinweis für den Böden: "Stellt an den Boden wenig Ansprüche, gedeiht noch in schwersten Kalk- und Mergelböden, in denen alle anderen Sorten gelbsüchtig werden. Selbst in den steinigen, trockenen Kalkböden Rheinhessens bleibt sie gut im Wuchs."

Holzreife: Die Bräunung des Holzes setzt früh ein und ist sehr gleichmäßig. Die Winterfrostfestigkeit des alten Holzes ist geringer als die des Riesling.

---

*Kreuzung: Mutter x Vater

Das einjährige Holz hat in den Wintern 1968/69, 1969/70, 1978/79, u. 1985/-86 Frostanfälligkeit gezeigt. In den Frostlagen war der Austrieb sehr schlecht; zu Stockausfällen ist es dagegen kaum gekommen. Es ist also eine stärkere Frostanfälligkeit der Augen vorhanden. Zum Vergleich sei angeführt, daß der Müller-Thurgau unter gleichen Bedingungen größere Stockausfälle zeigt. Eine Besonderheit der Sorte ist die Frostfestigkeit des Laubes, das Temperaturen von 4 bis 5 Grad unter Null meistens ungeschädigt übersteht. In Verbindung mit dem späten Austrieb ist die Scheurebe wenig spätfrostanfällig.

Krankheitsanfälligkeit: Gegen Peronospora ist die Scheurebe empfindlicher als der Riesling. Gegen Oidium ist ein Schwäche vorhanden. Hinsichtlich Phomopsis ist die Anfälligkeit gering und entspricht etwa derjenigen des Silvaners.

Borytisanfälligkeit: Nur in dichtlaubigen Beständen faulen die Trauben leicht und platzen auf, ehe sie richtig reif sind. Es fallen dann viele Beeren und ganze Trauben ab. Sonst gehört sie nicht zu den botrytisempfindlichen Sorten. Der Pilz befällt meistens erst die reifen Trauben. Die Edelfäule tritt schneller ein als beim Riesling. Auch **Stielfäule** tritt weniger stark auf. Das **Holz** wird im Winter gerne von Hasen und Kaninchen angenagt. Gegen **Stillähme** ist keine betonte Empfindlichkeit vorhanden.

Erziehung: Wegen des kräftigen Wuchses hängt der Erfolg von einer weiträumigen Erziehung ab. Bei zu enger Pflanzweise sind die Erträge völlig unbefriedigend, weil dann die Blüten fast in jedem Jahr mehr oder weniger stark abgestoßen werden. Die Sorte neigt nicht besonders stark zur Geiztriebbildung. Beim Gerten brechen die Bogreben leicht ab.

Normalerziehung: Die Gassenbreite muß mindestens 1,80 m – 2,00 m betragen. Die Stockabstände haben sich zwischen 1,20 m bis 1,30 m zu bewegen. Die Stammhöhe sollte 70 cm – 80 cm betragen. Als Schnitt sind lange Fruchtruten anzuschneiden, die über einen Hilfsbiegedraht gebogen werden. Der lange Anschnitt ist notwendig, da die hinteren Augen gegenüber den vorderen nur halben Ertrag bringen.

Weitraumerziehung: Die gute Wuchskraft gibt der Scheurebe eine vorzügliche Eignung für die Weitraumerziehung. Der Wuchs muß aber durch die Erziehung so geregelt werden, daß die einjährigen Triebe nicht über Bleistiftstärke hinauskommen, weil dies ein wesentliches Moment für die Fruchtbarkeit bildet. Je nach Wuchskraft ist die Zwei- bis Vierbogenerziehung zu empfehlen. Die Pendelbogenerziehung hat sich sehr gut bewährt.

Unterlagenwahl: Bei der Normalerziehung stehen SO 4 und Binova im Vordergrund. Bei Weitraumerziehung sind Binova und 125 AA zu wählen. Auf wuchsschwachen und nicht chlorosefördernden Böden verwende man 5 BB.

Ertrag: Bei richtiger Erziehung sind Durchschnittserträge von 100 hl/ha und darüber möglich.

Reife: Sie liegt etwa in der Mitte zwischen Silvaner und Riesling, ist also als mittelspät zu deklarieren.

Ernte: Sie sollte erst kurz vor der des Rieslings erfolgen. Nur bei später Lese erhält man Weine mit reifer Säure und harmonischen Bukett. Bei früher Lese verbleibt dem Wein ein unreifer Ton. Die Sorte assimiliert lange. Starke Neigung zur Edelfäule.

Mostgewicht: In geringen Lage kommt es kaum über 65 bis 70 Grad hinaus, in guten Lagen wird fast immer das anzustrebende Mostgewicht von 80 Grad Öchsle und mehr erreicht. In gleicher Lage wie der Riesling schafft die Scheurebe etwa 10 Grad Öchsle mehr. Nach Frühfrösten bleibt das frostharte Laub meistens unbeschädigt. Die Scheurebe kann dann noch assimilieren und erzielt daher eine höhere Qualität.

Säure: Sie ist hoch und wirkt im unreifen Zustand spitz. In geringen Lagen kann sie bei der Ernte noch 13 ‰ und mehr betragen. Die Ernte soll daher so spät erfolgen, daß die Säure noch am Stock abgebaut wird. Dann sinkt sie in der Regel auf 10 ‰. Im Durchschnitt liegt die Säure 2-3 ‰ niedriger als die der Sorte Riesling. In säurearmen Jahren bestechen die Weine durch eine beständige, elegante Säure.

Wein: Der Züchter G. Scheu bezeichnet den Wein als hochfein mit verstärktem Rieslingbukett, das leicht muskatartig sei. Eine rieslingartige Säure ergibt einen hochedlen, stahligen, harmonischen, duftigen, körperreichen Wein. Es können höchste Spitzenweine gewonnen werden. Reife Weine haben eine rassige Säure und ein volles Bukett mit einem typischen Ton, der an schwarze Johannisbeeren erinnert. Unreife Weine haben ein aufdringliches Bukett. Die Säure ist auch bei Vollreife beständig und elegant. Die besten Weine der Scheurebe sind wertvolle Flaschenweine, wobei die Auslesen und die Eisweine eine besondere Spezialität darstellen. Weine der Scheurebe halten sich auf der Flasche lange frisch, sind also langlebig. Ein großartiges Getränk ist Scheurebe Sekt. Scheurebe-Weine passen gut zu Fisch, zu Geflügel, zu Lammfleisch und edelsüße Weine dieser Sorte getrunken zu Pasteten, zu Kuchen und zu süßen Nachspeisen aus reifen und exotischen Früchten ist eine besondere Genüsslichkeit.

Vorteile der Sorte: Gute Chlorosefestigkeit, frostfestes Laub. Wein von hoher Qualität, leichte Gewinnung von Ausleben möglich.

Nachteile der Sorte: Unreife Weine haben ein abstoßendes Bukett. Die Lageansprüche sind etwas hoch. Das einjährige Holz ist etwas frostempfindlich.

Anbauwert: Die Scheurebe hat als Qualitätssorte einen hohen Anbauwert. Sie kann als Spezialsorte in Qualitätsweinbaubetrieben erfolgreich angebaut werden. Ob als Traubensaft, als Wein oder als Sekt-Scheu-Produkte sind und bleiben für Liebhaber und Kenner ein großer Genuß.

Siegerrebe

Die Siegerrebe gehört zu den älteren Neuzüchtungen, die als Spezialsorte von qualitätsbewußten Flaschenweinbetrieben in begrenztem Umfange angebaut wird. Ihr sehr kräftige, aber gleichzeitig vornehmes Bukett, geben ihr einen festen Platz im deutschen Qualitätsweinbau, ohne daß der Anbau größeren Umfang annehmen wird.

Verbreitung: Die Rebstatistik weist für das Jahr 1994 eine Fläche von 195 ha, für das Jahr 2000 von 160 ha und im Jahre 2001 nur noch eine Fläche von 145 ha aus. Siegerrebe ist eine Spezialsorte zur Erzeugung würziger und edelsüßer Auslesen von höchster Güte für Liebhaber solcher Gewächse.

Herkunft: Landesanstalt für Rebenzüchtung, Alzey.

Züchter: Georg Scheu. Zuchtjahr 1929. Sortenschutz und Eintragung in die Sortenliste 1958, klassifiziert.

Kreuzung: Madeleine angevine x Gewürztraminer. Heinz Scheu, Sohn von G. Scheu bemerkt in der Broschüre "Mein Winzerbuch, 2. Teil" zu dieser Kreuzung folgendes: "Die Siegerrebe ist nicht, wie von Breider irrtümlich angeben, aus einer Kreuzung hervorgegangen, sondern aus einer Selbstung bzw. frei abgeblüht aus der Madeleine angevine".

Sortenname: Vor der Namensgebung lief die Siegerrebe unter der Zuchtnummer Az 7957. Die Winzer nennen sie kurz "Sieger".

Sortenmerkmale: Triebspitze offen, stark bis sehr stark behaart (dichtwollig), weißlich bis gelbgrün mit rötlichem Anflug; Blatt mittelgroß bis klein, kreisförmig, dreilappig bis schwach fünflappig mit breitem Mittellappen. Oberfläche blasig, Blattrand stumpf gezähnt, Stielbucht überlappend; Holz gelbbraun; Traube mittelgroß, lockerbeerig; Beere rund, groß, rot, sehr starkes Sortenbukett; Austrieb mittelspät; Blütezeitpunkt spät; Blühfestigkeit gering; Reife sehr früh; Wuchs mittelstark; Geiztriebbildung mittelstark; Ertrag niedrig; Holzreife mittel bis gut; Chlorosefestigkeit gering.

Eigenschaften der Sorte

Ansprüche an die Lage: Infolge der sehr frühen Traubenreife sind diese sehr gering. Da aber der Siegerrebenwein für Verschnittzwecke erst dann seinen vollen Wert erhält, wenn die Trauben 100 Grad Öchsle haben, sollte man für den Anbau keine zu geringe Lage wählen. Die Blühempfindlichkeit verbietet einen Anbau in windoffenen, kühlen Lagen.

Ansprüche an den Boden: In bindigen, kalkhaltigen Böden leidet die Siegerrebe unter Chlorose. In sehr wuchskräftigen Böden wird die Neigung der Blüte zum Verrieseln gesteigert, so daß etwas geringere Böden günstiger sind.

Siegerrebe

Krankheitsanfälligkeit: Die Widerstandsfähigkeit gegen Peronospora, Oidium und Botrytis ist als Mittel zu bezeichnen und liegt vielleicht geringfügig unter der des Rieslings. Beerenfäule tritt erst bei Vollreife auf.

Frostfestigkeit: In der Winterhärte erreicht die Siegerrebe nicht ganz den Riesling. Die Maifrostgefährdung ist wegen des frühen Austriebs groß. Im Anbau sind Maifrostlagen und windoffene Lagen auszuschließen.

Erziehung: Der hohen Blühempfindlichkeit kann man nur durch weiträumige Pflanzung begegnen. In der Normalerziehung sind Gassenbreiten von 1,80 m bis 2,00 m, Stockabstände von 1,20 m bis 1,30 m und Stammhöhe von 70 bis 80 cm angebracht. Für den Schnitt werden eine bis zwei Bogreben empfohlen. In der Weitraumerziehung muß besonders auf eine luftige Laubwand geachtet werden. Es eignet sich sehr gut die Pendelbogenerziehung.

Unterlagen: Zur Minderung der Verrieselungsgefahr stehen die SO 4 und Binova im Vordergrund. Starkwüchsige Unterlagen wie 5 BB und 125 AA sind nicht geeignet.

Ertrag: In langjährigen Durchschnitt werden etwa 40 hl/ha erreicht. In warmen Jahren 1976, -81, -82, -83, -88, -89, -90, -91, -92, -93, -94, -98, 2001 und -02 war das Blütewetter für die Siegerrebe so günstig, daß Erträge bis 80 hl/ha und mehr erreicht wurden.

Ernte: Die frühe Reife verleitet zu einer Ernte vor dem Müller-Thurgau. Meistens drängt dazu auch der ungemein starke Wespenfraß. Wo der Wespenfraß nicht ausgeschaltet werden kann, gibt es oft einen totalen Ernteausfall, weil nach den Wespen die Bienen in Scharen über die reifen Trauben herfallen. Der beste Schutz wird durch ein Netz erreicht.

Qualität: Das Mostgewicht erreicht im langjährigen Mittel 85 bis 100 Grad Öchsle. Der Silvaner wird um 20 bis 25 Grad, der Müller-Thurgau um 5 bis 20 Grad übertroffen. Die Säure ist niedrig und selten höher als 6‰. Sie schwankt zwischen 4,5 und 6‰ und liegt 2 bis 3‰ unter der des Müller-Thurgaus.

Wein: Der Wein hat ein extrem starkes Bukett, das aber von einer feinen Art ist. Es ist extraktreich, hat Fülle und Wucht. Sehr hochgrädige Siegerrebenweine werden gelegentlich als selbständige Ausleseweine ausgebaut und sind dann von beachtlicher Qualität. Siegerrebe-Weine sind außergewöhnliche Genusserlebnisse und eignen sich besonders als Aperitif und zum Dessert.

Vorteile der Sorte: Sehr frühe Reife, hohes Mostgewicht, kräftiges, angenehmes Bukett, Weinspezialität.

Nachteile der Sorte: Verrieselungsgefahr bei feuchtem und kühlem Wetter, geringer Ertrag, niedrige Säure, Wespen-, Bienen- und Vogelfraß, Chloroseempfindlichkeit.

Anbauwert: Sehr begrenzt. Nur Qualitätsweinbaubetriebe können die Sorte zur Qualitätssteigerung verwerten. Selbst unter den Spezialsorten stellt sie eine Spezialität dar.

Huxelrebe

Die **Huxelrebe** hat in den letzten Jahren ein gering zunehmende Verbreitung erfahren, weil sie sich gut vermarkten läßt und dem Spezialisten, der mit ihr umzugehen versteht, auch eine beachtliche Qualität bringt.

Verbreitung: Die Rebstatistik 1994 weist eine Anbaufläche von 1474 ha, für das Jahr 2000 von 1235 ha und für 2001 noch 1132 ha aus, von denen 685 ha auf das Anbaugebiet Rheinhessen, 404 ha auf die Region Pfalz und 34 ha auf das Anbaugebiet der Nahe entfallen. Hauptanbaugebiete sind Rheinhessen, Pfalz und Nahe mit rückläufiger Tendenz.

Herkunft: Landesanstalt für Rebzüchtung. Alzey.

Züchter: Georg Scheu. Zuchtjahr 1927. Sortenschutz und Eintragung in die Sortenliste 1968, klassifiziert.

Kreuzung: *Weißer Gutedel x Courtillier musqué.*

Sortenname: Die Bezeichnung "Huxelrebe" erfolgt zu Ehren des Winzers Fritz Huxel aus Westhofen bei Worms, der als erster Praktiker den besonderen Wert dieser Sorte erkannte und sie durch seine Anbauversuche bekannt machte. Bis zur Erteilung des Sortenschutzes lief die Sorte unter Zuchtnummer Az 3962.

Sortenmerkmale: *Triebspitze* offen, stark behaart; *Blatt* groß bis sehr groß, rundlich bis ganz schwach dreilappig, nur ganz wenig gebuchtet, Stielbucht

V-förmig bis überlappt, Blattrand grob gesägt; *Holz* gelb bis leicht rotbraun; *Traube* sehr groß, locker bis dichtbeerig, grün; *Beere* groß etwas flach, typisches Sortenbukett von mittlerer Stärke; *Austrieb* früh, 14 Tage vor Silvaner; *Blütezeitpunkt* früh bis mittelfrüh; *Blühfestigkeit* niedrig; *Reife* früh; *Wuchs* stark aufrecht, gut rankend, geringe Geiztriebbildung, lange Internodien; Ertrag mittel bis hoch; *Holzreife* mittel; *Chlorosefestigkeit* gering.

Eigenschaften der Sorte:

Bestandsführung: Wenn die Huxelrebe gut verblüht hat, kann der Traubenansatz so zahlreich sein, daß alle nicht übermäßig kräftigen Rebstöcke überlastet werden. Besonders in jungen Weinbergen kann dies zum Zusammenbrechen von Stöcken führen, die im kommenden Jahr nicht mehr austreiben. Außerdem leidet die Holzreife dann so stark, daß die geringe Winterfrostigkeit noch erhöht wird. Um dem vorzubeugen, muß man etwa 4 Wochen nach der Blüte eine Ausdünnung vornehmen. Die dritte Traube wird ausgebrochen. Diese Traubenreduzierung ist auch der Qualität dienlich, die bei hohen Erträgen nicht befriedigt. Die überlasteten Stöcke sind ab Mitte August an violetten Blättern und später an violettem Holz zu erkennen. Eine Ertragsreduzierung durch kurzen Anschnitt nützt nichts, da dann mastiges Holz mit noch schlechterer Holzreife entsteht. Das Holz bekommt an den unteren Knoten Längsrisse und bricht beim Biegen leicht ab.

Ansprüche an die Lage: Die große Winterfrostempfindlichkeit erfordert eine gute bis mittlere Lage. Unter diesen Voraussetzungen ist alljährlich eine Gewinnung von Spät- und Auslesen möglich.

Ansprüche an den Boden: Die Böden sollen gut durchlüftet sein und ausreichende Triebkraft besitzen. Nicht geeignet sind lettige, kalkhaltige, zur Verdichtung neigende Böden, da sie sehr chloroseanfällig sind. Auf leichten Sandböden können Trockenschäden auftreten.

Krankheitsanfälligkeit: Gegen Peronospora sind die Blätter wenig anfällig, die Beeren etwas mehr. Eine geringe Oidiumsanfälligkeit ist vorhanden. Insgesamt entspricht das Verhalten gegen Peronospora etwa demjenigen des Silvaners.

Botrytisanfälligkeit: Gegenüber Gescheinsbotrytis ist eine Schwäche vorhanden. Dies gilt aber nicht für Beeren-und Stielfäule. Das Verhalten gegen **Schwarzfleckenkrankheit** entspricht etwa demjenigen des Silvaners. Die Huxeltriebe sind sehr empfindlich gegen Wuchsstoffe. In Jahren mit früher Reife wespengefährdet.

Frostfestigkeit: Die schlechte Holzreife bedingt eine schlechte *Winterfrostfestigkeit.* Der frühe Austrieb (14 Tage vor Silvaner) führt zu einer hohen Maifrostempfindlichkeit. Jeglicher Anbau in Frostlagen hat daher zu unterbleiben.

Erziehung: Bei der Wahl Erziehung müssen der starke Wuchs, das etwas brüchige Holz und das Eingehen von Stöcken nach Ertragsüberlassung in jungen Jahren beachtet werden.

Normalerziehung: Gassenbreite 1,80 m bis 2,00 m, Stockabstand nicht unter 1,20 m bis 1,30 m. Stammhöhe 70 bis 80 cm. Schnitt von 2 Halbbogen mit etwa 6 bis 8 Augen je qm, die über einen Hilfsbiegedraht gebogen werden.

Weitraumerziehung: Nicht besonders geeignet.Hier ist eine jochlose Spalierziehung mit Halbbogen angebracht. Bei Weitraumerziehung kommt es frühzeitig zu Stockausfällen, die in einer zu starken Belastung ihre Ursache haben.

Unterlagen: Der kräftige Wuchs verlangt eine kräftige Unterlage. Es sind daher 5 BB und 125 AA vorzuziehen. Auf wuchsstarken Böden sind auch die SO 4 und die Binova möglich.

Ertrag: Im zehnjährigen Durchschnitt ergab sich aus allen ausgewerteten Versuchen der Rebzuchtanstalt Alzey ein Ertrag von 95 hl/ha. Die Vergleichssorten (Müller-Thurgau und Silvaner) brachten 105 hl/ha. Die Sorte kann, wenn sie lang angeschnitten wird, Rekorderträge bringen. Damit sind aber zwei spürbare Nachteile verbunden, denn die Qualität leidet und die Lebenskraft der Stöcke wird beeinträchtigt. Bei schlechtem Blütewetter kommt es zu einer umfangreichen Ausbildung von jungfernfrüchtigen Beeren, die aber wegen ihres hohen Mostgewichts vorteilhaft zur Gewinnung von Auslesen dienen können.

Ernte: Die Normallese liegt kurz vor der des Müller-Thurgaus. Die Sorte gestattet aber eine spätere Lese zur Gewinnung von Spät- und Auslesen. Das Ernterisiko ist geringer als bei Müller-Thurgau. Das sortenspezifische Mostgewicht beginnt bei 90 Grad Öchsle.

Qualität: Wenn durch einen vernünftigen, nicht zu starken Schnitt und gegebenenfalls eine Ertragsregulierung die Qualität in Grenzen gehalten wird, ist es möglich, in jedem Jahr sehr ansprechende Weine im höheren Prädikatsbereich zu ernten.

Mostgewicht: Im zehnjährigen Durchschnitt aller von Alzey ausgewerteten Versuche 92 Grad Öchsle. Die Standardsorten lagen mit einen Durchschnitt von 77 Grad 15 Grad Öchsle niedriger. Das Qualitätsoptimum eines Huxelweines liegt bei 85 bis 90 Grad Öchsle.

Säure: Im Durchschnitt der Jahre wurden 9,4 ‰ erreicht. Die Schwankungsbreite beträgt 8 bis 12 ‰. Insgesamt liegt die Säure 2 bis 3 ‰ über der des Müller-Thurgau.

Wein: reif, rassig, stoffig, charaktervoll, elegant. Die Säure ist auch bei

Voll- und Überreife beständig. Dementsprechend sind die Weine auch im hohen Mostgewichtsbereich frisch und lebendig. Das Bukett ist durch feinen Muskatton geprägt und nimmt bei hoher Reife auch einen vornehmen Pfirsischton an. Die Weine sind gut lagerfähig.

Vorteile der Sorte: Wo sie ertraglich nicht überfordert wird, liefert sie qualitativ gute Weine bis zur Trockenbeerauslese.

Nachteile der Sorte: Geringe Winterfrostfestigkeit. Hohe Erträge drücken die Qualität und schwächen den Wuchs; wespenanfällig, chloroseanfällig, windempfindlich. Benötigt eine spezielle Bestandsführung.

Anbauwert: Für qualitätsbewußte Betriebe stellt die Huxelrebe eine wertvolle Ergänzungssorte dar. Sie ist ferner eine Sorte zur Erzeugung hochwertiger Weine.

Kanzler

Der anspruchsvolle Name "Kanzler" soll zum Ausdruck bringen, daß wir es hier mit einer qualitätsbetonten Sorte zu tun haben. Sie eignet sich daher in erster Linie für Betriebe, die in der Lage sind, Qualitätsweine der gehobenen Klasse absetzen zu können.

Verbreitung: Die Sorte hat sich bisher nur in Rheinhessen, der Pfalz und an der Nahe im Anbau als Besonderheit im Angebot erhalten. Die bestockte Rebfläche betrug laut Rebstatistik für 1994 insgesamt 55 ha und für das Jahr 2001 noch 49 ha – die Sorte Kanzler ist eine Spezialität.

Herkunft: Landesanstalt für Rebzüchtung, Alzey.

Züchter: Georg Scheu. Zuchtjahr: 1927. Der Sortenschutz wurde 1967 erteilt. In die Sortenliste eingetragen und klassifiziert.

Kreuzung: *Müller-Thurgau x Silvaner.*

Sortenname: Die Bezeichnung Kanzler soll die Qualität des Weines unterstreichen. Bis zur Erteilung des Sortenschutzes lief die Sorte unter der Zuchtnummer Az 3983.

Sortenmerkmale: *Triebspitze* offen, schwach behaart; *Blatt* mittel bis groß, rundlich schwach drei- bis fünflappig, mittel-stark gebuchtet, Rand gezähnt, Stielbucht V-förmig, überlappend; *Holz* gelbbraun bis rotbraun; *Traube* mittel bis klein, locker bis dichtbeerig; *Beere* mittel bis groß, länglich oval, grün, dickschalig, schwaches Sortenbukett; *Austrieb* früh; *Blütezeitpunkt* mittelfrüh, 14 Tage vor Silvaner; *Reife* früh, 25 Tage vor Silvaner; *Blühempfindlichkeit* mittel; *Wuchs* stark, weite Internodien, mittlere bis starke Geiztriebbildung, *Ertrag* niedrig; *Holzreife* mittel-gering; *Chlorosefestigkeit* mittel.

Eigenschaften der Sorte

Ansprüche an die Lage: Von der Reife der Trauben her stellt die Sorte keine hohen Ansprüche an die Lage. Die schlechte Holzreife verbietet jedoch den Anbau in kalten Lagen (tiefe Tallagen und Windlagen), da die Ertragslabiliät in erster Linie eine Folge der falschen Standortwahl ist. Sie gehört daher in gute Lagen.

Ansprüche an den Boden: Stellt keine besonderen Ansprüche an den Boden. Ist aufgrund ihrer Wüchsigkeit für alle Böden geeignet.

Krankheitsanfälligkeit: Gegen Peronospora ist eine stärkere Anfälligkeit vorhanden. Gegen Oidium ist ebenfalls eine leichte Schwäche zu beachten. Von Phomopsis wird die Sorte stärker befallen als der Silvaner, aber weniger stark als der Müller-Thurgau. Die Sorte Kanzler ist kupferempfindlich.

Botrytisanfälligkeit: Die etwas hartschaligen Beeren werden relativ spät von Botrytis befallen. Infolge der frühen Reife geht sie meistens in Edelfäule über. Die Anfälligkeit gegen *Stielfäule* hält sich in Grenzen, *Stiellähme* tritt mittel bis stark auf.

Frostfestigkeit: Die mangelhafte Holzreife bedingt auch eine erhöhte Anfälligkeit gegen *Winterfrost*. Dieser Tatsache muß man bei Auswahl der Lage Rechnung tragen. Die *Maifrostempfindlichkeit* ist infolge des frühen Austriebes hoch, so daß sich ein Anbau in spätfrostgefährdeten Lagen verbietet.

Erziehung: Bei den Überlegungen zur Erziehung müssen die starke Wuchskraft, die weiten Internodien, die Neigung zur Geiztriebbildung die mangelhafte Holzreife beachtet werden. Da dichtlaubige Bestände, die infolge der verhältnismäßig großen Blätter bei enger Pflanzweise leicht entstehen, die Holzreife beeinträchtigen, muß unter allen Umständen eine luftige Erziehung gewählt werden.

Normalerziehung: Gassenbreite 1,80 m bis 2,00 m, Stockabstand nicht unter 1,30 m bis 1,40 m. Stammhöhe 70 cm bis 80 cm. Langer Schnitt von zwei Bogreben, die über einen Hilfsdraht tief nach unten gebogen werden, mit 12 bis 14 Augen je qm. Bei schlechter Holzreife sind 3 bis 4 Halbbogen erforderlich, um zu einem einigermaßen ausreichenden Ertrag zu kommen. Auch

Geiztriebe können als fruchtbares Holz angeschnitten werden. Man beachte, daß die Basis-Augen bei Kanzler weniger fruchtbar sind.

Weitraumerziehung: Nicht geeignet.

Unterlagen: Die Versuche haben auf der SO 4 die besten Ergebnisse gebracht. Auch die 3309 ist geeignet. In wuchsarmen Böden kann sicher auch auf die 125 AA veredelt werden.

Ertrag: Im langjährigen Mittel werden etwa 65 hl/ha erreicht. In guten Lagen sind auch Erträge bis 80 hl/ha möglich. Mostausbeute nur 60 bis 70 %.

Ernte: Der Reifebeginn fällt mit dem der Siegerrebe zusammen, die Ernte mit dem Müller-Thurgau. Da die Mostgewichtszunahme bis zum Ende der Vegetation anhält, ist eine Ernte zum Erreichen der höchsten Qualität nach dem Müller-Thurgau günstiger.

Qualität: Das Mostgewicht erreichte im langjährigen Mittel der Versuche 85 bis 95 Grad Öchsle. Der Müller-Thurgau wird um etwa 20 Grad, der Silvaner um etwa 25 Grad übertroffen. Dies ist nicht, wie man vermuten könnte, eine Folge des geringeren Ertrages gegenüber den genannten Sorten, sondern eine echte Mehrleistung. Die Sorte Kanzler fällt auch bei hohem Ertrag im Mostgewicht nicht ab. Die Säure bewegt sich auf der Höhe des Müller-Thurgau und schwankt um 7 bis 10 ‰. Sie ist auch bei Vollreife noch beständig.

Wein: Die Weine haben Stoff und Fülle, oft einen schönen Ausleseton, ein ausgeprägtes Sortenbukett mit feinem Spiel, das manchmal dezent an die Scheurebe erinnert. Es werden immer reife Prädikatsweine geerntet. Meistens liegen die Erzeugnisse im Spät- und Auslesebereich. Das sortentypische Bukett kommt erst im zweiten Jahr voll zum Ausdruck. Eleganter, langlebiger Wein, der die Weine anderer Qualitätssorten häufig übertrifft.

Vorteile der Sorte: Hohe Weinqualität.

Nachteile der Sorte: Mangelhafte Holzreife, frostempfindlich, sehr schwankende Erträge, die die Wirtschaftlichkeit der Sorte oft in Frage stellt.

Anbauwert: Spezialsorte zu Gewinnung hochwertiger Flaschenweine.
Die Rebsorte Kanzler hat nur für Flaschenvermarktung eine gewisse Anbaubedeutung. Sie benötigt gute Standorte, die von anderen Rebsorten (z.B. Burgundersorten) besser genutzt werden können. Hauptvorteil dieser Sorte ist, daß sie alljährlich Spät- und Auslesen zu einem frühen Lesezeitpunkt bringt.

Faberrebe

Die Sorte Faberrebe gehört zu den Neuzüchtungen, die einen traditionellen Wein liefern, der wegen seiner rassigen Art Beachtung verdient.

Verbreitung: Sie beschränkt sich zur Zeit auf Rheinhessen, Pfalz, Nahe und Franken. Nach der Statistik von 1994 waren 1909 ha vorhanden. Der Anbau hat bis zum Jahre 2001 um 604 ha abgenommen. Für die Rodung von Rebflächen der Sorte Faberrebe ist der verstärkte Anbau von Rotweinsorten voll verantwortlich.

Herkunft: Landesanstalt für Rebzüchtung, Alzey.

Züchter: Georg Scheu. Zuchtjahr: 1929. Sortenschutz und Eintragung in die Sortenliste 1967, klassifiziert.

Kreuzung: *Weißer Burgunder x Müller-Thurgau.*

Sortenname: Der Name Faber ist dem Lateinischen entnommen und heißt Schmied, nach dem erfolgreichen Versuchsansteller Karl Schmitt aus Wollmesheim bei Landau. Bis zur Erteilung des Sortenschutzes lief die Sorte unter der Zuchtnummer Az 10375.

Sortenmerkmale: *Triebspitze* offen, mittel bis stark behaart; *Blatt* mittelgroß, drei- bis schwach fünflappig, stark gebuchtet, Rand gezähnt, Stielbucht V-förmig; *Holz* gelbbraun; *Traube* mittelgroß, walzenförmig, locker bis dichtbeerig; *Beere* mittelgroß, grün, etwas länglich, charakteristisches Sortenbukett; Austrieb früh; *Blüte* früh; Blüte früh; *Blühfestigkeit* hoch; *Reifebeginn* früh bis mittel, 8 Tage vor Müller-Thurgau; *Wuchs* mittelstark bei mittlerer Geiztriebbildung; *Ertrag* hoch; *Holzreife* mittelgut; *Chlorosefestigkeit* sehr gut.

Eigenschaften der Sorte

Ansprüche an die Lage: Diese können mit denen des Silvaners auf eine Stufe gestellt werden, sind als mittel bis noch gut zu bezeichnen.

Ansprüche an den Boden: Die Bodenanpassungsfähigkeit ist groß. Sie bekommt auf kalkhaltigen, tonigen Böden nicht so leicht Chlorose wie der Silvaner. Auf wuchsschwachen Böden kommt sie leicht vom Holz.

Krankheitsanfälligkeit: Gegen Peronospora ist die Widerstandsfähigkeit der Blätter gut, bei den Trauben etwas schwächer. Gegenüber Oidium ist eine leichte Schwäche vorhanden. Insgesamt kann das Verhalten mit dem des

Silvaners verglichen werden. Gegen Schwarzfleckenkrankheit ist eine Überempfindlichkeit vorhanden.

Botrytisanfälligkeit: Eine besonders ausgeprägte Botrytisanfälligkeit der Beeren ist nicht vorhanden. Dagegen gibt es bei der Faberrebe viel Bodentrauben, die auf Stiellähme zurückzuführen sind. Da nach Stiellähme gerne Stielfäule als Sekundärerscheinung auftritt, ist eine Botrytisbehandlung ab 2. Vorblütenspritzung nötig. Neben weiteren Botrytisbehandlungen nach der Blüte bzw. vor Traubenschluss und später dürfen die Stockpflegemaßnahmen zur besseren Durchlüftung der Laubwände nicht vernachlässigt werden. Zur Minderung der Stiellähme haben sich Behandlungen mit Magnesiumsulfat u. a. bewährt. Um den Stiellähmebefall einzudämmen, ist es wichtig, daß die Reben vor zu starkem Wuchs (Mastigkeit) bewährt werden.

Frostfestigkeit: Eine mittlere Holzreife bewirkt eine begrenzte *Winterfrostfestigkeit,* die zwischen derjenigen von Müller-Thurgau und Silvaner liegt. Nach Rekordernten kann in größerem Umfange taubes Holz auftreten. Der vor dem Müller-Thurgau liegende Austrieb führt zu einer etwas höheren *Maifrostgefährdung.*

Erziehung: Bei den Überlegungen zur Erziehung sind der nicht sehr starke Wuchs und die Neigung zur Stiellähme zu beachten. Die Sorte verträgt keine zu weiten Stockabstände, weil dann der einzelne Stock zu stark angeschnitten werden muß und sich bald Erschöpfungserscheinungen einstellen. Andererseits muß die Erziehung luftig gewählt werden, damit der Stiellähme etwas vorgebeugt wird. Die Neigung zur Geiztriebbildung erfordert eine Unterstützung mit genügend Drähten.

Normalerziehung: Gassenbreite 1,80 m bis 2,00 m, Stockabstand 1,00 m bis 1,20 m, Stammhöhe 70 bis 80 cm, Schnitt 1 Halbbogen oder 1 Flachbogen. Durchschnittliche Augenzahl 6 bis 8 je qm. Zur Erreichnung von Qualität ist mäßiger Anschnitt nötig.

Weitraumerziehung: Nicht geeignet.

Unterlagen: Zur Unterstützung der etwas schwachen Wuchskraft gehört eine wuchskräftige Unterlage. Die besten Ergebnisse wurden mit 125 AA erzielt, gefolgt von 5 BB. In wuchskräftigen sind auch die SO 4 und die Binova geeignet.

Ertrag: Die Faberrebe bringt 2 bis 4 Gescheine je Trieb und zeigt kaum Neigung zum Verrieseln. Der Ertrag kann jedoch durch einen hohen Anteil von Bodentrauben geschmälert werden. Im langjährigen Mittel erreichen die Erträge die des Müller-Thurgaus. Wagner gibt 120 bis 150 kg/ar Trauben an, was etwa 80 bis 100 hl/ha entspricht.

Ernte: Trotzdem die Reife eine Woche vor dem Müller-Thurgau beginnt, liegt der günstigste Erntezeitpunkt zwischen Müller-Thurgau und Silvaner. Wer Spätlesen ernten will, sollte die Ernte mit oder nach dem Silvaner vornehmen. Die Sorte assimiliert länger als Silvaner und Müller-Thurgau.

Qualität: Das Mostgewicht liegt 8 bis 10 Grad über Müller-Thurgau und Silvaner. Das sortenspezifische Mostgewicht wird mit 80 bis 85 Grad angegeben. Die Säure übertrifft die Sorte Müller-Thurgau um 2 bis 3 ‰., den Silvaner um knapp 1 ‰. Die Weine sind elegant, fruchtig, frisch, haben traditionelle Art, hohe Weinsäure, genügend Extrakt und ein ganz feines, leichtes, angenehmes Bukett, mit einem konstanten sorteneigenen Charakter. Er ist mit seiner spritzigen und fruchtigen Ausdrucksform besonders dem Riesling ähnlich und besitzt außerdem interessante Geschmacksnuancen des Weißburgunders.

Vorteile der Sorte: Bessere Mostgewichtsleistung als Müller-Thurgau und Silvaner, bei annähernd gleichen Erträgen und rassigem Wein; aufrechter Wuchs.

Nachteile der Sorte: Anfälligkeit gegen Stiellähme, die zu einem erhöhtem Anteil an Bodentrauben führt. Die stärkere Geiztriebbildung, die etwas mehr Laubarbeiten erfordert. Neigung zu Reisigkrankheit. Bei niedrigem Mostgewicht kann der Wein einen unangenehmen Ton aufweisen.

Anbauwert: Wertvolle Ergänzungssorte, da sie im Vergleich zu Müller-Thurgau und Silvaner die frischeren Weine liefert. Kann in weniger günstigen Lagen den Riesling, wo rassige Weine gewünscht werden, den Silvaner ersetzen.

Regner

Herkunft: Landesanstalt für Rebzüchtungen, Alzey. Zuchtjahr 1929. Sortenschutz und Eintragung in die Sortenliste erfolgten 1978. Klassifizierung 1979. Nach der Statistik von 1994 sind in der BRD 173 ha und 2001 124 ha mit Regner bestockt, und zwar hauptsächlich in Rheinhessen und der Pfalz.

Züchter: Georg Scheu.

Kreuzung: Luglienca bianca x Gamay früh. Luglienca bianca ist eine weiße Tafeltraube und heißt bei uns Gelbe Seidentraube. Gamay ist eine französische Rotweinsorte, die vornehmlich im Beaujolais angebaut wird.

Sortenname: Der Name Regner wurde zu Ehren der langjährigen Mitarbeiterin der Landesanstalt, Frl. Regner, gewählt. Die alte Zuchtnummer heißt Az 10378.

Sortenmerkmale: *Triebspitze* offen, grün, mittelstark, weißlich behaart mit rötlichem Anflug; *Blatt* mittel, leicht blasige Oberfläche, drei- bis fünflappig, meist deutlich gebuchtet, Rand spitz gezähnt, Stielbucht geschlossen überlappend; *Traube* ähnlich Müller-Thurgau, mittelgroß pyramidenförmig bis zylindrisch, dichtbeerig, kaum geschultert; **Beere** rieslingähnlich, mittel bis groß, oval grün, neutral bis leichter Muskatton; *Holz* gelb bis rötlichbraun mit grauem Anflug und graubraunen Steifen, weitknotig; *Austrieb* mittelfrüh; *Blüte* mittelspät; *Blühfestigkeit* hoch; Reife 6 bis 8 Tage vor Müller-Thurgau; *Wuchs* stark, bei mittlerer Geiztriebbildung; *Holzreife* mittel; *Chlorosefestigkeit* gering.

Eigenschaften der Sorte

Ansprüche an die Lage: Diese Ansprüche sind mit denen des Müller-Thurgau vergleichbar, also nicht sehr hoch. Offene Windlagen sind noch gut geeignet.

Ansprüche an den Boden: Eine leichte *Chloroseanfälligkeit* verbietet den Anbau in stark kalkhaltigen und schweren, tonigen Böden. Gute Erfahrung hat man auf gut durchlüfteten und tiefgründigen Böden gemacht. Böden sollen nicht zu trocken sein.

Krankheitsanfälligkeit: Gegenüber Peronospora liegt die Empfindlichkeit unter der des Müller-Thurgau, gegen Oidium ist die Sorte anfälliger. Die Anfälligkeit gegen Phomopsis ist etwas geringer als die des Müller-Thurgau.

Botrytisanfälligkeit: Stärkere Beerenfäule tritt bei Vollreife auf, geht dann aber in Edelfäule über. Stiellähme und Stielfäule treten kaum auf, da die Sorte stielfest ist.

Frostfestigkeit: Die Holzreife wird als mittel angegeben. *Winterfrostfestigkeit* besser als bei Müller-Thurgau. Der *Austrieb* fällt mit dem Müller-Thurgau zusammen, so dass eine mittlere Empfindlichkeit gegen *Spätfrost* besteht.

Erziehung: Das Wachstum ist mittel bis kräftig, aufrecht, von mittlerer , von mittlerer Geiztriebbildung begleitet. Die Oidiumempfindlichkeit und Beerenfäule verlangen einen luftigen Stand der Stöcke. Zwischen den Fruchtruten soll, zwecks besserer Durchlüftung, ein kleiner Zwischenraum verbleiben. Die Sorte ist weinbautechnisch einfach.

Normalerziehung: Gassenbreite 1,80 m bis 2,00 m, Stockabstand 1,00 m bis 1,20, Stammhöhe bis 80 cm, Schnitt 1 Halbbogen mit 4 bis 6 Augen/qm.

Weitraumerziehung: Die Sorte ist geeignet, aber nur für eine Erziehung ohne Dreiteilung der Laubwand.

Unterlagen: Es kommen starkwachsende Unterlagen wie 5 BB und 125 AA in Frage. In kalkarme Böden auch 5 C. In triebigen Böden eignen sich SO 4 und Binova.

Ertrag: Die Ertragsleistung erreicht nicht ganz die der Sorte Müller-Thurgau und beträgt im Durchschnitt 80 bis 120 hl/ha. Sie ist ertragstreu.

Reife: Sie liegt 6 bis 8 Tage vor der des Müller-Thurgau, ist also früh. Der Regner assimiliert länger als der Müller-Thurgau.

Ernte: Mit oder nach Müller-Thurgau. Späte Lese wirkt über Einschrumpfung der Beeren qualitätsfördernd.

Qualität: Fast in allen Jahren wird ein *Mostgewicht* von 80 Grad Öchsle erreicht, so dass der Müller-Thurgau um etwa 10 Grad übertroffen wird. Die *Säure* bewegt sich zwischen 6 bis 7 ‰, ist daher etwa um 1 ‰ niedriger als bei der Sorte Müller-Thurgau.
Der Wein ist harmonisch, mild, von traditioneller Art und zeichnet sich durch einen leichten Muskatton aus. Eine Regulierung zur Geschmacksharmonie ist, nach den Angaben des Züchters, nicht erforderlich. Für Rieslinggebiete ist die Säure in manchen Jahren zu niedrig. Dadurch sind die Weine zu weich und ausdruckslos.

Vorteile der Sorte: Ertragstreu, weinbautechnisch unkompliziert, bessere Qualität als Müller-Thurgau bei gleicher Ertragsleistung. In ungünstigen Jahren noch gute Qualitätsleistung, hohe Blühfestigkeit.

Nachteile der Sorte: Etwas krankheitsanfällig, besonders hinsichtlich Oidium, und chloroseanfällig. Die Bezeichnung Regner ist verkaufshemmend. Weine manchmal zu flach.

Anbauwert: Sie kann als wertvolle Sorte neben dem Müller-Thurgau eingruppiert werden. Für den Anbau in Rieslinggebieten wenig geeignet. Ist im Anbau rückläufig.

Würzer

Herkunft: Landesanstalt für Rebzüchtung, Alzey. Zuchtjahr: 1932. Sortenschutz und Eintragung in die Sortenliste erfolgten 1978. Klassifizierung 1979. Die Rebenstatistik weist 1994 insgesamt 121 ha und für das Jahr 2001 nur noch 97 ha aus.

Züchter: Georg Scheu.

Kreuzung: *Gewürztraminer x Müller-Thurgau.*

Sortenname: Die Bezeichnung Würzer soll auf die würzige Weinart hinweisen. Alte Zuchtnummer 10487.

Sortenmerkmale: *Triebspitze* offen, mittelstark, weißlich flaumig behaart; *Blatt* mittelgroß, drei- bis fünflappig, tief gebuchtet, Oberfläche leicht blasig, Rand gezähnt, Stielbucht geschlossen; *Traube* mittelgroß, länglich, lockerbeerig bis gepackt, oft geschultert; *Beere* etwas dicker als bei Riesling, rund, dünnschalig, grüngelb und bei Vollreife goldgelb, kräftiges Bukett; *Holz* gelb bis rotbraun mit dunkelrotbraunen Streifen; *Austrieb* mittelfrüh, mit Müller-Thurgau; *Blütezeitpunkt* spät; Blühfestigkeit mittel; *Reife* mittel; *Wuchs* mittelstark und mittlere Geiztriebbildung; *Holzreife* mittel; *Chlorosefestigkeit* gering.

Eigenschaften der Sorte

Ansprüche an die Lage: Die Ansprüche müssen mit dem Silvaner gleichgestellt werden. Frostlagen sind nicht geeignet.

Ansprüche an den Boden: Diese sind als hoch zu bewerten, denn es werden triebige, gut durchlüftete, neutrale Böden benötigt. Etwas anfällig gegen Chlorose. Löslehmböden sind besonders geeignet. Auf armen Böden lässt der Wuchs bei starkem Anschnitt rasch nach.

Krankheitsanfällig: Gering bis mittel, an den Beeren mittel bis stark.

Frostfestigkeit: Die Holzreife ist mittelmäßig und damit die Winterfrostfestigkeit begrenzt. **Maifrostanfälligkeit** vergleichbar mit der des Müller-Thurgaus.

Erziehung: Das Wachstum ist mittelmäßig bis stark, die Geiztriebbildung ist gering bis mittelstark. Starker Anschnitt führt zur Dichtlaubigkeit. Die Sorte ist wie Silvaner zu behandeln.

Normalerziehung: Gassenbreite 1,80 m bis 2,00 m. Stockabstand 1,00 m bis 1,10 m, Stammhöhe 70 bis 80 cm; Anschnitt 1 Halbbogen oder Flachbogen mit 4 bis 6 Augen/qm. Im Interesse der Qualität nicht zu stark anschneiden.

Weitraumerziehung: Für alle Formen gut geeignet, jedoch nur bei bei besten Standortverhältnissen.

Unterlagen: 125 AA, 5 BB also starkwachsende. In wuchsstarken Böden SO 4 und Binova. Auf kalkarmen und tiefgründigen Böden auch 5 C.

Ertrag: Im Schnitt werden 80 hl/ha erreicht.

Ernte: Die Vollreife wird nach dem Müller-Thurgau erreicht. Die Erntezeit liegt zwischen Müller-Thurgau und Silvaner. Die meistens gesunden Trauben können auch länger hängen.

Qualität: Das *Mostgewicht* übertrifft bei nicht zu hohem Ertrag den Müller-Thurgau um 8 bis 10 Grad Öchsle und erreicht im Schnitt 75 bis 80 Grad. Die Säure ist um 0,5 bis 1 ‰ höher und liegt im Schnitt um 7 bis 10 ‰. Der *Wein* ist elegant, rassig, frisch, besitzt eine feine Frucht und ein edles Muskatbukett. Bei zu starkem Anschnitt können sehr hohe Erträge erzielt werden, die dann von minderer Qualität sind und sich kaum vermarkten lassen. Im Interesse der Qualität wird daher vor einem zu hohen Ertrag gewarnt. In ungünstigen Lagen sind die Weine mit einer grasigen Säure und einem eckigen, rauhen Bukett behaftet. Die Lageansprüche müssen beachtet werden.

Nachteile: Bei Ertragsüberforderung Neigung zu frühem Vegetationsabschluß und geringe Weine; frost- und chloroseempfindlich.

Vorteile: Ertragstreue Sorte, gute Mostgewichtsleistung, Weine mit feinem edlem Bukett.

Anbauwert: Ergänzungssorte, wo man bukettreiche Weine liebt. Ebenso ist sie eine gute Sorte zur Herstellung vor sehr fruchtigem Traubensaft mit 100 % Fruchtanteil – das ist für Traubensaft ganz normal, dass der Fruchtanteil immer reiner Saft ist ohne Fremdzusatz.

Pilzwiderstandsfähige Sorten

Rebsorten mit Resistenzeigenschaften gegenüber den Mehltaukrankheiten Peronospora und Oidium entstammen Nachkommenschaften von sogenannten "Interspezifischen Kreuzungen". Nach der Prüfung der Artmerkmale durch das Bundessortenamt können die meisten von den Züchtern angemeldeten Sorten als zur Art Vitis vinifera L. eingetragen werden. Die Einkreuzung amerikanischer Vitis-Arten (im botanisch-taxonomischen Sinn ist lediglich V. rotundifolia eine von den anderen

Varietäten zu unterscheidende Art (BAUER, in: CURRLE et al,. 1983) und zahlreiche nachfolgende Rückkreuzungsschritte mit europäischen Kulturrebsorten führten mittlerweile zu pilzwiderstandsfähigen Zuchtstämmen mit befriedigenden bis sehr guten Eigenschaften hinsichtlich des Anbaus, des Ertrages und der Weinqualität. Zunehmende ökonomische und ökologische Zwänge (Umweltschutz) im Weinbau sind mit verantwortlich, entsprechende Neuzüchtungen verstärkt im allgemeinen Anbau zuzulassen. Pilzwiderstandsfähige Rebsorten und Neuzüchtungen in Anbauversuchen, die vom Bundessortenamt als Sorten der Art Vitis vinifera L, ssp, sativa D.C. eingestuft und die amtliche Sortenliste der Bundessortenämter eingetragen sind, können als Qualitätswein vermarktet werden, wenn die Bundesländer dem Anbau zustimmen.

Weißwein-Zuchtstämme*

Zuchtstamm Az 82-14-104

Herkunft:	Fachbereich Rebenzüchtung, Alzey der SLVA Oppenheim
Kreuzung:	Fr 946-60 x Faberrebe
Eigenschaften:	
Austrieb:	Wie Müller-Thurgau
Blütezeit:	Wie Müller-Thurgau
Traubenernte:	Kurz vor dem Silvaner
Ertrag:	Etwas über dem Silvaner
Mostgewicht:	Ca. 6° Oe mehr als der Silvaner
Säure:	Ca. 1gr/l höher als der Silvaner

Traube: Groß, vergleichbar mit dem Müller-Thurgau aber lockerbeeriger. Das Stielgerüst ist sehr stabil, so können die Trauben lange hängen bleiben.

Weinbauliche Eigenschaften: Die Botrytisanfälligkeit ist geringer als bei dem Silvaner. Der Zuchtstamm zeigt eine geringe Anfälligkeit gegen Oidium, die in gefährdeten Lagen, bei entsprechendem Infektionsdruck, eine Behandlung (1-2) erforderlich machen kann. Die Peronosporafestigkeit ist hoch, ein Befall wurde nicht beobachtet. Die Triebe wachsen gerade aufrecht. Die Wuchsstärke liegt zwischen dem Silvaner und dem Müller-Thurgau.

Weinqualität: Der Zuchtstamm Az 82-14-104 bringt fruchtige, duftige Weine mit einer reifen, rassigen Säure hervor. Jahrgangsbedingt ist das Bukett unterschiedlich ausgeprägt, es wird häufig mit dem der Sorte Gewürztraminer verglichen.

Zuchtstamm Az 82-17-8911

Herkunft:	Fachbereich Rebenzüchtung, Alzey der SLVA Oppenheim
Kreuzung:	Az 64-2-254 x Fr 946-60
Eigenschaften:	
Austrieb:	Wie Müller-Thurgau
Blütezeit:	Wie Müller-Thurgau
Traubenernte:	Zwischen Silvaner und Riesling
Ertrag:	Vergleichbar mit dem Silvaner
Mostgewicht:	Vergleichbar mit dem Silvaner, geringfügig höher
Säure:	Vergleichbar mit dem Silvaner

Traube: Etwas größer und lockerbeeriger als die Silvanertraube. Das Stielgerüst ist stabil.

Weinbauliche Eigenschaften: Die Botrytisanfälligkeit ist geringer als bei dem Silvaner. Der Zuchtstamm zeigt eine geringe Anfälligkeit gegen Oidium, die in gefährdeten Lagen, bei entsprechendem Infektionsdruck, eine Behandlung erforderlich machen kann. Die Peronosporafestigkeit ist hoch, ein Befall wurde nicht beobachtet. Die Triebe wachsen gerade aufrecht. Die Wuchsstärke ist mit der des Müller-Thurgau vergleichbar.

Weinqualität: Der Zuchtstamm Az 82-17-8911 bringt fruchtige, ausdrucksvolle Weine mit einem dezenten Bukett hervor. Die Säure ist betont. Die Weine werden häufig mit Riesling oder Faberrebe verglichen.

Zuchtstamm Az 82-17-8910

Herkunft:	Fachbereich Rebenzüchtung, Alzey der SLVA Oppenheim
Kreuzung:	Az 64-2-254 x Fr 946-60
Eigenschaften:	
Austrieb:	Wie Müller-Thurgau
Blütezeit:	Wie Müller-Thurgau
Traubenernte:	Kurz vor dem Silvaner
Ertrag:	Etwas niedriger als der Silvaner
Mostgewicht:	Etwas höher als der Silvaner
Säure:	Etwas höher als der Silvaner

Traube: Größe und Kompaktheit mit dem Müller-Thurgau vergleichbar. Das Stielgerüst ist stabil.

Weinbauliche Eigenschaften: Die Botrytisanfälligkeit ist mit der des Silvaner vergleichbar. Der Zuchtstamm zeigt eine Schwäche gegen Oidium, die in gefährdeten Lagen, bei entsprechendem Infektionsdruck, bis zu drei Behandlungen erforderlich machen kann. Die Peronosporafestigkeit ist hoch, ein Befall wurde nicht beobachtet. Die Triebe wachsen gerade aufrecht. Der Wuchs ist etwas stärker als der des Müller-Thurgau.

Weinqualität: Die Weine sind fruchtig mit einer betont rassigen Säure. Das Bukett ist sehr dezent und erinnert an die Scheurebe.

Leistungsdaten pilztoleranter Alzeyer Zuchtstämme (1994-2001)

Sorte/Zuchtstamm	Ertrag (Hl/Ha)	Mostgewicht (Oe)	Säure (Gr/L)
Silvaner	94	82	8,2
Müller-Thurgau	112	79	7,4
Faberrebe	122	82	11,3
Az 82-14-104	101	88	9,3
Az 82-17-8910	92	86	9,3
Az 82-17-8911	91	86	9,2

Bundesanstalt für Züchtungsforschung an Kulturpflanzen, Institut für Rebenzüchtung, Geilweilerhof - Siebeldingen bei Landau/Pfalz

Das Institut für Rebenzüchtung der Bundesanstalt ist aus der alten Reichsrebenzüchtung in Müncheberg/Mark Brandenburg hervorgegangen. Sie stand bis 1970 unter der Leitung von Prof. Dr. Dr. hc B.Husfeld, der auch die Leitung der Rebenzüchtung im Kaiser-Wilhelm-Institut für Kulturpflanzenzüchtung in Müncheberg hatte. Ihm gelang es am Ende des Zweiten Weltkrieges, die wichtigsten Zuchtstämme von dort zum Geilweilerhof zu überführen. Das bereits in Müncheberg verfolgte Zuchtziel, nämlich die Schaffung von Rebsorten mit den Ertrags- und Qualitätseigenschaften unserer Kulturreben, kombiniert mit ausreichenden Resistenzeigenschaften gegenüber den wichtigsten Pilzkrankheiten sowie der Reblaus, steht auch an der Bundesforschungsanstalt im Mittelpunkt der züchterischen Aktivitäten. Die von Prof. Dr. Dr. hc. B. Husfeld gezüchteten Rebsorten Siegfried-Rebe und Aris waren erste Zuchtprodukte, die diesem Ziel sehr nahe kamen, sich aber auf Grund anderer weinbaulicher Mängel nicht durchsetzen konnten. Gleichwohl müssen diese Sorten als große züchterische Leistungen angesehen werden, beweisen sie doch, dass die Kombination von Qualität und Resistenz möglich ist.

Mit der Übernahme der Institutsleitung durch Prof. Dr.Dr.hc.G Alleweldt im Jahre 1970 wurde das Zuchtziel noch stärker auf die Resistenz gegenüber Pilzkrankheiten fokussiert und die Züchtung auf Reblausresistenz an der Wurzel zurück gestellt. In seiner Amtszeit bis 1995 ist es gelungen, neue Qualitätssorten mit hoher Pilzwiderstandsfestigkeit, wie z.B. Regent, zu entwickeln.

Seit 1995 steht die Anstalt unter der Leitung von Prof. Dr. R. Töpfer, der dieses Zuchtziel konsequent weiter verfolgt. In jüngerer Zeit zeichnen sich

Geilweilerhof-Neuzüchtungen

Weißweinsorten	Rotweinsorten	Pilzresistente Sorten
Morio Muskat	Domina	Phoenix
Bacchus		Sirius
Optima		Orion
		Staufer
		Regent (Rotwein)

einige aussichtsreiche Zuchtstämme aus dieser Zuchtrichtung ab, deren weinbauliche Eignung es jedoch zunächst noch zu ermitteln gilt. Darüber hinaus wurden an der Bundesforschungsanstalt eine Reihe bemerkenswerter Europäer-Neuzüchtungen entwickelt, die dem Streben des Weinbaus nach Qualitätssteigerung sehr dienlich ist. Die Allgemeine Kreuzungs- und Resistenzzüchtung liegt in den Händen von Prof. Dr. R. Eibach.

Weißweinsorten

Morio Muskat

Eine dritte Sorte, die neben Müller-Thurgau und Scheurebe eine rasche Verbreitung gefunden hat, ist der "Morio Muskat". In der Vergangenheit war die Sorte bei den Winzern vor allem wegen des regelmäßig guten Ertrages und dem sehr bukettreichen Wein, der vom Handel gut aufgenommen und bezahlt wurde, sehr beliebt. Wenngleich es nach wie vor viele Liebhaber für geschmacksbetonte, aromareiche Weine gibt, so ist doch mittlerweile deren Nachfrage insgesamt zurückgegangen.

Verbreitung: In Deutschland waren 1994 1.628 ha Rebfläche mit Morio Muskat bestockt. Nach der Statistik von 2001 befinden sich in Deutschland noch 905 ha und hiervon 480 ha in der Pfalz und 385 ha in Rheinhessen. Innerhalb der Pfalz liegt die Hauptanbaufläche an der südlichen Weinstraße. An der Nahe sind noch 98 ha Morio Muskat zu finden. Alle übrigen Weinbaugebiete Deutschlands verfügen zusammen über nur 21 ha.

Herkunft: Der Morio Muskat ist eine Züchtung von Landwirtschaftsrat Peter Morio, dem langjährigen Leiter der Bayerischen Nebenstelle für Rebenzüchtung in Neustadt, später Geilweilerhof, Siebeldingen/Pfalz.

Kreuzung: *Silvaner x Weißer Burgunder.* Unter vielen Zuchtsorten aus dieser Kreuzung hatte sich der Sämling I-28-30 als besonders wertvoll herausgestellt und fand daher rasch Eingang in die Praxis und zum Markt.

Sortenname: Zu Ehren des Züchters und wegen des kräfitgen Buketts der Sorte wurde die Bezeichnung "Morio Muskat" gewählt. Der Winzer nennt die Sorte vorwiegend kurz "Morio". Zum echten Muskateller besteht keine Verwandschaft.

Sortenmerkmale: *Triebspitze* offen, hellgrün mit schwacher Bräunung, schwach behaart; *Blatt* mittel bis groß, mehr rundlich als schwach dreilappig, schwach gebuchtet, glatte grüne Oberfläche, scharf gezähnt, Stielbucht geschlossen; *Trieb* mehr engknotig, mittlere Geiztriebbildung; *Holz* gelbbraun; *Traube* mittelgroß, dichtbeerig, geflügelt, walzenförmig; *Beere* grüngelb, nur bei hoher Reife gelblich schimmernd, mittelgroß, rundlich, sehr dünne Beerenhaut, stark betonter Muskatgeschmack; *Austrieb* früh; *Blüte* 5 Tage früher als Silvaner; *Blühfestigkeit* hoch; *Reife* zwischen Müller-Thurgau und Silvaner, also mittelspät; *Wuchs* mittel; *Ertrag* hoch; *Holzreife* mittelmäßig; *Chlorosefestigkeit* gut.

Eigenschaften der Sorte

Ansprüche an die Lage: Diese Ansprüche können mit denjenigen des Silvaners verglichen werden, denn der Wein ist nur dann als qualitativ ausreichend zu beurteilen, wenn er wenigstens 80 Grad Öchsle erreicht. Daraus wird deutlich, dass der Morio Muskat, trotz früher Traubenreife, eine bessere Lage beansprucht. Dagegen spricht auch nicht die Tatsache, dass er oft in kleinen Lagen angebaut wird, die eigentlich Müller-Thurgau-Lagen sind.

Ansprüche an den Boden: Tiefgründige, mittelschwere Lößböden sagen dem Morio am meisten zu. In sehr armen Böden erschöpft sich die Sorte infolge ihres kräftigen Wuchses und ihrer hohen Fruchtbarkeit rasch, erreicht also kein hohes Lebensalter. In sehr schweren Böden, die meistens auch feucht sind, setzt die Traubenfäule zu früh ein. Auf flachgründigen Gesteinsböden ist das Bukett nicht immer in voller Güte ausgebildet. Insgesamt sind die Bodenansprüche nur mittelmäßig hoch.

Winterfrostfestigkeit: Sie ist nur dann ausreichend, wenn die Sorte ertragsmäßig nicht überfordert wird. Ein Schnitt nicht über 6-8 Augen je qm Rebenstandraum ist daher angebracht. Nach den Winterfrösten treiben genügend fruchtbare, schlafende Augen (=Adventivknospen) aus, so dass neben dem Ertrag auch der Stockaufbau gesichert ist, wie die Winterfröste 1978/79 und 1984/85 bewiesen haben.

Maifrostgefährdung: Wegen des frühen Austriebes ist die Gefährdung groß. Da der Morio aber einen starken Nachtrieb aus den Beiaugen besitzt, die voll fruchtbar sind, ist durch Spätfrostschäden kaum ein spürbarer Ertragsausfall verbunden. Aufgrund der verkürzten Vegetationszeit werden dann in der Regel geringere Mostgewichte erzielt.
Bei Kälteperioden im Frühjahr erhalten die Blätter eine sortentypische gelbgrüne Farbe und einen hellen Blattrand. Mit zunehmender Wärme werden die Blätter wieder normal grün.

Krankheitsanfälligkeit: Die Peronosporaanfälligkeit ist etwas höher als die des Silvaners. Gegenüber Oidium ist eine ausgeprägte Empfindlichkeit vorhanden. Die Anfälligkeit gegen Phomopsis ist etwas geringer als beim Müller-Thurgau, aber höher als beim Silvaner.

Botrytisanfälligkeit: Hoch. In feuchten Standorten besteht eine erhöhte Gefahr gegenüber der Traubenfäule und erfordert daher gezielte Vorbeugungsmaßnahmen.

Wildverbiß: Hasen, Kaninchen und Rehe fressen gerne die grünen Triebe (Jungfeldfraß) und im Winter am alten Holz.

Erziehung: Die Fäulnisanfälligkeit der Trauben verlangt eine luftige Erziehung. In der Normalerziehung sind Rebgassen von 1,80 m bis 2,00 m vorteilhaft. Die Stockabstände dürfen nicht eng gewählt werden und sollten 1,10 bis 1,20 m betragen. Nur in wuchsschwachen Böden kann man auf 1,00 m zurück gehen. Stammhöhe 70 bis 80 cm. Stammhöhen unter 60 cm sind schlecht, da die Bodennähe die Fäulnisgefahr erhöht. Auch die Weitraumerziehung lässt sich anwenden, wenn für eine luftige Laubwand gesorgt wird. Die Halbbogenerziehung hat sich am besten bewährt. Da der Morio Muskat auf langem und kurzem Holz gleich gut trägt, können beim Schnitt, entsprechend den Erfordernissen der Wuchskraft und der Stockabstände, Flachbogen, Halbbogen oder Pendelbogen angeschnitten werden.

Unterlagen: Zu den Unterlagen 5 BB und 125 AA besitzt der Morio Muskat eine ausgezeichnete Affinität. In sehr wuchskräftigen Böden sind auch SO 4, Binova und 5 C geeignet.

Ertrag: Die Ertragstreue ist eine der besonders bemerkenswerten Eigenschaften dieser Sorte. Auf fruchtbaren Böden können sehr hohe Erträge erzielt werden, so dass es vielfach erforderlich ist, durch weinbauliche Maßnahmen (z.B. reduzierter Anschnitt, ggf. Ausdünnung) auf eine Optimierung des Menge-Güte-Verhältnisses hin zu wirken. Sowohl die Beiaugen als auch die Adventivknospen am mehrjährigen Holz besitzen eine hohe Fruchtbarkeit.

Reife: Die Vollreife der Trauben wird etwa eine Woche später erreicht als die des Müller-Thurgau.

Ernte: Leider wird der Erntezeitpunkt oft von der Traubenfäule bestimmt und liegt dann zu früh. Eine späte Lese birgt die Gefahr des Essigstiches schon in den Trauben in sich. Bei gesundem Lesegut sollte die Ernte nach dem Silvanerherbst erfolgen. Dadurch werden hochgradige Weine mit ausdrucksvollem Bukett (traminerähnlich) erzielt. Der hohe Ertrag lässt bei später Ernte, trotz Edelfäule, das Mengenergebnis nie in eine unrentable Zone sinken.

Qualität: Das *Mostgewicht* erreicht in kleinen Lagen kaum mehr als 60 Grad. Gegenüber der Sorte Silvaner ist das Mostgewicht 5 bis 10 Grad Öchsle niedriger. Nur in guten Mittellagen, wie wir sie auch für die Scheurebe aussuchen, werden 70 Grad und mehr erzielt. Marktfähige Weine benötigen mindestens 80 Grad Öchsle. Die *Säure* ist mittel bis hoch 7-9 % und liegt zwischen Silvaner und Scheurebe. In unreifen Trauben wirkt die Säure sehr spitz. **Der *Wein*** aus Trauben mit geringem Mostgewicht schmeckt unreif, grasig und hat ein abstoßendes Bukett. Weine aus reifen, hochgradigen Trauben können sehr wuchtig sein, große Fülle aufweisen und ein ansprechendes, wenn auch kräftiges Muskatbukett besitzen. Er ist eine beliebte Sorte zur Bereitung eines milden und sehr fruchtigen Sektes geeignet. Auslesen von Morio Muskat sind ein Geschmackserlebnis und in sehr guten Jahrgängen erreichbar.

Vorteile der Sorte: Hohe Fruchtbarkeit, kräftiges Bukett, bei hohem Mostgewicht. Besitzt am mehrjährigen Holz fruchtbare Adventivknospen.

Nachteile der Sorte: Fäulnisempfindlichkeit der Trauben, Anfälligkeit für Oidium, spätfrostgefährdet, geringe Winterfrosthärte und abstoßende Art unreifer Weine.

Anbauwert: Der Rückgang in den letzten Jahren kennzeichnet seinen begrenzten Anbauwert. Als Verschnittsorte kann der Morio Muskat in einigen Betrieben mit Vorteil angebaut werden. In Weinbaugebieten, deren Wein vom Riesling geprägt ist, passt die Sorte wenig. Ihr bester Partner ist der Silvaner, dementsprechend hat sie in der Pfalz und Rheinhessen den höheren Anbauwert.

Bacchus

Die Neuzüchtung Bacchus der Bundesanstalt liefert einen traditionellen Wein, der gut in das deutsche Weinsortiment passt. Erfolgreiche Anbauversuche in fast allen Weinbaugebieten Deutschlands haben zu einer für eine Neuzüchtung erstaunlichen Verbreitung geführt, weil die Sorte einen spürbaren Beitrag zur Hebung der Weinqualität leisten kann. Wegen des bukettbetonten Weines wird sie auch "Frühe Scheurebe" genannt.

Verbreitung: Hauptverbreitungsgebiete sind die Pfalz, Rheinhessen, Nahe, Mittelrhein und Mosel-Saar-Ruwer. Die weitere Verbreitung wird vor allen Dingen in den nördlichen Weinbaugebieten erfolgen, weil dort die Bacchus in nicht für den Riesling geeigneten Lagen angebaut werden kann. Die

Statistik von 1994 weist eine bestockte Fläche von 3525 ha, im Jahre 2000 von 3209 ha und für das Jahr 2001 noch 2967 ha aus. Die Anbaufläche ist in den letzten Jahren um 558 ha zurück gegangen.

Herkunft: Bundesanstalt für Züchtungsforschung, Institut für Rebenzüchtung, Geilweilerhof, Siebeldingen/Pfalz.

Züchter: LR Peter Morio und Prof. Dr. Dr. hc.B. Husfeld.

Kreuzung: *(Silvaner x Riesling) x Müller-Thurgau*. Eintragung in die Sortenliste 1972, klassifiziert Oktober 1972.

Sortenname: Bacchus ist die römische Bezeichnung für den griechischen Weingott Dionysos. Die alte Zuchtnummer heißt Gf. 33-29-133.

Sortenmerkmale: *Triebspitze* offen, starke, weißwollige Behaarung; *Blatt* mittelgroß, schwach dreilappig, wenig bis kaum gebuchtet, Stielbucht V-förmig, Rand stark gezähnt; *Holz* gelbbraun bis rotbraun, dunkelrotbraune Streifen; *Traube* mehr dichtbeerig als locker, mittelgroß; *Beere* mittelgroß, oval bis rundlich, gelbgrün, leichtes Bukett; *Austrieb* kurz vor Müller-Thurgau und Silvaner; *Reife* mit Müller-Thurgau; *Wuchs* aufrecht, mittel bis stark, etwas schwächer als Müller-Thurgau, gutrankend, wenig Geiztriebe; *Ertrag* hoch; *Chlorosefestigkeit* mittel.

Eigenschaften der Sorte

Ansprüche an die Lage: Sie können als knapp mittel bezeichnet werden. Man kann sie also auch dort anpflanzen, wo der Silvaner nicht immer vollständig reif wird. Geringe Lagen sind nicht geeignet.

Ansprüche an den Boden: Tiefgründige, frische, ausreichend nährstoffhaltige Böden sind vorzuziehen. Triebige und wuchskräftige Böden erfordern einen Stockabstand von 1,20 bis 1,30 m. In Böden von geringer Wuchskraft ist ein geringer Stockabstand nötig. Hoher Wasserbedarf. Auf trockenen Standorten gibt es Trockenschäden.

Krankheitsanfälligkeit: Die Anfälligkeit gegenüber Oidium ist etwas höher als die des Silvaner. Von der Phomopsis wird sie etwas stärker befallen, aber nicht ganz so stark wie der Müller-Thurgau. Verstärkter Befall durch Spinnmilben möglich. In trockenen Lagen gibt es bei Hitze Sonnenbrandschäden an den Beeren (Bacchuskrankheit).

Botyritisanfälligkeit: Von Beerenbotrytis wird die Sorte Bacchus leicht befallen, besonders auf schweren, feuchten Böden und in zu dichten laubigen Beständen. Durch luftige Erziehung mit nicht zu engen Stockabständen kann die Gefahr herabgesetzt werden.

Chloroseneigung: Ist als mittel zu bezeichnen und erfordert wasserregulierte Böden mit einem guten Porenvolumen.

Frostfestigkeit: Eine gute Holzreife bewirkt eine ausreichende *Winterforstfestigkeit*, die den Müller-Thurgau übertrifft. Der frühe Austrieb verleiht ihr eine höhere *Maifrostempfindlichkeit*, so dass Spätfrostlagen für den Anbau aus-scheiden. Die Nebenaugen sind weniger fruchtbar als beim Müller-Thurgau.

Erziehung: Insgesamt ist eine weiträumige Pflanzweise angebracht. Die Stockabstände sind so zu wählen, dass die Fruchtruten nicht aneinander stoßen, damit ein kleiner Zwischenraum eine gute Durchlüftung des Bestandes ermöglicht. Anschnitt nicht über 10 Augen je qm Standraum, besser nur 6 bis 8 Augen. Unkomplizierte Sorte.

Normalerziehung: Gassenbreite 1,80 m bis 2,00 m, bei weniger triebigen Böden, Stockabstand 1,00 m bis 1,10 m, Stammhöhe 70 cm bis 80 cm, Schnitt 1 bis 2 Flachbogen, Halbbogen, Rundbogen oder Pendelbogen.

Weitraumerziehung: Die Sorte Bacchus eignet sich gut für Weitraumanlagen.

Unterlagen: Auf wuchsstarken Böden SO 4, Binova, 5 C und auf wuchsschwachen Böden 5 BB und 125 AA-

Ertrag: Die Sorte ist fruchtbar und bringe im Durchschnitt Erträge, die knapp unter deren der Sorte Müller-Thurgau liegen.

Ernte: Da die Sorte anfälliger gegen Botrytis ist als der Müller-Thurgau, kann die Ernte in der Regel nicht bis zur Silvanerlese aufgeschoben werden. Allerdings ist zur Erreichung einer ausreichenden Qualität eine späte Ernte wichtig.

Qualität: Das *Mostgewicht* liegt bei Ertragsgleichheit 6 bis 8 Grad Öchsle über dem des Müller-Thurgau. Das Mostgewicht des Silvaners wird um fast 10 Grad Öchsle übertroffen. Die Säure liegt im Ø bei 8-9,5°/oo und übertrifft den Müller -Thurgau um 1-1,5 °/oo.

Wein: Zur Erreichung eines geschmacklich wertvollen Weines sind wenigstens 75 bis 80 Grad Öchsle erforderlich. Reife Weine sind extraktreich, fruchtig, mit einem eigenständigen manchmal an die Scheurebe erinnernden Bukett. Weine mit sehr hohem Mostgewicht und noch ausreichender Säure können etwas Rieslingart haben, sind blumig mit einem dezenten Muskatton.

Vorteile der Sorte: Gute Holzreife, reicher Ertrag bei hohem Mostgewicht, blumiger Wein.

Nachteile der Sorte: Etwas anfällig gegen Stiellähme, Bodentrauben, Trauben gefährdet durch Sonnenbrand, sehr anfällig gegen Oidium und Milben.

Anbauwert: Gute Ergänzungssorte zu Müller-Thurgau.

Optima

Die Neuzucht Optima gehört zu den qualitativ hochstehenden Sorten, was insbesondere auch für geringe Jahre zutrifft. Da die Erträge relativ niedrig liegen, ist sie meist nur für solche Betriebe wirtschaftlich, die hohe Qualitäten entsprechend vermarkten können.

Verbreitung: Die Verbreitung beschränkt sich vorwiegend auf die nördlichen Weinbaugebiete sowie Rheinhessen und die Pfalz. Nach der Statistik von 1994 waren 349 ha, 2000 noch 210 ha und 2001 nur noch 184 ha vorhanden. Der Anbau bzw. die bestockte Rebfläche hat in den letzten Jahren um 165 ha abgenommen.

Herkunft: Bundesanstalt für Züchtungsforschung, Institut für Rebenzüchtung, Geilweilerhof, Siebeldingen/Pfalz.

Züchter: LR Peter Morio und Prof. Dr. Dr. hc.B. Husfeld.

Kreuzung: *(Silvaner x Riesling) x Müller-Thurgau.* Sortenschutz 1970, Eintragung in die Sortenliste 1971, klassifiziert 1972.

Sortenname: Der beim Bundessortenamt eingetragene Name lautet „Optima“, die alte Zuchtnummer hieß Gf. 33-13-113.

Sortenmerkmale: *Triebspitze* offen, stark behaart, weißlich bis grünlich; *Blatt* mittelgroß, blasig, drei- bis schwach fünflappig mit deutlichem Mittellappen, leicht bis schwach gebuchtet, Stielbucht V-förmig bis leicht geschlossen, Blattrand grob gesägt, erinnert etwas an Riesling; *Holz* gelbbraun, dunkelrot-braune Streifen; *Traube* klein, kaum geschultert, gepackt; *Beere* mittelgroß, grüngelb bis gelb, rund, dickschalig, wenig Bukett; *Austrieb* mittelfrüh bis spät, knapp 1 Tag vor Müller-Thurgau; *Blütezeitpunkt* spät bis sehr spät; *Blühfestigkeit* hoch; *Reife* etwa 10-12 Tage vor Müller-Thurgau, also früh; *Wuchs* mittelstark, buschig, neigt zu Geiztriebbildung; *Ertrag* gering; *Holzreife* gut; *Chlorosefestigkeit* mittel.

Eigenschaften der Sorte

Ansprüche an die Lage : Diese können als mittel bis gering bezeichnet werden und sind sogar etwas niedriger als die des Müller-Thurgau. Trotzdem ist ein Anbau in Frostlagen nicht zu empfehlen, weil die Winterfrosthärte geringer ist als beim Riesling.

Ansprüche an den Boden: Tiefgründige Lehm- und Lößlehmböden sind besonders geeignet.

Krankheitsanfälligkeit: Gegenüber Peronospora und Oidium ist keine besondere Empfindlichkeit vorhanden. Die Anfälligkeit gegen Phomopsis entspricht etwa dem Silvaner.

Botrytisanfälligkeit: Ähnlich wie beim Müller-Thurgau kann die Traube von rascher Beerenfäule erfasst werden. Meist führt dies, infolge der frühen Reife, zur Edelfäule der ganzen Traube. In nassen Herbsten kann die Fäulnis zu früher Lese zwingen. Die Trauben zeigen eine mittelhohe Anfälligkeit gegen Stielerkrankungen. Bei früher Reife Wespenfraß.

Frostfestigkeit: Die gute *Holzreife* bedingt eine gute *Winterfrostigkeit.* Durch den verspäteten Austrieb ergibt sich eine vergleichbar geringe Maifrostgefährdung. Da aber die Beiaugen weitgehend unfruchtbar sind, ist sie für Spätfrostlagen ungeeignet.

Erziehung: Hierbei sind der mittelstarke, etwas buschige Wuchs, die erhöhte Geiztriebbildung und die Neigung zur Beerenfäule zu beachten. Eine luftige Erziehung in Spalierform ist wichtig.

Normalerziehung: Gassenbreite 1,80 m bis 2,00 m, Stockabstand 1,00 m bis 1,10 m, Stammhöhe 70 bis 80 cm, Anschnitt 1 bis 2 lange Fruchtruten. der Gescheinansatz nimmt bis zum 10. Auge stetig zu, sodass der Ertrag durch langen Anschnitt gefördert wird. Anschnitt etwa 10 Augen/qm.

Weitraumerziehung: Die Erziehung in Pendelbogenform, mit zwei langen Fruchtruten ist angebracht.

Unterlagen: Im Vordergrund sehen 125 AA und 5 BB, auf sehr wuchskräftigen Böden auch 5 C, SO 4 und Binova.

Ertrag: Im zehnjährigen Durchschnitt wurden auf dem Geilweilerhof 113 kg/ar erreicht, während der Silvaner auf 152 kg/ar kam. Im langjährigen Mittel ist, je nach Bodenart und Lage, ein Ertrag von 40 bis 60 hl/ha zu erreichen. In Steillagen liegt der Ertrag mit dem Riesling auf einer Höhe.

Ernte: Wegen der frühen Reife kann die Ernte vor dem Müller-Thurgau erfolgen. Um mit dem Mostgewicht in den Spätlese- und Auslesebereich zu kommen, ist eine späte Lese vorteilhaft. Es macht sich bezahlt, durch gestaffelte Lese die faulen Trauben auszulesen. In nassen Herbsten Gefahr von Essigstich schon an den Trauben. Oft rascher Säureabbau, daher bei der Leseterminbestimmung auf die Säure achten.

Qualität: Das Mostgewicht liegt deutlich höher als bei anderen Sorten. Auch in geringen Jahren ist die Spätlesestufe in der Regel immer erreichbar.

Wein: Elegant, hat ein duftiges Bukett, oft rassig und erreicht in jedem Jahr mindestens die Kabinettweingrenze. Bei später Lese werden Weine mit feinem Auslese-Charakter gewonnen, denen aber gelegentlich etwas die belebende Säure fehlt.

Vorteile der Sorte: Frühe Reife, hohes Mostgewicht bei harmonischer Säure, gute Holzreife.

Nachteile der Sorte: Anfällig gegen Beerenbotrytis, etwas buschiger Wuchs, geringe Erträge.

Anbauwert: Die Optima ist in erster Linie für Flaschenweinvermarkter interessant, weil sie hochwertige Weine liefert. Insgesamt aber begrenzt.

Rotweinsorten

Domina

Im Zuge der verstärkten Verbreitung von Rotweinsorten in Deutschland in den letzten Jahren ist auch die Anbaufläche von Domina bis auf 228 ha im Jahr 2001 gestiegen. Die höheren, mit Spätburgunder zu vergleichenden Lageansprüche haben zur Folge, dass sie im Anbau weniger mit den weiter verbreiteten Rotweinsorten wie Portugieser oder Dornfelder, sondern vielmehr mit Spätburgunder konkurriert. Eine besondere Bedeutung hat die Sorte in den bayerischen Anbaugebieten, wo sie derzeit knapp hinter dem Spätburgunder die am meisten angebaute Rotweinsorte ist.

Herkunft: Bundesanstalt für Züchtungsforschung, Institut für Rebenzüchtung, Geilweilerhof, Siebeldingen/Pfalz. Sortenschutz und Eintragung in die Sortenliste 1974, *klassifiziert.*

Züchter: Landwirtschaftsrat Peter Morio und Prof. Dr.Dr. hc.B. Husfeld.

Kreuzung: *Portugieser x Spätburgunder.*

Zuchtnummer: Gf. IV-25-7 N.

Sortenmerkmale: *Triebspitze* offen, gelblich mit rötlich bis bräunlichem

Rand, stark behaart; *Blatt* mittelgroß, drei- bis schwach fünflappig, mittel bis stark gebuchtet, Oberfläche glatt bis leicht blasig, grün, Rand spitz bis stumpf gezähnt, Stielbucht überlappend; *Trieb* mit mittlerer Geiztriebbildung; *Traube* mittel bis groß, dichtbeerig, leicht geflügelt, pyramidenförmig; *Beere* blauschwarz, rund, mittelgroß, geringes Aroma, starke Saftfarbe; *Austrieb* mittelfrüh; *Blütezeitpunkt* mittel; *Blühfestigkeit* hoch; *Reife* nach Portugieser, mittelspät; *Wuchs* kräftig; Ertrag hoch; *Holzreife* gut; *Chlorosefestigkeit* mittel.

Eigenschaften der Sorte

Ansprüche an die Lage: Mit Spätburgunder vergleichbar.

Ansprüche an den Boden: Gering, wenig chloroseanfällig.

Krankheitsanfälligkeit: Keine Überempfindlichkeit vorhanden. Gelegentlich etwas Stiellähme, ziemlich fest gegen Virosen.

Frostfestigkeit: Sehr gut. Etwas anfällig gegen Spätfröste.

Erziehung: Der kräftige Wuchs erfordert eine weiträumige Erziehung. Auch für ausgesprochene Weitraumerziehung müsste die Sorte geeignet sein.

Unterlagen: Im Vordergrund stehen 5 C, SO 4, Binova und 125 AA. Auf sehr schwachwüchsigen Standorten ist auch die 5 BB möglich.

Ertrag: Der Ertrag ist infolge guter Blühfestigkeit hoch und mit dem des Portugiesers vergleichbar.

Mostgewicht: Mittelhoch. Es übertrifft den Portugieser etwa um 10 Grad. Es werden überwiegend Qualitätsweine mit Prädikat erreicht.

Säure: Mittelhoch. Die Säure ist etwa 2 ‰ höher als die des Portugiesers.

Wein: Angenehme schöne Rotweinart, körperreich, gut gedeckt.

Weinausbau: Die zuweilen betonte Säure und der etwas höhere Gerbstoffgehalt macht es ratsam, eine längere Fassreife anzustreben. Eine spätere Flaschenfüllung führt in der Regel zu runderen vollmundigeren Rotweinen.

Vorteile: Sehr ertragstreu, guter Rotwein, gute Vermarktung.

Nachteile: Säure gelegentlich etwas hoch.

Anbauwert: Sorte, die gut in das deutsche Rotweinsortiment passt, weil die Weine qualitativ den Portugieser übertreffen und gut gedeckte Weine liefern. Die Sorte hat bei den Kunden guten Anklang gefunden.

Pilzwiderstandsfähige Sorten

Rebsorten mit Resistenzeigenschaften gegenüber den Mehltaukrankheiten Peronospora und Oidium entstammen Nachkommenschaften von sogenannten „Interspezifischen Kreuzungen". Nach der Prüfung der Artmerkmale durch das Bundessortenamt können die meisten der von den Züchtern angemeldeten Sorten als zur Art Vitis vinifera L. eingetragen werden. Die Einkreuzung amerikanischer Vitis-Arten (im botanisch-taxonomischen Sinn ist lediglich V. rotundifolia eine von den anderen Varietäten zu unterscheidende Art (Bauer, in: Currle et al. 1983) und zahlreiche nachfolgende Rückkreuzungsschritte mit europäischen Kulturrebsorten führten mittlerweile zu pilzwiderstandsfähigen Zuchtstämmen mit befriedigenden bis sehr guten Eigenschaften hinsichtlich des Anbaus, des Ertrages und der Weinqualität. Zunehmende ökonomische und ökologische Zwänge (Umweltschutz) im Weinbau sind mit verantwortlich, entsprechende Neuzüchtungen verstärkt im allgemeinen Anbau zuzulassen. Pilzwiderstandsfähige Rebsorten , die vom Bundessortenamt als Sorten der Art Vitis vinifera L, ssp, sativa D. C. eingestuft worden sind und in die amtliche Sortenliste beim Bundessortenamt eingetragen sind können als Qualitätswein vermarktet werden. In den meisten deutschen Anbaugebieten sind mehrere pilztolerante Rebsorten für den Anbau zur Erzeugung von Qualität zugelassen.

Weißweinsorten

Phoenix

Herkunft: Bundesanstalt für Züchtungsforschung, Institut für Rebenzüchtung, Geilweilerhof, Siebeldingen/Pfalz. Sortenschutz und Eintragung in die Sortenliste erfolgten 1992. Sie ist für die Erzeugung von Qualitätswein zugelassen bzw. klassifiziert für Rheinland-Pfalz, Hessen und Bayern (Franken). Anbaufläche in Jahr 2001 29 ha.

Züchter: Prof. Dr. Dr. hc. G. Alleweldt.

Kreuzung: *Bacchus x Seyve Villard* blanc*

Sortenname: Phoenix. Phoenix ist ein Fabelwesen der Antike, dessen Lebensdauer 972 Menschenalter betrug. Wenn er sein Ende nahen fühlte, verbrannte er sich selbst, um aus der Asche neu zu entstehen Zuchtnummer: Gf. Ga-49-22.

*"Seyve Villard" ist der Name eines französischen Rebzuchtbetriebes in Saint-Vallier an der Drôme.

Allgemeine Sortenbeschreibung: Die Resistenz gegenüber Plasmopora ist hoch. Eine Bekämpfung dieser Pilzkrankheit ist in der Regel nicht notwendig. Die Oidiumresistenz ist hoch, sodass auch hier in der Regel auf Pflanzenschutzmaßnahmen verzichtet werden kann. Bei für den Pilz günstigen Bedingungen (Oidiumlagen, Oidiumjahre) kann u.U. eine Behandlung, z.B. mit Schwefel, erforderlich sein. die Resistenz gegenüber Botrytis ist mittel bis gut. Ergiebige Niederschläge nach einer längeren Trockenperiode im September/Oktober können zum Aufplatzen einzelner Beeren und damit zu Infektionsherden für Botrytis führen. Das Reblausverhalten entspricht den unseren Vinifera-Sorten, d.h. es werden keine Blattgallen gebildet, die Reben müssen jedoch gepfropft werden.

Sortenmerkmale: Der *Austriebszeitpunkt* ist mittelfrüh und bei aufrechter Triebhaltung und geringer bis mittlerer Geiztriebbildung ist die Wüchsigkeit mittel bis stark. Der *Zeitpunkt der Blüte* liegt mit bzw, kurz vor dem Müller-Thurgau, die *Blühfestigkeit* ist hoch. Die *Beerenreife* ist ebenfalls kurz vor bzw. mit dem Müller-Thurgau und damit mittelfrüh. Die *Traubengröße* ist mit der des Müller-Thurgau vergleichbar, jedoch mit größeren Beeren und kompakter. Der *Beerengeschmack* weist ein feines Muskataroma auf. Die *Holzreife* ist sehr gut und bedingt eine gute Winterfrostigkeit.

Ertrag und Qualität: Der Ertrag liegt bei ca. 160 kg/ar mit 70-75 Grad Öchsle und 8-19 ‰ Säure.

Wein: Der Wein ist nachhaltig, kräftig mit frischer Säure und einem dezenten Muskatton, erinnert an die Rebsorte Bacchus.

Anbauempfehlung: Es werden keine besonderen Bodenansprüche gestellt. Wegen des kräftigen Wuchses sind in tiefgründigen Böden schwächer wachsende Unterlagen vorzuziehen. Die Ansprüche an die Lage sind vergleichbar mit denen des Müller-Thurgau. Standorte und Böden mit stärkeren Schwankungen im Wasserhaushalt sollten wegen der beschriebenen Gefahr des Beerenaufplatzens gemieden werden. Wie aus den angegebenen Zahlen erkennbar, ist die Ertragsleistung hoch, sodass zugunsten der Qualität der Anschnitt 8-10 Augen/qm nicht überschreiten sollte.

Wegen ihrer guten Pilzresistenz, sowie ihrer attraktiven Traube und des guten Geschmacks wird sie vielfach auch in Hausgärten angepflanzt und als „Tafeltraube“ genutzt.

Sirius

Herkunft: Bundesanstalt für Züchtungsforschung, Institut für Rebenzüchtung, Geilweilerhof/Pfalz, Sortenschutz und Eintragung in die Rebsortenliste erfolgten 1995, zugelassen für den Anbau in Hessen und Bayern (Franken). Anbaufläche im Jahr 2001 2 ha.

Züchter: Prof. Dr. D. hc. G. Alleweldt.

Kreuzung: *Bacchus x Villard blanc*

Sortenname: Sirius Stern im Sternbild des Großen Hundes, Zuchtnummer: Gf. Ga-51-27

Allgemeine Sortenbeschreibung: Die Resistenz gegenüber Plasmopora ist hoch. Auch gegenüber Oidium kann in der Regel auf Pflanzenschutzmaßnahmen verzichtet werden. Die Botrytisfestigkeit ist gut. Es werden keine Blattgallen gebildet; eine Pfropfung auf reblaustolerante Unterlage ist erforderlich, da die Wurzeln von Reblaus befallen werden können.

Sortenmerkmale: Der *Austrieb* ist mittelfrüh, der *Wuchs* aufrecht, die Geiztriebbildung ist gering. Die Laubwand ist luftig, die Trauben sind von Blättern wenig verdeckt. Die *Blühfestigkeit* ist gut, Die *Traube* ist groß mit großen Beeren, im Vergleich zu Müller-Thurgau und Silvaner etwas stärker geschultert. Die Beerenreife liegt zwischen dem Müller-Thurgau und Silvaner. Bisweilen wurde leichtes Auftreten von Stiellähme beobachtet. Die *Holzreife* ist gut, ebenso wie die *Winterfrostigkeit,* die mit der des Rieslings zu vergleichen ist.

Ertrag und Qualität: Ertrag erreicht etwa 150-170 kg/ar mit einem Mostgewicht von durchschnittlich 65-70 Grad Öchsle und 8-10 ‰ Säure. *Wein:* Er ist kräftig mit einem angenehm, fruchtigen Aroma.

Wein: Der Wein ist vom gesamten Geschmacks- und Geruchseindruck ein kräftiger und fruchtiger Rieslingtyp.

Anbauempfehlung: Trotz der guten Frostresistenz und der geringen Ansprüche an den Boden sind zur Erzielung höherer Mostgewichte bessere Weinbergslagen vorzuziehen. Der gute Wuchs erlaubt in der Regel die Auswahl schwächer wachsender Unterlagen, wie z.B. SO 4. Der vorhandenen leichten Neigung zur Stiellähme sollte durch ausgeglichene Nährstoffversorgung entgegengewirkt werden.

Orion

Herkunft: Bundesanstalt für Züchtungsforschung, Institut für Rebenzüchtung, Geilweilerhof, Siebeldingen/Pfalz, Sortenschutz und Eintragung in die Sortenliste erfolgten 1994, klassifiziert für Hessen und Bayern (Franken). Anbaufläche im Jahr 2001 ha.

Züchter: Prof. Dr. Dr. hc. G. Alleweldt.

Kreuzung: *Optima x Villard blanc*

Sortenname: Orion. In der griechischen Myhologie Sohn des Poseidon. Sternbild, das bei uns im Winter am Abendhimmel sichtbar ist. Zuchtnummer: Gf. Ga-58-30.

Allgemeine Sortenbeschreibung: Die Resistenz gegenüber Plasmopora ist gut, In Jahren mit besonders hohem Plasmoporadruck kann es an den Geiztrieben zu Spätinfektionen kommen, die jedoch normalerweise abgekapselt werden und nur sehr schwach sporulieren. Eine Behandlung ist in der Regel nicht notwendig. Die Oidiumresistenz ist in der Regel ebenfalls ausreichend. Eine evtl. Behandlung mit z.B., Schwefel ist lediglich in Jahren mit hohem Oidiumdruck, bzw. in ausgesprochenen Oidiumlagen notwendig. Die Botrytisfestigkeit ist hoch, bei fortgeschrittener Reife kann es jedoch zu Edelfäule kommen. Die Reblausfestigkeit des Blattes entspricht der unserer Vinifera-Sorten, d.h. es werden keine Blattgallen gebildet. Wegen der nicht ausreichenden Resistenz der Wurzel gegenüber der Reblaus ist die Pfropfung auf reblausfeste Unterlagen notwendig.

Sortenmerkmale: Der *Austrieb* ist mittelfrüh, die Geiztriebbildung ist trotz guter Wüchsigkeit gering. Die halb hängende Triebhaltung erfordert in Abhängigkeit von der Erziehungsart u.U. etwas mehr Laubarbeit. Der *Blütezeitpunkt* liegt wenige Tage vor dem des Müller-Thurgau. Die *Blühfestigkeit* ist mittel bis hoch. Die *Beerenreife* erfolgt mit der des Müller-Thurgaus. Die lockere *Traube* ist mittelgroß. Die *Beerengröße* liegt zwischen der des Müller-Thurgaus und Rieslings. Die *Holzreife* ist gut, die *Winterfrostigkeit* ist vor allem im basalen Teil des Triebes sehr hoch, mit dem Riesling vergleichbar bzw. diesen übertreffend.

Ertrag und Qualität: Der Ertrag erreicht durchschnittlich 140-150 kg/ar. Das *Mostgewicht* beträgt im Mittel 75 Grad Öchsle bei ca. 8-9 ‰ *Säure.*
Wein: Er ist körperreich, fruchtig mit frischer angenehmer Säure und ähnelt vielfach denen des Müller-Thurgau. Nach bisherigen Erfahrungen neigen die

Weine zu etwas rascherer Alterung. Eine allzu lange Lagerung sollte daher vermieden werden. Er sit ein Müller-Thurgau Typ.

Anbauempfehlung: Die Rebsorte Orion eignet sich in erster Linie für Müller-Thurgau-Lagen. Aufgrund ihrer Winterfrostigkeit kann sie auch in Randlagen befriedigende Erträge und Qualitäten produzieren. In tiefgründigen Böden ist eine schwachwüchsige Unterlage vorzuziehen, ansonsten Kober 5 BB. Der Anschnitt sollte 8-10 Augen/qm nicht überschreiten.

Staufer

Herkunft: Bundesanstalt für Züchtungsforschung, Institut für Rebenzüchtung, Geilweilerhof, Siebeldingen/Pfalz, Sortenschutz und Eintragung in die Sortenliste erfolgte 1994, klassifiziert für Hessen und Bayern (Franken).
Anbaufläche im Jahr 2001 3 ha.

Züchter: Prof. Dr. Dr. hc. G. Alleweldt.

Kreuzung: *Bacchus x Villard blanc*

Sortenname: Vormals Silva vorgesehen, da mit Silvaner verwechselbar, wurde der Name Staufer gegeben. Zuchtnummer: Gf. Ga-54-14.

Allgemeine Sortenbeschreibung: Die Resistenz gegenüber Plasmopora ist sehr hoch. Auch gegen Oidium ist die Resistenz im allgemeinen ausreichend, sodass eine Bekämpfung der Mehltaukrankheiten in der Regel entfallen kann, in ausgesprochenen Oidiumjahren bzw. - lagen kann am Traubengerüst bisweilen ein leichter Oidiumbefall festgestellt werden. Die Resistenz gegenüber Botrytis ist gut; im fortgeschrittenen Reifestadium kann es zu Edelfäule kommen. Das Reblausverhalten ist mit dem von Vinifera-Sorten vergleichbar; dies bedeutet, dass keine Blattgallen gebildet werden; die Reben müssen jedoch gepfropft werden.

Sortenmerkmale: Der Zeitpunkt des *Austriebes* ist mittelfrüh, vergleichbar mit dem des Silvaners. Bei mittlerer Wüchsigkeit und geringer bis mittlere Geiztriebbildung ist die Triebhaltung halb aufrecht. Der *Zeitpunkt* der *Blüte* ist mittelspät, d.h. etwa mit Silvaner. die *Blühfestigkeit* ist gut. Die *Beerenreife* ist mittelspät, nach der des Müller-Thurgau, in der Regel jedoch vor der des Silvaners. Die *Traube* ist mittel bis groß, lockerbeerig mit großen, etwas oval geformten Beeren. Bei fortschreitender Reife lösen sich die Beeren leicht vom Stielgerüst, was bei der Wahl des Lesetermins entsprechend zu berücksichtigen ist. Die *Holzreife* ist mittel, die Winterfrostfestigkeit etwas besser als die des Silvaners, jedoch geringer als die des Rieslings.

Ertrag und Qualität: Der Ertrag liegt bei etwa 159 kg/ar mit einem mittleren Mostgewicht um 70 Grad Öchsle und 8-10 ‰ Säure. *Wein:* Er ist kräftig, von neutraler, angenehmer Art, zuweilen an Silvaner erinnernd.

Anbauempfehlung: Die Sorte weist bis zu 4 Trauben/Trieb auf und ist somit außerordentlich fruchtbar. Daher wird ein kürzerer Anschnitt von ca. 6-8 Augen/qm empfohlen. Mit Ausnahme von sehr tiefgründigen Böden ist wegen der nicht allzu starken Wüchsigkeit die Unterlage Kober 5 BB vorzuziehen. Die Lageansprüche sind mittel bis hoch; es sollten daher gute Silvanerlagen gewählt werden.

Rotweinsorten

Regent

Erste Sorte aus der Resistenzzüchtung, die innerhalb kurzer Zeit eine große Verbreitung gefunden hat. Ihre Anbaufläche stieg von 11 ha 1996 auf 449 ha in 2000, auf 649 ha in 2001 und im Jahr 2002 rund 900 ha an.

Herkunft: Bundesanstalt für Züchtungsforschung, Institut für Rebenzüchtung, Geilweilerhof, Siebeldingen/Pfalz. Die Rebsorte Regent ist in allen deutschen Weinbaugebieten für den Anbau zugelassen.

Züchter: Prof. Dr. Dr. hc. G. Alleweldt.

Zuchtjahr: 1967, Sortenschutz wurde 1993 erteilt und 1995 in die Sortenliste eingetragen. Im Jahr 1996 wurde der gemeinschaftliche Sortenschutz für den Bereich der EU-Länder erteilt.

Kreuzung: *(Silvaner x Müller-Thurgau) x Chambourcin.*

Sortenname: Regent, Zuchtnummer: Gf. 67-198-3.

Allgemeine Sortenbeschreibung: Die Resistenz gegenüber Plasmopora ist hoch und erfordert normalerweise keine Pflanzenschutzmaßnahmen. Auch die Oidiumresistenz ist gut. Nach den bisherigen Erfahrungen kann auch hier auf eine chemische Behandlung verzichtet werden. Dies schließt allerdings nicht aus, dass in besonderen Oidiumjahren oder Oidiumlagen u.U. eine Behandlung. z.B. mit Schwefel, erforderlich sein kann. In der Praxis werden vielfach 1 bis 2 Behandlungsmaßnahmen pro Jahr durchgeführt.

Regent

Die Resistenz gegenüber Botrytis ist hoch. Die Reblausfestigkeit des Blattes ist gut, vergleichbar mit der der Vinifera-Sorten. Die Wurzeln werden von der Reblaus befallen, sodass die Sorte gepfropft werden muss.

Sortenmerkmale: Der *Austrieb* ist im Vergleich zu Müller-Thurgau etwas früher. Bei geringer Geiztriebbildung und mittlerer Wüchsigkeit erleichtert der aufrechte Wuchs die Laubarbeiten. Die *Blühfestigkeit* ist mittel. Die *Beerenreife* ist mittelfrüh, kurz vor bzw. mit dem Portugieser. Die mittelgroße *Traube* ist im Vergleich zum Spätburgunder weniger kompakt. Die *Beeren* sind klein bis mittel, mit Spätburgunder vergleichbar. Im fortgeschrittenen Reifestadium lösen sich die Beeren leicht vom Traubengerüst.

Eigenschaften der Sorte: In der Aufbauphase kann Mg-Mangel auftreten: Häufiger wird der Regent vor allem in den ersten Standjahren Magnesium-Mangelsymptome beobachtet. Die vielfach deutlichere Ausprägung bei Regent ist in Verbindung zu bringen mit dem im Vergleich zu anderen Sorten meist außerordentlich raschen und kräftigen Wachstum im Pflanzjahr. Der dadurch mögliche Anschnitt eines Stämmchens kann bereits im zweiten Standjahr zu einer Ertragsbelastung führen, wodurch das Ungleichgewicht zwischen Wurzelwachstum und oberirdischem Wachstum verstärkt wird. Dies führt zu einer unzureichenden Magnesiumaufnahme durch die Wurzel und äußert sich in den bekannten Mangelsymptomen am Blatt. Die bisherigen Erfahrungen zeigen jedoch, dass mit fortschreitendem Alter der Anlage die Symptome zurückgehen und in der Regel nach dem 5. bis 7. Standjahr gänzlich verschwunden sind.

Ertrag und Qualität: Nach den bisherigen Erfahrungen ist der Ertrag mit dem des Spätburgunders vergleichbar, liegt jedoch deutlich unter dem des Portugiesers. Das durchschnittliche *Mostgewicht* liegt bei ca. 80-85 Grad Öchsle und damit ca. 5-10 Grad Öchsle über dem des Spätburgunders und ca. 15 Grad Öchsle über dem des Portugiesers. Die Säurewerte betragen durchschnittlich ca. 8 g/l *Wein.* Es sind milde, samtige, gut gefärbte Rotweine von hoher Qualität, die nicht selten den Spätburgunder übertreffen.

Erzielt hohe Zucker- und Farbwerte: Eine Besonderheit von Regent ist neben dem durchschnittlich höheren Zuckergehalt auch der höhere Farbstoffgehalt der Beeren. Diese Eigenschaften begünstigen bei entsprechend hochwertigem Lesegut die Erzeugung von besonders kräftigen, ausdrucksvollen und lange lagerfähigen Weinen. Eine 100%ige Vergärung des Zuckers auf der Maische führt in solchen Fällen zu äußerst farbintensiven, vollen, aber auch gerbstoffbetonten Weinen, die eine entsprechende anschließende Lagerzeit, z.B. im Barrique, benötigen. Es ist dabei selbstverständlich, dass solch ein Weintyp erst nach einigen Jahren seinen Höhepunkt erreicht hat.

Anbauempfehlung: In Abhängigkeit von der Bonität des Bodens ist eine entsprechend wüchsige Unterlage (125 AA und 5 BB) zu wählen. Der Anschnitt sollte bei 8-10 Augen/qm liegen. Wegen der frühen Reife, des ansprechenden Mostgewichtes und der hohen Winterfrostigkeit ist die Sorte auch für Rotweinrandlagen geeignet. Zur Vermeidung von Verrieselungsschäden sollten jedoch auf alle Fälle kalte, windoffene Lagen gemieden werden. Sie ist eine aussichtsreiche pilzresistente Sorte mit ausgesprochen hoher Qualität und einem romanischen Weinstil. Der Regent ist wie der Dornfelder von der Farbe, dem Geschmack und seinem Rotweinaroma eine hervorragende Rotweinsorte.

Geschichte der Rebsorte REGENT

1967:	Kreuzung: Diana* (B) x Chambourcin (N)
1969:	Auspflanzung ins Sämlingsquartier
1972:	Selektion des Einzelstockes
1973:	Übernahme in Vorprüfung
1981:	Übernahme in Zwischenprüfung
1985:	Erstellung der ersten Versuchsanlage
1989:	Anmeldung zum Sortenschutz und zur Eintragung in die Sortenliste
1994:	Erteilung des Sortenschutzes
1995:	Eintragung in die Sortenliste
1996:	Zulassung für Qualitätsweinproduktion; Klassifizierung für rheinland-pfälzische Weinbaugebiete; Erteilung des europäischen Sortenschutzes
1997:	Klassifizierung für Baden und Württemberg
2002:	Zulassung für alle Deutschen Anbaugebiete

Regent ist eine Kreuzung zwischen der Vitis und vinifera Sorte Diana, die wiederum aus einer Kreuzung zwischen Silvaner und Müller-Thurgau hervorgeht, und Chambourcin. Chambourcin gehört zur großen Gruppe der sogenannten „franz. Hybriden" wegen ihrer guten Pilzresistenz und ihrer befriedigenden Weinqualität hebt sie sich von der Mehrzahl der Französischen Hybriden ab..

Staatliches Weinbauinstitut, Freiburg

Die Sorte Freisamer ist die älteste Neuzucht des Staatlichen Weinbauinstituts. Sie wurde im Jahre 1916 von Prof. Dr. Karl Müller gekreuzt, der vier Jahre später, im Jahre 1920, das "Badische Weinbauinstitut" gründete und dessen erster Direktor war. Schon im Gründungsaufruf des Instituts wurde Züchtung krankheitswiderstandsfähiger Reben gefordert. Von 1937 bis 1972 stand die Freiburger Züchtung unter der Leitung von Dr. Johannes Zimmermann. Dr. Zimmermann widmete sich neben der Züchtungsarbeit grundlegenden wissenschaftlichen Fragen der Frühselektion sowie der Affinität und der Adaption. Von 1972 bis 2000 wurde die Freiburger Züchtung von Dr. Norbert Becker geleitet, der u. a. auch mit seinen wissenschaftlichen Arbeiten zur weinbaulichen Standortforschung bekannt geworden ist. Seit 2001 liegt die Freiburger Rebenzüchtung in den Händen von Dr. Volker Jörger. In den letzten Jahren hat die Freiburger Züchtung beachtliche Erfolge mit pilzwiderstandsfähigen Neuzüchtungen erzielt, wobei neue Züchtungen der Weinwirtschaft zurückhaltend und nach intensiver Prüfung angeboten werden. Ein weiterer Schwerpunkt der Freiburger Zuchtarbeit liegt in der Erhaltungszüchtung der klassischen Ertrags- und Unterlagensorten und in der Schaffung von Unterlagen-Neuzüchtungen. Wegen der starken Betonung der Resistenzzüchtung und der geringen Bedeutung von Neuzuchten in den badischen Anbaugebieten hat die Freiburger Züchtung nur wenige Europäer-Kreuzungen an die Praxis gegeben.

Freiburger Neuzüchtungen

Nichtresistente Rebsorten		**Pilzresistente Rebsorten**	
Weißwein	**Rotwein**	**Weißwein**	**Rotwein**
Freisamer Nobling	Deckrot	Merzling Johanniter Bronner Solaris Helios	Prior Baron Monarch Cabernet Cortis Cabernet Carbon

Cabernet bedeutet das Haus/der Rebstock

Weißweinsorten

Freisamer

Der Freisamer ist eine Neuzüchtung, die als Verbesserung des früher sehr ertragslabilen Ruländer gedacht war. Die erfolgreiche Klonenselektion des Ruländers hat ihn fast überflüssig gemacht. Der Freisamer hat deshalb eine nur begrenzte Verbreitung gefunden. In jüngster Zeit haben ihn einige Betriebe als Spezialität wieder in den Anbau genommen.

Herkunft: Staatliches Weinbauinstitut, Freiburg, Sortenschutz und Eintragung in die Sortenliste 1962, klassifiziert. Der Sortenschutz ist inzwischen abgelaufen, Anbaufläche im Jahr 2000 14 ha und 2001 12 ha.

Züchter: Prof. Dr. Karl Müller, Zuchtjahr 1961.

Kreuzung: Silvaner x Ruländer

Sortenname: Die Sorte lief zunächst unter der Zuchtnummer FR.21-5 und wurde später als Freiburger bezeichnet. Im Jahre 1958 erfolgte, aus saatgutrechtlichen Gründen, eine Umbenennung in Freisamer. Dieser Name ist gebildet aus Freiburg und Dreisam.

Sortenmerkmale: *Triebspitze offen,* dicht weißwollig bis spinnwebig, filzig; Blatt burgunderartig, mittel bis groß, dreilappig bis schwach fünflappig, schwach gebuchtet, Rand stumpf gezähnt, Stielbucht V-förmig bis geschlossen; *Holz* gelbbraun bis rotbraun; *Traube* mittel, grüngelb, mitteldichtbeerig; *Beere* mittel bis klein, länglich, ohne deutliches Sortenbukett; *Austrieb* mittelfrüh; *Blüte* spät, Blühfestigkeit mittelgut; *Reife* mittelfrüh; *Wuchs* mittel; *Ertrag* mittelhoch; *Holzreife* gut; Chlorosefestigkeit mittel.

Eigenschaften der Sorte

Ansprüche an die Lage: Diese sind als mittel zu bezeichnen. Man kann sie mit denen des Silvaners vergleichen. Das Weinbauinstitut Freiburg empfiehlt eine etwas bessere Lage, da infolge der guten Fruchtbarkeit mit 3 bis 4 Trauben je Trieb, die 3. und 4. Traube nicht voll ausreifen und dann einen "Holzton" hervorrufen.

Ansprüche an den Boden: Die Sorte kann auf allen Böden angebaut werden. Der Freisamer hat einen hohen Kalibedarf.

Krankheitsanfälligkeit: Die Widerstandsfähigkeit gegen Peronospora und Schwarzfleckenkrankheit ist mit der des Riesling vergleichbar, ist also gut. Gegen Oidium ist eine leichte Schwäche vorhanden.

Botrytisanfälligkeit: Beerenbotrytis tritt nur unter ungünstigen Verhältnissen auf. Es kommt aber nicht zum Auslaufen der Beeren, sondern zu einem Einschrumpfen. Die Anfälligkeit gegen Stielerkrankungen ist mittel bis stark.

Frostfestigkeit: Die Winterfrostfestigkeit ist infolge einer meist guten Holzreife ausreichend bis gut zu nennen. Da der Austrieb mittelfrüh ist, gehört der Freisamer zu den maifrostgefährdeten Sorten.

Erziehung: Das Wachstum ist nicht zu stark, aber aufrecht und verlangt keine zusätzlichen Heftarbeiten. Die Geiztriebbildung ist mittel. Die Sorte ist für Licht und Luft dankbar, so daß weiträumig gepflanzt werden soll. Der Stockabstand darf nicht zu kurz gewählt werden, damit die Fruchtruten nicht aneinanderstoßen und zu dichte Laubwände hochwachsen. Wilde Triebe und Beiaugen sind fruchtbar.

Normalerziehung: Gassenbreite 1,80 m bis 2,00 m, Stockabstand 1,00 bis 1,20 m, Stammhöhe 70 bis 80 cm. Schnitt 2 Fruchtruten als Halbbogen oder Flachbogen.

Weitraumerziehung: Vorwiegend wird der Sorte keine Eignung für die Weitraumerziehung zugesprochen, was aber nicht durch exakte Versuche untermauert ist. In der Erziehung als Pendelbogen ist bestimmt eine Weitraumerziehung möglich.

Unterlagen: Geeignet sind SO4 ,5 C und 125 AA. Auf der 5 BB kann es zu Verrieselungen kommen, so daß diese Unterlagen nur für wuchsschwache, flachgründige, trockene Böden geeignet sind.

Ertrag: Nur auf zu starkwüchsigen Unterlagen treten Verrieselungen auf. Auf geeigneten Unterlagen ist der Freisamer sehr blühfest und ertragstreu. Nach den Untersuchungen des Weinbauinstitutes Freiburg liegt der Ertrag etwa auf der Höhe des Ruländers. Er erreicht nicht immer den des Silvaners. Im Mittel der Versuche liegt der Ertrag bei Freisamer um 56 hl/ha und beim Silvaner um 74 hl/ha. An der Nahe und in Rheinhessen wird der Silvaner im Ertrag übertroffen. Die Mostausbeute beträgt etwa 70%.

Reife: Mit Silvaner.

Ernte: Da die Trauben nicht schnell zusammenfaulen, kann die Ernte nach der des Silvaners erfolgen. Auf diese Weise kommt man zu sehr guten Qualitäten. Bei hohem Fruchtansatz müssen die 1. und 2. Traube gesondert gelesen werden, da die 3. und 4. Traube nicht voll ausreifen und dann einen

Holzton hervorrufen. Qualitätsorientierte Anbauer schneiden die 3. und 4. Traube nach einer gut verlaufenen Blüte ab.

Qualität: Das *Mostgewicht* erreicht die Höhe des Ruländers. Es liegt im Vergleich zum Silvaner mindestens 10 Grad höher, meistens sogar darüber. Nach den Angaben von Freiburg brachte der Freisamer 1963 bei 172 kg/ar 94 Grad Öchsle, der Silvaner bei 173 kg/ar nur 70 Grad Öchsle. Der Freisamer hat die Eigenschaft, daß er bei hohem Ertrag in der Mostgewichtsleistung nicht abfällt. Die absolute Höhe des Mostgewichts liegt in den Freiburger Versuchen zwischen 80 Grad und 102 Grad, an der Nahe zwischen 80 Grad und 90 Grad. Die Säure übertrifft in Freiburg die des Silvaners um 0,5 bis 1 ‰, jedoch kaum die des Ruländer 8,1 bis 9,1 ‰ und Freisamer 7,6 bis 9,2 ‰. In kleinen Lagen sinkt die Säure nicht unter 10 bis 13 ‰. An der Nahe liegt der Mittelwert um 10 ‰.

Wein: Der Wein ist geschmacksneutral, extraktreich, hat Fülle und Rasse. J. Zimmermann charakterisiert ihn mit folgenden Worten: "Der Wein erreicht in der Qualität den Ruländer und übertrifft durch seine Fülle den Silvaner. Er ist von feiner, lieblicher und ansprechender Art und eignet sich zum Verschnitt". In einem Gebiet mit Rieslingcharakter liefert er anstelle des Silvaners die rassigeren und damit rieslingähnlicheren Weine. Unreife Weine haben eine spitze Säure und einen Holzton im Geschmack. Echte Qualität beginnt ab 80 Grad Öchsle. Wegen des hohen Mostgewichts und des neutralen, stoffigen Weincharakters eignet sich der Freisamer gut zur Herstellung von Süßreserve.

Vorteile der Sorte: Auch in geringen Jahren werden Mostgewichte über 70 Grad Öchsle erreicht. Weinbautechnisch eine problemlose Sorte. Ertragssicher.

Nachteile der Sorte: In sehr geringen Jahren kommen die 3. und 4. Traube nicht voll zur Ausreife und verleihen dem Wein dann einen leichten Holzton. Sie müssen daher getrennt geerntet oder besser nach der Blüte entfernt werden.

Anbauwert: In mittleren Lagen kann der Freisamer, bei sachgemäßer Ernte, bessere Qualitäten liefern, die in der Prädikatsweingruppe stehen. Die Sorte konnte sich in der Praxis nicht durchsetzen. Der Anbau ist rückläufig.

Nobling

Herkunft: Staatliches Weinbauinstitut Freiburg, aus dem Jahre 1940. Eintragung in die Sortenliste 1971, klassifiziert 1972.

Züchter: Dr. J. Zimmermann,

Verbreitung: Die Rebsortenstatistik weist 1994 für die BRD einen Anbau von 128 ha, für das Jahr 2000 106 und für 2001 noch 96 ha aus. Sie ist praktisch nur im badischen Markgräferland zu finden, wo sie sich neben dem Gutedel zu einer Spezialsorte, insbesondere für die Sektbereitung, entwickelt hat.

Kreuzung: *Silvaner x Gutedel; frühere Zuchtnummer Fr. 128-40.*

Sortenmerkmale: Später und oft ungleichmäßiger Austrieb, mittlerer bis starker *Wuchs*, starke Geiztriebbildung, sehr späte Blüte und mittelfrühe *Reife*. Mittel bis stark gelapptes *Blatt*, mittelgroße dichtbeerige *Traube* und grüne, mittel bis große *Beeren.* Hoher Traubenertrag bei mittleren Mostgewicht und Säuregehalt. Mittlere Holzreife und geringe Winterfestigkeit, daher nicht geeignet für Gebiete mit starken Winterfrösten.

Eigenschaften der Sorte

Ansprüche an die Lage: Mittel bis hoch. In geringen Jahren besteht die Gefahr, daß die Trauben ungleichmäßig ausreifen.

Ansprüche an den Boden: Verträgt keine trockenen Böden und sollte daher auf mehr tiefgründige Standorte gepflanzt werden. Chloroseempfindlich.

Holzreife: Mittelmäßig. Augenerfrierungen möglich.

Winterfrostfestigkeit: Gering. Im Winter 1984/85 traten schwere bis totale Frostschäden auf.

Spätfrostempfindlichkeit: Durch späten Austrieb nicht sehr hoch. Austrieb zunächst zögernd und etwas ungleichmäßig, später aber sich ausgleichend.

Krankheitsanfälligkeit: Keine Überempfindlichkeit. Bei Nässe werden die Blätter vorübergehend gelblich, mittlere Oidiumanfälligkeit.

Botrytisanfälligkeit: Mittel bis hoch. Durch ein festes Stielgerüst der Trauben nur geringe Neigung zur Stiellähme und Stielfäule.

Schädlinge: Sehr anfällig gegen Rhombenspanner.

Austrieb: Spät, bis 8 Tage nach Silvaner, ungleichmäßig.

Wuchs: Mittelstark, bei starker Geiztriebbildung.

Erziehung: Für Normal- und Weitraumerziehung geeignet. Im 2. und 3. Jahr soll nicht zu stark angeschnitten werden, weil sonst, wegen der hohen Beanspruchung durch reichen Ertrag, die Stöcke geschwächt werden und auch eingehen können.

Unterlagen: Zur SO 4 hat die Sorte eine gute Affinität. Dasselbe gilt auch für 125 AA, 5 BB und 5 C.

Reife: Früh bis mittelfrüh, also zwischen Müller-Thurgau und Silvaner.

Ernte: Etwa wie Silvaner, bis leicht darüber, durchschnittlich 85 hl/ha.

Qualität: Mostgewicht bis 10 Grad über Silvaner. Es steigt zunächst stark an, stagniert aber dann. Säure: etwa 1 ‰ höher als bei Silvaner.

Wein: Fruchtig, körperreich, feines Bukett mit deutlicher Eigenart. Die Frucht der Beere findet sich nicht immer im Wein wieder. Sehr gut zur Gewinnung von Spät- und Auslesen geeignet. Echte Qualität beginnt erst bei 80 – 85 Grad Öchsle.

Anbauwert: Nobling hat sich zu einer Spezialsorte des badischen Markgräflerlandes entwickelt. Die Sorte braucht das feuchtwarme Klima dieser Region. In anderen Anbaugebieten hat sie sich nicht durchgesetzt.

Rotweinsorten

Deckrot

Herkunft: Staatliches Weinbauinstitut Freiburg, aus dem Jahre 1939. Sortenschutz und Eintragung in die Sortenliste 1971, klassifiziert seit 1971. Die bestockte Rebfläche beträgt laut Statistik im Jahr 2001 28 ha.

Züchter: Dr. J. Zimmermann,

Kreuzung: Ruländer x Färbertraube (Teinturnier*). Frühere Zuchtnummer 119-39

Sortenmerkmale: Später bis sehr später Austrieb mit starkem Wuchs; mittlere bis schwache

---

* Färbertraube (Teinturnier) ist eine Deckweinsorte aus Frankreich mit rotem Beerensaft, hoher Säure und geringem Ertrag

Geiztriebbildung, späte bis sehr späte Blüte mit guter Blühfestigkeit und mittlere bis späte Reife. Mittel bis kleines, stark gelapptes Blatt, mittelgroße, dichtbeerige Trauben und blaue, mittel bis kleine, runde Beeren ohne Sortenbukett. Mittlerer Traubenertrag bei mittlerem Mostgewicht und hohem Säuregehalt. Gute Holzreife und Winterfrosthärte, geringe Anfälligkeit von Botrytis cinerea. Laub vom Austrieb an dunkelgrünrot und schon von weitem daran erkennbar wie bei der Sorte Teinturnier.

Eigenschaften der Sorte

Ansprüche an die Lage: Sehr hoch, vergleichbar mit Spätburgunder.

Ansprüche an den Boden: Mittel. In sehr trockenen Böden leidet der Ertrag. *Krankheitsanfälligkeit* gering.

Sortenmerkmale: *Botrytisanfälligkeit* der Beeren gering. *Stielfestigkeit* der Trauben gut. *Wuchs* mittelstark, geringer als der des Portugiesers. *Geiztriebbildung* gering. *Austrieb* spät, daher nicht überempfindlich gegen Spätfrost. *Blüte* spät. *Reife* mittelspät,

Ernte: Mit Spätburgunder, damit die Säure am Stock noch abbauen kann. Ertrag etwa 75 % des Portugiesererertrages. *Mostgewicht* etwa 2 Grad höher als das des Portugiesers. Säure sehr hoch, im Durchschnitt etwa 4 ‰ über der des Portugiesers.

Wein: Kein selbständiger Rotwein, aber sehr guter Deckwein von hoher Farbintensität. Oft reicht zur Farbunterstützung von Portugieser und Spätburgunder ein Zusatz von 3 bis 5 % Deckrot aus.

Nachteile der Sorte: In ungünstigen Jahren sehr hohe Säure.

Vorteile der Sorte: Hohe Farbintensität.

Anbauwert: Als Deckrotwein geeignet, jedoch durch andere Neuzuchten zwischenzeitlich überholt.

Pilzwiderstandsfähige Sorten

Rebsorten mit Resistenzeigenschaften gegenüber den Mehltaukrankheiten Peronospora und Oidium entstammen Nachkommenschaften von sogenannten "Interspezifischen Kreuzungen". Nach der Prüfung der Artmerkmale durch das Bundessortenamt können die meisten der von den Züchtern angemeldeten Sorten als zur Art Vitis vinifera L. eingetragen werden. Die Einkreuzung amerikanischer Vitis-Arten (im botanisch-taxonomischen Sinn ist lediglich V. rotundifolia eine von den anderen Varietäten zu unterscheidene Art *(BAUER*, in: *CURRLE* et al., 1983) und zahlreiche nachfolgende Rückkreuzungsschritte mit europäischen Kulturrebsorten führten mittlerweile zu pilzwiderstandsfähigen Zuchtstämmen mit befriedigenden bis sehr guten Eigenschaften hinsichtlich des Anbaus, des Ertrages und der Weinqualität. Zunehmende ökonomische und ökologische Zwänge (Umweltschutz) im Weinbau sind mit verantwortlich, entsprechende Neuzüchtungen verstärkt im allgemeinen Anbau zuzulassen. Pilzwiderstandsfähige Rebsorten und Neuzüchtungen in Anbauversuchen, die vom Bundessortenamt als Sorten der Art Vitis vinifera L, ssp, sativa D. C. eingestuft worden sind und in die amtliche Sortenliste beim Bundessortenamt eingetragen sind, können als Qualitätswein vermarktet werden. In den meisten deutschen Anbaugebieten sind mehrere pilztolerante Rebsorten zur Erzeugung von Qualitätswein für Anbau zugelassen.

Weißweinsorten

Merzling

Herkunft: Staatliches Weinbauinstitut Freiburg. Sortenschutz und Eintragung in die Sortenliste erfolgten 1995, seit 2000 in Baden-Württemberg klassifiziert und 2002 in einigen deutschen Anbaugebieten zum Anbau zugelassen.. Anbaufläche für 2001 6 ha.

Züchter: Dr. J. Zimmermann

Kreuzung: Seyve-Villard* 5-276 x (Riesling x Ruländer) im Jahr 1960 (frühere Zuchtnummer FR 993-60).

Sortenname: Der Sortenname nimmt Bezug auf den Standort der Freiburger Rebenzüchtung, die Gemarkung Merzhausen.

Sortenmerkmale: Wuchs kräftig, aufrecht, geringe Geiztriebbildung; derbes, kräftiges, dunkelgrünes Laub; mittelgroße bis große, fünflappige Blätter mit überlappender Stielbucht; gute Holzreife, gute Winterfrostfestigkeit; Austrieb etwa parallel zu Müller-Thurgau, gute Beiaugenfruchtbarkeit.Trauben groß, mit mittelgroßen bis großen, saftreichen Beeren; starkes Stielgerüst; keine Anfälligkeit für Stiellähme und Stielfäule.

Ertrag: Ertrag entspricht dem der Rebsorte Müller-Thurgau, ist jedoch wegen besserer Frosthärte konstanter.

*„Seyve Villard“ ist der Name eines französischen Rebzuchtbetriebes in Saint-Vallier an der Drôme.

Reifezeit: Etwa mit Müller-Thurgau (dabei + 5° Oe und + 1 ‰ Säure gegenüber Müller-Thurgau).

Pilzwiderstandsfähigkeit: Gute Widerstandsfähigkeit gegen Oidium und Peronospora, Anbau ohne Fungizideinsatz möglich; bei hohem Infektionsdruck kann es zu Peronospora-Befall am Reblaub kommen; die Befallsstellen werden i. d. R. durch Nekrotisierung des Blattgewebes abgeriegelt; bei guter Blüte, früher Reife und reichlicher Bodenfeuchte kann sich Botrytis an den reifenden Trauben entwickeln. Das starke Traubenstielgerüst zeigt keine Anfälligkeit für Stiellähme oder Stielfäule.

Wein: fruchtig, stoffig, weitgehend neutral, mit reifer eingebundener Säure, unterschiedlich zu Müller-Thurgau.

Empfehlung: bevorzugt Müller-Thurgau Standorte.

Johanniter

Herkunft: Staatliches Weinbauinstitut Freiburg, Sortenschutz seit 1997 (BRD) und seit 1997 (CH), seit 2000 in Baden-Württemberg, der Hessischen Bergstrasse und dem Rheingau klassifiziert sowie seit 2002 auch in anderen deutschen Anbaugebieten zum Anbau zugelassen. Anbaufläche für 2001 11 ha.

Züchter: Dr. J. Zimmermann

Kreuzung: Riesling x (Seyve-Villard 12-481 x (Ruländer x Gutedel) im Jahr 1968 (frühere Zuchtnummer FR 177-68).

Sortenname: Der Sortenname wurde in Erinnerung an den langjährigen Leiter der Freiburger Rebenzüchtung, Herrn Dr. Johannes Zimmermann, gewählt.

Sortenmerkmale: Wuchs Erscheinungsbild ähnlich dem Riesling; Blätter tief gebuchtet, fünflappig, derb, mattgrün mit blasiger Oberfläche; gute Winterfrostfestigkeit; Austrieb früher als beim Riesling; spätfrostgefährdet. Trauben mittelgroß, walzenförmig, kompakt, jedoch länger als die Rieslingtraube; kleine dunkle "Reife-Punkte" auf den Beeren. Reifezeit vor Riesling beginnend.

Mostgewicht: Im Vergleich zum Riesling Vorsprung von 7° Oe, in geringen Jahren bis 10° Oe.

Säure: Ca. 2,5 ‰ geringer als beim Riesling.

Ertrag: Riesling ähnlich.

Pilzwiderstandsfähigkeit: Hohe Widerstandsfähigkeit gegen Oidium und Peronospora; Anbau ohne Fungizideinsatz im Durchschnitt der Jahre möglich.

Wein: Kräftig, fruchtig, neutral bis Riesling – ähnlich bukettiert; gute Bewertung bei Vergleichsproben.

Empfehlung: Pflanzung in mittlere bis gute, nicht spätfrostgefährdete Lagen; zur Zeit vom Wein und Gesamteindruck die am besten beurteilte pilzwiderstandsfähige Weißweinsorte aus der Freiburger Rebenzüchtung.

Bronner

Herkunft: Staatliches Weinbauinstitut Freiburg, Sortenschutz seit 1997 sowie in der Sortenliste eingetragen. Seit 2002 für die meisten deutschen Anbaugebiete zum Anbau zugelassen. Anbaufläche 2 ha.

Züchter: Dr. N. Becker

Kreuzung: Merzling x Gm 6494* im Jahr 1975 (frühere Zuchtnummer FR 250-75).

*Gm 6494 = Saperavi Servernyi **x St. Laurent

** Saperavi Servernyi = russische Zuchtsorte mit Erbgut der asiatischen Vitis amurensis

Sortenmerkmale: Wuchs sehr kräftiger Wuchs, Blätter groß, fünflappig, dunkelgrün; Austrieb relativ früh, spätfrostgefährdete Lagen sind zu meiden; Holzfärbung sehr früh, *Holzreife* und *Frostfestigkeit* sehr gut. Trauben mittelgroß, meist geschultert mit mittelgroßen Beeren, hohes Traubengewicht. Reifezeit Blüte und Beerenentwicklung etwa 1 Woche vor den Standardsorten; Beerenreife eher spät, etwa 1 Woche nach Ruländer und Weißburgunder.

Mostgewicht: Mostgewicht liegt etwa im Bereich von Ruländer und Weißburgunder

Säure: Säure liegt etwa im Bereich von Ruländer und Weißburgunder

Ertrag: Ertrag überschreitet das Niveau von Ruländer und z. T. auch von Weißburgunder; hohes Einzeltraubengewicht, daher Traubenzahl pro Stock begrenzen.

Pilzwiderstandsfähigkeit: Sehr hohe Widerstandsfähigkeit gegen Peronospora, selbst bei sehr hohem Infektionsdruck befallsfrei, hohe Widerstandsfähigkeit gegen Oidium und sehr gute Botrytisfestigkeit der Trauben.

Wein: Stoffig, kräftig, fruchtig, Ähnlichkeit zu Weißburgunder vorhanden.

Empfehlung: Pflanzung in burgunderfähige Standorte mit eher guter Wasserversorgung, stark trockenheitsgefährdete Standorte meiden. Vom Resistenzpotential mit das höchste Niveau der derzeit vorhandenen Freiburger Züchtungen.

Solaris

Herkunft: Staatliches Weinbauinstitut Freiburg, Sortenschutz seit 2001.

Züchter: Dr. N. Becker

Zuchtnummer: FR 240-75

Kreuzung: Merzling x Gm 6493* im Jahr 1975 (frühere Zuchtnummer FR 240-75)
*Gm 6493 = Sypernavi servernyi = russische Zuchtsorte mit Erbgut der asiatischen Vitis amurensis

Sortenname: Die Nutzung der Strahlenenergie zur frühen Reife und zu außergewöhnlich hoher Zuckerleistung haben die Namensgebung mit geprägt.

Sortenmerkmale: Wuchs sehr kräftiger Wuchs, Triebe wenig rankend, nicht ganz aufrecht, Blätter groß, dichtstehend, dreilappig, kräftig-derbe Struktur; Austrieb früh, Holzfärbung früh, *Holzreife* und *Frostfestigkeit* sehr gut. Trauben mittelgroß, kaum geschultert mit mittelgroßen, in der Reife grün-gelben Beeren. Reifezeit Blüte und Beerenentwicklung etwa 1 Woche vor den Standardsorten; Beerenreife sehr früh, mit sehr hoher Zuckerkonzentration; in der ersten Septemberdekade bereits über 100° Öchsle.

Mostgewicht: Mostgewicht liegt sehr hoch, in der ersten Septemberdekade bereits über 100° Öchsle, Anfang Oktober i. d. R. um 130° Öchsle.

Säure: Säure liegt etwa im Bereich von Ruländer

Ertrag: Ertragsniveau liegt im Bereich zwischen Ruländer und Müller-Thurgau.

Pilzwiderstandsfähigkeit: Sehr hohe Widerstandsfähigkeit gegen

Peronospora und Oidium, trotz des hohen Mostgewichts zeigen die Trauben eine ausgeprägte Botrytisfestigkeit.

Wein: Stoffig, sehr kräftig und gehaltvoll, ausgeprägte Fruchtigkeit durch Maischestandzeit und kühle Gärung.

Empfehlung: Solaris bringt durch frühe Reife auch auf weniger guten Standorten vollreifes Traubengut, liefert frühzeitig "Neuen Süßen", birgt Möglichkeiten für Süßreserve und bringt ausdrucksstarke, bei guter Kellertechnik fruchtig reife Weine hervor. Als sehr gehaltvoller Cuvée-Partner auch für Riesling, Weißburgunder und Ruländer geeignet. Vom Resistenzpotential zusammen mit Bronner mit das höchste Niveau der derzeit vorhandenen Freiburger Züchtungen.

Helios

Herkunft: Staatliches Weinbauinstitut Freiburg, besitzt Sortenschutz . Zur Sortenliste angemeldet.
Züchter: Dr. N. Becker

Kreuzung: Merzling x (Seyve-Villard 12-481 x Müller-Thurgau) im Jahr 1973 (frühere Zuchtnummer FR 242-73).

Sortenmerkmale: Wuchs aufrecht, kräftiger als Müller-Thurgau wachsende Sorte, intensiv grün gefärbte, glänzende Blätter, dreilappig und etwas kleiner als bei Müller-Thurgau; Austrieb mittel (Müller-Thurgau). Trauben mittelgroß, wenig geschultert, relativ locker mit relativ kleinen, in der Reife gelbgrünen Beeren. Reifezeit Blüte und Beerenentwicklung etwa zeitgleich mit Müller-Thurgau; Beerenreife mit bzw. kurz nach Müller-Thurgau bei einem um ca. 10° Öchsle höheren Mostgewicht, Holzfärbung wie Ruländer, *Holzreife* gut, *Frostfestigkeit* gut bis sehr gut.

Mostgewicht: Mostgewicht liegt im mehrjährigen Durchschnitt rund 10° Öchsle über Müller-Thurgau.

Säure: Säure liegt zur Reifezeit etwa 0,5 bis 0,8 ‰ über der von Müller-Thurgau.

Ertrag: Ertragsniveau liegt im Bereich zwischen Müller-Thurgau und Ruländer.

Pilzwiderstandsfähigkeit: Hohe Widerstandsfähigkeit gegen Peronospora und gute bis hohe Widerstandsfähigkeit gegen Oidium, trotz höherem Mostgewicht ausgeprägte Botrytisfestigkeit der Trauben, deutlich geringere Anfälligkeit als Müller-Thurgau.

Wein: Fruchtig, stoffiger Weintyp mit eigenständiger, zarter bis stärkerer Bukett-Ausprägung.

Empfehlung: FR 242-73 hat insgesamt geringe Standort- und Lagenansprüche, bringt auch in Müller-Thurgau-Lagen reifes, gesundes Traubengut mit guter Zuckerkonzentration, fruchtiger Säure und Reifegrad – abhängiger Bukettierung.

Rotweinsorten

Prior

Herkunft: Staatliches Weinbauinstitut Freiburg, besitzt Sortenschutz. Zur Sortenliste angemeldet.

Züchter: Dr. N. Becker

Kreuzung: (Joan Seyve 234-16 x Blauer Spätburgunder) x (Merzling x Gm 6494*) im Jahr 1987
Gm 6494 = Saperavi servernyi ** x Saint Laurent;
** Saperavi servernyi = russische Zuchtsorte mit Erbgut der asiatischen Vitis amurensis (frühere Zuchtnummer FR 484-87 r).

Sortenmerkmale: Wuchs vergleichbar den Burgundersorten aufrechtwachsender Zuchtstamm mit kräftig grünen, wenig behaarten, drei- bis fünf-lappigen Blättern, Austrieb einige Tage später als Burgundersorten, daher weniger spätfrostgefährdet, Blüte und Färbebeginn der Beeren mit den Burgundersorten, Reife mit bzw. eine Woche nach Spätburgunder, gute bis sehr gute Holzreife, gute Winterfrostfestigkeit. Trauben fast dreieckig, breit mit auffallend kurzer Spitze, Beeren berühren sich bei der Reife nur leicht, Trauben sehr wenig geschultert mit runden Beeren von der Größe der traditionellen Spätburgunderklone. Reifezeit mit Spätburgunder beginnend, und rund 7-10 Tage nach Spätburgunder erntereif.

Mostgewicht: Vergleichbar mit Spätburgunder bei genügender Reifezeit.

Säure: Im Bereich vom Spätburgunder (bei derzeit noch geringer Datenbasis).

Ertrag: Geringer als Spätburgunder, max. ca. 125 kg/ar.

Pilzwiderstandsfähigkeit: Hohe bis sehr hohe Widerstandsfähigkeit gegen Peronospora und Oidium; geringe Befallsgefährdung durch Botrytis; Anbau ohne Fungizideinsatz im Durchschnitt der Jahre möglich.

Wein: Kräftiger, farbstoff- und gerbstoffreicher Rotwein mit neutraler bis leicht fruchtiger Bukettierung und mit weicher, reifer Struktur; geeignet für den sortenreinen Ausbau wie auch für Cuvées mit fruchtigen oder romanischen Rotweinen.

Empfehlung: Pflanzung in gute Lagen mit ausreichender Reifedauer, Spätfrostgefährdung im Frühjahr von geringerer Bedeutung; aufgrund der sehr ansprechenden Weinqualität und der hohen Resistenzeigenschaften ein sehr aussichtsreicher Rotwein-Zuchtstamm aus der Freiburger Rebenzüchtung.

Baron

Herkunft: Staatliches Weinbauinstitut Freiburg, besitzt Sortenschutz. Zur Sortenliste angemeldet.

Züchter: Dr. N. Becker

Kreuzung: Cabernet sauvignon x (Merzling x Gm 6494*) im Jahr 1983
Gm 6494 = Saperavi servernyi ** x Saint Laurent; (frühere Zuchtnummer FR 455-83 r).
** Saperavi servernyi = russische Zuchtsorte mit Erbgut der asiatischen Vitis amurensis.

Sortenmerkmale: Wuchs vergleichbar den Burgundersorten aufrechtwachsender, etwas weniger rankenbildender Zuchtstamm mit dunkelgrünen, glänzenden Blättern, die in Form der Stiel- und Blattbuchten sowie der Blattlappung dem Cabernet sauvignon gleichen; Blattgröße ca. 20 % als Spätburgunder; Austrieb, Blüte, Färbebeginn und Erntereife liegen etwa zeitgleich mit dem Blauen Spätburgunder; sehr gute Holzreife, gute Winterfrostfestigkeit. Trauben länglich walzenförmige, dem Burgunder vergleichbare, jedoch weniger geschulterte Trauben; mit Beeren, die den Spätburgunder-Standardklonen entsprechen und sich zur Reifezeit nur leicht berühren. Reifezeit entspricht den Standardklonen des Blauen Spätburgunders.

Mostgewicht: Um etwa 5° Öchsle über dem Blauem Spätburgunder.

Säure: Im Bereich vom Spätburgunder (bei derzeit noch geringer Datenbasis).

Ertrag: Etwas geringer als Blauer Spätburgunder (bei derzeit noch geringer Datenbasis).

Pilzwiderstandsfähigkeit: Hohe Widerstandsfähigkeit gegen Peronospora und gute Widerstandsfähigkeit gegen Oidium; sehr geringe Befallsgefährdung durch Botrytis; Anbau ohne Fungizideinsatz im Durchschnitt der Jahre möglich.

Wein: Kräftiger, farbstoff- und gerbstoffreicher Rotwein mit Burgunder-Aromatik und reifer Struktur; geeignet für den sortenreinen Ausbau wie auch für Cuvées mit Burgunder-Weinen.

Empfehlung: Pflanzung in gute Lagen mit ausreichender Reifedauer, Der Zuchtstamm hat fast die gleichen Standortansprüche wie Blauer Spätburgunder; aufgrund der Burgunder-ähnlichen Weinqualität und der guten bis sehr guten Resistenzeigenschaften ein aussichtsreicher Rotwein-Zuchtstamm aus der Freiburger Rebenzüchtung.

Monarch

Herkunft: Staatliches Weinbauinstitut Freiburg, besitzt Sortenschutz. Zur Sortenliste angemeldet.

Züchter: Dr. N. Becker

Kreuzung: Solaris* x Dornfelder im Jahr 1988 * Solaris = Merzling x Gm 6493** (frühere Zuchtnummer FR 487-88 r)
** Gm 6493 = Saperavi servernyi*** x Muskat Ottonel
*** Saperavi servernyi = russische Zuchtsorte mit Erbgut der asiatischen Vitis amurensis.

Sortenmerkmale: Wuchs etwas wüchsiger als die Burgundersorten mit dunkelgrünen, wenig behaarten, an der Oberseite leicht blasig wirkenden, dreilappigen Blättern; Austrieb einige Tage vor den Burgundersorten, daher etwas mehr spätfrostgefährdet; Blüte, Färbebeginn und Erntereife der Beeren etwa zeitgleich mit dem Blauen Spätburgunder; gute Holzreife, gute Winterfrostfestigkeit. Die Trauben sind längspyramidal, mit Dornfelder vergleichbar, jedoch lockerbeeriger und mit deutlich geringerer Beerengröße; etwas stärkere Traubenschulterung und Verrieselungsanfälligkeit als bei den Burgundersorten. Reifezeit liegt einige Tage vor Spätburgunder beginnend und etwa mit Spätburgunder erntereif.

Mostgewicht: Rund 2-4° Öchsle über Dornfelder und etwa 4-6° Öchsle unter Spätburgunder bei vernünftiger Ertragssituation.

Säure: Etwa 1‰ über Dornfelder und etwa 1,5‰ unter Spätburgunder (bei derzeit noch geringer Datenbasis).

Ertrag: Im Bereich von 130 bis 160 ar (Normalerziehung und ohne Regulierung).

Pilzwiderstandsfähigkeit: Hohe Widerstandsfähigkeit gegen Peronospora und gute Widerstandsfähigkeit gegen Oidium; sehr geringe Befallsgefährdung durch Botrytis; Anbau ohne Fungizideinsatz im Durchschnitt der Jahre möglich.

Wein: Kräftiger, farbstoff- und gerbstoffreicher Rotwein mit intensiv fruchtiger Bukettierung und komplexen Spiel von Frucht, Säure, Alkohol und Phenolen; sehr gut geeignet für den sortenreinen Ausbau wie auch für Cuvées mit fruchtigen oder romanischen Rotweinen.

Empfehlung: Pflanzung in gute Lagen mit nachhaltigen Böden und ausreichender Reifedauer, Spätfrostgefährdung im Frühjahr beachten; aufgrund der ausgesprochen guten Weinqualität und der hohen Resistenzeigenschaften ein aussichtsreicher Rotwein-Zuchtstamm aus der Freiburger Rebenzüchtung.

Cabernet Cortis

Herkunft: Staatliches Weinbauinstitut Freiburg, besitzt Sortenschutz. Zur Sortenliste angemeldet.

Züchter: Dr. N. Becker

Kreuzung: Cabernet Sauvignon x Solaris * im Jahr 1982
* Solaris = Merzling x Gm 6493**
(frühere Zuchtnummer FR 437-82 r)
** Gm 6493 = Saperavi servernyi *** x Muskat Ottonel
*** Saperavi servernyi = russische Zuchtsorte mit Erbgut der asiatischen Vitis amurensis.

Sortenmerkmale: Wuchs vergleichbar den Burgundersorten gut aufrechtwachsender Zuchtstamm mit dunkelgrünen, drei- bis fünflappigen Blättern, die von Stiel- und Blattbuchten etwas an Cabernet Sauvignon erinnern; Austrieb mit Burgundersorten, Blüte, Färbebeginn und Erntereife der Beeren jeweils rund 5-10 Tage vor dem Spätburgunder, sehr gute Holzreife, gute Winterfrostfestigkeit. Trauben länglich walzenförmige, wenig geschulterte Trauben, etwas größer als beim Spätburgunder, Beeren rund, burgundergroß, bei der Reife sich wenig berührend. Reifezeit rund 5-10 Tage vor Spätburgunder erntereif.

Mostgewicht: Um ca. 6-10° Öchsle über Spätburgunder.

Säure: Im Bereich vom Spätburgunder (bei derzeit noch geringer Datenbasis).

Ertrag: Etwas über dem Blauen Spätburgunder.

Pilzwiderstandsfähigkeit: Hohe bis sehr hohe Widerstandsfähigkeit gegen Peronospora und Oidium; sehr geringe Befallsgefährdung durch Botrytis;

Anbau ohne Fungizideinsatz im Durchschnitt der Jahre möglich.

Wein: Kräftiger, farbstoff- und gerbstoffreicher, gut strukturierter Rotwein mit typischem, intensivem Cabernet Sauvignon-Charakter, geeignet für den sortenreinen Ausbau und für Cuvées vom Typ kräftiger romanischer Rotweine.

Empfehlung: Pflanzung in gute Lagen, die die Standortansprüche des Blauen Spätburgunders nicht ganz erfüllen müssen; aufgrund der sehr ansprechenden, dem Cabernet Sauvignon vergleichbaren Weinqualität und der hohen Resistenzeigenschaften ein besonders vielversprechender Rotwein-Zuchtstamm aus der Freiburger Rebenzüchtung.

Cabernet Carbon

Herkunft: Staatliches Weinbauinstitut Freiburg, besitzt Sortenschutz. Zur Sortenliste angemeldet.

Züchter: Dr. N. Becker

Kreuzung: Cabernet Sauvignon x (Merzling x Gm 6494*) im Jahr 1983 (frühere Zuchtnummer 377-83 r)
* Gm 6494 = Saperavi servernyi ** Saint Laurent;
** Saperavi servernyi = russische Zuchtsorte mit Erbgut der asiatischen Vitis amurensis.

Sortenmerkmale: Wuchs vergleichbar den Burgundersorten aufrechtwachsender, weniger rankender Zuchtstamm mit dunkelgrünen, leicht behaarten, wenig gelappten Blättern; Austrieb mit den Burgundersorten; Blüte mit Spätburgunder, Färbebeginn und Erntereife der Beeren etwa 8-10 Tage nach dem Spätburgunder; gute bis sehr gute Holzreife, gute Winterfrostigkeit. Trauben große, länglich walzenförmige, wenig geschulterte Trauben mit kleinen, runden in der Reife noch relativ locker stehenden Beeren. Reifezeit etwa 8-10 Tage nach Spätburgunder bei gutem Reifepotential des Standorts, jedoch 10-14 Tage vor Cabernet Sauvignon.

Mostgewicht: Vergleichbar mit Spätburgunder bei genügendem Reifepotential des Standorts.

Säure: Im Bereich vom Spätburgunder (bei derzeit noch geringer Datenbasis).

Ertrag: Etwas über dem Blauen Spätburgunder.

Pilzwiderstandsfähigkeit: Hohe Widerstandsfähigkeit gegen Peronospora und gute Widerstandsfähigkeit gegen Oidium; geringe Befallsgefährdung durch Botrytis; Anbau ohne Fungizideinsatz im Durchschnitt der Jahre möglich.

Wein: Farbstoff- und gerbstoffreicher, kräftiger, gut strukturierter Rotwein mit intensiver Cabernet Sauvignon – Art; geeignet für den sortenreinen Ausbau und für Cuvées vom Typ kräftiger romanischer Rotweine.

Empfehlung: Standortansprüche liegen über denen des Blauen Spätburgunders, Pflanzung daher in sehr gute Lagen mit langem Standortreifepotential im Herbst; aufgrund der sehr hohen, dem Cabernet Sauvignon vergleichbaren Weinqualität und der guten bis hohen Resistenzeigenschaften ein Rotwein-Zuchtstamm aus der Freiburger Rebenzüchtung mit sehr guter Perspektive.

Staatliche Lehr- und Versuchsanstalt für Wein- und Obstbau, Weinsberg (Württemberg)

Das Referat Rebenzüchtung und Rebenveredlung der LVWO Weinsberg ist seit Mai 1997 in Weinsberg. Sie wurde früher von Oberlandwirtschaftsrat A. Herold und anschließend von Dr. H. Schleip geleitet. Heute liegt die Züchtung in den Händen von Dr. Bernd H. E. Hill. Weinsberg ist nur mit wenigen Neuzüchtungen an die Öffentlichkeit getreten, hat aber neben den bewährten Rebsorten Kerner und Dornfelder weitere wertvolle Sorten geschaffen.

Weinsberger Neuzüchtungen

Weißweinsorten	Rotweinsorten	
Kerner	Heroldrebe	Cabernet Cubin
Hölder	Helfensteiner	Cabernet Dorsa
Juwel	Dornfelder	Cabernet Dorio
Ruling	Hegel	Cabernet Mitos [2]
Silcher	Acolon[1]	Palas[3]

[1] vielseitiger Cuvée-Partner; [2] farbkräftiger Cuvée-Partner;
[3] primär ein Deckrotwein

Weißweinsorten

Kerner

Zu den Neuzüchtungen, die in den letzten Jahren die größte Verbreitung gefunden haben, gehört die Sorte Kerner. Der Grund liegt in ihrer Frosthärte und in ihrem ansprechenden Wein. Von 5 ha im Jahr 1964 ist die Fläche auf 7753 ha bis 1994 angewachsen. Die Rebstatistik für das Jahr 2000 weist einen Rückgang auf 6543 ha und für das Jahr 2001 von 6054 ha bestockter Rebfläche aus. Von 1994 bis 2001 hat sich die Kerner-Rebfläche um 1699 ha verringert. Dieser Rückgang geht zu Gunsten des verstärkten Anbaues von Rotwein- und traditioneller Weißweinsorten. Sie steht zur Zeit flächenmäßig noch an vierter Stelle im Weißweinanbau und ist in allen deutschen Weinbaugebieten klassifiziert.

Herkunft: Züchtung der Staatlichen Lehr- und Versuchsanstalt für Wein- und Obstbau, Weinsberg. Der Sortenschutz wurde 1969 erteilt, klassifiziert.

Züchter: OLR A. Herold, Züchtungsjahr 1929

Kreuzung: *Trollinger x Riesling; Zuchtnummer We S 2530.*

Sortenname: Die Bezeichnung Kerner geht auf den Dichter Justinus Kerner (1786-1862) zurück, der in Weinsberg als Oberamtsarzt lebte. Aus seiner Feder stammt das bekannte Lied: „Wohlauf noch getrunken den funkelnden Wein".

Sortenmerkmale: *Triebspitze* offen, stark behaart; *Blatt* mittelgroß, fünflappig, deutlich gebuchtet, Rand gezähnt bis gesägt, Stielbucht V-förmig bis geschlossen überlappend, Spreite dunkelgrün; *Holz* gelb bis leicht rotbraun; *Traube* mittel bis groß geschultert, lockerbeerig; *Beeren* rund, grün, dickschalig, mittel bis groß, schwaches Sortenbukett; *Austrieb* spät, kurz nach Müller-Thurgau; *Blüte* 1-2 Tage nach Müller-Thurgau; *Blühfestigkeit* hoch; *Reife* mittelfrüh bis spät, kurz vor Silvaner; *Wuchs* mittelstark, mit starker Geiztriebbildung; *Holzreife* sehr gut; Ernte mit Silvaner; *Chlorosefestigkeit* hoch.

Eigenschaften der Sorte

Ansprüche an die Lage: Mittel, kann in Silvanerlagen gepflanzt werden. Kühle, neblige Lagen in Niederungen sagen nicht zu. Besser sind nebelfreie

Hochlagen. In windoffenen Lagen kommt es zu Verrieselungen.

Ansprüche an den Boden: Gedeiht auf allen Böden.

Krankheitsanfälligkeit: Gegen Peronospora wenig empfindlich. Gegen Oidium sehr empfindlich. Gegen Phomopsis etwas stärker anfällig.

Botrytisanfälligkeit: Bei zu dichter Pflanzweite tritt Beerenbotrytis und in wuchsfördernden Jahren auch Stielfäule auf. Durch luftige Erziehung kann diese Schwäche weitgehend ausgeschaltet werden.

Stiellähme: Mittel bis starke Anfälligkeit, geringer als bei Riesling. Winterfrostfestigkeit: Hoch bis sehr hoch.

Spätfrostanfälligkeit: Nicht höher als die der Sorten Riesling und Silvaner. Laub etwas frosthart.

Erziehung: Hierbei ist die stärkere Geiztriebbildung, die zur Dichtlaubigkeit führen kann, zu berücksichtigen. Durch nicht zu enge Stockabstände sind gut durchlüftete Stöcke anzustreben.

Normalerziehung: Gassenbreite 1,80 m bis 2,00 m, Stockabstand 1,00 bis 1,20 m, Stammhöhe 70-80 cm, Schnitt von zwei Halbbogen, Pendelbogen, die über einen Hilfsbiegedraht steil nach unten gebogen werden. Nach dem Biegen soll zwischen den Stöcken wenigstens 10 cm freier Raum verbleiben, damit die Anlage luftig bleibt. Noch besser eignet sich der Flachbogen, weil er die Geiz-triebbildung weniger fördert. Drahtrahmen mit wenigstens zwei beweglichen Heftdrahtpaaren sind erforderlich. Damit Triebe nach oben wachsen, muß das untere Heftdrahtpaar 25 cm über dem Biegedraht angebracht werden. Da die Triebe schlecht ranken, müssen die beweglichen Heftdrähte durch Klammern zusammengehalten werden.

Weitraumerziehung: Die Pendelbogenerziehung hat sich gut bewährt.

Anschnitt: 8 bis 10 Augen je qm.

Unterlagen: 125 AA, 5 BB, 5 C, in wuchskräftigen Böden SO 4 und Binova.

Ertrag: Sehr gut, 10 bis 15 % höher als der des Rieslings; 80 bis 100 hl/ha.

Reife: Mittelfrüh bis spät, kurz vor der des Silvaners.

Ernte: Der Kerner sollte länger hängen, da die Blätter frostfest sind und lange assimilieren. Durch späte Lese sind hohe Mostgewichte zu erreichen. Das erfordert eine luftige Erziehung und intensive Botrytisbekämpfung. Wer hohe Qualitäten erreichen will, schiebe die Ernte bis kurz vor die Rieslingernte hinaus. Bei Umschwung auf regnerisches Herbstwetter kann reifes Lesegut binnen weniger Tage am Stock zusammenfaulen, so daß Gefahr eines erhöhten Anteils an Bodentrauben entsteht.

Mostgewicht: Es übertrifft den Riesling um 10 bis 15 Grad. Trockenheit beeinträchtigt die Mostgewichtsleistung stärker als die des Rieslings, wie das Jahr 1983 deutlich gezeigt hat.

Säure: 8 bis 12 ‰.

Wein: Frisch, rassig, rieslingähnlich, fruchtig, feines Bukett, das gelegentlich einen leichten Muskatton aufweist. Neben den Weinen der Sorte Ehrenfelser haben die Weine des Kerner am meisten Rieslingart. Die Weine sind in jedem Qualitätsbereich selbständig.

Vorteile: Gute Holzreife, gute Winterfrostfestigkeit, Chlorosefestigkeit, Ertragstreue, hohe Mostgewichtsleistung und der traditionelle Wein.

Nachteile: Starke Geiztriebbildung, Oidiumempfindlichkeit, Schwäche gegen Botrytis.

Anbauwert: Eine der besten Neuzüchtungen, die in allen Rieslingsgebieten als Standardsorte eingestuft werden kann. Auch in mittleren Lagen liefert sie Weine von Rieslingsqualität. Die Weine haben sich beim Kunden gut eingeführt.

Hölder

Herkunft: Staatliche Lehr- und Versuchsanstalt für Weinbau und Obstbau, Weinsberg. 1987 Erteilung des Sortenschutzes und Eintragung in die Sortenliste. Anbaufläche im Jahr 2001 beträgt 12 ha.

Züchter: OLR A. Herold, Züchtungsjahr 1955.

Kreuzung: *Riesling Klon 044 x Ruländer Klon H 1; Zuchtnummer We S 397.*

Sortenname: Die Bezeichnung "Hölder" wurde zu Ehren des Dichters und berühmtesten Sohnes der Weinstadt Lauffen am Neckar, Friedrich Hölderlin (1770-1843), gewählt.

Sortenmerkmale: *Austriebszeitpunkt* mittelspät; *Wüchsigkeit* mittel; *Triebhaltung* aufrecht; *Geiztriebbildung* sehr schwach; *Blütezeitpunkt* mittelspät; *Blühfestigkeit* hoch; *Holzreife* gut; *Beerenreife* mittelspät; *Beerengröße* klein-mittel; *Beerendichte* locker – dichtbeerig; *Traubengröße* mittelgroß; *Traubenertrag* mittelhoch; *Mostgewicht* mittelhoch;

Mostsäuregehalt mittelhoch.

Eigenschaften der Sorte: Die Rebsorte Hölder zeichnet sich vornehmlich durch ihre guten weinbaulichen Eigenschaften aus; aufrechte Triebhaltung, geringe Geiztriebbildung, gutes Ranken und lange und feste Traubenstiele. Ihr genügen sog. Silvaner-Lagen oder Riesling-Randlagen. Als Unterlage ist allgemein Kober 5 BB, zu der eine sehr gute Affinität besteht, empfehlenswert.

Wein: Traditionell, fruchtig, kräftig, mit deutlichem Riesling-Typ; manchmal ist im Abgang auch Ruländer-Art erkennbar.

Juwel

Herkunft: Staatliche Lehr- und Versuchsanstalt für Weinbau und Obstbau, Weinsberg. 1987 Erteilung des Sortenschutzes und Eintragung in die Sortenliste. Die Rebstatistik weist eine bestockte Fläche für 2001 von 40 ha aus.

Züchter: OLR A. Herold, Züchtungsjahr 1951.

Kreuzung: *Kerner x Silvaner; Zuchtnummer We S 378.*

Sortenmerkmale: *Austriebszeitpunkt* mittelfrüh; *Wüchsigkeit* mittel-stark; *Triebhaltung* aufrecht; *Geiztriebbildung* schwach-mittel; *Blütezeitpunkt* mittel; *Blühfestigkeit* mittelhoch; *Holzreife* gut - sehr gut; *Beerenreife* mittel; *Beerengröße* mittel; *Beerendichte* locker-dichtbeerig; *Traubengröße* mittel; *Traubenertrag* mittelhoch; *Mostgewicht* hoch - sehr hoch; *Mostsäuregehalt* mittel; Chloroseneigung gering.

Eigenschaften der Sorte: Von der Blattform und dem Stockaufbau her gleicht er dem Kerner, jedoch ohne dessen starke Geiztriebbildung. Auffallend ist das robuste, im Herbst lange grün und damit assimilationsfähig bleibende Laub. Je nach den Bodenverhältnissen des ausgewählten Standortes können alle gebräuchlichen Unterlagsrebsorten verwendet werden. Empfohlen wird diese Neuzucht für Kerner-Lagen, wo sie eine gute Ertragssicherheit bei hohen Mostgewichten zeigt.

Wein: Fruchtige, elegante Art. Schneidet im Vergleich mit der Sorte Kerner meist etwas geringer ab.

Rotweinsorten

Heroldrebe

Rotweinsorte von begrenzter Bedeutung. Anbaufläche für 2001 beträgt 200 ha. Der Anbauschwerpunkt liegt in der Pfalz mit ca. 90 ha.

Herkunft: Staatl. Lehr- und Versuchsanstalt für Wein- und Obstbau, Weinsberg (Württemberg). Sortenschutz und Eintragung in die Sortenliste 1960, klassifiziert.

Züchter: OLR A. Herold, Züchtungsjahr 1929.

Kreuzung: Portugieser x Limberger, Zuchtnummer We S 130.

Sortenmerkmale: *Triebspitze* offen, stark behaart, weißlich-gelbgrün; *Blatt* groß, dreilappig bis schwach fünflappig, Rand groß gezähnt, Stielbucht überlappend; *Holz* gelb bis leicht rotbraun; *Traube* groß, einseitig geflügelt, dichtbeerig; *Beeren* mittel bis groß, rund blau; *Saftfarbe* mittel; *Austrieb* mittel bis spät; *Blütezeitpunkt* spät bis sehr spät, kurz nach Portugieser und kurz vor Spätburgunder; *Blühfestigkeit* hoch; Reife spät; *Wuchs* stark, geringe Geiztriebbildung; *Holzreife* gut bis sehr gut; *Chloroseanfälligkeit* mittelstark.

Eigenschaften der Sorte

Ansprüche an die Lage: Wegen später Reife mittel bis hoch, aber geringer als beim Trollinger.

Ansprüche an den Boden: Mittel bis gering.
Krankheitsanfälligkeit: Wenig anfällig gegen Peronospora, aber etwas oidiumanfällig.

Botrytisanfälligkeit: Mittelstark bis gering.

Winterfrostfestigkeit: Mittelmäßig, aber besser als etwa Trollinger und Portugieser.

Spätfrostempfindlichkeit: Mit Portugieser vergleichbar.

Erziehung: Der starke Wuchs und die Fäulnisempfindlichkeit der Beeren erfordern eine weiträumige Pflanzung. Da die Triebe gerade nach oben wachsen und wenig Geiztriebe bilden, verursacht die Sorte im Drahtrahmen wenig Heftarbeiten. Die reiche Fruchtbarkeit muß im Interesse der Qualität in Grenzen gehalten werden. Der Anschnitt sollte 8 Augen je qm nicht übersteigen. Beiaugen sind fruchtbar. Neben der Normalerziehung kann auch die Weitraumerziehung gewählt werden.

Heroldrebe

Unterlagen: SO 4 und 5 C, in wuchsschwachen Böden auch 125 AA und 5 BB.

Ertrag: Sehr hoch, bis 140 hl/ha, ertragstreu.

Reife: Etwas vor Trollinger, 14 Tage nach Portugieser.

Ernte: Mit Limberger und Spätburgunder, also vor Trollinger. Frühe Lese ergibt Weine mit einem grasigen Ton. Eine zeitige Blaufärbung der Trauben täuscht Reife vor.

Mostgewicht: Höher als Portugieser, insgesamt niedrig und nur bei später Lese ausreichend.

Säure: Mittel, etwa wie Spätburgunder.

Wein: Leicht, rassig, neutral, gerbstoffbetont. Bei nicht zu hohem Ertrag besser als Portugieser. Für Weißherbst gut geeignet.

Vorteile: Sehr ertragstreu. Blüte verläuft auch unter nicht abgehobenen Käppchen.

Nachteile: Späte Reife.

Anbauwert: Nach den langjährigen Erfahrungen erreicht die Heroldrebe nicht die Weinqualität der Sorte Portugieser.

Helfensteiner

Herkunft: Züchtung der Staatlichen Lehr- und Versuchsanstalt für Wein- und Obstbau, Weinsberg. Sortenschutz und Eintragung in die Sortenliste 1960, klassifiziert. Anbaufläche im Jahr 2001 noch 25 ha, auf Württemberg begrenzt.

Züchter: OLR A. Herold, Züchtungsjahr 1931.

Kreuzung: *Frühburgunder x Trollinger; Zuchtnummer We S 5332.*

Sortenmerkmale: *Triebspitze* offen, stark behaart; *Blatt* groß, dreilappig bis ganz schwach fünflappig, Blattrand gesägt, Stielbucht überlappend; *Holz* gelbbraun; *Traube* groß, lockerbeerig; *Beere* groß, länglich, blau; *Saftfarbe* mittel; *Austrieb* mittelfrüh bis spät, etwas vor Spätburgunder; *Blüte* spät bis sehr spät; *Blühfestigkeit* gering; Reife 2 bis 3 Wochen vor Trollinger; *Wuchs* stark bei mittlerer bis starker Geiztriebbildung; *Holzreife* mittel; *Chloroseanfälligkeit* hoch.

Eigenschaften der Sorte

Ansprüche an die Lage: Hoch. Warme, windgeschützte Lagen sind angebracht, da sehr blühempfindlich.

Anprüche an den Boden: Hoch, verträgt wenig Kalk.

Krankheitsanfälligkeit: Gegen Peronospora und Oidium wenig empfindlich. Infolge harter Beerenhülsen wenig bortytisanfällig.

Winterfrostfestigkeit: Mittel, aber besser als Trollinger.

Spätfrostempfindlichkeit: Geringer als Trollinger.

Erziehung: Hierbei muß der sehr kräftige Wuchs beachtet werden. Die Geiztriebbildung ist nur mittelmäßig. Die Triebe zeigen einen aufrechten Wuchs. Die Blühempfindlichkeit erfordert eine weiträumige Pflanzung mit hohen Stämmen. Neben der Normalerziehung kann auch die Weitraumerziehung gewählt werden. Aufgrund der geringen Fruchtbarkeit der Basalaugen wird ein längerer Anschnitt der Bogrebe verlangt.

Unterlagen: Nur solche, die zur Verbesserung der Blühfestigkeit beitragen, SO 4,5 C. In sehr wuchsschwachen Böden 125 AA.

Ertrag: Schwankend, auf geeigneten Standorten mittel, niedriger als Portugieser.

Reife: Früh bis mittelfrüh, kurz nach Portugieser.

Ernte: Mit Portugieser oder etwas später.

Mostgewicht: Mittelhoch um 80 Grad Öchsle, höher als Portugieser.

Säure: Mittel, 9 bis 10‰.

Wein: Hohe Qualität, gefällig, feinfruchtig, neutral, besser als Portugieser.

Vorteile: Frühe Reife.

Nachteile: Schwankende Erträge durch Blühempfindlichkeit.

Anbauwert: Begrenzt, Leistung gegenüber anderen Sorten zu gering.

Dornfelder

Herkunft: Staatliche Lehr- und Versuchsanstalt für Weinbau und Obstbau, Weinsberg. Sortenschutz 1979; Eintragung in die Sortenliste 1980; klassifiziert 1981; seine Anbaufläche betrug im Jahr 1994 1776 ha und hat bis zum Jahr 2000 eine Fläche von 4372 ha und stieg im Jahr 2001 auf 5530 an und die Tendenz ist weiter steigend.

Züchter: OLR A. Herold, Züchtungsjahr 1955.

Kreuzung: *Helfensteiner x Heroldrebe; Zuchtnummer We S 341.*

Sortenname: Die Bezeichnung geht auf den Kameralverwalter I. Dornfeld zurück, der um die Mitte des vorigen Jahrhunderts die erste Anregung zur Gründung einer Weinbauschule in Württemberg gab.

Sortenmerkmale: *Triebsspitze* offen, stark behaart; *Blatt* groß, fünflappig, mitteltief gebuchtet; Stielbucht geschlossen, weit überlappend; *Blattrand* grob gezähnt; Blattfläche dunkelgrün; *Traube* groß bis sehr groß, bei mittlerer Beerendichte; *Beeren* groß, rundlich, blauschwarz, dickschalig; *Holz* gelbbraun; *Austrieb* früh bis mittel; *Blüte* mittel bis spät; *Blühfestigkeit* mittel; *Reife* mittelfrüh; *Wuchs* stark, aufrecht; *Geiztriebbildung* gering bis mittel, *Holzreife* mittel; *Chloroseanfälligkeit* mittel.

Eigenschaften der Sorte

Ansprüche an die Lage: Mittel. Bessere Lagen sind im Interesse von Mostgewicht und Farbintensität vorzuziehen.

Ansprüche an den Boden: Gering. Sehr trockene Standorte sind nicht geeignet.

Krankheitsanfälligkeit: Normale Anfälligkeit gegen Peronospora. Geringe Anfälligkeit gegen Oidium. Die langstieligen etwas lockeren Trauben mit dicken, hartschaligen Beeren sind wenig botrytisanfällig.

Winterfrostfestigkeit: Mittel

Spätfrostanfälligkeit: Mittel

Erziehung: Der kräftige, aufrechte Wuchs und die geringe Neigung zur Geiztriebbildung machen den Dornfelder zu einer weinbautechnisch einfachen Sorte. Eine weiträumige Pflanzung ist angebracht.

Normalerziehung: Gassenbreite 1,80 m bis 2,00 m, Stockabstand 1,20 bis 1,30 m und Anschnitt von 1 bis 2 Bogreben. Stammhöhe 70 cm bis 80 cm.

Weitraumerziehung: Wegen des kräftigen Wuchses hierfür gut geeignet.

Unterlage: SO 4 oder 5 C, auf trockenen Böden auch 125 AA oder 5 BB.

Ertrag: Hoch bis sehr hoch: 120 (u. mehr) hl/ha. Eine Ertragsbegrenzung über den Rebschnitt als auch eine termingerechte Ertragsreduzierung der Stockertrages vor der Ernte ist bei Dornfelder eine unerlässliche Maßnahme zur Erzeugung von bester Rotweinqualität. Die veränderten Marktbedingungen erfordern eine qualitätsorientierte Traubenproduktion im Weinberg sowie bester Vinifikation mit dem Ziel "voluminöse" und strukturbetonte Dornfelder-Rotweine gehobener Qualität herzustellen.

Ernte: Die geringe Fäulnisanfälligkeit und gute Stielfestigkeit gestatten eine

Dornfelder

späte Lese mit oder nach dem Spätburgunder.

Qualität: Portugieser und Trollinger werden übertroffen.

Mostgewicht: Bereits bei einem relativ niedrigen Mostgewicht wird ein harmonischer Wein erreicht. Der Trollinger wird um etwa 8 Grad Öchsle übertroffen. Im Durchschnitt werden 70 bis 80 Grad Öchsle erreicht.

Säure: Die Säure erreicht im Mittel 7 bis 9 ‰. Bis 2 ‰ niedriger als die des Portugiesers.

Wein: Als Besonderheit ist bei Dornfelder-Rotweinen die Farbintensität und das enorme Aromenspektrum im Geschmacks- und Geruchsausdruck. Insbesondere tragen die nach Kirschen, Brombeeren und Mandeln erinnernde Aromen sowie die markante und angenehme Tanninausformung sehr zur Qualität des Dornfelders bei. Dornfelder-Rotweine sind Weine, die dem Rotweintrinker und Rotweinkenner positiv beeindrucken. Dornfelder-Rotweine sind ausgezeichnete Speisebegleiter zu Wildspezialiäten und anderen Fleischarten mit kräftiger dunkler Soße, zu einem würzigen, kräftigem reifen Hartkäse oder geräuchertem Schinken und anderen Genüsslichkeiten zur Verschönerung besinnlicher Stunden. Als Deckrotwein geeignet. Kann beim Verschnitt dem Portugieser seine Eigenart nehmen.

Vorteile: Hoher Ertrag, weinbautechnisch einfach, farbstoffreicher, angenehmer Wein, geringe Neigung zu Chlorose.

Nachteile: Leichte Empfindlichkeit gegen Trockenheit.

Verarbeiten der Trauben zu Maische: als Rotwein, Deckrotwein und insbesondere auch für Sekt gut geeignet. Wird als eine der aussichtsreichsten Neuzüchtungen beurteilt. Für den Weingeschmack sind die kellerwirtschaftlichen Maßnahmen von entscheidender Bedeutung: Wird die Maische sofort abgepreßt, gewinnt man gehaltvolle, fast samtige Weine mit der Farbe eines maischevergorenen Trollingers gleicher Reife. Zur Erreichung einer ausreichenden Farbintensität sollte die Maische nur angären oder für kurze Zeit auf relativ niedrige Temperaturen erwärmt werden, z. B. 45° für 6 Stunden. Längere Standzeiten führen zu erhöhtem Gerbstoffgehalt. Zur Deckrotweingewinnung wurde Maischegärung, Maischeerwärmung oder Kurzzeiterhitzung empfohlen, weil dies zu einer intensiven Farbausbeute führt. Störender Gehalt an Gerbstoff kann mit 20 g/hl Gelatine zum Most beseitigt werden, ohne den Farbwert nennenswert herabzusetzen. Der Dornfelder-Wein eignet sich gut für den Barrique-Ausbau.

Anbauwert: Die Rebsorte Dornfelder gehört zu den wertvollsten Rotwein-Neuzüchtungen. Er hat bereits seine guten Marktchancen bei den Rotweintrinkern seit vielen Jahren mehr als bestätigt. Besonders gefragt und beliebt sind trockene Weine sowie Dornfelder Barrique.

Hegel

Herkunft: Staatliche Lehr- und Versuchsanstalt für Weinbau und Obstbau, Weinsberg.

Zuchtjahr: 1955, Sortenschutz und Eintragung in die Sortenliste 1994.

Züchter: OLR A. Herold.

Kreuzung: *Helfensteiner (Frühburgunder x Trollinger) x Heroldrebe (Portugieser x Limberger).*

Zuchtnummer: We S 342. Anbaufläche im Jahr 2001 11,78 ha

Sortenname: Die Bezeichnung geht auf den Philosophen Georg Wilhelm Friedrich Hegel zurück, der am 27.08.1770 in Stuttgart geboren wurde und am 14.11.1831 in Berlin gestorben ist. Hegel vollendete den sogenannten "Deutschen Idealismus" und entwarf das umfassende und einheitlichste System der deutschen Philosophie ("absoluter Idealismus").

Sortenmerkmale: *Austriebszeitpunkt* mittel; *Wüchsigkeit* mittel bis stark; *Triebhaltung* aufrecht bis halbaufrecht; *Geiztriebbildung* mittel; *Blütezeitpunkt* mittel; *Blühfestigkeit* mittel bis hoch; *Holzreife* mittel; *Beerenreife* früh bis mittel; *Beerengröße* mittel bis groß; *Beerendichte* locker bis dichtbeerig; *Traubengröße* mittel bis groß; Traubenertrag mittel (bis hoch); *Mostgewicht* mittel (bis hoch); Mostsäuregehalt mittel.

Eigenschaften der Sorte: Im Vergleich zum Dornfelder ist sie später im Austrieb und etwas schwächer im Wuchs. Die Beerenreife der Rotweinneuzucht Hegel liegt zeitlich etwas vor dem Schwarzriesling (Müllerrebe); jedoch wird die Traubenernte im allgemeinen unmittelbar im Anschluß an die Schwarzriesling- oder Portugieser-Ernte vorgenommen. Als Standort sind Portugieser- und Burgunderlagen geeignet.

Wein: Der in der Farbintensität selbständige Rotwein entwickelt ein angenehmes charakteristisches Bukett bei feinfruchtiger und vollmundiger Rotweinart.

Acolon

Herkunft: Staatliche Lehr- und Versuchsanstalt für Wein- und Obstbau Weinsberg, Referat Rebenzüchtung und Rebenveredlung, Traubenplatz 5, 74189 Weinsberg, Tel.: 07134/504-185, Fax: 07134/504-189, e-Mail: rebenzuechtung@lvwo.bwl.de

Kreuzung: Bl. Limberger x Dornfelder

Kreuzungsjahr: 1971

Sortenschutz und Sortenliste: März 2002 Sortenschutz und Eintragung in die Sortenliste beim Bundessortenamt

Versuchsanbau: (31.12.00): 310 Anbaueignungsprüfungen im Jahr 2000 47,80 ha und im Jahr 2001 78,02 ha ACOLON-Fläche

Zucht-Nr.: We 71-816-102

Pate: Dr. h. c. Theo Sorg, Landesbischof a. D. der Evangelischen Landeskirche in Württemberg

Mentor: Prayut Piangbunta, Thailand (ehemaliger weinberger Schüler)

Sortenmerkmale: Austrieb: früh – mittel; Wüchsigkeit: stark; Geizbildung: gering bis mittel; Blütezeitpunkt: mittel; Blühfestigkeit: (mittel) – hoch; Holzreife: gut; Beerengröße: mittel – (groß); Beerendichte: locker – dichtbeerig.

Eigenschaften der Sorte

Ansprüche an die Lage: Keine besonderen Ansprüche. Größere Frosthärte als Blauer Spätburgunder, Silvaner, Kerner und Spätburgunderlagen.

Ansprüche an den Boden: Mittel.

Krankheitsanfälligkeit: Gegenüber Peronospora und Oidium keine große Anfälligkeit.

Botrytisanfälligkeit: Gering, keine Spezialbehandlung erforderlich.

Stiellähme: Gering.

Erziehung: Die Sorte hat durch den aufrechten Wuchs mit geringer – mittlerer Geiztriebbildung günstige Pflegemerkmale. Sie ist für Normal- und Weitraumanlagen geeignet.

Anschnitt: 6-8 Augen/qm

Unterlage: Je nach Bodenart gebräuchliche Unterlage auswählen.

Ertrag: Geringer als Dornfelder. Ca. 130 bis 140 kg/ar – ca. 100 hl/ha.

Ernte: Reift bereits Mitte September, frühere Einfärbung als Dornfelder, Lesetermin mit Dornfelder.

Mostgewicht: Die Sorte erreicht höhere Mostgewichte als Dornfelder, nicht selten 100° Öchsle, hohe Zuckerleistung

Säure: mittel – zwischen 8,0 bis 9,0 ‰.

Wein: Die Weine sind sehr gut ausgefärbt, ohne die Blaustichigkeit des Dornfelders. Sie präsentieren sich mit hohem Extrakt und werden allgemein besser beurteilt als Dornfelder. Durch seine traditionelle Art ist er auch ein vielseitiger Cuvée-Partner.

Anbauwert: Er wird vom Züchter höher eingestuft als Dornfelder und dürfte eine große Verbreitung finden. Die eigenständige Rotweinsorte Acolon ist in seinen weinbaulichen Eigenschaften der Rotweinsorte Limberger sehr ähnlich, weist jedoch einen späteren Austrieb, eine dunklere Beeren- und Weinfarbe sowie bessere Holzreife auf.

Cabernet Cubin

Herkunft: Staatliche Lehr- und Versuchsanstalt für Wein- und Obstbau Weinsberg, Referat Rebenzüchtung und Rebenveredlung, Traubenplatz 5, 74189 Weinsberg, Tel.: 07134/504-185, Fax: 07134/504-189, e-Mail: rebenzuechtung@lvwo.bwl.de

Kreuzung: St. Limberger x Cabernet-Sauvignon Klon Levadoux

Kreuzungsjahr: 1970

Sortenschutz und Sortenliste: Februar 1999 beim Bundessortenamt beantragt

Versuchsanbau: (31.12.00): 75 Anbaueignungsprüfungen im Jahr 2000 9,65 ha und im Jahr 2001 21,54 Cabernet Cubin – Fläche.

Zucht-Nr.: We 70-281-35

Pate: Frank Kämmer, Master Sommelier, Regionalsprecher Schwaben der Sommelier-Union.

Mentoren: Kiichiro OCHI, Japan; Kazuo NAGUMO, Japan (ehemalige weinsberger Schüler)

Sortenmerkmale: Trieb Halbaufrecht (vor dem Heften); Farbe der Internodien: grün mit roten Streifen; Größe der Blattspreite: mittel; Form des Blattes: fünfeckig; Profil: v-förmig; Länge der Ranke: kurz; Rebholz: gelblich braun. Austriebszeitpunkt: mittel; Wüchsigkeit: stark; Geiztriebbildung: gering (-mittel); Blütezeitpunkt: mittel – spät; Blühfestigkeit: mittel – gut; Holzreife: (mittel -) gut; Beerenreife: spät; Beerengröße: mittel; Beerendichte: locker – dichtbeerig; Traubengröße: mittel – groß. Die Traubenstruktur zeigt Ähnlichkeit zur Vatersorte Cabernet Sauvignon.

Eigenschaften der Sorte

Ansprüche an die Lage: Benötigt als ausgesprochene Qualitätssorte Top-Lagen, d. h. gute bis sehr gute Spätburgunder-, Riesling- bzw. Limberger-Lagen.

Ansprüche an den Boden: Keine besonderen Ansprüche.

Krankheitsanfälligkeit: Gegenüber Peronospora und Oidium außerordentlich robust.

Botrytis- bzw. Stiellähmeanfälligkeit: Gering. Eine Spezialbehandlung kaum erforderlich.

Winterforsthärte: Gut.

Erziehung: Aufgrund des aufrechten bzw. halbaufrechten Wuchses problemlos.

Unterlagen: Zu den gängigen Unterlagen besteht eine gute Affinität.

Ernte: Sehr spät, was aufgrund der Gesundheit der Trauben problemlos ist.

Ertrag: Hoch. Deshalb ist meistens eine Regulierung erforderlich; 170 bis 180 kg/ar (ca. 130 hl/ha)

Mostgewicht: Gut; Cabernet Cubin ist eine ausgesprochene Qualitätssorte. – über 85° Öchsle im Ø.

Säure: Wie bei Blauem Spätburgunder / mittel bis hoch – ca. 10 ‰.

Wein: Der farbkräftige und gerbstoffbetonte Wein besitzt eine ausgeprägte Cabernet-Sauvignon-Art, wie dieser benötigt auch Cabernet Cubin-Wein eine gewisse Entwicklungsdauer zur optimalen Reife. Bedingt durch seine Dichtigkeit und Fülle – langjährig 28,13 g/l zuckerfreier Extrakt – ist der Cabernet Cubin-Wein zum Ausbau im Holzfaß/Barrique prädestiniert.

Anbauwert: Cabernet Cubin ist eine spätreifende und ertragssichere Rotweinneuzucht mit “robusten” weinbaulichen Stockmerkmalen.

Cabernet Dorsa

Herkunft: Staatliche Lehr- und Versuchsanstalt für Wein- und Obstbau Weinsberg, Referat Rebenzüchtung und Rebenveredlung, Traubenplatz 5, 74189 Weinsberg, Tel.: 07134/504-185, Fax: 07134/504-189, e-Mail: rebenzuechtung@lvwo.bwl.de

Kreuzung: Dornfelder x Cabernet Sauvignon

Kreuzungsjahr: 1971

Versuchsanbau: (31.12.96): Anbaueignungsversuche im Jahr 2000 2,87 ha We 71-817-92 Fläche

Zucht-Nr.: We 71-817-92

Paten: Ulla Salzgeber, Mannschaftsweltmeisterin und –europameisterin der Dressurreiter, Dr. Helmut Gebhardt, Landoberstallmeister des Haupt- und Landgestüts Marbach

Mentor: Mario Marques, Portugal (ehemaliger Weinsberger Schüler)

Sortenmerkmale: Trieb Halbaufrecht; Farbe der Internodien: grün mit roten Streifen; Größe der Blattspreite: mittel; Form der Blattspreite: fünfeckig; Rebholz: gelblich-braun. Austriebepunkt: mittel; Wüchsigkeit: stark; Triebhaltung: aufrecht (-halbaufr.); Geiztriebbildung: gering – mittel; Blütezeitpunkt: mittel; Blühfestigkeit; mittel; Holzreife: (mittel-) gut; Beerenreife: mittel – spät; Beerengröße: mittel – groß; Beerendichte: locker – dichtbeerig, Traubengröße: mittel (-groß). Der Cabernet Dorsa ähnelt sehr der Muttersorte Dornfelder.

Eigenschaften der Sorte

Ansprüche an die Lage: Spätburgunder- bzw. Silvanerlagen

Ansprüche an den Boden: Keine besonderen.

Krankheitsanfälligkeit: Peronospora: gering; bei Oidium ist Vorsicht geboten.

Botrytisanfälligkeit: Gering wie Dornfelder, Beeren sind etwas lockerbeeriger.

Stiellähmeempfindlichkeit: Praktisch keine Bodentrauben.

Winterhärte: Gut.

Erziehung: Aufrechter Wuchs mit durchweg ordentlichen Stockmerkmalen, geringe bis mittlere Geiztriebbildung.

Unterlagen: Zu den gängigen Unterlagen besteht eine gute Affinität. Bodenbonität stets berücksichtigen.

Ernte: Nach Silvaner.

Ertrag: Mittel – hoch. Ø 75 hl/ha und darüber.

Mostgewicht: Hoch bis sehr hoch, höher als die Dornfelder oder Spätburgunder.

Säuregehalt: 9 – 10 g/l.

Wein: Der Wein dieser Spezialsorte ist sehr gut ausgefärbt mit einem ansprechenden, vollmundigen Charakter sowie leichter Gerbstoffnote an Bl. Limberger erinnernd. Die Weine eignen sich auch gut für den Barriqueausbau und benötigen eine ausreichende Holzfaßlagerung. Der langjährige zuckerfreie Extrakt liegt bei 26,42 g/l.

Anbauwert: Man spricht von einer qualitativ wertvollen Sorte mit traditionellem, internationalem Charakter.

Cabernet Dorio

Herkunft: Staatliche Lehr- und Versuchsanstalt für Wein- und Obstbau Weinsberg, Referat Rebenzüchtung und Rebenveredlung, Traubenplatz 5, 74189 Weinsberg, Tel.: 07134/504-185, Fax: 07134/504-189, e-Mail: rebenzuechtung@lvwo.bwl.de

Kreuzung: Dornfelder x Cabernet Sauvignon. Der Cabernet Dorio entstammt der gleichen Kreuzung wie der Cabernet Dorsa, weist jedoch nur wenige Merkmale der Elternsorten auf.

Kreuzungsjahr: 1971

Sortenschutz und Sortenliste: Februar 1998 beim Bundessortenamt beantragt

Versuchsanbau: (31.12.00): 91 Anbaueignungsprüfungen im Jahr 2000 10,10 ha und im Jahr 2001 17,50 Cabernet Dorio Fläche.

Zucht-Nr.: We 71-817-89

Pate: Otto Hahn, Präsident des Landesverbandes Baden-Württemberg und Vizepräsident des Zentralverbandes des Deutschen Kraftfahrzeuggewerbes.

Mentoren: Inke Gouws, Ernst Gouws, Südafrika (ehemalige Weinsberger Schüler)

Sortenmerkmale: Trieb: Aufrecht bis halbaufrecht; Farbe der Internodien a) Rückenseite: völlig rot, b) Bauchseite grün mit roten Streifen, Größe der Blattspreite: mittel; Form des Blattes: fünfeckig, Profil: v-förmig; Länge der Ranken: kurz – mittel; Rebholz: dunkelbraun. Austriebszeitpunkt: (früh-) mittel; Wüchsigkeit: (mittel-) stark; Geiztriebbildung: gering (-mittel); Blütezeitpunkt: mittel; Blühfestigkeit: mittel; Holzreife: mittel – gut; Beerenreife: (mittel-) spät; Beerengröße: (klein-) mittel; Beerendichte: locker – dichtbeerig; Traubengröße: mittel.

Eigenschaften der Sorte

Ansprüche an die Lage: Gute Spätburgunder-Lemberger sowie auch gute Trollingerlagen.

Ansprüche an den Boden: Mittel.

Krankheitsanfälligkeit: Gering.

Stiellähmeanfälligkeit: Gering, keine Bodentrauben.

Winterfrosthärte: Gut.

Erzichung: Ordentliche Stockmerkmale, für Normalanlage und Weitraum geeignet. Anschnitt 6-8 Augen/qm, aufrechter Wuchs, geringe Pflegekosten.

Unterlage: Zu allen gängigen Unterlagen besteht eine gute Affinität.

Ernte: Mit bzw. nach Blauer Spätburgunder.

Ertrag: Mittel (80-100 kg/ar) – Ø 75 hl/ha

Mostgewicht: Konstant bzw. sehr hoch. 90° Öchsle in Ø

Säuregehalt: Gering – mittel – ca. 8 ‰.

Wein: Charakteristisch sind die für deutsche Rotweine traditionelle Intensität und Art der Cabernet Dorio-Weinfarbe bei gleichzeitigem hochreifen, vollmundigen Spezialitätgeschmack (langjährig 25,07 g/l zuckerfreier Extrakt), welcher eine deutliche Cabernet-Sauvignon-Note zum Ausdruck bringt.
Er ist ein eigenständiger Weintyp bzw. ein neuer Rotweintyp, jedoch bestehen deutliche Parallelen zum Geschmacksbild der Vatersorte Cabernet Sauvignon. Die Farbe des Weines ist geringer als die der übrigen Weinsberger Neuzüchtungen.

Anbauwert: Cabernet Dorio bringt bei mittlerem Ertag und praxisgerechten Rebstockmerkmalen eine konstant hohe Qualitätsleistung.

Cabernet Mitos

Herkunft: Staatliche Lehr- und Versuchsanstalt für Wein- und Obstbau Weinsberg, Referat Rebenzüchtung und Rebenveredlung, Traubenplatz 5, 74189 Weinsberg, Tel.: 07134/504-185, Fax: 07134/504-189, e-Mail: rebenzuechtung@lvwo.bwl.de

Kreuzung: Bl. Limberger x Cabernet Sauvignon Klon Levadoux

Kreuzungsjahr: 1970

Sortenschutz und Sortenliste: 24.01.2001; klassifiziert.

Versuchsanbau: (31.12.00): 604 Anbaueignungsprüfungen im Jahr 2000 74,50 ha und im Jahr 2001 102 ha Cabernet Mitos-Fläche

Zucht-Nr.: We 70-77-4 F

Paten: Dr. Willi Steul, Landes-senderdirektor Baden-Württemberg, Südwestfunk Stuttgart Victor von Oertzen, Hauptabteilungsleiter Land und Leute, Stellvertretender Landessenderdirektor Baden-Württemberg, Südwestrundfunk Stuttgart.

Mentoren: Matthias Boss, Canada, Herbert Konzelmann, Canada (ehemalige Weinsberger Schüler).

Sortenmerkmale: Austriebszeitpunkt: mittel – spät; Wüchsigkeit: mittel – stark; Triebhaltung: aufrecht – halbaufrecht; Geiztriebbildung: gering (-mittel); Blütezeitpunkt: mittel; Blühfestigkeit: mittel – hoch; Holzreife: mittel – gut; Beerenreife: spät – sehr spät; Beerengröße: klein – mittel; Beerendichte: locker – dichtbeerig; Traubengröße: mittel.

Eigenschaften der Sorte

Ansprüche an die Lage: Im Interesse einer hohen Qualität sind gute – sehr gute Lagen vorzuziehen. Sorte reift spät.

Ansprüche an den Boden: Verlangt keinen hohen Wasserbedarf.

Krankheitsanfälligkeit: Gegenüber Peronospora und Oidium nicht besonders empfindlich.

Botrytisanfälligkeit: Gering, keine Spezialbehandlung nötig.

Stiellähmeanfälligkeit: Gering, kaum Bodentrauben.

Winterfrosthärte: Wie Spätburgunder.

Erziehung: Der kräftige Wuchs (aufrecht) und die geringe Geiztriebbildung erleichtern die Pflegearbeiten wesentlich. Cabernet – Mitos ist sowohl für Normal- als auch Weitraumanlagen geeignet. Muß allerdings oft ausgedünnt werden.

Anschnitt: 6-8 Augen pro qm.

Unterlage: Zu den üblichen Unterlagen besteht eine gute Affinität.

Ernte: Durch späte Reife soll die Lese nach Blauen Spätburgunder erfolgen.

Ertrag: Mittel bis hoch, gegebenenfalls Ertragsregulierung Ø 95 bis 100 kg/ar – 75 hl/ha u. mehr.

Mostgewicht: Mittel bis hoch um Ø über 80° Öchsle.

Säure: Wie bei Spätburgunder ca. 10 ‰.

Wein: Die Weine sind bläulich-rot gefärbt mit einer tiefdunklen Farbe und weisen hohe Gerbstoffgehalte auf. Eine Barrique-Lagerung ist von Vorteil. Mit zunehmender Reife wird ein dezenter Cabernet-Sauvignon-Charakter deutlich. Selbständig ausgebaut besticht der Wein durch seine Komplexität und Fruchtaromen. Cabernet Mitos-Weine sind sehr dicht und gerbstoffreich, was eine längere Lagerung empfiehlt. Der farbkräftige Cabernet Mitos erfüllt darüber hinaus sehr gut die Anforderungen, welche an eine Deckrotweinsorte gestellt werden. Zur Farbunterstützung eines Rotweines werden 3 bis 7% Mitos Wein benutzt.

Anbauwert: Cabernet Mitos ist eine Rotweinspezialität mit dunkelrot gefärbtem Beerensaft. Als Cuvéepartner mit traditionellen Rotweinsorten eignet sie sich hervorragend zur Farbintensivierung.

Palas

Herkunft: Staatliche Lehr- und Versuchsanstalt für Wein- und Obstbau Weinsberg, Referat Rebenzüchtung und Rebenveredlung, Traubenplatz 5, 74189 Weinsberg, Tel.: 07134/504-185, Fax: 07134/504-189, e-Mail: rebenzuechtung@lvwo.bwl.de

Kreuzung: Bl. Trollinger x Rubintraube

Kreuzungsjahr: 1969

Sortenschutz und Sortenliste: geschützt und zugelassen seit 2002; klassifiziert

Versuchsanbau: (31.12.00): 76 Anbaueignungsprüfungen mit 7,89 ha im Jahr 2001 Palas-Fläche

Zucht-Nr.: We 69-633-14 F

Pate: Gerdi Staiblin, Ministerin für den Ländlichen Raum Baden-Württemberg

Mentoren: Klaus Schröder, Chile; Carlos Hernandez Toso, Argentinien (ehemalige Weinsberger Schüler)

Sortenmerkmale: Trieb Halbaufrecht, Farbe der Internodien: völlig rot, Größe der Blattspreite: mittel; Form der Blattspreite: fünfeckig, Länge der Ranken: kurz bis mittel, Rebholz: rötlich-braun. Austriebszeitpunkt: mittel; Wüchsigkeit: mittel – stark; Triebhaltung: aufrecht – halbaufrecht; Geiztriebbildung: mittel; Blütezeitpunkt: mittel; Blühfestigkeit: mittel; Holzreife: mittel; Beerenreife: mittel – spät; Beerengröße: mittel – groß; Beerendichte: (locker-) dichtbeerig; Traubengröße: mittel.

Eigenschaften der Sorte

Ansprüche an die Lage: Nur gute Lagen.

Ansprüche an den Boden: Keine besonderen.

Krankheitsanfälligkeit: Peronospora und Oidium normal.

Botrytisanfälligkeit: Wird manchmal leicht befallen.

Stiellähmegefahr: Gering.

Winterfrosthärte: Gut.

Erziehung: Eine problemlose praxisgerechte Erziehung möglich. Für Normalerziehung und Weitraumanlagen gleichgut geeignet. Anschnitt 6 – 8 Augen/m^2.

Ernte: Mit und nach Spätburgunder.

Ertrag: Mittel – hoch. 75 hl/ha und darüber.

Mostgewicht: Mittel – hoch um 80° Öchsle.

Säurewerte: 8 – 10 g/l.

Wein: Kennzeichnend neben der ausgezeichneten Deckkraft des Palas Weines sind dessen neutraler, weiniger und als angenehm empfundener Charakter, der relativ niedrige Gehalt an violetten / bläulichen Farbstoffkomponenten sowie gute Extraktwerte (Im Durchschnitt der Jahre 31,22 g/l zuckerfreier Extrakt!). Neben dem Cabernet Mitos ist Palas eine hervorragende Deckrotwein-Sorte.

Anbauwert: Die Neuzucht Palas ist eine Rebsorte mit dunkelrot gefärbtem Beerensaft, weshalb sie primär zur Farbintensivierung bei traditionellen Rotweinsorten gedacht ist. Hierbei genügt eine sehr geringe Menge, (ab 3%) um die nötige Farbstärke eines herkömmlichen Weines zu erreichen. Palas weist weniger Blautöne auf, als der Cabernet Mitos.

Institut für Rebenzüchtung und Rebenveredlung der Hessischen Forschungsanstalt für Weinbau, Gartenbau, Getränketechnologie und Landespflege, Geisenheim/Rheingau

Schon Müller-Thurgau hat in Geisenheim Reben gezüchtet. Später hat *Prof. Dr. H. Birk* das Institut geleitet. Sein Zuchtziel war die Schaffung eines früh reifenden Rieslings. Von 1964 bis 1990 wirkte in Geisenheim Prof. Dr. Helmut *Becker,* der das Zuchtziel erweitert hat und durch seine temperamentvolle Art die Geisenheimer Zuchtarbeit neu belebte. In den letzten Jahren wurden zahlreiche Europäer-Kreuzungen mit besonderer Ertragssicherheit, botrytisfesten Trauben, guter Holzreife und beachtlicher Weinqualität gezüchtet. Ein weiterer Schwerpunkt ist die Züchtung pilzresistenter so genannter interspezifischer Ertragskreuzungen. Die meisten dieser Kreuzungen liefern Weine mit traditionellem, oft auch rieslingähnlichen Wein. Schließlich ist Geisenheim das einzige Institut der westlichen Welt, das Ertragssorten mit der Erbmasse der frostfesten Vitis amurensis hat. Ferner werden interspezifische, resistente Sorten mit amerikanischem und asiatischem Erbgut gezüchtet. Neuer Institutsleiter ist seit 1991 Prof. Dr. Ernst Rühl.

Geisenheimer Neuzüchtungen

Weißweinsorten	**Rotweinsorten**
Ehrenfelser	Rotberger
Reichensteiner	Dunkelfelder (Deckrotwein)
Arnsburger	Dakapo (Deckrotwein)
Schönburger	
Osteiner	
Ehrenbreitsteiner	
Pilztolerante Sorten	
Primera	Rondo
Hibernal	
Prinzipal	
Saphira	

Weißweinsorten

Ehrenfelser

Herkunft: Züchtung des Instituts für Rebenzüchtungen und Rebenveredlung der Hessischen Forschungsanstalt für Weinbau, Gartenbau, Getränketechnologie und Landespflege, Geisenheim/Rheingau. Im Jahre 1929 gezüchtet. Die Sorte ist für Rieslinggebiete interessant. Sortenschutz und Eintragung in die Sortenliste 1969. Anbaufläche im Jahr 2001 207 ha.

Züchter: Prof. Dr. H. Birk
Kreuzung: *Riesling x Silvaner aus dem Jahr 1929.*

Sortenname: Die Benennung erfolgt nach der Ruine Ehrenfels bei Rüdesheim a. Rh.

Zuchtnummer: Gm 9-93.

Sortenmerkmale: *Triebspitze* offen, gelbgrün, mittelstark, weißwollig; *Blatt* fünflappig, rötlich berandet, deutlich gebuchtet mit V-förmig geschlossener Stielbucht, grob gezähntem Rand und blasiger Blattspreite; *Traube* walzen- bis kegelförmig, klein bis mittelgroß, teilweise geschultert; *Beere* klein bis mittel, rund und gelbgrün; *Holz* hellbraun; *Wuchs* mittelstark, aufrecht, gut rankend mit mittlerer Geiztriebbildung; Austrieb mittelspät , kurz vor Riesling; Blüte mittelspät; Blühfestigkeit hoch; *Reife* mittelspät, kurz vor Riesling; *Chlorosefestigkeit* mittel.

Eigenschaften der Sorte (Rieslingtyp)

Ansprüche an die Lage: Die Ansprüche an die Lage liegen nur wenig unter denen des Rieslings, sind also mittel bis hoch. Mittlere und kleine Lagen scheiden aus, da dort die Weine die Erwartungen nicht erfüllen. Der Ehrenfelser ist eine typische Sorte für Rieslinggrenzlagen.

Ansprüche an den Boden: Arme, steinige, wenig fruchtbare Böden sind nicht geeignet. Die Bodenansprüche sind höher als die des Rieslings.

Krankheitsanfälligkeit: Gering, vergleichbar mit Riesling.

Botrytisanfälligkeit: Gegen Beerenfäule ist der Ehrenfelser wenig anfällig. Besonders hervorzuheben ist die sehr gute Stielfestigkeit. Es kommt auch bei sehr später Lese kaum zu Bodentrauben.

Frostfestigkeit: Die sehr gute Holzreife verbürgt eine gute, etwas unter Riesling liegende Frostfestigkeit. Die Spätfrostfestigkeit ist mit Riesling vergleichbar, also nicht überbetont.

Erziehung: Wegen des aufrechten Wuchses und der guten Rankfähigkeit problemlos für alle Drahtrahmenerziehungen. Normalerziehung: Gassenbreite 1,80 m bis 2,00 m Stockabstand, 1,00 bis 1m20 m, Stammhöhe 70 bis 80 cm. Fruchtholz 1 bis 2 Flachbogen, bei weitem Standraum Halbbogen (Pendelbogen). Zur Förderung der Qualität Anschnitt von 6 bis 8 Augen je qm Rebenstandraum und nur bei sehr kräftigem Wuchs etwas mehr. Auch für Weitraumerziehung geeignet.

Unterlagen: 5 C, SO 4, auf leichten Böden auch 5 BB, 125 AA und Börner.

Ertrag: Etwas höher als der des Rieslings, ertragssicher.

Mostgewicht: 5 bis 10 Grad Öchsle höher als das des Rieslings.

Säure: Durchschnittlich 1-2 ‰ niedriger als die des Rieslings.

Reife: Etwa 8 Tage vor Riesling, auch wenn die Beeren noch grün sind.

Ernte: Wegen der Stielfestigkeit kann der Ehrenfelser lange hängen und mit oder nach dem Riesling geerntet werden.

Wein: Fruchtiger, rieslingähnlicher Typ mit feiner Säure. Entwickelt sich rascher als Rieslingweine, erreicht aber nicht dessen Feinheit. Im Alter sind die Rieslingweine nachhaltiger.

Qualität: In so genannten kleinen Rieslinglagen ist der Wein wegen seines höheren Mostgewichtes dem des Riesling überlegen. Auch in kleinen Jahren liegen die Weine im Kabinettbereich, in sonstigen Jahren überwiegend im Spät- und Auslesebereich.

Vorteile: Lageansprüche etwas geringer als die des Rieslings. Hohe Stielfestigkeit. Weinbautechnisch sehr einfache Sorte. Höheres Mostgewicht als Riesling. Eignet sich für Spät- und Auslesen.

Nacheile: Nicht geeignet für mittlere und kleine Lagen.

Anbauwert: Wichtige Sorte für Rieslinggrenzlagen. Besonders geeignet für die nördlichen Rieslingweinbaugebiete.

Reichensteiner

Diese Geisenheimer Neuzüchtung ist in ihrem Sortentyp mit dem Müller-Thurgau vergleichbar. Die geringere Botrytisanfälligkeit der Trauben lässt sie als Ergänzungssorte für Müller-Thurgau gelten. Bei etwas niedrigerem Ertrag ist eine sehr gute Mostgewichtsleistung zu erreichen. Die Weine sind im Vergleich zu Müller-Thurgauweinen neutraler. Anbaufläche im Jahr 2001 217 ha.

Züchter: Prof. Dr. H. Birk.

Herkunft: Institut für Rebenzüchtung und Rebenveredlung der Hessischen Forschungsanstalt Geisenheim/Rheingau. Zuchtjahr 1939, Sortenschutz 1978, Eintragung in die Sortenliste 1978.

Kreuzung: *Müller-Thurgau x (Madeleine d'Angerine x Calabreser-Froelich).*

Sortenname: Die Bezeichnung geht auf die Burg Reichenstein bei Trechtingshausen/Rhein zurück.

Zuchtnummer: Gm CD 18-.92.

Sortenmerkmale: *Triebspitze* offen, dicht wollig bis filzig, weißlich-grün, rötlich gefleckt, starke bis sehr starke Wollbehaarung, weißflaumig mit rötlichem Anflug auf graurotem Trieb; *Blatt* mittelgroß, glatt, glänzend, drei- bis schwach fünflappig; deutlich gebuchtet, Stielbucht V-förmig offen, Rand grob gezähnt; *Traube* groß, länglich, lockerbeerig kaum geschultert; *Beere* rund, grüngelb, mittelgroß, bei Vollreife leuchtend gelb bis gelbbraun, neutraler Geschmack; *Holz* gelbbraun mit dunkelbraunen Steifen, weitknotig; Austrieb früh bis mittelfrüh; *Blüte* mittelfrüh; *Blühfestigkeit* hoch; *Reife* früh bis mittelfrüh; *Holzreife* mittel; *Wuchs* knapp mittelstark, starke bis mittlere Geiztriebbildung; *Chlorosefestigkeit* mittel.

Eigenschaften der Sorte

Ansprüche an die Lage: Die Sorte verlangt mittelgute, windgeschützte, spätfrostfreie Lagen.

Ansprüche an den Boden: Die Böden sollen fruchtbarer sein und keinesfalls trocken.

Krankheitsanfälligkeit: Die Empfindlichkeit gegen Peronospora, Oidium und roten Brenner ist mit der des Müller-Thurgau vergleichbar. Die Anfälligkeit gegen Phomopsis ist etwas geringer, aber jedoch stärker als bei Silvaner.

Botrytisanfälligkeit: Die Trauben sind lockerbeerig und kaum anfällig gegen Beerenbotrytis.

Holzreife: Sie ist mit der des Müller-Thurgau vergleichbar. Daraus ergibt sich eine Empfindlichkeit gegen Winterfrost.

Austrieb: Der Austrieb fällt mit Müller-Thurgau zusammen. Daraus ergibt sich eine erhöhte Maifrostanfälligkeit. Spätfrostgefährdete Lagen sind also zu vermeiden.

Erziehung: Der Wuchs ist nur mittelstark. Bei zu starkem Anschnitt kommt die Sorte leicht vom Holz. Die Erziehung sollte mit nicht zu weiten Stockabständen erfolgen, aber trotzdem luftig sein, damit die Holzreife gefördert wird.

Normalerziehung: Gassenbreite 1,80 m bis 2,00 m, Stockabstand 1,00 m bis 1,10 m, Stammhöhe 70 cm bis 80 cm. Schnitt: Eine lange Fruchtrute mit etwa 6 bis 8 Augen/qm. Gute Erfahrungen wurden mit dem Pendelbogen gemacht. Zu starker Anschnitt führt zu schwachem Wuchs und schlechter Holzreife,

Weitraumerziehung: Hier kann die Erziehung als Spaliererziehung empfohlen werden.

Unterlagenwahl: Der schwache Wuchs erfordert starkwachsende Unterlagen. In triebigen, frischen Böden sind das SO 4 und 5 C, in etwas wuchsschwächeren Böden 125 AA, Börner oder 5 BB.

Ertrag: Er liegt auf der Höhe des Müller-Thurgau. Geringe Neigung zum Verrieseln. Regelmäßige und gute Erträge.

Ernte: Durch die geringere Fäulnisanfälligkeit kann sie nach dem Müller-Thurgau erfolgen. Die Beeren laugen gelegentlich aus, was zu vorzeitiger Lese zwingen kann.

Qualität: Das Mostgewicht übertrifft das des Müller-Thurgaus um 5 bis 10 Grad Öchsle, die Säure um 0,5 bis 1 ‰.
Der Wein ist schwach im Bukett, süffig, neutral, nicht immer lebendig genug und erinnert etwas an Weißburgunderweine. Bei später Lese ist die Gewinnung von Auslesen möglich. Die Weine eignen sich auch für die Herstellung von Süßreserven. Kann mit allen Sorten verschnitten werden. Die Sorte eignet sich besonders für die Gewinnung trockener und halbtrockener Weine.

Vorteile der Sorte: Geringe Botrytisanfälligkeit, hohes Mostgewicht und hohe Erträge.

Nachteile der Sorte: Mangelhafte Holzreife. Bei Ertragsüberlastung rascher Wachstumsrückgang. Wein zu neutral, mit geringer Nachhaltigkeit. Frostanfällig.

Anbauwert: In der Pfalz ist ihr Anbauwert umstritten. Die hohe Mostgewichtsleistung gestattet die Gewinnung von Prädikatsweinen auch in weniger günstigen Lagen und Jahren. Eine Tatsache, die besonders in den nördlichen Gebieten von Interesse sein dürfte. Hier kann sie eine Alternative zum Müller-Thurgau darstellen.

Arnsburger

Herkunft: Institut für Rebenveredlung und Rebenzüchtung der Hessischen Forschungsanstalt für Weinbau, Gartenbau, Getränketechnologie und Landespflege, Geisenheim/Rh. Zuchtjahr 1939. Sortenschutz und Eintragung in die Sortenliste 1984.

Züchter: Prof. Dr. H. Birk

Kreuzung: *Riesling Klon 88 Gm x Riesling Klon 64 Gm.*

Sortenname: Der Name Arnsburger soll an die Weintradition der Zisterzienser-Mönche erinnern, die sich große Verdienste um die Verbreitung des Weinbaues im Rheingau erwarben. Das Zisterzienserkloster Eberbach im Rheingau gründete das Kloster Arnsburg in der Wetterau.

Zuchtnummer: Gm 22-74.

Sortenmerkmale: *Triebspitze* offen, schwachwollig, gelblich-grün mit rötlichem Anflug bis bronziert; *Blatt* groß, deutlich siebenlappig, weite Einbuchten, Stielbucht seltener V-förmig, mehr in sich berührend bis leicht überlappend. Blattrand unterschiedlich lang gezähnt, Blattfläche glatt, oberseitig dunkelgrün, unterseits hellgrün, Herbstverfärbung gelb; *Traube* groß, breit kegelförmig, geschultert, langstielig, lockerbeerig; *Beere* mittelgroß, kurzoval mit derber Haut, gelblich-grün, neutraler Geschmack; *Austrieb* mittel; *Wachstum* kräftig, aufrecht; *Reife* mittel, etwas nach Müller-Thurgau; *Holzreife* mit Müller-Thurgau vergleichbar, also mittel bis gering. *Phänologisch* mit Müller-Thurgau vergleichbar.

Eigenschaften der Sorte

Ansprüche an die Lage: Wegen der gegenüber Müller-Thurgau niedrigeren Mostgewichte sind sicher mittlere Lagen, also Silvanerlagen, vorzuziehen. Wegen der begrenzten Holzreife müssen frostgefährdete Lagen vermieden werden.

Ansprüche an den Boden: Wegen der Starkwüchsigkeit sind nährstoffreiche, tiefgründige und feinerde-
reiche Böden empfehlenswert.

Krankheitsanfälligkeit: Es ist keine besondere Anfälligkeit gegen Pilzerkrankungen bekannt.

Botrytisanfälligkeit: Die Anfälligkeit gegen Botrytis und Stiellähme ist infolge der Lockerbeerigkeit, der festen Beerenhaut und des festen Stielgerüstes gering.

Frostfestigkeit: Die Winterfrostempfindlichkeit ist mit der des Müller-Thurgau vergleichbar.

Erziehung: Für Normal- und Weitraumanlagen gleichermaßen geeignet.

Unterlagen: Es werden 5 C, SO 4 Börner und 125 AA empfohlen.

Ertrag: Die Ertragsleistung ist etwas höher als beim Müller-Thurgau.

Qualität: Das Mostgewicht liegt 5 bis 8 Grad Öchsle unter dem des Müller-Thurgaus, die Säure bis 4 ‰ höher. Der Wein ist fruchtig und rieslingähnlich.

Anbauwert: Wegen geringer Botrytisanfälligkeit und rieslingähnlichen fruchtigen Weinen besonders gute Eignung als Sektgrundwein.

Schönburger

Herkunft: Züchtung des Instituts für Rebenzüchtung und Rebenveredlung der Hessischen Forschungsanstalt Geisenheim/Rheingau. Die Sortenstatistik von 2001 weist 35 ha aus. Sortenschutz 1979, Eintragung in die Sortenliste 1980, klassifiziert.

Züchter: Prof. Dr. H. Birk.

Kreuzung: *Spätburgunder* x IP 1. IP 1 ist eine italienische Tafeltraube aus der Kreuzung Chasselas (Gutedel) rosa x Muscat Hamburg. IP ist der Züchter I. Pirovano. Gekreuzt im Jahre 1939.

Zuchtnummer: C/D 15-114

Sortenname: Die geplante Bezeichnung “Rosa Muskat” wurde vom Bundessortenamt nicht gebilligt, da es eine zu große Fülle von Sorten mit der Bezeichnung Muskat gibt. So wurde die Bezeichnung Schönburger, nach der Schönburg in Oberwesel/Rhein, gewählt.

Sortenmerkmale: *Triebspitze* offen, weißlich-grün, schwach rötlich gefleckt, starkwollig, bis weißwollig-filzig; *Blatt* mittelgroß, fünflappig, Mittellappen engeschnürt, Seitenbuchten mitteltief, Stielbucht V-förmig bis geschlossen, selten überlappend, Blattfläche schwach bis blasig, dunkelgrün, Blattrand gesägt, mit breit keilförmig etwas gebogenen Zähnen, Blattstiel gerieft, schwach rötlich gestreift; *Holz* dunkelrotbraun mit hellbraunen Streifen; *Traube* mittel breit kegelförmig, teils geschultert, dichtbeerig; *Beeren* mittelgroß, leicht oval, rosa, derbe Beerenhaut, kräftiges Aroma; *Austrieb* mittel bis früh; Blütezeitpunkt mittel; *Blühfestigkeit* hoch; *Reife:* mittelfrüh, Anfang Oktober; *Wuchs* mittelstark, aufrecht, mittlere *Geiztriebbildung; Ertrag* mittel; *Holzreife* gut; *Chlorosefestigkeit* mittel.

Eigenschaften der Sorte

Ansprüche an die Lage: Mittel, etwas höher als Müller-Thurgau, also warme Lagen, die nicht windoffen sein sollten.

Ansprüche an den Boden: Mittel, warme, nährstoffreiche, feinerdereiche, aber keine trockene, steinige oder kiesige Böden.

Krankheitsanfälligkeit: Gegen Pilzkrankheiten besteht keine besondere Empfindlichkeit.

Botrytisanfälligkeit: Wenig empfindlich gegen Beerenfäule. Feste Stiele und daher wenig Bodentrauben.

Winterfrostfestigkeit: Gut.

Spätfrostanfälligkeit: Nicht überbetont.

Erziehung: Der mittelstarke, aufrecht Wuchs und die geringe Geiztriebbildung geben in der Erziehung keine Probleme auf.

Normalerziehung: Gassenbreite 1,80 m bis 2,00 m. Stockabstand 1,20 bis 1,30 m. Stammhöhe 70 bis 80 cm. Anschnitt: Flachbogen mit 8 bis 10 Augen pro qm. Trägt auf langem Holz besser als auf kurzem, daher eine lange Fruchtrute wählen.

Weitraumerziehung: Geeignet.

Unterlagen: 5 C, SO 4, in wuchsschwachen Böden 125 AA, 5 BB, Börner.

Ertrag: Mittel, etwa vergleichbar mit Riesling oder knapp darunter. Konkurrierende Neuzüchtungen wie Würzer, Bacchus und Kerner liegen im Ertrag wesentlich höher.

Reife: Mittelfrüh, Ende September.

Ernte: Früh bis mittelfrüh. Die feste Beerenhaut lässt erst spät Botrytis aufkommen. Auftretende Beerenfäulnis ist vorwiegend Edelfäule. Der Erntetermin wird auch unter dem Gesichtspunkt der etwas knappen Säure zu wählen sein. Trotz gesunder Trauben ist daher in Jahren mit guter Reife, im Interesse eines lebendigen Weines, die Ernte etwas früher vorzunehmen.

Mostgewicht: Der begrenzte Ertrag garantiert fast in jedem Jahr Öchslegrade im Prädikatsbereich. Der Riesling wird um 10 bis 15 Grad übertroffen, der Müller-Thurgau um etwa 10 Grad, der Bacchus um rund 8 Grad, der Würzer um etwa 2 Grad und die Sorte Kerner um höchstens 1 Grad.

Säure: gering, durchschnittlich zwischen 6 und 7 ‰. Damit fehlt in manchen Jahren den Weinen die belebende Säure.

Wein: Schönburger-Weine verfügen über ein feines, zartes Muskat-Bukett und erinnert besonders an Traminer-Aromen. Bringt pikante Prädikatsweine von großer Güte und Genüsslichkeit.

Vorteile: Robuste, weinbautechnisch einfache Sorte.

Nachteile: Begrenzter Ertrag, nicht immer überzeugender Wein.

Anbauwert: Gute Verschnittsorte für fruchtige Sorten.

Osteiner

Herkunft: Institut für Rebenzüchtung und Rebenveredlung der Hessischen Forschungsanstalt für Weinbau, Gartenbau, Getränketechnologie und Landespflege, Geisenheim/Rh. Zuchtjahr 1929. Sortenschutz und Eintragung in die Sortenliste 1984.

Züchter: Prof. Dr. H. Birk.

Kreuzung: *Weißer Riesling x Grüner Silvaner-*

Sortenname: Der Name Osteiner wurde zu Ehren der Grafen von Ostein gewählt, von denen der letzte seines Geschlechtes, Johann Friedrich Karl Maximilian Amor Maria Graf von Ostein (1735-1809), als Erbe seines Onkels, des Kurfürsten und Erzbischofs von Mainz, in Geisenheim bedeutende Bauwerke und Gartenanlagen errichtete. Zuchtnummer Gm 9-97.

Sortenmerkmale: *Triebspitze* offen, filzig bis dichtwollig, weißlich-gelbgrün, karminrötlich berandet; *Blatt* mittelgroß, rundlich, fünflappig, rieslingsartig, Seitenbuchten tief, überlappend, Blattfarbe oberseits tief dunkelgrün, unterseits graugrün, Stielbucht variabel V-förmig bis überlappend, Blattrand breit gezähnt, Blattfläche blasig; Herbstverfärbung gelb; *Traube* mittelgroß, breit kegelförmig, kompakt; *Beeren* mittelgroß, feste Haut, gelbgrün, fruchtig; *Austrieb* spät; Wachstum mittelstark bis kräftig, aufrecht, wenig Geiztriebe; *Reife* spät, mit Silvaner, jedoch spätere Herbstverfärbung; *Holzreife* gut, wie Riesling, phänologisch mit dem Silvaner vergleichbar.

Eigenschaften der Sorte

Ansprüche an die Lage: Für mittlere bis gute Lagen geeignet, also Silvanerlagen und Rieslinglagen.

Ansprüche an den Boden: Auf allen Weinbergsböden anpflanzbar. Wenig empfindlich gegen Chlorose und Trockenheit.

Krankheitsanfälligkeit: Vergleichbar mit der des Rieslings.

Botrytisanfälligkeit: Geringe Anfälligkeit, kaum Stielfäule. Nach Versuchen in Franken etwas botrytisanfälliger als der Silvaner.

Frostfestigkeit: Aufgrund der guten Holzreife gute Winterfrostfestigkeit. Bringt nach Frostjahren, verglichen mit dem Silvaner, noch einen guten Ertrag.
Wegen des späten Austriebes nicht überempfindlich gegen Spätfröste.

Erziehung: Für Normal- und Weitraumerziehung gleich gut geeignet. Aufgrund des aufrechten Wuchses und der geringen Geiztriebbildung weinbautechnisch unkomplizierte Sorte.

Unterlagen: Es werden 5 C, SO 4, 125 AA, Börner und 5 BB empfohlen.

Ertrag: Der Ertrag ist mit Riesling vergleichbar. In den fränkischen Versuchen lag der Ertrag etwas unter dem des Silvaners. Die Blühfestigkeit garantiert gleichmäßige Erträge.

Qualität: Das Mostgewicht liegt 5-10 Grad Öchsle über dem des Silvaners, die Säure zwischen Silvaner und Riesling. Der Wein ist kräftig, fruchtig, körperreich, nachhaltig, selbstständig mit einem Geschmack in Richtung Riesling.

Anbauwert: In Silvanergebieten als Sorte zur Erzeugung rieslingähnlicher Qualitätsweine mit rassigem, eleganten Sortenbukett anzusehen. Praxis hat kein Interesse an der Sorte.

Neue Weißweinsorte

Ehrenbreitsteiner

Herkunft: Institut für Rebenzüchtung und Rebenveredlung der Hessischen Forschungsanstalt für Weinbau, Gartenbau, Getränketechnologie und Landespflege, Geisenheim/Rheingau. Sortenschutz und Eintragung in die Sortenliste 1994.

Züchter: Prof. Dr. Helmut Becker.

Zuchtjahr: 1964.

Kreuzung: *Ehrenfelser x Reichensteiner (Riesling x Silvaner) x (Madeleine d'Angevine x Calabreser-Froelich).*

Zuchtnummer: Gm 6414-36.

Sortenmerkmale: Ähnlich wie Riesling, jedoch weniger Blattmasse, aufrechter Wuchs bei geringer Geiztriebbildung, Reife 2 Wochen vor Riesling.

Eigenschaften der Sorte: Müller-Thurgau-Lagen, für alle weinbaufähigen Böden geeignet, sehr blühfest. Winterfrostfestigkeit besser als bei Müller-Thurgau, in ungünstigen Jahren etwas Botrytisbefall, kompakte Trauben.

Ertrag: Im Müller-Thurgau-Bereich; Mostgewicht: Ähnlich Müller-Thurgau; Weinqualität: Feinfruchtig-rassig, rieslingähnlich.

Unterlagen: 5 C auf wüchsigen Böden SO 4 und auf schwachwüchsigen Böden 125 AA, Börner und 5 BB.

Rotweinsorten

Rotberger

Herkunft: Institut für Rebenzüchtung der Hessischen Forschungsanstalt in Geisenheim. Sortenschutz 1969, Eintragung in die Sortenliste 1971, klassifiziert 1972. Die Statistik von 2001 weist 25 ha aus.

Züchter: Prof. Dr. H. Birk.

Kreuzung: *Trollinger x Riesling aus dem Jahre 1928.*

Zuchtnummer: Gn 3-37.

Sortenmerkmale: *Triebspitze* offen, weiß mit grünlichem Hauch, dichtweißfilzig,karmesinrötlich
berandet. *Trieb* schwach kantig, leicht gerieft, mittelgrün, rötlich gestreift; *Blatt* mittel bis groß, fünflappig. Seitenbuchten mitteltief, teils überlappend. Stielbucht geschlossen überlappend. Blattrand grob gezähnt. Blattfarbe dunkelgrün. *Traube* groß, kegelförmig, locker bis dichtbeerig. *Beeren* groß, rotblau, rund, ohne Sortenbukett; *Holz* hellbraun mit mittelbraunen Streifen; *Wuchs* kräftig und aufrecht; Geiztriebbildung mittel bis stark; *Austrieb* spät; *Blüte* spät; *Blühfestigkeit* hoch; *Reife* mittelspät.

Eigenschaften der Sorte

Ansprüche an die Lage: Mittel.

Ansprüche an den Boden: Hoch, verlangt tiefgründige, feinerdereiche, nicht zu trockene Böden, nicht kalkempfindlich.

Krankheitsanfälligkeit: Peronosporaanfälligkeit normal, aber empfindlich gegen Oidium. Botrytisanfälligkeit gering, Stielfestigkeit gut.

Winterfrostfestigkeit: Aufgrund einer mittleren bis guten Holzreife ausreichend. Frostfester als Trollinger, Portugieser und Spätburgunder.
Spätfrostempfindlichkeit: Auf Grund des späten Austriebs nicht überbetont.

Erziehung: Der kräftige Wuchs verlangt eine weiträumige Erziehung. Für Normal- und Weitraumerziehung gleich gut geeignet. Die geringe Geiztriebbildung und der aufrechte Wuchs ergeben eine erziehungsmäßig problemlose Sorte.

Unterlage: 5 C und SO 4. Auf sehr schwachwüchsigen Standorten kann auch auf 125 AA oder Börner veredelt werden.

Ertrag: Hoch, vergleichbar mit Portugieser.

Reife: Mittel bis spät. Die Versuche an der Ahr haben einen Reifebeginn von 8 Tage vor Portugieser ergeben.

Ernte: Mit Spätburgunder.

Mostgewicht: 5 bis 10 Grad über Trollinger. An der Ahr knapp über Portugieser.

Säure: Etwas unter Trollinger, aber um 2 ‰ über Portugieser.

Wein: Dem Trollinger sind Rotberger-Weine im Geschmack, Frucht, Duft sehr ähnlich. Er ist außerdem frisch und herzhaft von blassroter Farbe, eine Spezialsorte zur Erzeugung spritziger Rosé-Weine - sie eignen sich besonders als Frühling- und Sommerweine. Ferner ist er ein universeller, süffiger, lebendiger und vielseitiger Wein, er kann fast zu allen Speisen, Mahlzeiten und Gelegenheiten getrunken bzw. serviert werden. Besonders gut als Roséwein und zur Versektung geeignet.

Vorteile: Weinbautechnisch einfache Sorte, guter Ertrag, ansprechender Wein.

Nacheile: Oidiumanfälligkeit und etwas farbschwacher Wein.

Anbauwert: Wertvolle Sorte zur Gewinnung von Roséwein.

Dunkelfelder

Herkunft: Nach H. Moog ist die Sorte Dunkelfelder mit der Zuchtnummer Froelich V4 (4) eine Züchtung von Landesökonomierat G. A. Froelich (1847-1912) aus Edenkoben (Pfalz). Die Kreuzungseltern sind unbekannt. Sie stand im Jahre 1930 im Geisenheimer Tafeltrauben-Sortiment in Oberhof a.d. Lahn, wurde dort ampelographisch bearbeitet und auf ihre weinbaulichen Eigenschaften geprüft. Die Sorte wurde am 14.2.1980 als freie Sorte in das Sortenregister eingetragen. *Erhaltungszüchter* ist das Institut für Rebenzüchtung und Rebenveredlung bei Forschungsanstalt Geisenheim.
Eintragung in die Sortenliste 1980. *Klassifiziert.* Die Statistik von 1990 weist eine bestockte Fläche von 118 ha, für das Jahr 1994 187 ha, bis 2000 ein Anstieg auf 298 ha und im Jahr 2001 sind es insgesamt 317 ha.

Sortenmerkmale: *Triebspitze* offen, dichtwollig bis filzig, weißlichgrün mit rotfleckigen Interkostalfeldern; *Blatt* mittelgroß, fünflappig, Mittellappen keilförmig, meist eingeschnürt, mitteltiefe Seitenbuchten, Stielbucht V-förmig offen bis berührend, Blattrand grob gezähnt, oberseits dunkelgrün mit roten Flecken ab August, unterseits graugrün; *Triebe* neigen etwas zu Verbänderungen, stärkere Geiztriebbildung; *Traube* mittelgroß, breit, kegelförmig, mitteldicht; *Beere* blauschwarz, schwachoval, beduftet, intensive Saftfarbe, neutraler bis leicht säuerlicher Geschmack; Austrieb sehr früh; *Reife* früh; *Holzreife* gut; *Krankheitsanfälligkeit* gering; *Wuchskraft* mittelstark.

Eigenschaften der Sorte

Ansprüche an die Lage: Auf Grund der frühen Reife sind die Lageansprüche nicht hoch. Da Rotweine jedoch, um marktfähige Weine zu liefern, ein höheres Mostgewicht benötigen als Weißweine, sollten für den Anbau mindestens mittlere, besser gute, Lagen gewählt werden. Der frühe Austrieb verbietet den Anbau in Spätfrostlagen.

Ansprüche an den Boden: Die Empfindlichkeit gegen Trockenheit gebietet den Anbau in ausreichend tiefgründigen Böden.

Winterfrostfestigkeit: Ausreichend, besser als Portugieser.

Krankheitsanfälligkeit: Keine Überempfindlichkeit vorhanden. In feuchten Jahren kann etwas stärkerer Beerenbotrytis auftreten.

Erziehung: Wie Burgundersorten.

Unterlagen: 5 C, Börner, 5 BB, 125 AA und SO 4.

Ertrag: Die vergleichende Sortenprüfung weist einen etwas schwankenden Ertrag aus. Im langjährigen Mittel dürfen 80 hl/ha zu erreichen sein.

Reife: Früh, mit oder kurz vor Portugieser.

Ernte: Früh, mit Portugieser oder kurz danach. Dem Verwendungszweck entsprechend sollten keine faulen Trauben vorhanden sein.

Mostgewicht: Im Durchschnitt werden 75 bis 85 Grad Öchsle erreicht.

Säure: Sie liegt in einem für Rotweine günstigen Bereich unter 10 ‰, im Durchschnitt bei etwa 8,5 ‰.

Wein: Sehr farbtief, dunkelrot; Geruch duftig, neutral; Geschmack körperreich, stoffig, nachhaltig; Säure mild. Die Farbe ist in Schale und Beerenfleisch enthalten. Auch „weiß" gekeltert wird ein dunkler Wein gewonnen. Durch Maischegärung werden sowohl die Farbe als auch die Qualität verbessert. Die Farbe fällt auf der Flasche nicht so leicht aus. Auch als selbstständiger Rotwein interessant insbesondere bei Barriqueausbau.

Verwendung: Sehr gute Sorte für Deckrotwein. Im Verschnitt mit blauem Spätburgunder reicht ein Zusatz von 3 bis 5 % aus, ohne dass hierbei der Sortencharakter des Burgunders gestört würde.

Vorteile: Sehr gut für Deckrotwein und Farbsüßreserve geeignet.

Nacheile: In der Regel muss sie vor dem Portugieser geerntet werden, um der Fäulnis, dem Vogel- und Wespenfraß vorzubeugen.

Anbauwert: Begrenzt, da sie speziell als Deckrotwein verwendet wird.

Neue Rotweinsorte

Dakapo

Herkunft: Institut für Rebenzüchtung und Rebenveredlung der Hessischen Forschungsanstalt für Weinbau, Gartenbau, Getränketechnologie und Landespflege, Geisenheim/Rheingau. Klassifiziert, Sortenschutz und Eintragung in die Sortenliste 2001.

Züchter: Prof. Dr. Helmut Becker.

Zuchtnummer: Gm 7225-8.

Kreuzung: *Deckrot x Portugieser*

Sortenmerkmale: Blühfest, *Winterfrostfestigkeit* deutlich besser als Portugieser. *Wuchs* mittelstark, aufrecht, geringe Geiztriebbildung, *Holzreife* ähnlich Blauer Spätburgunder. *Phänologie:* Ähnlich Blauer Portugieser, Traubenreife etwa mit dem Blauen Spätburgunder.

Eigenschaften der Sorte

Lagen- und Bodenansprüche: Die Sorte Dakapo ist weinbaulich unproblematisch. Dakapo erfordert für einen optimalen Deckrotwein einen günstigen Standort hinsichtlich Boden, Lage und Klima.

Holzreife: Vergleichbar mit dem Blauen Spätburgunder und ist als gut zu bezeichnen. Winterfrosthärte besser als Portugieser.

Krankheiten: Gewisse Botrytisanfälligkeit sowie eine geringe Stiellähme mit ca. 8 % im mehrjährigen Durchschnitt.

Wuchs: Mittelstarker und aufrechter Wuchs mit geringer Geiztriebbildung.

Erziehung: Sowohl für Normal- als auch für Weitraumanlagen geeignet. Der Anschnitt sollte bei 6 bis 8 Augen/qm liegen.

Unterlagen: Als Unterlagen kommen je nach Erziehungsart, Triebigkeit des Bodens, Bewirtschaftsform SO 4, 5 C, 125 AA, 5 BB und Börner in Frage.

Ertrag: Der Ertrag liegt im langjährigen Schnitt bei ca. 150 kg/ar.

Reife: Die Traubenreife ist ca. 2 Wochen später als Portugieser bzw. etwa gleichzeitig mit dem Blauen Spätburgunder.

Mostgewicht: Das Mostgewicht beträgt im mehrjährigen Schnitt 78 Grad Öchsle.

Säure: Die Mostsäure liegt im Durchschnitt bei 9,3 ‰.

Wein: Dakapo ist eine Deckrotwein-Sorte mit einer hohen Farbintensität und frei von blauen Farbtönen.

Anbauwert: Eine Deckrotwein-Sorte von ausgezeichneter Farbqualität und eine optimale Ausdruckskraft bei der Farbtiefe mit dem Verschnittpartner.

Pilzwiderstandsfähige Sorten

Rebsorten mit Resistenzeigenschaften gegenüber den Mehltaukrankheiten Peronospora und Oidium entstammen Nachkommenschaften von sogenannten „Interspezifischen Kreuzungen". Nach der Prüfung der Artenmerkmale durch das Bundessortenamt können die meisten der von den Züchtern angemeldeten Sorten als zur Art Vitis vinifera L. eingetragen werden. Die Einkreuzung amerikanischer Vitis-Arten (im botanisch-taxonomischen Sinn ist lediglich V. rotundifolia eine von den anderen Varietäten zu unterscheidende Art (Bauer, in: Currle et al,. 1983) und zahlreiche nachfolgende Rückkreuzungsschritte mit europäischen Kulturrebsorten führten mittlerweile zu pilzwiderstandsfähigen Zuchtstämmen mit befriedigenden bis sehr guten Eigenschaften hinsichtlich des Anbaus, des Ertrages und der Weinqualität. Zunehmende ökonomische und ökologische Zwänge (Umweltschutz) im Weinbau sind mit verantwortlich, entsprechende Neuzüchtungen verstärkt im allgemeinen Anbau zuzulassen. Pilzwiderstandsfähige Rebsorten und Neuzüchtungen in Anbauversuchen, die vom Bundessortenamt als Sorten der Art Vitis vinifera L, ssp, sativa D. C. eingestuft worden sind, den meisten deutschen Anbaugebieten für den Anbau zur Erzeugung von Qualitätswein zugelassen werden.

Weißweinsorten

Primera

Herkunft: Institut für Rebenzüchtung und Rebenveredlung der Hessischen Forschungsanstalt für Weinbau, Gartenbau, Getränketechnologie und Landespflege, Geisenheim/Rheingau. Sortenschutz seit 1997.

Züchter: Prof. Dr. H. Becker

Zuchtnummer: GM 341 58.

Kreuzung: *(Silvaner x Riesling) x (Riesling x Silvaner) F 2 (frei abgeblüht).*

Sortenmerkmale: Wuchs Mittel, aufrecht, geringe Geiztriebbildung; derbes kräftiges, dunkelgrünes Laub; gute Holzreife, gute Winterfrostfestigkeit. Trauben mittelgroß, kompakt, runde mittelgroße Beeren, etwas botrytisanfällig.
Reifezeit: Etwa mit Riesling.

Mostgewicht: Etwas niedriger als beim Riesling.

Säure: Ca. 4g/l niedriger als Riesling.

Ertrag: Ca. 20 % höher als beim Riesling.

Pilztoleranz: Gute Widerstandsfähigkeit gegen Oidium und Peronospora; bei hohem Infektionsdruck kann es sowohl zu Oidium - als auch zu Peronosporabefall kommen; hier sind in entsprechenden Jahren bzw. Lagen ein Einsatz von Schwefel und bei Peronospora-Gefahr eine Kupferapplikation nach der Blüte sinnvoll; Botrytis entwickelt sich erst an den reifen Trauben, keine Sauerfäule.

Wein: Fruchtig, rassig, weitgehend neutral; Silvaner-ähnlich; guter Sektgrundwein.

Hibernal

Herkunft: Institut für Rebenzüchtung und Rebenveredlung der Hessischen Forschungsanstalt für Weinbau, Gartenbau, Getränketechnologie und Landespflege, Geisenheim, Rheingau. Sortenschutz seit 1977 und Eintragung in die Sortenliste im Jahr 1999.

Züchter: Prof. Dr. H. Birk.

Zuchtnummer: GM 322 58

Kreuzung: *(Seibel 7053 x Riesling Kl 239 Gm) F 2 (frei abgeblüt).*

Sortenmerkmale: Wuchs stark, aufrecht, geringe Geiztriebbildung.

Phänologie: Rieslingähnlich, Traubenreife 1-2 Wochen vor Riesling.

Mostgewicht: Höher als beim Riesling.

Säure: Ca. 3 g/l niedriger als Riesling.

Ertrag: Etwas höher als Riesling.

Pilztoleranz: Gute Widerstandsfähigkeit gegen Oidium und Peronospora; nur bei hohem Infektionsdruck kann es sowohl zu Oidium - als auch zu Peronospora-Befall kommen; hier sind in entsprechenden Jahren bzw. Lagen ein Einsatz von Schwefel und in Peronospora-Jahren eine Kupferapplikation nach der Blüte sinnvoll.

Wein: Gehaltvoll, rassig, in manchen Jahren der Scheurebe ähnlich. Hibernal gewinnt in Südost Europa zunehmend an Bedeutung. Besitzt eine sehr hohe Winterfrosttoleranz.

Prinzipal

Herkunft: Institut für Rebenzüchtung und Rebenveredlung der Hessischen Forschungsanstalt für Weinbau, Gartenbau, Getränketechnologie und Landespflege, Geisenheim, Rheingau. Seit 1997 besitzt sie Sortenschutz und 1999 in die Sortenliste eingetragen.

Züchter: Prof. Dr. H. Becker

Zuchtnummer: Gm 7116-26.

Kreuzung: *Gm 323-58 (Seibel 7053 x Riesling Kl 237 Gm) x Ehrenfelser.*

Sortenmerkmale: Wuchs stark, aufrecht, geringe Geiztriebbildung; derbes kräftiges, dunkelgrünes Laub; sehr gute Holzreife, sehr winterfrostunempfindlich; Beiaugen besonders fruchtbar. Trauben Rieslingähnlich, jedoch größere runde Beeren. Reifezeit etwa mit Müller-Thurgau.

Mostgewicht: Höher als beim Riesling.

Säure: Ca. 2 g/l niedriger als Riesling.

Ertrag: Zwischen Riesling und Müller-Thurgau.

Pilztoleranz: Gute Widerstandsfähigkeit gegen Oidium und Peronospora; bei hohem Infektionsdruck kann es sowohl zu Oidium - als auch zu Peronosporabefall kommen; hier sind in entsprechenden Jahren bzw. Lagen ein Einsatz von Schwefel und in Peronospora-Jahren eine Kupferapplikation nach der Blüte sinnvoll; Botrytis entwickelt sich erst an den reifen Trauben, keine Sauerfäule.

Wein: Zeichnet sich durch eine sehr duftige, fruchtige Art, mit viel Riesling-Charakter aus.

Saphira

Herkunft: Institut für Rebenzüchtung und Rebenveredlung der Hessischen Forschungsanstalt für Weinbau, Gartenbau, Getränketechnologie und Landespflege, Geisenheim, Rheingau.

Züchter: Prof. Dr. Helmut Becker.

Zuchtnummer: Gm 7815-1.

Kreuzung: *Arnsburger x Seyve-Villard 1-72.*

Sortentyp: Burgunderartig.

Ansprüche: Bessere Müller-Thurgau-Lagen.

Sortenmerkmale: Wuchs stark, aufrecht, sehr geringe Geiztriebbildung, offene Laubwand. Holzreife früh und sehr gut. Phänologie ahnlich Weißer Burgunder, bei etwas späterem Reifebeginn.

Ertrag: Höher wie Weißer Burgunder.

Mostgewicht: Ähnlich wie Weißer Burgunder.

Säure: Ca. 3 Promille höher als Weißer Burgunder.

Weintyp: Er ist als neutral bis leicht fruchtig einzuordnen und ähnelt einem fruchtigen, frischen Weißburgunder.

Spezielle Eignung: Zur Gewinnung von vollmundigen, körperreichen Weinen, bei äußerst geringem Aufwand für Pflanzenschutzmaßnahmen; zurzeit nur Tafelwein aufgrund der gesetzlichen Bestimmungen (pilztolerante Sorte).

Pilztoleranz: Hohe Toleranz gegen Peronospora. Bei starken Oidiumdruck 1-2 Schwefelbehandlungen erforderlich.

Rotweinsorten

Rondo

Herkunft: Institut für Rebenzüchtung und Rebenveredlung der Hessischen Forschungsanstalt für Weinbau, Gartenbau, Getränketechnologie und Landespflege, Geisenheim, Rheingau. Seit 1997 Sortenschutz und Sortenlisteeintrag 1999.

Kreuzungsjahr: 1964

Züchter: Prof. Dr. Helmut Becker, Prof. Dr. V. Kraus, Lednice/Tschechien.

Zuchtnummer: Gm 6494-5.

Kreuzung: (*Zarya Severa = Früher Malingre x Vitis amurensis) x St. Laurent.* Die Sorte Saperavi Severnyl stellt eine Kreuzung zwischen dem Früher Malingre und der asiatischen Rebart Vitis amurensis dar. Sie wurde 1964 von Prof. Dr. Kraus in der damaligen Tschechoslowakei gekreuzt und in Geisenheim züchterisch weiterbearbeitet.

Lagen- und Bodenansprüche: Portugieser-Lagen, für alle Böden mit guter Wasserversorgung geeignet. Die Sorte zeichnet sich durch eine sehr frühe Reife aus.

Sortenmerkmale:

Widerstandsfähigkeit: Blütefest, winterfrostfester als Blauer Spätburgunder, Neigung zum Befall durch Botrytis und Oidium gering. Wuchs mittel. Das etwas hängende Triebwerk verlangt etwas mehr Laubarbeiten, oder entsprechende Erziehungsformen, wie z.B. Umkehrerziehung. Holzreife früh und sehr gut. Phänologie ahnlich Portugieser, Austrieb und Holzreife früher als Portugieser.

Ertrag: Ca. 15 % niedriger als Portugieser.

Mostgewicht: Im 10-jährigen Durchschnitt ca. 5 Grad Öchsle höher als Portugieser.

Säure: Im 10-jährigen Durchschnitt etwa wie Portugieser.

Weintyp: Farblich selbsständige, gehaltvolle Rotweine (ohne Fremdtöne).

Spezielle Eignung: Zur Gewinnung von farblich selbstständigen, kräftigen Rotweinen mit Merlot-Charakter in Portugieser-Lagen gut geeignet (pilztolerante Sorte).

Weinbautechnik: Für Normal- und Weitraumerziehung geeignet. Je nach Bodenverhältnissen eignen sich die Unterlagen SO 4, 5 C, 125 AA, Börner und 5 BB.

Pilztoleranz: Sehr hohe Resistenz gegen Peronospora; gegen Oidium sind in entsprechenden Lagen und Jahren ca. 2 Schwefelbehandlungen erforderlich.

Bayerische Landesanstalt für Weinbau und Gartenbau, Würzburg

Die Rebenzüchtung in Franken hat ebenfalls eine Reihe bemerkenswerter Neuzüchtungen geschaffen. Ein Teil davon geht auf den früheren Leiter der Rebenzüchtung, Dr. Ziegler, zurück. Bis 1970 unterstand die Züchtung Prof. Dr. H. Breider, aus dessen Arbeiten eine Reihe weiterer Neuzüchtungen hervorgingen. Der Schwerpunkt der aktuellen Ertragsrebenzüchtung liegt in der Schaffung pilzwiderstandsfähiger Rebsorten die an die fränkischen Weinbauverhältnisse adaptiert sind. Hohe Weinqualität und eine ausreichende Ertragssicherheit sind wichtige Selektionskriterien. In der Unterlagenzüchtung haben die Chlorosefestigkeit, die Reblausresistenz und die Trockenheitsresistenz einen hohen Stellenwert. Diese Zuchtziele werden heute von Dr. A. Becker verfolgt.

Würzburger Neuzüchtungen

Weißweinsorten	
Rieslaner	Perle
Ortega	Mariensteiner
Albalonga	

Weißweinsorten

Rieslaner

Herkunft: Bayerische Landesanstalt für Weinbau und Gartenbau, Würzburg.

Sortenname: Früher bekannt als „Mainriesling". Der neue Sortenname Rieslaner wurde vom Sortenausschuss für Reben am 5.7.1963 festgesetzt.

Züchter: Dr. Ziegler, Zuchtjahr 1921. Sortenschutz 1957, Eintragung in die Sortenliste 1968, klassifiziert. Anbaufläche im Jahr 1994 5 ha, 2000 waren es nach der Statistik 70 ha und 2001 von insgesamt 74 ha.

Kreuzung: *Silvaner x Riesling.*

Zuchtnummer: Wü N I-11.17.

Sortenmerkmale: *Triebspitze* offen, schwach behaart, rotbraun; *Blatt* mittelgroß, drei- bis schwach fünflappig, wenig gebuchtet, Rand stumpf gezähnt, Stielbucht V-förmig bis geschlossen; *Holz* gelbbraun bis rotbraun; *Traube* mittel, geschultert, dichtbeerig; *Beere* rund, mittel bis klein, gelbgrün, ohne Bukett; *Austrieb* mittel bis spät; *Blüte* spät bis sehr spät; *Blühfestigkeit* mittel; *Reife* mittelspät; *Wuchs* kräftig und mittelstarke Geiztriebbildung; *Holzreife* gut; *Chlorosefestigkeit* gut.

Eigenschaften der Sorte

Ansprüche an die Lage: Hoch, etwas geringer als die des Rieslings.

Ansprüche an den Boden: Mittel bis gering, verträgt auch Kalkböden.

Krankheitsanfälligkeit: Gegen Peronospora weniger empfindlich als Müller-Thurgau. Die Oidiumanfälligkeit gleicht der des Rieslings.

Botrytisanfälligkeit; Mittlere Anfälligkeit, neigt wie Riesling zur Stiellähme und Stielfäule.

Winterfrostfestigkeit: Gut bis sehr gut und mit Riesling vergleichbar.

Spätfrostempfindlichkeit: Da Austrieb mittel bis spät, guter Schutz gegenüber Spätfrostschäden.

Wuchs: Kräftig, aufrecht, normale Geiztriebbildung.

Erziehung: Keine Bevorzugung einer bestimmten Erziehungsform.

Normalerziehung: Gassenbreite 1,80 m bis 2,00 m, Stockabstand 1,00 m bis 1,20 m, Stammhöhe 70 bis 80 cm, Anschnitts- Standraum 8 Augen/qm, als Halb.- oder Flachbogen.

Unterlage: In Abhängigkeit vom Boden die entsprechende Unterlage auswählen. Meist SO 4. Die Unterlage 5 BB scheidet aus, denn mit starkwüchsigen Unterlagen versagt der Rieslaner völlig.

Ertrag: Das Ertragsniveau der neuen Klone ist etwa mit dem des Rieslings vergleichbar. Durch Klonenselektion konnte der Ertrag verbessert werden. In Klonen-Versuchen der Bayerischen Landesanstalt wurden die Erträge des Rieslings übertroffen. Die Erträge liegen im ø 100 kg/ar.

Mostgewicht: Hoch, bei Vollreife über 90 Grad Öchsle.

Säure: Hoch, bedarf aber in qualitativ geringen Jahren einer Regulierung.

Reife: Mittelspät, mit Silvaner

Ernte: Mit und nach Silvaner, es sollte hohe Mostgewichte im gehobenen Prädikatsbereich angestrebt werden.

Wein: Frisch, fruchtig im Bukett, rieslingähnlich jedoch mit exotischen Geschmacksnuancen wie Mango-Maracuja, Banane-Papaya und Melone. Benötigt im Vergleich zum Riesling für ansprechende Weinqualitäten höhere Mostgewichte, was auch in gleicher Lage und auf gleichem Standort erreicht wird. Weine im hohen Qualitätsbereich brillieren mit Harmonie und feiner Frucht. In Franken, der Pfalz und Rheinhessen werden von einigen Spitzenweingütern hochwertige Weine ausgebaut.

Vorteile: Sorte traditioneller Art, die hochwertige Qualitätsweine liefern kann. Auch Verschnitte mit Silvanerweine brachten eine Qualitätssteigerung.

Nachteile: Bei nicht ausreichender Reife spitze Säure.

Anbauwert: Zur Erzeugung von hochwertiger Qualität sind Silvaner-Lagen bestens geeignet. Die zur Verfügung stehenden Rieslaner-Klone Wü 3, Wü 4 und Wü 7 zeichnen sich hinsichtlich Qualität und Ertragssicherheit besonders aus. Der vor 80 Jahren von Dr. August Ziegler aus Silvaner und Riesling gekreuzte Rieslaner ist eine hochwertige Weißweinsorte für Weine von exzellenter Qualität.

Ortega

Herkunft: Züchtung der Bayerischen Landesanstalt für Weinbau und Gartenbau, Würzburg. Sortenschutz 1971. Eintragung in die Sortenliste 1981, klassifiziert 1972, Anbaufläche 1 250 ha im Jahr 1994, für das Jahr 2000 weist die Statistik 1 021 ha und für 2001 nur noch 951 ha aus.

Züchter: Dr. H. Breider.

Kreuzung: *Müller-Thurgau x Siegerrebe (Madeleine angevine x Gewürztraminer).*

Zuchtnummer: WÜ B 48-21-4.

Sortenname: Die Sorte ist nach dem spanischen Philosophen José Ortega y Gasset (1833-1955) benannt.

Sortenmerkmale: (Muskatellerhabitus); *Triebspitze* offen, stark wollig, rötlich; *Blatt* mittelgroß, dreilappig, schwach bis deutlich gebuchtet, Rand spitz gezähnt, Stielbucht V-förmig bis geschlossen; *Traube* pyramidenförmig, manchmal geschultert, mittelgroß, locker- bis dichtbeerig, bei ungünstigem Blühwetter etwas jungfernfrüchtig; *Beere* mittelgroß, gelb, feste Haut; *Austrieb* mittelfrüh; *Blüte* spät; *Reife* sehr früh; *Wuchs* mittel; *Chlorosefestigkeit* gering bis mittel.

Eigenschaften der Sorte

Ansprüche an die Lage: Wege der sehr frühen Reife gering, Kalte Winde während der Blütezeit, unter die nötige Blühtemperatur, verträgt die Sorte nicht. Bei nicht ausreichend hoher Temperatur während der Blüte sind stärkere Verrieselungen möglich. Sie sollte in Müller-Thurgau-Lagen gepflanzt werden.

Ansprüche an den Boden: Extrem trockene Böden verträgt die Sorte nicht. Sie ist auch empfindlich gegen hohen Kalkgehalt und zu bindige, tonige Böden, da sie zur Chlorose neigt. Ausreichend tiefgründige, gut durchlüftete Böden sind vorzuziehen.

Krankheitsanfälligkeit: Gegenüber Pilzerkrankungen wenig empfindlich.

Botrytisanfälligkeit: Etwas anfällig gegen Beerenfäule, aber wenig Bodentrauben.

Winterfrostfestigkeit: Sehr gut.

Spätfrostanfälligkeit: Hoch, da Austrieb mittelfrüh.

Erziehung: Keine Bevorzugung einer bestimmten Erziehungsform.

Normalerziehung: Gassenbreite 1,80 m bis 2,00 m, Stockabstand 1,00 bis 1,30 m, Stammhöhe 80 cm bis 90 cm, Anschnitt 8 Augen/qm.

Weitraumerziehung: Geeignet.

Unterlage: SO 4 und Binova. Wegen Verrieselungsgefahr starkwüchsige Unterlagen (z.B. 5 BB) nicht geeignet.

Ertrag: In geeigneten Lagen 80 bis 100 hl/ha. In kühlen Lagen führt die Blühempfindlichkeit zu schwankenden Erträgen.

Reife: Sehr früh, zwischen Siegerrebe und Müller-Thurgau. Gefahr gegenüber Wespenfraß.

Ernte: Früh, vor Müller-Thurgau. Bei späterer Lese können sehr hohe Mostgewichte erreicht werden, die auch in ungünstigen Jahren die Gewinnung von Prädikatsweinen fast immer ermöglicht.

Mostgewicht: Hoch, oft um und über 100 Grad. Selbst in ungünstigen Jahren können 80 Grad Öchsle und mehr erreicht werden. Durchschnittlich liegt das Mostgewicht 20 Grad über dem des Müller-Thurgaus.

Säure: Mittel, 5 bis 7 ‰, die in warmen Jahren am Stock rasch abbaut.

Wein: Feines, pfirsichartiges Bukett, jedoch schwächer als Siegerrebe, voll, nachhaltig, feinfruchtig, Auslesetyp. Weine früh füllen. Längere Flaschenreife vorteilhaft. Gute Lagerfähigkeit. Seine beste Art entwickelt der Wein ab 80 Grad Öchsle.

Vorteile: Frühe Reife, qualitativ hochstehender Wein, Sorte, die auch in kleinen Lagen noch befriedigt, gute Frosthärte, Ausleseweine immer möglich.

Nachteile: Blühempfindlichkeit, Wespenfraß. Chloroseempfindlich und maifrostempfindlich. Oft zu optimistisch beurteilt.

Anbauwerte: Hoch, gute Sorte für kleine Lagen. Durch ihre Klonenselektion konnte die Bayerische Landesanstalt für Wein- und Gartenbau die Verrieselungsneigung verringern und den Mostsäuregehalt auf 6-7 g/l erhöhen. Neue Klone, Wü 25 und Wü 30 befinden sich im Aufbau. Eine typische Auslese-Sorte für feine und würzige Spezialitäten.

Albalonga

Herkunft: Züchtung der Bayerischen Landesanstalt für Weinbau und Gartenbau, Würzburg. Zuchtjahr 1951. Sortenschutz und Eintragung in die Sortenliste 1971, klassifiziert, Anbaufläche im Jahr 1994 von 19 ha, im Jahr 2000 von 15 ha und im Jahr 2001 ein weiterer Rückgang von 2 ha auf nur noch 13 ha.

Züchter: Dr. H. Breider.

Kreuzung: *Rieslaner (Silvaner x Riesling) x Silvaner*

Zuchtnummer: WÜ B 51-2-1.

Sortenname: Albalonga, heißt Weiße-Lange.

Sortenmerkmale: Offene *Triebspitze*, schwache Wollbehaarung. Später Austrieb mit mittleren Wuchs; mittlere Geiztriebbildung, späte bis sehr späte *Blüte*, hohe *Blühfestigkeit,* mittelfrühe *Reife.* Mittleres, mittelstark gelapptes *Blatt,* mittelgroß, dichtbeerige *Traube* und grüngelbe, mittelgroße, walzenförmige *Beeren.* Der Ertrag liegt über dem der Rieslaner mit deutlich höherer Ertragsstabilität. Mostgewichte und Säuregehalt sind hoch. Besitzt eine mittlere *Holzreife* und mittlere *Winterfrostfestigkeit. Chlorosefestigkeit* gering.

Eigenschaften der Sorte

Ansprüche an die Lage: Mittel bis hoch. Die ausgeprägte Säure verbietet den Anbau in kleinen Lagen.

Ansprüche an den Boden: Mittel bis hoch. Tiefgründige, leicht erwärmbare Böden sind vorzuziehen. Kalkhaltige Böden führen zur Chlorose.

Krankheitsanfälligkeit: Keine betonte Anfälligkeit gegen Peronospora. Anfälligkeit gegen Oidium vergleichbar mit Silvaner.

Botrytisanfälligkeit: Die beschreibende Sortenliste gibt zwar eine niedrige Anfälligkeit an, die Versuche weisen im Gegensatz dazu einen stärkeren Befall durch Beerenbotrytis und einen höheren Anteil an Bodentrauben aus. Der Botrytisanfälligkeit kann durch eine einseitige Entlaubung der Traubenzone wirksam begegnet werden.

Winterfrostfestigkeit: In guten Lagen wird eine mittlere bis gute Holzreife erlangt. Unter diesen Voraussetzungen ist die Winterhärte ausreichend.

Wuchs: Mittel bis stark.

Erziehung: Weiträumige Erziehung ist angebracht. Gassenbreite 1,80 m bis 2,00 m, Stockabstand 1,20 m bis 1,30 m. Anschnitt normal 6 bis 8 Augen/qm.

Unterlagen: SO 4, auf wuchsschwachen Standorten 5 BB.

Ertrag: Gut, erreicht nicht ganz den Müller-Thurgau.

Reife: Nach der des Müller-Thurgau.

Ernte: Hängt sehr von der Prädikatsstufe bzw. Qualität ab. Späte Lese.

Mostgewicht: Hoch - Reife ab 80 Grad Öchsle, Vollreife ab 90 Grad. Spezialsorte für hochwertige Auslesen, Beeren- und Trockenbeerenauslese.

Säure: 10 bis 12 ‰ und höher.

Wein: Fruchtige, körperbetonte Weine mit ansprechender Säurestruktur und exotischen Fruchtaromen wie Maracuja, Papaya und Melone. Mit hochgrädigen Mostgewichten wurden Weine mit exzellenter, einzigartiger Qualität erzeugt. Spitzenweine im Auslesebereich.

Vorteile der Sorte: Im höheren Mostgewichtsbereich sind die Weine höher einzustufen als Müller-Thurgau-Weine, da sie eine lebendigem fruchtige Säure besitzen.

Nachteile der Sorte: Hohe Ansprüche an die Lage, Botrytisanfälligkeit. Weine, die unter 80 Grad Öchsle liegen, sind nicht ansprechend genug. Sehr chloroseanfällig.

Anbauwert: Hat sich in die Praxis wenig eingeführt. Bringt hochwertige Auslesen hervor. Eine Rebsorte, die in Weingütern mit ausgeprägter Vermarktung von hochwertigen Ausleseweinen, nicht fehlen sollte.

Perle

Herkunft: Bayerische Landesanstalt für Weinbau und Gartenbau, Würzbug. Sortenschutz 1961. Eintragung in die Sortenliste 1968, klassifiziert. Die Anbaufläche von 181 ha im Jahr 1994 ist rückläufig und die Statistik von 2001 weist noch 93 ha aus.

Züchter: Georg Scheu und Dr. H. Breider.

Kreuzung: *Gewürztraminer x Müller-Thurgau.*

Zuchtnummer: Wü S 3951.

Sortenbezeichnung: Ausgangspunkt der Perle ist die von Georg Scheu gezüchtete Perle von Alzey. Sie wurde in Würzbug von Dr. Breider selektiv bearbeitet und erhielt unter der Bezeichnung „Perle“ Sortenschutz.

Sortenmerkmale: *Triebspitze* offen, stark weißwollig, leichter rötliche Anflug; *Blatt* klein, drei- bis fünflappig, deutlich gebuchtet. Oberfläche blasig rauh, Rand gezähnt, Stielbucht offen bis überlappend; *Holz* gelbbraun bis rotbraun; *Traube* klein, dichtbeerig; *Beeren* mittelgroß, etwas länglich, rötlich, schwaches Muskat-Bukett; *Austrieb* spät; *Blüte* spät; *Blühfestigkeit* hoch; *Reife* mittelfrüh bis spät; *Wüchsigkeit* schwach bis mittel; Geiztriebbildung schwach; *Holzreife* sehr gut.

Eigenschaften der Sorte

Ansprüche an die Lage: Mittel bis gering. Die geringe Spätfrostempfindlichkeit macht sie zu einer Spezialsorte für Maifrostlagen. Die Lagen sollen luftig und windoffen sein, um der Traubenfäule vorzubeugen.

Ansprüche an den Boden: Mittel bis gering. Extrem arme Böden sagen nicht zu.

Krankheitsanfälligkeit: Wenig anfällig gegen Peronospora aber empfindlich gegen Oidium.

Botrytisempfindlichkeit: Etwas anfällig gegen Stiellähme und Stielfäule.

Winterfrostempfindlichkeit: Sie verfügt über eine gute Holzreife und hohe Winterfrosthärte.

Spätfrostempfindlichkeit: Wegen des späten Austriebs gering.

Erziehung: Die hohe Neigung zur Fäulnis erfordert eine luftige Erziehung.

Normalerziehung: Gassenbreite 1,80 m bis 2,00 m, Stockabstand 1,00 m bis 1,20 m, Stammhöhe 70 cm bis 80 cm, Anschnitt 8 bis 10 Augen/qm. Weitraumerziehung: Gut geeignet.

Unterlagen: SO 4, 5 C in wuchsschwachen Böden 125 AA und 5 BB.

Ertrag: Gut, etwa 80 hl/ha.

Reife: 4 bis 5 Tage nach Müller-Thurgau. Ab 70 Grad Öchsle nur zögernde weitere Mostgewichtszunahme.

Ernte: Kurz vor Silvaner bzw. im Anschluss an Müller-Thurgau.

Mostgewicht: Mittel, 6 bis 7 ‰.

Wein: Leicht, mild, weich blumig. Die Sorte ist durch ein fremdartiges Bukett gekennzeichnet. In Franken wird der Wein gut beurteilt. Der Anbau ist im Bundesgebiet rückläufig.

Nachteile: Hohe Anfälligkeit gegen Trauben-Botrytis.

Vorteile der Sorte: Geringe Spätfrostanfälligkeit und eine gute Weinterfrosthärte.

Anbauwert: Wird unterschiedlich beurteilt. Eine Sorte für geringe Lagen sowie Spätfrostlagen.

Mariensteiner

Herkunft: Züchtung der Bayerischen Landesanstalt für Wein- und Gartenbau Würzburg. 1971 Sortenschutz und in die Sortenliste eingetragen, klassifiziert. Anbaufläche im Jahr 2001 von 8 ha. Zuchtjahr 1951.

Züchter: Dr. H. Breider.

Kreuzung: *Silvaner x Rieslaner (Silvaner x Riesling)*

Zuchtnummer: Wü B 51-7-3

Sortenmerkmale: Mittlerer bis später Austrieb mit mittlerem Wuchs, offene Triebspitze, schwach bis sehr schwach behaart, schwache Geiztriebbildung, späte Blüte, hohe Blühfestigkeit und mittlere bis späte Reife. Mittel bis großes, stark bis mittelstark gelapptes Blatt, mittelgroße, locker bis dichtbeerige Traube und grüngelbe, mittelgroße längliche Beeren mit sehr schwachem Sortenbukett. Hoher Traubenertrag bei niedrigem Mostgewicht und mittlerem Säuregehalt. Mittlere Holzreife und Winterfestigkeit, bei mittlerer Anfälligkeit für Botrytis cinerea.

Eigenschaften der Sorte

Ansprüche an die Lage: Hoch, vergleichbar mit Riesling.

Ansprüche an den Boden: Mittel.

Krankheitsanfälligkeit: Anfälligkeit gegen Oidium.

Botrytisanfälligkeit: Wenig anfällig gegen Beerenbotrytis und Stielerkrankungen.

Winterfrostfestigkeit: Ausreichend, da *Holzreife* gut.

Spätfrostempfindlichkeit: Geringer als Silvaner, da später austreibend.

Erziehung: Wie Silvaner, da Wuchskraft stark. Anschnitt von 6-8 Augen/qm Standraum und etwas mehr. Gassenbreite nicht unter 1,80 m bis 2,00 m Stockabstand 1,30 m.

Unterlagen: SO 4, jedoch keine Bevorzugung einer Unterlage.

Ertrag: Sehr gut, wie Silvaner bis leicht darüber, da ziemlich blühfest.

Reife: Mittel-spät, mit Silvaner

Mostgewicht: Ca. 10 Grad über Silvaner.

Säure: 8 bis 10 ‰.

Wein: Rassig, betonte Säure, aber nicht grasig, zarte Frucht, körperreich.

Vorteile: Ertragstreu, Qualität liegt über dem Silvaner.

Nachteile: Säure gelegentlich etwas hoch.

Anbauwert: Nur für gute Lagen bzw. Silvanerlagen geeignet.

Sonstige Neuzüchtungen verschiedener Züchter

Weißweinsorten

Findling

Herkunft: Franz Kimmig, 77704 Oberkirch, Springstr. 7.

Abstammung: *Müller-Thurgau-Mutation*. Sortenschutz und Eintragung in die Sortenliste 1971, klassifiziert 1972. Nach der Statistik von 1994 sind 41 ha und 2001 noch 38 ha bestockt, und vornehmlich in Baden.

Sortenmerkmale: Offene Triebspitze, stark wollig, mittelfrüher Austrieb mit starkem bis mittlerem Wuchs, schwache Geiztriebbildung, mittlere bis späte Blüte, Blühfestigkeit hoch, sehr frühe bis frühe Reife. Mittelgroßes, starkes bis mittel gelapptes Blatt, mittelgroße, locker-dichtbeerige Traube und große grüne bis gelbe Beeren mit sehr schwachem Sortenbukett. Mittlerer Traubenertrag bei hohem Mostgewicht und mittlerem Säuregehalt. Gute *Holzreife* und nur mittlere Winterfrostfestigkeit, bei hoher Anfälligkeit gegen Botrytis.

Eigenschaften der Sorte

Vergleichbar mit Müller-Thurgau. Im *Ertrag* 30% niedriger. Im *Mostgewicht* bis 15 Grad höher und in der *Säure* etwa gleich.

Wein: Ähnelt den Weinen des Müller-Thurgau, ohne dessen Bukett zu erreichen, sind mehr neutral.

Kernling

Der Kernling ist eine Mutation aus der bewährten und erfolgreichen Neuzüchtung Kerner. Seine Vorteile liegen in einer hohen Weinqualität und einem traditionellen Wein, der gut in das deutsche Sortiment paßt.

Verbreitung: In der Rebenstatistik ist ein bestockte Rebfläche im Jahr 2001 von 19 ha ausgewiesen.

Herkunft: Die neue Sorte "Kernling" wurde 1991 mit der Zuchtnumer "10 A 80" für Ludwig Hochdörfer, Nußdorf/Pfalz, Sortenschutz erteilt und 1995 in die Sortenliste mit der Bezeichnung "Kernling" beim Bundessortenamt eingetragen. Die Sorte Kernling ist klassifiziert.

Abstammung: Kerner-Mutation, die im Jahre 1974 in einer Kerner-Anlage in der Gemarktung Nußdorf als Knospenmutation von L. Hochdörfer gefunden wurde.

Sortenname: Von der Bezeichnung *Kernling* weist die erste Silbe *"Kern"* auf die Muttersorte Kerner hin und die zweite Silbe *"ling"* auf den Riesling, dessen Weintyp die Kernling-Weine sehr nahe kommen.

Sortenmerkmale: Triebsspitze offen, stark behaart; Blatt mittelgroß, dreilappig, Blattstielbucht weit überlappend; Traubengröße mittel, Beerenform kurzoval, Beerengröße mittel bis groß; Beerenhautfarbe rotgrau. Beerenreife gleich wie Kerner, jedoch höheres Mostgewicht und leichtere Lesearbeit als bei der Sorte Kerner. Wuchs mittel und geringere Geiztriebbildung als bei Kerner. Holzreife sehr gut. Chlorosefestigkeit hoch. Mostausbeute sehr hoch.

Ansprüche an die Lage: Die Ansprüche an die Lage sind mittel und können mit denen des Kerner auf eine Stufe gestellt werden.

Ansprüche an den Boden: Nach den bisherigen Erfahrungen hat diese Rebsorte eine große Bodenstreubreite und ist daher mit dem Kerner vergleichbar.

Krankheitsanfälligkeit: Gegen Peronospora und insbesondere gegen Oidium ist der Kernling weniger empfindlich, als die Ausgangssorte Kerner. Wegen der zur Zeit noch geringen Verbreitung unter den veschiedenen Standortgegebenheiten konnten weitere Anfälligkeiten gegenüber anderer Krankheiten noch nicht in Erfahrung gebracht werden.

Botrytisanfälligkeit: Bedingt durch eine etwas lockere Traubenstruktur und verminderte Geiztriebbildung (insbesondere im Traubenbereich) ist der Kernling weniger durch Stiel- und Beerenbotrytis gefährdet.

Holzreife: Die *Holzreife* setzt früh ein und ist sehr gleichmäßig, was als sehr positiv zu bewerten ist.

Erziehung: Insgesamt ist eine weiträumige Pflanzung empfehlenswert. In der Normalerziehung sind Gassenbreiten von 1,80 m bis 2,00 m, Stockabstand 1,20 m und Stammhöhe von 70-80 cm angebracht. Als Erziehungsform hat sich ein Pendelbogen mit sieben Augen je qm bewährt.

Unterlage: Auf tiefgründigen und wuchsstarken Böden SO 4, Binova, 5 C und auf wuchsschwachen Böden 5 BB und 125 AA.

Ernte: Mit Kerner.

Ertrag: Sehr fruchtbar, bringt sichere, gute Erträge, die nicht unter denen der Ausgangssorte Kerner liegen, - zwischen 130-140 kg/a um Ø der Jahre.

Mostgewicht: Fast in allen Jahren wird ein Mostgewicht im gehobenen Spätlesebereich erzielt. Die Säure ist etwas geringer als beim Riesling und schwankt je nach Reifegrad zum Zeitpunkt der Ernte zwischen 8,5 bis 9 ‰.

Wein: Der Wein ist kräftig und nachhaltig, von traditioneller Art und Feinheit geprägt und zeichnet sich durch eine betont fruchtige und reife Säure aus, also Rieslingart.

Vorteile: Eine selbständige und ertragstreue Sorte mit geringeren Lageansprüchen gegenüber denen des Rieslings. Geringere Geiztriebbildung als die des Kerners und gute *Holzreife.* Weinbautechnisch einfacher als der Kerner. Die schwächere Geiztriebbildung bedingt eine geringere Anfälligkeit gegenüber Botrytis und Oidium. Der Kernling zeichnet sich durch ein hohes Mostgewicht und eine fruchtige Säure aus. Er hat geringe Bodenansprüche und bringt in einer mittleren Lage traditionelle rassige und gehaltvolle Weine. Für die Bereitung trockener und halbtrockener Weine ist eine gute Eignung vorhanden. Eignet sich sehr gut für die maschinelle Traubenernte.

Nachteile: Keine bekannt.

Anbauwert: Wegen des rassigen und fruchtigen Weines eine gute Ergänzungssorte zum Rieslinganbau in mittleren Lagen.

Goldriesling

Der Goldriesling ist eine frühreifende weiße Rebsorte und für das Anbaugebiet Sachsen klassifiziert. Die Sortenstatistik weist 10,9 ha bestockte Fläche aus.

Herkunft: Gezüchtet von Christian Oberlin, Colmar, Elsaß.

Kreuzung: *Riesling x Courtiller musqué précoce.*

Sortenmerkmale: Wüchsigkeit stark; Traubengröße mittelgroß; Beerenfarbe grün-gelblich bis gelblich-braun; Geschmack fein würzig; Traubenreife früh; Holzreife ist gut bis sehr gut und bedingt eine gute Winterfrosthärte;

Sortenname: Die Bezeichnung ist abgeleitet von der goldgelben Farbe der Beeren und dem Riesling.

Synonyme: Deutschland: Gelbriesling, Franzosentraube. Frankreich: Riesling doré.

Eigenschaften der Sorte

Ansprüche an die Lage: Der Goldriesling stellt nur geringe Ansprüche an die Lage. Er besitzt eine hohe Winterfrosthärte.

Ansprüche an den Boden: Die Bodenansprüche sind höher als die des Rieslings. Er liebt tiefgründige und feinerdige Böden; eignet sich nicht nur für leichte, flachgründige, sandige oder steinige Böden.

Krankheitsanfälligkeit: Die Anfälligkeit gegen Pilzerkrankheiten und Schädlinge kann als gering eingestuft werden. Durch frühe Reife etwas wespenanfälliger.

Rebenerziehung: Das Wachstum ist mittelstark bis schwach, die Geiztriebbildung ist gering. Er eignet sich für Bogrebenschnitt.

Unterlagen: Der mittelstarke bis schwache Wuchs verlangt eine wüchsige Unterlage. Es sind daher 125 AA und 5 BB am besten geeignet.

Ertrag: Im Schnitt werden 100 hl/ha und mehr erzielt.

Ernte: Die Reife ist sehr früh und liegt bei ca. 8 Tagen vor Müller-Thurgau.

Wein: Der Goldriesling wird zum Zeitpunkt der Hauptlese als Federweißer angeboten. Der Wein ist von neutraler, leichter, körperarmer Art mit zartblumigem Duft und milder Säure. Der Wein ist weich und nicht lange lagerfähig.

Anbauwert: Außer für das Anbaugebiet Sachsen ist für die übrigen Anbaugebiete Deutschlands der Anbauwert sehr begrenzt, da dort die Standortverhältnisse den Anbau anspruchsvoller Rebsorten gewährleisten.

Rotweinsorten

Blaue Zweigeltrebe

Neuzüchtungen der Höheren Bundeslehranstalt für Wein- und Gartenbau in Klosterneuburg. Sie gehört zu den empfohlenen Sorten des Landes. Der Anbau ist in den letzten Jahre auf 2600 ha angestiegen und ist in sämtlicher Weinbauregionen von Österreich verbreitet.

Kreuzung: *St. Laurent x Blaufränkisch*. Züchter und Namenspate ist Professor Dr. Zweigelt, ehemaliger Direktor der Höheren Bundeslehranstalt in Klosterneuburg. Rotweinsorte Zweigelt ist in Österreich sehr bekannt und beliebt.

Sortenmerkmale: *Triebsspitze* offen, glatt, bronziert; *Blatt* schwach dreilappig, mehr breit als lang, stumpf gezähnt, derb, unterseits borstig behaart; *Traube* groß, kegelförmig, geschultert, dichtbeerig; *Beere* mittelgroß, eiförmig, dicke Beerenhaut, saftig; *Holz* kräftig, engknotig, kastanienbraun; *Wuchs* sehr kräftig; *Reife* mittelfrüh, *Holzreife* gut.

Eigenschaften der Sorte

Ansprüche an die Lage: Mittel bis hoch.

Ansprüche an den Boden: Gering, jedoch gedeiht sie auch sehr gut aus tiefgründigen Böden. Etwas kalkempfindlich.

Krankheitsanfälligkeit: Wenig anfällig gegen Oidium, etwas mehr gegen Peronospora. Durch die dicke Beerenhaut sehr wenig anfällig gegen Botrytis.

Frostfestigkeit: Sehr gut.

Erziehung: Der kräftige Wuchs verlangt weiträumige Erziehung. Anschnitt

7 bis 8 Augen/qm. Die Gassenbreite nicht unter 2,00 m und der Stockabstand nicht unter 1,10 m sowie einer Stammhöhe von mindestens 70 bis 80 cm.

Unterlage: SO 4, 5 BB.

Ertrag: 90 bis 100 hl/ha. Zu hohe Erträge mindern die Qualität der Rotweine beachtlich.

Mostgewicht und Säure: Die Blaue Zweigeltrebe erzielt 75-95° Öchsle und die Mostsäure liegt bei 7-10 ‰.

Wein: Mild, nicht sehr farbintensiv, ähnlich St. Laurent, körperreich, nachhaltig, Burgunderart – oft besser als Burgunder bewertet.

Blauburger

Sorte: Die Rotweinsorte Blauburger ist eine Neuzüchtung aus Österreich, die farbkräftige, dunkelrote, leichte bis extraktreiche und dichte, säurearme, neutrale bis brombeerfruchtige und feinduftige Weine mit ausgeprägtem Rotweincharakter liefert.

Verbreitung: Der Anbau dieser Sorte beschränkt sich fast ausschließlich auf Österreich und ist am stärksten in Niederösterreich sowie im Burgenland verbreitet. Im deutschen Weinbau hat die Sorte Blauburger bisher keine Anbaubedeutung.

Herkunft: Sie wurde um 1920 von der Höheren Bundeslehr- und Versuchsanstalt für Weinbau aus Portugieser und Blaufränkisch (Lemberger) gezüchtet mit der Zuchtnummer 181-2 als Keltertraube für Rotwein. Im Rebsortenregister des Bundessortenamtes ist die Rotweinsorte Blauburger geschützt und in die Sortenliste eingetragen. Das gleiche trifft für die Klosterneuburger Neuzüchtung “Blauer Zweigelt” zu.

Ursprung des Sortennamens: Der Sortenname Blauburger ist abgeleitet von Klosterneuburg bzw. von der Endsilbe Klosterneu – burger.

Synonyme: Sind keine bekannt.

Sortenmerkmale: Triebspitze – Vinifera-Typ, offen, grün, schwach bronciert, kahl; Sommertrieb glatt, sonnenseits rötlich; Ranken zweiteilig gegabelt; Blatt mittelgroß, mittelgrün, drei- bis fünflappig, schwach wellig, stumpf gezähnter Blattrand, Blattunterseite schwach borstig behaart, Blattstiel rötlich, Stielbucht V-förmig, Herbstverfärbung rot; Fruchtholz hellbraun, schwach punktiert, Internodien kurz bis mittellang; Wuchs kräftig; Blühfestigkeit hoch;

Traube groß, kegelförmig, leicht geschultert, dichtbeerig und gepackt, langer Traubenstiel; Beeren mittelgroß bis groß, rund, dunkel bis schwarzblau und beduftet bzw. bereift, feste und stabile Beerenhaut; Geschmack frisch und saftig; Reife früh – Lese Mitte bis Ende September; Ertrag nachhaltig und sehr gut; Frosthärte gering; Kalkverträglichkeit gut.

Eigenschaften der Sorte

Ansprüche an die Lage: Die Rebsorte Blauburger bevorzugt mittlere bis gute Lagen und ohne Frostgefährdung. Eine gute Lage ist der Garant für eine gute Rotweinqualität.

Ansprüche an den Boden: Die Bodenanpassungsfähigkeit ist ziemlich breit, da die Sorte sehr wüchsig ist, stellt sie geringe Ansprüche und verträgt auch kalkhaltige Böden.

Krankheitsanfälligkeit: Gegen Peronospora weniger empfindlich. Eine gewisse Empfindlichkeit besteht gegenüber dem Oidium. Ferner ist sie anfällig gegen Stiellähme und Stielfäule sowie Beerenbotrytis. Direkte Maßnahmen (Rebschutz und Blattdüngung) und indirekte Maßnahmen (gute Durchlüftung der Traubenzone, weite Reihenabstände und optimale Bestandsführung) fördern die Gesunderhaltung der Trauben und den Reifeprozeß.

Frostfestigkeit: Bei der Standortwahl vor der Neuanlage ist auf eine gute Lage zu achten, denn der Blauburger ist winterfrostempfindlich.

Erziehung: Der kräftige Wuchs verlangt eine moderne weiträumige Standweite zur Erzielung sicherer Erträge und hoher Rotweinqualität.

Ertrag: Die Sorte ist sehr ertragssicher und liefert Durchschnittserträge von 80 bis 100 hl/ha.

Reife: Sie reift sehr früh und die Traubenernte ist dementsprechend Mitte bis Ende September.

Qualität: Das Mostgewicht und die Säure bewegen sich in einem günstigen Verhältnis mit 75 bis 90 ° Öchsle und 7,5 bis 10 ‰ Säure. In guten Lagen, bester Bestandsführung und guten Jahren können besondere Blauburger-Spezialitäten erzeugt werden.

Wein: Der Wein des Blauburger ist sehr farbkräftig und eignet sich daher sehr gut als Farbreserve bzw. Deckrotwein. Er ist ein dunkler, extraktreicher und dichter Rotwein, samtig, feine Sortenfrucht, sehr gute Qualität, dem Blaufränkisch bzw. Lemberger etwas ähnlich.

Vorteile der Sorte: Gute Fruchtbarkeit, geringe Krankheitsanfälligkeit gegenüber Peronospora, gute Erträge und Qualitäten, sehr gut als Farbreserve geeignet, geringe Ansprüche an den Boden und gute Kalkverträglichkeit, frühe Reife = frühe Ernte, kräftiger Wuchs.

Nachteile der Sorte: Winterfrostgefährdet, empfindlich gegen Stiellähme, Stielfäule und Beerenbotrytis. Erfordert einen frostfreien Standort.

Anbauwert: Ist in Deutschland kaum bekannt. Der Anbau dieser Sorte ist bisher auf Österreich beschränkt.

Neronet

Herkunft: Stammt von dem Züchter Hermann Jäger, Ockenheim und ist beim europäischen Sortenamt und beim deutschen Bundessortenamt zur Prüfung angemeldet.

Kreuzungskombination: Bei der Sorte Neronet wurden 4 Zuchtstufen durchgeführt, da nur dadurch die gewünschten Zuchtziele erreicht werden konnten. Zur Kreuzung wurden nur Vitis vinifera Züchtungen verwendet: Aus den Sorten St. Laurent x Portugieser zeichnete sich der Sämling 3/27 mit gutem Wuchs und sehr guter Holz- und Traubenausreife aus. Auch war die Säure gering. Die Farbkraft war jedoch nicht genügend und die Sorte wurde daher nochmals mit der Sorte Alibernet gekreuzt. Alibernet ist eine Züchtung aus den Eltern Alicante Bouschet x Cabernet Sauvignon. Die Sorte Alicante Bouschet ist eine sehr gute Färbertraube, die in Südfrankreich von Henri Bouschet aus der Sorte Grenache x Petit Bouschet gezüchtet wurde. Diese Sorte hat eine sehr dunkle Färbung des Fruchtfleisches, und sicherlich hat die Sorte Neronet diese Farbeigenschaft übernommen. Die Farbstoffbildung in der Schale und im Fruchtfleisch verläuft parallel zur Reife, das Fruchtfleisch ist intensiv rot.

Wein: Neronet ist aber nicht nur als Färbertraube interessant, sondern ergibt einen durchaus selbständigen Wein. Der Wein ist in der Farbe tiefrot und von dunkel - rubinartiger Färbung. Er ergibt einen harmonischen, runden, gefälligen Rotwein mit eingebundenen Tanninen und präsentiert eine gewisse Betonung der Frucht.

Rubinet

Herkunft: Stammt von dem Züchter Hermann Jäger, Ockenheim und ist beim deutschen Bundessortenamt und beim europäischen Sortenamt zur Sortenprüfung angemeldet.

Kreuzungskombination: Die Sorte Rubinet ist eine Erweiterung der Sorte Neronet. Insgesamt wurden 6 Zuchtstufen durchgeführt. Die Eltern sind ein Sämling aus den Sorten Revolta x Alibernet und der Sorte André. Die Sorte André ist eine tschechische Neuzucht. Sie ist spätreifend, hat aber eine gute Widerstandsfähigkeit gegen Winterfrost und auch gegen Botrytis. Sie ergibt extraktreiche Rotweine. Die Sorte Revolta ist eine Züchtung von Prof. Kraus. Diese Sorte erbringt frühreife, weiche, milde und samtige Rotweine. Ein Elternteil der Sorte Revolta sind Sämlinge aus der alten griechischen samenlosen und blaubeerigen Sorte Corinth und der Sorte Perle von Csaba. Der andere Teil sind Sämlinge aus den Sorten Weißer Gutedel x Malingre. Alibernet stammt von den Sorten Alicante Bouschet und Cabernet Sauvignon ab, die auch bei der Sorte Neronet eingekreuzt wurde. Durch die Kreuzung von früh- und spätreifenden Sorten, sowie Sorten von hoher Farbintensität und guter Holzausreife konnte diese sehr interessante Rotweinsorte gezüchtet werden.

Sortenmerkmale: Die Winterhärte von Rubinet ist mit der von Riesling vergleichbar. Der Austrieb und die Reife sind früh. Die Augen treiben gut und gleichmäßig aus, daher sollte ein zu starker Anschnitt vermieden werden. Der Wuchs ist sehr gerade und arbeitserleichternd. Im Versuchsanbau ist im Vergleich zu anderen Sorten keine Chlorose aufgetreten. Die Trauben sind mittelgroß und haben kleinere, jedoch zahlreiche Beeren. Diese Beerengröße trägt daher zur guten Farbausbeute durch die Schale bei.

Mostgewicht und Säure: Die Zuckerkonzentration ist mittel, mit zunehmender Reife wird die Säure reduziert.

Wein: Die Sorte ergibt einen sehr tiefdunklen, mit hohem Extrakt versehenem Wein. Rubinet ist in den nördlichen Weinbaugebieten eine Rarität, sie erweitert die geschmackliche Vielfalt und den Rotweincharakter unserer Weinbaugebiete. Dieser Wein erfüllt die internationalen Forderungen an dunkle, extraktreiche Rotweine.

Empfehlenswerte Tafeltrauben und Zierreben für Haus, Garten und Freiland

Esther

Für den Liebhaber von Tafeltrauben gibt es kaum etwas schöneres als reife Trauben direkt vom eigenen Rebstock zu ernten. Seit altersher ist bekannt, dass Weintrauben nicht nur gut schmecken, sondern durch ihren hohen Gehalt an Vitaminen, Mineralien und sekundären Pflanzenstoffen auch gleichzeitig sehr gesund sind. Eine sonnige, geschützte Stelle im Garten ist ein günstiger Standort, der sich besonders auf eine frühe Reife der Trauben auswirkt. Die bekannten und klassischen Rebsorten benötigen einen planmäßigen Rebschutz zur Gesunderhaltung der Trauben, denn nur gesunde, gut ausgebildete, reife Trauben und frei von Spritzflecken haben eine Absatzchance. Dass unter dieser Perspektive die neuen pilztoleranten Tafeltraubensorten und Zierreben besonders prädestiniert sind für den Anbau liegt auf der Hand. Die Resistenz gegenüber pilzlichen Krankheiten macht es bei den pilztoleranten Sorten möglich, Rebschutzbehandlungen auf ein Minimum zu reduzieren. Auch bei den pilztoleranten Rebsorten gibt es bisher noch keine sogenannte Idealrebe. Dennoch ist es der Rebenzüchtung in verschiedenen Ländern geglückt, Tafeltraubensorten zu züchten, welche mit günstigen Produktionsbedingungen und vor allem mit weniger Rebschutz wunderbare und wohlschmeckende Tafeltraubenqualitäten liefern. Das Ziel der Züchtung ist Tafeltrauben mit höchster Resistenz und Traubenqualität zu züchten, welche einen gänzlichen Verzicht von Rebschutzmaßnahmen ermöglichen. In der nachfolgenden Übersicht sind die wichtigsten Eigenschaften von klassischen und pilz-

Palatina

Hecker

Birstaler

toleranten Sorten für die Haus-, Garten- und Freilandpflanzung ersichtlich. Eine Aufteilung der Sorten erfolgt nach frühreifend (Mitte August bis Mitte September), mittelfrühreifend (Mitte September bis Mitte Oktober) und spätreifend (Mitte Oktober bis Anfang November), wobei die Standortverhältnisse bzw. Sortenansprüche richtig zugeordnet werden müssen. Das umfangreiche pilztolerante Sortiment wird ständig im Rahmen der Kreuzungszüchtung und Selektionsarbeit der einzelnen Sorten verbessert, so dass in Zukunft eine noch größere Auswahl brauchbarer Sorten für den Hobby- und Erwerbsanbau zur Verfügung stehen. Der Anbau und der Verkauf von speziellen Tafeltrauben unterliegt seit Juli 2000 nicht mehr dem Weinrecht und somit sind für das Grundstück keine Pflanzrechte erforderlich. Allerdings dürfen dort keine zugelassenen Keltertraubensorten (z. B. Dornfelder, Gutedel, Muskateller und andere) die für die Qualitätsweinbereitung bestimmt sind, gepflanzt werden. Es müssen spezielle Tafeltrauben sein, die von verschiedenen Rebschulen am Markt angeboten werden. Zugelassenen Rebsorten (z. B. Regent, Dornfelder, Portugieser, Gutedel u. a.) können nur auf genehmigten Rebflächen (mit Pflanzrecht) als Ess- oder Tafeltrauben erzeugt und für den Frischverzehr verkauft werden.

Nero

Teréz

Tafeltrauben: Empfehlenswerte Tafeltrauben für Haus und Garten

A „Bewährte Weiße – Rote – Blaue – Rebsorten für Tafeltrauben"

Rebsorten/ Reife- und Erntezeiten	Trauben-form-/struktur	Geschmacks-besonderheit	Beeren-Merkmale	Farbe	Sonstige Eigenschaften und Besonderheiten
a) Frühreifend (Mitte August bis Mitte Sept.					
Perle von Szaba	groß, länglich, lockerbeerig	sehr süß,ausgeprägtes Muskataroma	mittelgroß, fast rund	hellgrün bis bräunlich	mittlerer Ertrag, wird von Vögeln und Wespen befallen („schützen")
Frühe Malingre (Malenga)	klein- bis mittellocker, groß	saftig, süß, ohne Aroma	klein, länglich	grün bis goldgelb	guter Ertrag, wenig Fäule
Königin der Weingärten	sehr groß, lockerbeerig bis dicht-beerig	süß und sehr fein	groß, länglich	gelblich bis grün	mittelmäßiger bis guter Ertrag und jungfernfrüchtig
Frühroter Malvasier	groß	sehr süß, angenehm fruchtig	mittelgroß und rund	rot bis graurot	ertragsreich
Madeleine royale (Königliche Magdalenentraube)	großtraubig, dichtbeerig	saftig, süß, mit leichtem Muskataroma	mittelgroß, rund bis oval	gelbgrün bis hell-gelb	guter Ertrag, neigt zur Fäulnis, aber sehr guter Qualität
Augusta Luise	groß	Muskat und saftig süß	groß	gelb	geschützter und warmer Standort Würzburger Züchtung
Hildegardistraube	mittelgroß und kompakt	aromatisch	groß	rötlich	windgeschützter Standort Würzburger Züchtung
Huxelrebe	groß	aromatisch	klein-groß und rund	grün bis gelb	windgeschützt, kalkarmer Boden, sehr frostempfindlich. Alzeyer Züchtung
b) Mittelfrühreifend (Mitte Sept. bis Mitte Okt.)					
Bouvier Traube	mittelgroß, länglich, lockerbeerig	saftig, süß, mit feinem Muskataroma	mittelgroß, rund	grünweiß bis gelblich punktiert	guter Ertrag
Weißer Gutedel	groß, länglich, dicht- bis lockerbeerig	süß und aromatisch	mittel- bis dickbeerig und rund	gelbgrün	sehr ertragsreich mit zunehmender Reife etwas Fäulnis
Regina	mittelgroß, lockerbeerig	saftig, süß,	mittelgroß, oval muskiert	goldgelb	gleichmäßiger und mittlerer Ertrag
Roter Gutedel	groß, länglich, dicht- bis lockerbeerig	süß und aromatisch	unterschiedlich groß und rund	rot bis dunkelrot	sehr ertragsreich, mit zunehmender Reife schwache Fäulnis
Schönburger	groß	feines und ausgeprägtes Muskataroma	groß	rosa	guter Ertrag, kalkarmer Boden, Geisenheimer Züchtung
Rotberger	groß und kompakt	fruchtig	groß und rund	blau	ertragsreich, warmer Standort, Geisenheimer Züchtung
Dornfelder	großtraubig	fruchtig	groß und rund	dunkelblau-blauschwarz	ertragsreich, warmer Standort, Weinsberger Züchtung
Portgugieser	großtraubig	fruchtig	groß und rund	dunkelblau-blauschwarz	warmer Standort, sehr frostempfindlich
c) Spätreifend (Mitte Okt. Bis Anfang Nov.)					
Gelber Muskateller	mittelgroß, länglich und walzenförmig, locker- bis dichtbeerig	süß, mit sehr feinem Muskataroma	mittelgroß, rund	hellgelb bis bräunlich	mittlerer und gleich-mäßiger Ertrag, empfind-lich in der Blüte
Blauer Trollinger	mittelgroß bis groß, lockerbeerig bis gepackt	sehr saftreich, herb und neutral im Ge-schmack	rund und dick, pralle Beere	rot bis blauschwarz	sehr gleichmäßiger, hoher Ertrag, anfällig gegen echten Mehltau
Muskat Hamburg	mittelgroß	sehr würzig, angenehm mit feinem Muskataroma	rund und mittelgroß bis groß	blauschwarz	mittlerer Ertrag, sehr gute Qualität

B „Pilztolerante Tafeltrauben-Rebsorten und Zierreben“*

Rebsorten Reife- und Erntezeiten	Trauben-form-/struktur	Geschmacks-besonderheiten	Beeren-Merkmale	Beeren-Farbe	Sonstige Eigen-schaften und Be-sonderheiten
a) Frühreifend (Anfang bis Ende August)					
Esther (Ernte letzte Aug. Woche)	große Trauben und mittlere Traubendichte sowie mitteldicker Beerenhaut	Traubenfrucht-geschmack von feiner Fruchtzucker-süsse	mittelgroß und eiförmig; mäßig saftiger und sehr festes Frucht-fleisch mit stabiler Beerenhaut; Beeren trennen sich gut vom Stiel	blau-schwarz	das Mostgewicht ist mittel bis hoch und die Säure gering; mittelmäßiger bis geringer Ertrag; Kerne sind vollständig ausgebildet; sehr gute Winterfrosthärte; gute Resistenz gegen Oidium
Lilla (Mitte Aug.- Anf. Sept.)	große Trauben von mittlerer Beeren-dichte	typischer Traubenfrucht-geschmack	groß und elliptisch; Beeren lösen sich relativ leicht vom Stiel; sehr fester und mäßig saftiges Fruchtfleisch	gelbgrün bis gelblich	das Mostgewicht ist hoch und die Säure gering bis mittel; Kerne sind vollständig ausgebildet; verfügt über eine sehr hohe Winterfrostfestigkeit; Nebenaugen und Adventivaugen sind fruchtbar
b) Mittelfrühreifend (Mitte August bis Ende September)					
Birstaler Muskat (Ende Aug. - Ende Sept. möglich)	mittel - groß und mittlere Traubenbeeren-dichte sowie mittel-dicker Beerenhaut	mit eindeutigem und feinem Muskat-geschmack	mittel bis dick-beerig; breit elliptisch und trennt sich sehr leicht vom Stiel; mäßig festes und sehr saftiges Fruchtfleisch; mitteldicke Beerenhaut	gelbgrün bis gelb	verfügt über eine gute Krankheitsresistenz; das Mostgewicht ist mittel bis gut und die Säure ist sehr niedrig; Ertrag ist mittel bis hoch; mittelstarke Frucht; Kerne sind voll-ständig ausgebildet
Fanny (Mitte Aug. - Anf. Sept.)	mittel - groß und mittlere Beerendichte mit dicker Beerenhaut	feiner Trauben-fruchtgeschmack	groß und breit elliptisch; Beeren lösen sich gut vom Stiel; Frucht-fleisch sehr fest und wenig saftig	gelbgrün	Mostgewicht und Säure ist gering; Ertrag ist hoch bis sehr hoch; Kerne sind vollständig ausgebildet: mittlere Resistenz gegen Oidium
Hecker (Aug. - Mitte Sept.)	groß und etwas kompakter als Gutedel	etwas aroma-tischer süsser Traubenfrucht-geschmack	groß und elliptisch	gelbgrün	Mostgewicht und Säure ausgewogen; sehr ertrags-reich und mit zunehmender Reife etwas Fäulnis; große Ähnlichkeit mit Gutedel; etwas anfälliger gegenüber Winterfrost
Muskat bleu (Ende Aug. - Mitte Sept.)	mittel - groß und lockerbeerig; Beerenhaut dünn - mittel; wegen der frühen Reife von Wespen befallen; windige Standorte bedeuten Rieselgefahr sowie naßkaltes Blütewetter mangelhafte Befruchtung	große, sehr lockere Trauben mit großen, ovalen, knackigen Beeren sowie leichter Muskat-geschmack	große und ovale Beeren mit mäßig saftigem und festem Fruchtfleisch; Beeren trennen sich leicht vom Stiel; Kerne voll-ständig ausgebildet.	blau-schwarz	Mostgewicht ist mittel bis hoch und die Säure gering; Traubenertrag ist als hoch zu bezeichnen; Resistenz gegenüber Mehltaukrankheiten ist im allgemeinen gut

Rebsorten Reife- und Erntezeiten	Trauben-form-/struktur	Geschmacks-besonderheiten	Beeren-Merkmale	Farbe	Sonstige Eigenschaften und Besonderheiten
Nero (Mitte Aug.-Anf. Sept.)	große Trauben und mittlere Traubenbeerendichte	mittelgroße Trauben von mittlerer Beerendichte; sehr wohlschmeckend und dem Muskat bleu sehr ähnlich	mittelgroß und eiförmig; mäßig saftiges und festes Fruchtfleisch; Beeren trennen sich sehr leicht vom Stiel	blau-schwarz	Mostgewicht mittel-hoch mit geringer Säure; Ertrag gering bis mittel-sicherer als Muskat bleu; Wuchs mittelstark bis stark; mittlere bis gute Resistenz gegenüber Mehltaukrankheiten
Lakemont (New York) „kernlos“	ziemlich lockere Traubenstruktur mit kernlosen Beeren	neutrales Aroma und Fruchtzuckersüsse von milder Geschmacksnote	mittelmäßiges Fruchtfleisch- u. Beerenhautfestigkeit	gelb-grün	ziemlich gute Resistenz gegenüber Winterfrost, Oidium sowie mittel gegen Peronospora und Botrytis; verfügt über einen starken Wuchs
Romulus „kernlos“	ziemlich lockere Traubenstruktur mit kernlosen Beeren	neutral bis fruchtiger Geschmack	mittelmäßiges Fruchtfleisch- u. Beerenhautfestigkeit	gelb-grün	mittelmäßige Widerstandsfähigkeit gegenüber Winterfrost und pilzlichen Krankheiten; starkwüchsig
Palatina (Mitte Aug.-Mitte Sept.)	große Trauben von lockerer bis mittlerer Beerendichte und mittel bis dicker Beerenhaut	dezenter Muskatgeschmack und stabiler, knackiger Schale	mittel-große und eiförmige Beerenform; lösen sich sehr leicht vom Stiel; das Fruchtfleisch ist mößig fest und saftig	grüngelb bis gelb	Mostgewicht ist mittel bis gut und die Säure angenehm niedrig; Ertrag ist mittel bis normal; Kerne sind vollständig ausgebildet; guter Wuchs und gesunde Trauben
a) Spätreifend (September bis Anfang Oktober)					
Angela (Sept. - Okt.	mittel - große Trauben von mittlerer Beerendichte und mittel bis dicker Beerenhaut	traubenfruchtiger Geschmack	mittel-große eiförmige Beeren und lösen sich gut vom Stiel	gelb-grün	Mostgewicht ist gering bis mittel; mittlere Säure; Ertrag ist hoch; Kerne sind vollständig entwickelt; Winterfrosthärte sehr gut sowie eine gute Krankheitsresistenz
Terez (Erste - letzte Sept.-Woche)	mittel - groß und von mittlerer Beerendichte und mittel bis dicker Haut	Muskatgeschmack; das Fruchtfleisch ist mäßig fest und mäßig saftig	große - sehr große eiförmige Beeren und trennen sich sehr gut vom Stiel	gelb-grün	Mostgewicht und Säure sind gering bis mittel; Ertrag ist mittel bis hoch; Kerne sind vollständig ausgebildet; sehr gute Resistenz gegenüber Botrytis und eine gute gegenüber den Mehltaupilzen; sehr gut Winterfrosthärte

*) Die wohlschmeckenden und zum Teil feinwürzigen pilztoleranten Tafeltrauben und Zierreben liefern bei richtiger Standortwahl und Kulturpflege sehr gute Traubenqualitäten und mittlere bis sehr gute Erträge. Die einzelnen Rebsorten sind unterschiedlich widerstandsfähig gegenüber pilzlicher Krankheiten sowie gegenüber Winterfrost; allerdings ist dies sehr abhängig von den Standortverhältnissen, der Witterung und den Pflegemaßnahmen. Nach dem derzeitigen Stand der Rebenzüchtung gibt es noch keine vollständige Krankheits- und Frostresistenz. Die meisten hier genannten pilztoleranten Tafeltraubensorten und Zierreben sind Kreuzungen zwischen Europäerreben und resistenten amerikanischen Rebarten. Die im zweiten Teil „B“ der Übersicht vorgestellten Rebsorten und andere Sorten sind nicht mehr von den Europäersorten (Vitis vinifera) im Geschmacksbild zu unterscheiden. Der Rebenzüchtung im In- und Ausland ist es zu verdanken, dass es Tafeltrauben heute gibt, die den Einsatz von Rebschutzmitteln beachtlich reduzieren oder sogar völlig darauf verzichtet werden kann.

Unterlagsrebsorten

Mit der Einschleppung der Reblaus von Amerika nach Europa bzw. nach Südfrankreich um 1860 wurde sie im Jahre 1874 in Deutschland erstmals in einer Rebschule auf dem Annaberg bei Bonn gefunden. Innerhalb weniger Jahrzehnte breitete sich die Reblaus über sämtliche Weinbaugebiete in Europa und Übersee aus und brachte den Weinbau in vielen Ländern nahezu zum Erliegen. Durch das Reblausgesetz von 1904 mit seinen strengen Verordnungen und einem staatlichen Bekämpfungsdienst konnte durch die Vernichtung der befallenen Weinberge im deutschen Weinbau eine Reblaus-Katastrophe verhindert werden. Die Reblausverseuchung nahm während des zweiten Weltkrieges im deutschen Weinbau sehr stark zu. Um das Jahr 1949/50 wurde mit der Umstellung auf Pfropfreben mit reblausresistenten Amerikaner-Unterlagen planmässig begonnen. Die Gefährdung der Europäerreben durch die Wurzel-Reblaus kann also ausgeschaltet werden, wenn als Wurzelstange eine Amerikaner-Unterlagsrebe mit dem Edelreis einer Europäerrebe gepfropft bzw. veredelt wird. Die Zahl der Amerikaner-Unterlagsrebsorten ist im Vergleich zu den vielen Europäer- und anderer Ertragsrebsorten gering. Im deutschen Weinbau werden vor allem die Berlandieri x Riparia Kreuzungen als Unterlagsrebsorten bevorzugt. Die wichtigsten Unterlagen sind SO 4,
5 BB, 5 C. 8 B, 125 AA und Binova. Die Unterlagsrebsorten Börner, Cina und Rici mit Vitis cinerea Einkreuzung besitzen Sortenschutz und sind beim Bundessortenamt in die Sortenliste eingetragen. Seit dem Pflanzjahr 2001 können diese Unterlagen innerhalb der EU angepflanzt werden, denn eine Klassifizierung der Unterlagsrebsorten ist in der EU seit dem 1.8.2000 nicht mehr erforderlich.

Binova

Die wichtigsten Eigenschaften der Unterlagsreben*

Unterlage	Eltern + Züchter	Bevorzugte Bodeneigenschaften (=Adaption)	Kalkverträglichkeit %Ca ** total	%Ca *** aktiv	Bewurzelung, Wüchsigkeit und Chloroseeignung	Veredlungsfähigkeit (=Affinität)	Allgemeine Eigenschaften, Fruchtbarkeit, Holzreife und sonstige Kriterien im Weinberg
SO 4	Berlandieri X Riparia (Selektion Oppenheim4) Klon: Op 14, 16, 31	Sehr große Adaptionsbreite, sehr kalkverträglich, mittlere bis gute Böden, die nicht zur Trockenheit neigen	40	ca. 20 und etwas mehr	Halbtiefgehend, kräftig, starker Wuchs, jedoch geringer als 5 BB, besonders widerstandsfähig gegen Chlorose	gut	Starkwüchsig, jedoch geringer als 5 BB. Begünstigt die Fruchtbarkeit und neigt nicht zur Verrieselung. Die frühe und sehr gute Holzreife wirkt positiv auf die Winterfrosthärte. Besonders für tiefgründige und kalkreiche Böden geeignet. Besitzt eine sehr große Standort- und Bodenstreubreite. Gering anfällig gegen Wurzelreblaus
5 BB	Berlandieri X Riparia Klon: Freiburg, 148, Geisenheim 13, Würzburg 137 Weinsberg 39, 48	Sehr große Adaptionsbreite, gut kalkverträglich, größteVariationsbreite für alle Böden und sehr fruchtbar in nicht zunährstoffreichen Böden. Ungeeignet für zur Verrieselung neigende Sorten, auf triebigen Böden	40	20	Halbtiefgehend, kräftig, sehr wüchsig, gute Widerstandsfähigkeit gegen Chlorose	gut bis sehr gut	Sehr stark wüchsig, fördert die Verrieselung, besonders in triebigen und wüchsigen Böden. Auch für nicht blüteempfindliche Sorten verwenden (Ausnahme leichte und trockene Böden). Gut für wuchsschwache u. trockene Standorte. Gering anfällig gegenüber der Wurzelreblaus
5 C	Berlandieri X Riparia Klon: Geisenheim 6, 10, 6-13, 6-16 6-22, 6-52 6-53	Sehr große Adaptionsbreite, jedoch nicht für extrem trockene Böden geeignet, weniger kalkverträglich als SO4, Binova, 5 BB, 125 AA u. 8 B. Für alle Sorten in kräftigeren Böden geeignet. Ungeeignet für kalte und nasse Standorte	30	15 und weniger	Halbtiefgehend, stark bis sehr stark wüchsig, auf nährstoffreichen Böden „Chlorose-empfindlich"	gut	Wüchsigkeit stark, sie liegt zwischen 5 BB und SO4, gute Affinität für Riesling, Traminer und Burgundersorten, besonders für blüteempfindliche Sorten geeignet (ähnlich wie SO 4). Frostwiderstandsfähiger als 5 BB und frühere Holzreife. Gegen Wurzelreblaus gering anfällig
8 B Teleki	Berlandieri X Riparia Klon: Geisenheim 349-4, 349-7, 361-2, 361-3, 361-5, L6 Gm	Für flache u. trockene Böden nicht geeignet, sehr kalkwiderstandsfähig – verträgt höchsten Kalkgehalt (=Mergelböden)	40 und mehr	20 und mehr	Halbtiefgehend und kräftig, mittelstarker Wuchs, sehr widerstandsfähig gegen Chlorose	mäßig bis gut (=mit ein Grund für ihre geringe Verbreitung)	Besonders für Riesling auf kalkhaltigen, schweren Böden, mittelstark wachsend, mäßige Holzreife, in guten Böden sehr fruchtbar (z.B. für Siegerrebe gut geeignet). Für reichtragende Sorten ungeeignet. Anfälligkeit gegen Wurzelreblaus gering
Cina	(Berlandieri X Riparia) X Cinerea Sortenschutz und –zulassung seit 6.8.1998	Die Bodenadaption ist gut – jedoch nicht für nassen und kalkhaltigen Boden verwenden	Bei Cinerea-Kreuzungen ist die Kalkverträglichkeit etwas problematisch		Die Bewurzelung von Cinerea ist gut, allerdings das Anwuchsergebnis etwas geringer als bei denStandardunterlagen in der Rebschule. Chloroseanfällig.	Mit den Standardunterlagen (z.B. SO4 oder Binova) vergleichbar	Im Ertragsweinberg ist sie als schwachwüchsig einzustufen, ein kurzer Anschnitt und enger Stockabstand sind sinnvoll. Für sehr trockene und flachgründige Böden und Hangweinberge ungeeignet. Resistent gegenüber der Wurzel- und Blattreblaus. Im Ertrag und Mostgewicht fast gleich wie 8 B und Binova.

Unter-lage	Eltern + Züchter	Bevorzugte Bodeneigenschaften (=Adaption)	Kalkverträglichkeit %Ca ** total	%Ca *** aktiv	Bewurzelung, Wüchsigkeit und Chlorose-eignung	Veredlungs-fähigkeit (=Affinität)	Allgemeine Eigenschaften, Fruchtbarkeit, Holzreife und sonstige Kriterien im Weinberg
Rici	(Berlandieri x Riparia) x Cinerea Sortenschutz und –zulassung seit 6.8.1998	Adaption an den Boden ist gut – verträgt „wie die Unterlage China" keine nassen und kalkhaltigen Böden	Mit der Unterlage „Cina" vergleichbar		Vergleichbar mit „Cina"	Vergleichbar mit „Cina"	In der Wüchsigkeit ist die Sorte Rici mit den Unterlagen SO 4 und Binova zu vergleichen. Resistent gegenüber der Wurzel- und Blattreblaus. Beide Unterlagen „Rici und Cina" sind neben anderen Rebsorten auch für die Burgundersorten geeignet.
1255AA	Berlandieri x Riparia Klon: Freiburg 26, Geisenheim 1,2,3,4,5	Sehr große Adaptions-breite mit guter Kalk-verträglichkeit, besonders dicht lagernde Böden, die wenig luft- u. wasserdurchlässig sind. Ungeeignet für flachgründige Böden	bis ca. 50	bis ca. 30	Halbtiefgehend, kräftig	gut	Für alle Europäersorten geeignet, besonders für Müller-Thurgau, Portugieser, Faberrebe u.a. für blüteempfindliche Sorten weniger geeignet (Siegerrebe, Traminer u.a.). Die Wüchsigkeit ist stark bis sehr stark, vergleichbar mit der 5 BB.
3309	Riparia x Rupestris (Couderc) Klon: Freiburger 465 (Dümmler)	Tiefgründige, nährstoffreiche, feuchte und kalkarme Böden, geringe Kalkverträg-lichkeit	10 bis 15	bis ca. 25	Flach, nicht sehr tiefgehend, Wüchsigkeit schwach bis mittel, empfindlich gegen Chlorose	gut	Sehr fruchtbar, verrieselt nicht. Für schwere Böden nicht geeignet. „Französische Herkunft"
26 G	Trollinger x Riparia Geisenheim Klon: 27/7 Gm	Besitzt eine sehr große Adaptionsbreite. Nicht geeignet für lockere Böden – (L, Kies, S.) dort sind Reblausinfektionen möglich, da sie wegen des Vitis-vinifera-Erbgutes nicht reblausfest ist	bis ca. 50	bis ca. 30	Halbtiefgehend und kräftig, sehr wüchsig und widerstandsfähig gegen Chlorose	sehr gut	Die Reblausanfälligkeit der „26 G" ist sehr hoch und somit vom Anbaurisiko bedeutungslos für eine Neuanlage geworden
Binova	Berlandieri x Riparia (SO 4-Mutation) Oppenheim	Sehr große Adaptions-breite mit sehr guter Kalkverträglichkeit	bis ca. 50	bis ca. 30	Halbtiefgehend und kräftig, starker Wuchs, jedoch geringer als 5 BB, sehr chlorosefest	sehr gut	Besonders gut für blüteempfindliche Sorten geeignet, sehr fruchtbar, fördert die Fruchtbildung und Holzreife
Börner	Riparia 183 G x Cinera (Arnold)	Nach Geisenheim gute Anpassung an die meisten Weinbergs-Bodenarten	Nach Geisenheim verträgt sie einen mittleren Kalkgehalt		Halbtiefgehend, starkwüchsig	gut	Resistent gegen die Wurzel-reblaus, aufgrund nekrotischer Reaktionen nach dem Anstich. Durch die Blattreblaus findet keine Gallenbildung u. keine oberirdische Vermehrung statt.

Anmerkung: *Die Unterlagenzüchter sind ständig dabei die Eigenschaften der Unterlagen zu verbessern und richten ihre Zuchtziele verstärkt auf Reblaus-Nematoden-, Virus-, Chlorose- und Trockenheitsresistenz aus.

**Total-Kalk (=Gesamtkalk) nennt man im Boden vorhandenen Kalk ($CaCO_3$), der durch Salzsäure bestimmt wird.

***Aktiv-Kalk = von der Rebe aufnehmbaren Kalkanteil des Bodens. Bietet ein genaues Bild von der Kalkverträglichkeit der Unterlagsreben. Ab 20% Aktivkalk tritt meistens eine schädliche Beeinflussung des Wuchses und Chlorose auf. Allerdings ist dies sehr abhängigvon der Zusammensetzung und Struktur des Bodens. Es können hohe Gesamt kalkgehalte, 50-60% auftreten, jedoch mit geringem (12-15% Aktivkalk). „Eine Klassifizierung der Unterlagsrebsorten ist in der EU seit dem 1. August 2000 nicht mehr erforderlich".

Die Entstehung der Rebsortennamen

Wie bei keiner anderen Frucht gibt es so viele Sortennamen als bei der Rebe. Sie entstanden im Laufe der Jahrhunderte parallel mit der Fortentwicklung der Weinkultur. Anfangs im grauen Altertum wurden die Reben anhand ihrer Farbe, Reifezeit oder nach dem Standort, wo sie damals noch in den Urformen wuchsen unterschieden. In vorgeschichtlicher Zeit hatten somit die Reben noch keine richtige Namen. Die ersten schriftlichen Angaben über Traubensorten machte Mago um 500 vor Christus. Auch bei den Römern hat es sehr lange gedauert bis richtige Namen auftauchten.

Columella war der erste, der in seinem Werk 50 nach Christus 80 Traubenvarietäten genau beschrieb und dieselben zu ordnen bemüht war. Danach kamen für den Weinbau schwere Zeiten, die mehrere Jahrhunderte anhielten. Während der Herrschaft der Mauren gingen die bis dahin gewonnenen Erkenntnisse verloren. Nach nahezu 8 Jahrhunderten der Unterbrechung erschien die erste Arbeit über Rebsorten von Crescentius. Der beschrieb erneut 40 Varietäten, welche damals in der Umgebung von Bologna kultiviert wurden. Dieses Werk erschien im Jahre 1471 in Augsburg in deutscher Sprache. Ab diesem Zeitpunkt kamen bis zur heutigen Zeit eine große Anzahl von Veröffentlichungen über die Herkunft der Rebsorten hinzu. Zur Unterscheidung der Rebsorten war es zu allen Zeiten erforderlich, jeder Sorte einen Namen zu geben. Früher wie auch heute sind die Rebsortennamen abgeleitet bzw. benannt nach: Herkunfsort, Weinregion, Weinbauland, Weinbaugebiet, Entdecker, Entstehungszeit, Reifezeit, Traubenfarbe, Traubengeschmack, Blattfarbe, Züchter, Persönlichkeiten und anderen Namensgebern. Ferner gibt es heute wie früher eine Vielzahl von Fantasienamen. Bei gezielten Kreuzungen werden oft Silben bzw. Teile des Namens der Eltern verwendet. Ferner besitzt eine sehr große Anzahl von Rebsorten mehrere Doppelnamen (Synonyme). Das Bundessortenamt ist sehr darauf bedacht, dass bei neuen Rebsorten die Namen sinnvoll und nicht zu Verwechslungen mit anderen Sorten und sonstigen Verwirrungen führen können. Im Jahre 1873 wurde in Wien die internationale amphelografische Kommission gegründet, um die wirklichen Trauben-Varietäten zu erfassen, bzw. auf einen Sortennamen festzulegen.

Herkunft und Entstehung von Rebsortennamen

1.) nach Land, Region, Anbaugebiet, Weinort u. a.

Auxerrois – benannt nach der Heimat der ehemaligen Grafschaft Auxerre/ Burgund.

Blauer Frühburgunder – benannt nach dem Herkunfsland Burgund/Frankreich und nimmt Bezug auf die frühe Reife der Trauben gegenüber dem Blauen Spätburgunder. Ferner ist er eine Mutation des Spätburgunders.

Blauer Lemberger – vermutlich abgeleitet von Lemberg in Kroatien oder als Blaufränkisch aus Franken stammend.

Blauer Portugieser – bekannt unter der Bezeichnung Oporto-Rebe nach der ursprünglichen Herkunft aus Portugal. Von dort aus nach Ungarn und über Mitteleuropa verbreitet. An der Verbreitung in Deutschland war Johann Philipp Bronner aus Wiesloch (1792 bis 1864) maßgeblich beteiligt.

Blauer Spätburgunder – der Name ist abgeleitet von seiner Herkunft aus Burgund und wegen der späteren Reife gegenüber dem Blauen Frühburgunder.

Blauer Trollinger – sicherlich ist der Name Trollinger abgeleitet von Tirolinger bzw. Tirol und weist gleichzeitig auf seine Herkunft Südtirol hin.

Chardonnay – der Name Chardonnay stammt von dem gleichnamigen Ort in der Nähe der Stadt Mâcon/Burgund und wurde 1872 in Lyon vergeben. Die Sorte ist vermutlich eine weiße Mutation aus der Burgunderfamilie.

Freisamer – sein Name ist aus den Silben Freiburg und dem Fluß der Dreisam abgeleitet und ursprünglich hieß diese Sorte Freiburger. Die Sorte ist eine Neuzüchtung des Weinbauinstitutes Freiburg.

Merzling – nach dem Sitz des Weinbauinstitutes Freiburg im Stadtteil "Merzhausen". Eine pilzresistente Neuzucht vom Weinbauinstitut Freiburg.

St. Laurent – die Bezeichnung geht vermutlich auf den St. Laurentius bzw. St. Lorenztag (10. August) zurück und bezieht sich auf den frühen Reifebeginn des Blauen Spätburgunders. Der weinheilige Laurentius gilt als besonderer Patron der Pfälzer Winzer. Er ist auch unter dem Synonym "Pinot St. Laurent" bekannt. Es kann auch sein, daß die Sorte ihren Namen von der Ortschaft Saint Laurent / Médoc aus Frankreich stammt.

Silvaner – die Namensherkunft deutet auf Transsylvanien (Siebenbürgen) hin und kam von dort nach Österreich und wurde erstmals 1665 vom Abt der Zisterzienser-Abtei Ebrach, Alberich Degen, am Steigerwald in Franken angepflanzt. Erst 100 Jahre später kam der Silvaner nach Rheinhessen und der Pfalz. Eine weitere Namensabteilung kann von Silvanus (lat. Silva = Wald) = Waldrebe stammen. Franken und Österreicher sind Synonyme des Silvaners.

Sulmer – ist abgeleitet von dem Fluß Sulm / Württemberg. Eine Weinsberger Neuzüchtung.

Traminer – der Weinort Tramin in Südtirol ist Namenspate. Bekannt ist diese Rebsorte auch noch unter der Bezeichnung "Dreimännerwein".

Weißer Burgunder – ist nach seiner Heimat Burgund genannt und ist eine Mutation aus dem Grauen Burgunder. Bis zum Jahre 1874 trug die Sorte die Bezeichnung "Weißer Klevner" und wurde damals von der internationalen amphelografischen Kommission in Wiesloch in Deutschland verbreitet.

Welschriesling – wahrscheinlich geht er Sortenname auf das Welschland, d. h. auf Italien zurück. Nach dem bekannten Rebsortenkundler Hermann Göthe kommt diese Sorte aus der Champagne mit der französischen Schreibweise "Wälschriesling". Es wird am stärksten in Österreich und an der Donau, vor allem in Rumänien sowie auch in Italien, Jugoslawien, Bulgarien, Ungarn und anderen Nachbarweinbauländern angebaut.

2.) nach Geschmacks- und Geruchsaromen

Muskateller – wahrscheinlich stammt der Name von muscus (lat.) = Aroma und von üppigem Muskat-Geschmack ab.

Muskat Ottonel – es wird vermutet, daß der Name aus seinem feinwürzigen Geschmack und seinen opulenten Duftaromen abgeleitet ist. Ferner wird vermutet, daß es eine Gutedel-Mutation sein kann oder eine Kreuzung zwischen Gutedel und einer Muskatsorte von der Loire.

Muskat Trollinger – sein Name deutet auf die Herkunft aus Südtirol hin (Tirolinger) und ist evtl. eine Mutation des Blauen Trollingers.

Würzer – der Name weist auf die aromatischen und feinwürzigen Geschmacks- und Geruchsaromen hin und ist eine Neuzüchtung von Georg Scheu, Alzey.

3.) nach Blatt-, Beeren- oder Weinfarbe

Dakapo – bedeutet Zugabe; ist sehr farbintensiv und für den Farbverschnitt ein geeigneter Cuvéepartner. Gezüchtet von der Forschungsanstalt Geisenheim.

Deckrot – von der Verwendung als roter Deckrotwein zur Farbverstärkung der Verschnittpartner. Stammt vom Weinbauinstitut aus Freiburg.

Dunkelfelder – der Name soll ebenfalls auf den dunkelroten Wein hinweisen. Vermutlich eine Kreuzung aus Portugieser x Färbertraube von Ökonomierat Gustav Adolf Froelich (1847 bis 1912, Edenkoben/Pfalz).

Färbertraube – abgeleitet von dem dunkelroten gefärbten Fruchtfleisch sowie dem tiefroten Wein zur Verwendung als Deckrotwein.

Nero – geht zurück auf die schwarze Beerenfarbe der Rebsorte. Gezüchtet als Tafeltrauben von der Forschungsanstalt für Weinbau und Kellerwirtschaft in Eger/Ungarn.

Rondo – nach rot klingend von der roten Farbe des Weines. Rondo ist ein Begriff aus der Musik; "klassisch; einfach in der Form". Eine pilzfeste Neuzüchtung der Geisenheimer Forschungsanstalt.

Samtrot – Name von kräftigem Rot und samtiger Art des Weines stammend. Es handelt sich bei Samtrot um eine unbehaarte Rückmutation der Müllerrebe zum Spätburgunder und wurde entdeckt von dem Klonenzüchter Schneider aus Heilbronn.

4.) nach Personennamen (Förderer, Dichter, Komponisten, Mediziner, Politiker, Philosophen u. a.)

Bronner – benannt nach dem bekannten Ampelographen, Winzer und Apotheker Johann Philipp Bronner aus Wiesloch/Baden. Es handelt sich um eine pilztolerante Weißweinsorte vom Freiburger Weinbauinstitut.

Dalkauer – der Name Dalkauer ist abgeleitet von Dalkowski und aus der Vorsilbe von Kaukasus. Zur Erklärung des Namens ist noch folgendes anzumerken: Prof. Görtz aus Bosenheim brachte diese Rebsorte nach 1945 aus dem Kaukasus mit in sein Weingut nach Bosenheim/Rheinhessen. Die Herkunft steht nicht eindeutig fest, vermutlich handelt es sich um eine Riesling x Veltliner-Kreuzung oder um eine Riesling-Mutation. Sie wurde auch nach dem Namen des früheren Gutsverwalters Beutel als "Beutelrebe" bezeichnet.

Ortega – dieser Name wurde dem spanischen Philosophen, Dichter und Weinliebhaber José Ortega y Gasset (1883 bis 1955) gewidmet. Von Prof. Dr. Hans Breider, Würzburg, gezüchtet.

Osteiner – die Sorte Osteiner wurde den Grafen von Ostein gewidmet, die in Geisenheim bedeutende Bauwerke und Gartenanlagen gestaltet und errichtet haben.

Hegel – benannt nach dem bekannten Philosophen Georg Wilhelm Friedrich Hegel (1770 – 1831), Stuttgart/Württemberg. Weinsberger Neuzüchtung.

Hölder – wurde nach dem bekannten Dichter Friedrich Hölderlin aus Lauffen am Neckar (1770 – 1843) benannt. Ebenso von Weinsberg gezüchtet.

Juwel – dieser Name setzt sich aus drei Silben zusammen: Ju für "Jupp",

Kurz- und Rufname des verdienstvollen "Herrn Josef Schäffer", Neustadt-Haardt, der sich sehr um die Weinsberger Neuzuchten bemühte und einen maßgeblichen Anteil an dieser Neuzucht Juwel besitzt; "we" für Weinsberg und "l" für Lauffen und so entsteht ein Juwel.

Kanzler – der Sortenname Kanzler wurde von den besonderen Eigenschaften der drei ersten Bundeskanzler Deutschlands abgeleitet; raffiniert und große Reife wie Konrad Adenauer, voll und große Fülle wie Ludwig Erhardt, vornehm und elegant wie Kurt Georg Kiesinger. Stammt aus Alzey von Georg Scheu.

Kerner – benannt nach dem bekannten Dichter, Arzt und Weinfreund Justinus Kerner (1786 – 1862), Weinsberg; wurde 1929 von August Herold aus Trollinger x Riesling gezüchtet und erfreut sich durch seine rieslingähnliche fruchtige Weine großer Beliebtheit.

Rabaner – Name von Hrabanus Maurus abgeleitet, der 856 in Winkel im Rheingau starb. Er war Schüler des heiligen Benedikt sowie berühmter Gelehrte und Erzbischof in Mainz. Wurde in Geisenheim gezüchtet.

Rathay – diese pilztolerante Rotweinsorte ist benannt nach dem österr. Pflanzenpathologen und Ampelographen Prof. Emmerich Rathay (1845 – 1900) von der Bundeslehranstalt Klosterneuburg / Österreich; und wurde gezüchtet von Frau Dr. Gertrude Mayer.

Roesler – ist ebenso eine pilztolerante Rotweinsorte benannt nach Prof. Dr. Leonhard Roesler (1839 – 1910), Klosterneuburg, von Frau Dr. Gertrude Mayer gezüchtet.

Regner – benannt nach der langjährigen Mitarbeiterin des Rebenzüchters Georg Scheu, Frau Maria Regner aus Alzey.

Ruländer – benannt nah dem Kaufmann Johann Seger Ruland aus Speyer, der die Rebe im Jahre 1711 in einem verwilderten Weinberg fand und durch Selektion und Verkauf von Stecklingen zur Verbreitung in Deutschland führte.

Silcher – wurde dem Komponisten und Musikerzieher Friedrich Silcher (1782 – 1860), Tübingen, gewidmet. Silcher wurde gezüchtet von Oberlandwirtschaftsrat August Herold, Weinsberg, im Jahre 1951 aus Kerner x Silvaner. Eigene Kompositionen wie "Ännchen von Tharau", "ich weiß nicht was soll es bedeuten" und andere bekannte Volkslieder stammen von ihm.

5.) nach Kreuzungs-, Erhaltungs– und Mutationszüchter

Blauer Zweigelt – benannt nach dem Züchter Prof. Dr. Fritz Zweigelt (1886 – 1965) aus Klosterneuburg / Österreich.

Dornfelder – benannt nach dem Cameralverwalter Imanuel August Ludwig Dornfeld, wurde am 19. Mai 1796 als Sohn des ev. Pfarrers Johann Dietrich Dornfeld und dessen Ehefrau Eberhardine in Neckarweihingen geboren. Gezüchtet wurde die Rebsorte Dornfelder von Oberlandwirtschaftsrat August Herold im Jahre 1955 aus "Helfensteiner x Heroldsrebe" in Weinsberg.

Findling – der Name ist abgeleitet aus "gefunden", es handelt sich um eine Müller-Thurgau-Mutation von Franz Kimmig, Tiergarten bei Oberkirch / Baden und ist seit 1972 zum Anbau zugelassen.

Faberrebe – die Vorsilbe "Faber" bedeutet lat. Schmied (Handwerker) und weist auf den Förderer Karl Schmitt, Wollmesheim/Pfalz, der sich züchterisch um diese Sorte verdient gemacht hat. Eine Züchtung von Georg Scheu, Alzey.

Heroldrebe – Züchter und Namensgeber ist Oberlandwirtschaftsrat August Herold (1902 bis 1973), Weinsberg. Diese Weinsberger Züchtung ist eine Kreuzung zwischen dem Blauen Portugieser und dem Blauen Limberger.

Johanniter – zur Erinnerung an den ehemaligen Leiter und Rebenzüchter der Freiburger Rebenzüchtung Dr. Johannes Zimmermann, Weinbauinstitut Freiburg.

Huxelrebe – die Sorte wurde nach dem Winzer und Weingutbesitzer Fritz Huxel aus Westhofen / Rheinhessen benannt, welcher sich als Förderer und Liebhaber um diese wertvolle und bekannte Alzeyer Neuzüchtung sehr verdient gemacht hat.

Früher gelber Malingre – wurde von dem Gärtner Malingre in der Nähe von Paris um 1840 aus einem Sämling gezüchtet.

Morio Muskat – die zwei Namensbestandsteile dieser Rebsorte deuten auf ihren Züchter Peter Morio, Geilweilerhof bei Siebeldingen und dem sehr typischen und ausgeprägten Muskat-Bukett der Trauben und des Weines hin. Zu anderen Muskatrebsorten besteht keine Verwandtschaft.

Scheurebe – mehrere Bezeichnungen mußte diese wertvolle Rebsorte über sich ergehen lassen und zwar: Sämling 88; S88; im 3. Reich Dr. Wagner-Rebe; nach 1945 nach dem Züchter Georg Scheu benannt.

Müller-Thurgau – wurde benannt nach dem namhaften Züchter Prof. Dr. Hermann Müller-Thurgau / Schweiz. Nach neuesten Erkenntnissen von Frau Dr. Dettweiler, Bundesforschungsanstalt Geilweilerhof, Siebeldingen / Pfalz, soll es sich bei dieser Sorte nicht um eine Riesling x Silvaner Kreuzung, sondern um eine Kreuzung zwischen Riesling x Madeleine Royale handeln.

6.) nach Burgen, Schlössern, Festungen und Klöstern

Arnsburger – der Name der Rebsorte Arnsburger soll an die Weinbautradition der Zisterzienser Mönche erinnern, die sich große Verdienste um die Verbreitung des Weinbaues im Rheingau erwarben. Das Zisterzienser-Kloster Erbach im Rheingau gründete das Kloster Arnsburg in der Wetterau. Wurde von der Geisenheimer Forschungsanstalt gezüchtet.

Ehrenbreitsteiner – benannt nach der Festung Ehrenbreitstein bei Koblenz; ist eine Geisenheimer Züchtung.

Ehrenfelser – wurde der Burgruine Ehrenfels (über dem Binger Loch) bei Rüdesheim im Rheingau gewidmet und ist ebenso eine Geisenheimer Neuzüchtung.

Helfensteiner – trägt den Namen der ehemaligen Burg bei Geislingen a. d. Steige und ist eine Neuzüchtung von Herold, Weinsberg.

Mariensteiner – der Name beruht auf der Festung Marienstein in Würzburg / Franken. Sie wurde gezüchtet von Prof. Dr. Hans Breider, Würzburg.

Reichensteiner – diese Sorte trägt den Namen der historischen Burg Reichenstein bei Trechtingshausen am Mittelrhein und kommt aus dem Züchtungs-Institut von Geisenheim.

Schönburger – der Name ist abgeleitet von der Schönburg bei Oberwesel am Mittelrhein. Sie stammt ebenfalls aus Geisenheim.

Oraniensteiner – nach dem Schloß Oranienstein in Dietz/Lahn, dem Stammschloß des Hauses Oranien der Niederlande. Gezüchtet von der Geisenheimer Forschungsanstalt.

7.) nach Planeten / Gestirnen

Orion – in der griechischen Mythologie Sohn des Poseidon. Sternbild am Abendhimmel, bei uns im Winter sichtbar. Er ist eine neue pilzresistente Sorte und wurde gezüchtet von der Bundesforschungsanstalt für Rebenzüchtung Geilweilerhof, Siebeldingen/Pflaz – Züchter: Prof. Dr. Dr. hc G. Alleweldt.

Pollux – ist ein Held der griechischen Sage, der mit seinem Bruder Castor die geraubte schöne Helena befreite. Als Lohn für ihre Bruderliebe setzt sie Zeus als Zwillinge oder Morgen- und Abendstern (als der hellste Stern im Sternbild Gemini) an den Himmel. Stammt vom gleichen Züchter wie Orion.

Sirius – er ist benannt nach dem hellsten Fixstern des Himmels, dem "Sirius" = Stern im Sternbild des großen Hundes. Ebenso eine Züchtung von Prof. Dr. Dr. hc G. Alleweldt.

8.) nach lateinischen Begriffen

Albalonga – abgeleitet von Alba – Longa (lat.) = weiße lange mit hellem Blattwerk und schlanken länglichen Trauben. Züchtung von Prof. Dr. Hans Breider, Würzburg.

Optima – ist abgeleitet vom lateinischen = die Beste. Gezüchtet von der Bundesforschungsanstalt für Rebenzüchtung Geilweilerhof, Siebeldingen / Pfalz.

Septimer – der Name ist abgeleitet vom lateinischen = septen = Siebenter, die 7. Neuzüchtung der Rebenzuchtanstalt Alzey (nach den Rebsorten Scheurebe, Siegerrebe, Perle von Alzey, Huxelrebe, Kanzler und Faberrebe).

9.) nach Wortsilben bzw. Namensteilen der Mutter- und Vatersorte

Kernling – aus Wortteilen von **Kern**er und Ries**ling**. Die Rebsorte Kernling ist eine Mutation aus der bekannten Neuzüchtung Kerner (= Trollinger x Riesling). Diese Sorte wurde von dem Sortenschutzinhaber Ludwig Hochdörfer aus Nussdorf / Pfalz entdeckt.

Multaner – ist eine Wortschöpfung aus Silben von **mult**us und Silv**aner**. Sie wurde von der Forschungsanstalt in Geisenheim gezüchtet.

Rieslaner – der Name setzt sich aus Silben der Kreuzungseltern **Riesl**ing und Silv**aner** zusammen. Zählt zu den bekannten Würzburger Neuzüchtungen.

Ruling – der Name Ruling ist aus der ersten und aus der zweiten Silbe der Kreuzungspartner "**Ru**länder x Ries**ling**" entstanden. Gezüchtet vom Weinbauinstitut in Freiburg.

Nobling – bedeutet "edel" und geht auf den Kreuzungspartner Gutedel (noble = gut) zurück. Gleichfalls eine Freiburger Züchtung.

10.) nach diversen Eigenschaften und Besonderheiten der Namensgebung

Siegerrebe – nach dem spontanen Ausruf eines franz. Teilnehmers bei einer Sämlingsweinprobe: "Das ist der Sieger!". Gezüchtet von Georg Scheu, Alzey.

Bacchus – nach dem Weingott der Römer benannt. Eine bekannte Züchtung von der Bundesforschungsanstalt Geilweilerhof, Siebeldingen / Pfalz.

Cantaro – bedeutet Weinkrug und wurde 1955 von Prof. Dr. Hans Breider, Würzburg, aus (Riesling x Silvaner) x Müller-Thurgau gekreuzt.

Domina - ist eine Kreuzung zwischen Portugieser x Spätburgunder und wurde von LR Peter Morio, Geilweilerhof - Siebeldingen/Pfalz, im Jahre 1927 gezüchtet. Der Name Domina kommt aus dem Lateinischen und bedeutet „Herrin“.

Fontanara – der Name bedeutet “Frische Quelle” und bezieht sich insbesondere auf den frischen, fruchtigen und rassigen Weingeschmack dieser Rebsorte. Sie stammt aus Würzburg und ist eine Kreuzung von Prof. Dr. Hans Breider.

Gutedel – der Name weist auf den besonderen Wert dieser Sorte als Qualitätsrebe = “edel” für die Verwendung als Kelter- und Tafeltraube hin.

Hibernal – kommt aus dem tschechischen und bedeutet Frosthärte. Es ist eine pilztolerante Neuzüchtung aus Geisenheim.

Merlot – die genaue Bezeichnung muß heißen: Merlot noir. Der Name leitet sich von dem französischen Begriff “Merle” = Amsel bzw. kleine Amsel ab. Die Amseln haben eine besondere Vorliebe für die frühreifenden verfärbten Beeren der Rebsorte Merlot.

Montagna – ist eine Riesling x Müller-Thurgau Kreuzung von Prof. Dr. Hans Breider, Würzburg und heißt übersetzt: “Auf dem Fels geborene”.

Müllerrebe – von weißen behaarten wie mit Mehl bestäubten Triebspitzen. Die Rebsorte Müllerrebe (=Schwarzriesling) ist eine stark behaarte Mutation des Blauen Spätburgunders.

Phönix – der Name weist auf ein Fabelwesen der Antike hin, die sich selbst verbrannte, um aus der Asche neugeboren empor zu steigen. Es handelt sich um eine pilztolerante Züchtung vom Geilsweilerhof, Siebeldingen/Pfalz.

Pinot - wurde von dem französischen Wort „pin“ = Fichtenzapfen abgeleitet , weil Pinot - bzw. Burgundersorten dichtgepackte Trauben haben und äußerlich Fichtenzapfen ähnlich sind.

Primera – die erste marktfähige pilztolerante Weißweinsorte der Geisenheimer Forschungsanstalt.

Regent – der Name steht für vornehm, adlig; sowie weist der Name auf einen aus Indien stammenden Diamanten hin, welcher im Louvre ausgestellt ist. Gezüchtet von Prof. Dr. Dr. hc G. Alleweldt, Geilweilerhof in Siebeldingen / Pfalz.

Staufer – eigentlich sollte die Rebsorte den Namen "Silva" erhalten, da mit Silvaner verwechselbar, wurde ihr der Name Staufer gegeben. Stammt vom gleichen Züchter wie Regent.

Solaris – die Nutzung der Strahlenenergie zur frühen Reife und zur außergewöhnlichen Zuckerleistung haben die Namensgebung geprägt. Gezüchtet vom Weinbauinstitut in Freiburg.

Die wichtigsten Weinaromen verschiedener Rebsorten

Die Weinaromen gehören zu den Geschmacks- und Geruchsstoffen, die unter den Begriff Sortenbukett fallen.

Das Wort *Aroma* stammt aus dem griechischen und bedeutet so viel wie Gewürz. Demnach ist der Gewürztraminer – wie der Name sagt – eine ausgesprochene Aroma-Sorte. Neutrale Sorten haben dagegen wenig Aroma. Die Aromen sind bei der Sortenbeurteilung ein bedeutendes Qualitätsmerkmal und spielen bei der Sensorik eine große Rolle. Ihre chemische Zusammensetzung konnte bislang, trotz intensiver Untersuchung mit dem Gaschromotographen, nicht vollständig aufgeschlüsselt werden. Professor Dr. Rapp vom Geilweilerhof, Siebeldingen/Pfalz, hat sich auf dem Gebiet der Aromaforschung sehr verdient gemacht. Er fand ca. 800 verschiedene Verbindungen, die ein Aromamuster bilden können.

Man unterscheidet drei Aromaarten:

Primär-, Sekundär- und Tertiäraroma.

Das **Primäraroma** befindet sich in den Trauben und teilweise im Jungwein, besonders wenn er noch im Gären ist. Es besteht hauptsächlich aus terpenoiden Stoffen.. Das **Sekundäraroma** ist ein Produkt der Hefen bzw. der Gärung, deshalb wird es landläufig auch als Gärbukett bezeichnet. Ihre Hauptbestandteile sind Ester aus Alkohol und Säuren. Das **Tertiärbukett** entsteht während der Flaschenweinlagerung und ist identisch mit der Geschmacksbezeichnung alt bzw. firn.

Die Entwicklung der Aromen von der Traube bis zur Flasche kann durch eine Reihe weinbaulicher und kellerwirtschaftlicher Maßnahmen positiv beeinflusst werden. Hierzu gehören vor allem gesunde Trauben mit einem möglichst hohen Reifegrad, eine zügige Verarbeitung des Lesegutes, nach Möglichkeit eine gezügelte Gärung und insgesamt eine schonende Weinbehandlung. Spitzenweine oder allgemein Weine von hoher Qualität sind heute ohne hochwertiges, sortentypisches Aroma nicht mehr denkbar. Die moderne Kellerwirtschaft trägt dieser Tatsache Rechnung. In der nachfolgenden Übersicht sind die typischen Aromen der einzelnen Rebsorten ersichtlich. Da es subjektive Ergebnisse sind, können sie nur eine Orientierungshilfe sein.

Die wichtigsten Aromen verschiedener Rebsorten

Rebsorten / Aromen	Weißwein														Rotwein						
	Müller-Thurgau	Riesling	Silvaner	Kerner	Chardonnay	Grau-burgunder	Weiß-burgunder	Scheurebe	Huxelrebe	Kanzler	Ortega	Siegerrebe	Traminer	Rieslaner	Spät-burgunder	Dornfelder	Lemberger	Portugieser	Schwarz-riesling	Trollinger	Regent
Ananas						X	X						X								
Akazienblüte (Auslesen)												X	X								
Äpfel	X	X		X			X			X									X		
Aprikosen		X		X		X	X				X	X	X								
Bananen (Auslesen)							X	X			X										
Birnen (Auslesen)				X		X	X	X			X		X								
Brombeeren									X						X	X	X		X		X
Champignon						X	X														
Grapefruit		X												X							
Heu / Gräser			X				X							X							
Himbeeren															X	X		X			
Holunder																X	X				X
Honig (Auslesen)	X	X	X	X	X	X	X	X	X	X	X	X	X	X							
Honigmelonen									X	X											
Kräuter			X																		
Bitter-Mandeln															X	X	X			X	X
Mangofruchtig	X			X			X	X				X									
Maracuja	X							X		X				X							
Melonen					X																
Muskatnuß	X																	X		X	X
Nelken													X								X
Nüsse					X		X		X												
Pfirsiche		X		X	X			X			X		X	X							
Pflaumen																	X				
Quitten		X	X				X			X	X				X						
Rosenduft	X	X						X	X			X	X								
Rote Johannisbeeren																		X			
Sauerkirschen																X	X		X	X	
Schwarze Johannisbeeren	X			X				X		X									X	X	
Stachelbeeren		X	X				X														
Süßkirschen															X	X	X	X	X	X	X
Trockenfrüchten													X								
Vanille													X								
Waldbeeren															X		X		X	X	X
Zitronen / Zitrus	X	X	X			X	X							X							

Lage und Rebsorte als Grundlage für Qualität

Den größten Einfluss auf die Weinqualität hat zweifelsohne die Weinbergslage.

Weine berühmter Weinbergslagen z. B. Niersteiner Glöck – Oppenheimer Sackträger – Bernkastler Doktor u. a. sind durch ihre einmalige Güte in der ganzen Welt bekannt. Weinbergslagen sind naturgebunden und kaum veränderbar, mit dem sich der Winzer abfinden muss.

Demgegenüber stehen eine Reihe von Rebsorten mit unterschiedlichen Lageansprüchen gegenüber. Hieraus folgt, dass der Winzer sich mit den Rebsorten dem Standort anpassen muss.
Ausgangspunkt für eine richtige Sortenwahl sind demnach genaue Kenntnisse über den vorgesehenen Standort (Lage, Boden, Klima). Für die Beurteilung der Lage spielt die Erwärmfähigkeit die Hauptrolle. Sie ist in erster Linie durch die geographische Breite der Hangrichtung (Exposition), der Hangneigung (Inklination), der Höhenlage sowie der Frostgefährdung bestimmt. Fehlentscheidungen, die bei der Auswahl einer Rebsorte, Rebklon, Unterlage sowie der Lage gemacht werden, können später im Weinberg als auch im Keller nicht mehr korrigiert werden. Die wichtigsten Klimakomponenten bei der Bewertung einer Lage sind das Licht, die Wärme, der Wind und die Niederschlagsverteilung während der Vegetation. Die durchschnittliche Jahrestemperatur liegt in den Anbaugebieten Deutschlands zwischen 8,5 und 10,5 Grad C. Diese Temperaturdaten lassen erkennen, dass der deutsche Weinbau in einem nördlichen Anbaugebiet liegt und gezwungen ist, für die Erzeugung von Qualität die geeignete Lage und die richtigen Rebsorten auszuwählen. Wie bekannt, sind am wärmsten die Südlagen, es folgen in der Bewertung der Güte bzw. Erwärmungsfähigkeit die Südwest-, Südost-, West-, Ost- und die windgeschützten ebenen Lagen. Die Nordlagen sind in nördlichen Gebieten wegen ungünstiger Sonneneinstrahlung (mangelnde Wärme- und Lichtverhältnisse) für den Weinbau in Deutschland ungeeignet. Westlagen sind allgemein besser zu bewerten als Ostlagen, weil sie durch die Nachmittagssonne begünstigt sind und über Nacht weniger auskühlen. Ostlagen sind im Frühjahr spätfrostgefährdet und im Herbst behindert Nebel die Erwärmung und Sonneneinstrahlung. Hanglagen sind gegenüber den Tal-Lagen wärmer und weniger frostgefährdet, da die kalte Luft schneller abfließt. Plateau-Lagen besitzen ein ungünstiges Bestandsklima, welches sich nachteilig auf die Holz- und Traubenreife sowie zu einer mangelnden Ausfärbung von Rotweinsorten führt.

In der nachfolgenden Übersicht: "Lageansprüche der wichtigsten Rebsorten" sind durch die drei Leitsorten **Riesling, Silvaner** und **Müller-Thurgau** die Grenzbereiche für die übrigen Sorten festgelegt. So sind sehr gute bis gute Lagen mit dem anspruchsvollen und spät reifenden Riesling, gute bis mittlere Lagen für den mittelspät reifenden Silvaner und mittlere bis kleine Lagen für den mittelfrüh reifenden Müller-Thurgau bestimmt. Nach diesen drei Leitsorten wird die Güte der Lagen als Riesling-, Silvaner- und Müller-Thurgau-Lagen bezeichnet. Bei der Rebsortenwahl haben neben der Lage die Standortfaktoren Boden und Klima eine ausschlaggebende Bedeutung für die Standortansprüche der jeweiligen Rebsorte. Es ist allerdings ein Irrtum anzunehmen, dass mit steigender Jahresdurchschnittstemperatur auch die Weinqualität steigt. Aromavielfalt, Frucht und eine pikante Fruchtsäure sind die charakteristischen Merkmale der deutschen Weine und dagegen in wärmeren Klimazonen anderer Anbaugebiete nicht erreichbar. Die verfügbare Lage ist sehr entscheidend für die optimale Standortwahl einer Rebsorte. Beispielsweise beansprucht der blaue Spätburgunder eine gute bzw. Silvanerlage. Bei Spätburgunder sind die neuen lockerbeerigen Burgunderklone sehr entscheidend für ein gesundes Lesegut, um Farbdefizite durch Beerenfäulnis auszuschließen. Etwas anders liegen die Lageansprüche bei den Rebsorten Dornfelder und Regent, denn sie benötigen als ziemlich frühreifende und verhältnismäßig lockerbeerige Rotweinsorten eine mittlere bis gute Lage für ihre intensive sortenspezifische Beerenhaut- und Fruchtfleischausfärbung. Dagegen benötigt die Sorte Portugieser eine gehobene mittlere Lage; jedoch ist aus Qualitätsgründen und der Frostgefährdung eine bessere Lage vorzuziehen. Die höchsten Ansprüche an die Lage stellen die beiden Rotweinsorten Cabernet Sauvignon und Merlot. Tallagen mit häufiger Nebelbildung, hoher Luft- und Bestandsfeuchte sowie windoffene Plateaulagen sind für den Rotweinanbau ungeeignet.

Blick auf die berühmte Lage „Oppenheimer Sackträger"

Lageansprüche der wichtigsten Rebsorten

(unter Berücksichtigung der Weinqualität)

KELTERTRAUBENSORTEN	LEITSORTEN		
I. WEISSE	RIESLING	SILVANER	MÜLLER-THURGAU
1. Albalonga			
2. Auxerrois			
3. Bacchus			
4. Chardonnay			
5. Ehrenfelser			
6. Faberrebe			
7. Findling			
8. Freisamer			
9. Früher Malingre			
10. Früher Roter Malvasier			
11. Gelber Muskateller			
12. Gewürztraminer			
13. Grüner Silvaner			
14. Huxelrebe			
15. Johanniter			
16. Kanzler			
17. Kerner			
18. Kernling			
19. Merzling			
20. Morio Muskat			
21. Müller-Thurgau			
22. Muskat Ottonel			
23. Nobling			
24. Optima			
25. Ortega			
26. Perle			
27. Phoenix			
28. Regner			
29. Reichensteiner			
30. Rieslaner			
31. Roter Ebling			
32. Roter Gutedel			
33. Roter Muskateller			
34. Grauer Burgunder			
35. Sauvignon blanc			
36. Scheurebe			
37. Schönburger			
38. Siegerrebe			
39. Veltliner			
40. Weißer Burgunder			
41. Weißer Elbling			
42. Weißer Gutedel			
43. Weißer Riesling			
44. Würzer			
II. ROTE			
1. Acolon			
2. Cabernet Mitos			
3. Cabernet Sauvignon			
4. Dakapo			
5. Domina			
6. Dornfelder			
7. Dunkelfelder			
8. Färbertraube			
9. Blauer Frühburgunder			
10. Helfensteiner			
11. Heroldrebe			
12. Blauer Limberger			
13. Merlot			
14. Schwarzriesling			
15. Palas			
16. Blauer Portugieser			
17. Regent			
18. Rondo			
19. Rotberger			
20. Saint Laurent			
21. Blauer Spätburgunder			
22. Blauer Trollinger			

Rebsorten- und Standortwahl zur Vermeidung von Spät- und Winterfrostschäden

Das Fundament eines ertragssicheren und wirtschaftlichen Weinberges ist bekanntlich die richtige Rebsorten- und Standortwahl. Unter Frostgefährdung bzw. Frostresistenz der Rebe versteht man die Widerstandsfähigkeit gegenüber Temperaturen unter 0 Grad Celcius. In den tiefen Lagen treten bei sehr früh austreibenden Rebsorten sehr leicht Spätfröste auf, weil die kalte, schwere Luftmasse von weniger als 0 Grad C in den tiefen Lagen sich ansammelt und bis zu einer gewissen Höhe reicht. Winterfrostschäden können schon bei frostempfindlichen Sorten ab 15 bis 16 Grad minus Knospenschäden verursachen. Am günstigsten sind die Süd-Südwest und Südost-Lagen mit einem Neigungswinkel von 25 bis 30 Grad, denn hier fließt die kalte Luft rascher ab und sind somit weniger den Winterfrösten ausgesetzt. Was die Höhe der Lage anbelangt, sind die mittelhohen Lagen die besten und die wärmsten. Unsere Rebsorten besitzen eine unterschiedliche Frostresistenz und stellen daher bestimmte Anforderungen an die Lage. Der Winzer muss wissen, welche Rebsorten er auf dem vorgegebenen Standort mit Aussicht auf Erfolg pflanzen kann und welche nicht. Fehler in der Rebsortenwahl hinsichtlich der Spät- und Winterfrostgefährdung sowie anderer Sortenkriterien können sich schwer rächen und die Anlage auf Dauer in Frage stellen. Bei sortengerechter Standortwahl braucht man auf die bewährten, aber spät- und winterfrostempfindlichen Rebsorten nicht zu verzichten.

In der nachfolgenden Übersicht sind die Rebsorten nach ihrer Spät- und Winterfrostempfindlichkeit zusammengestellt. Bei Beachtung dieser Hinweise können Ertrag- und Stockschäden reduziert oder ganz vermieden werden.

Großflächige Weinbergsbeheizung gegen Maifrost

Foto Dr. Mühlmann, Oppenheim 1957

Einstufung der Sorten nach ihrer Winterfrosthärte und Spätfrostanfälligkeit

Winterfrost*	Rebsorte	Spätfrost**
sehr hoch	Riesling	nicht überbetont; jedoch wegen der späten Traubenreife scheiden späte Lagen (= Maifrostlagen) aus
	Orion***	Winterfrosthärte mit Riesling vergleichbar; eignet sich für Müller-Thurgau-Lagen
	Sirius***	Winterfrosthärte mit Riesling vergleichbar und benötigt eine gute Lage – ab Silvanerlage
hoch	Chardonnay	sein früher Austrieb steigert die Spätfrostgefahr. Beiaugen nicht besonders fruchtbar
	Ehrenfelser	mit Riesling vergleichbar, also nicht überbetont
	Goldriesling	besitzt eine hohe Winterfrosthärte und stellt geringe Ansprüche an die Lage
	Kerner	nicht größer als Riesling und Silvaner
	Muskat-Ottonel	ist äußerst Winterfrostfest, fruchtbare Beiaugen, treibt mittelspät aus und verlangt windstille warme Lagen
	Ortega	hoch, da Austrieb früh
	Perle	wegen des späten Austriebes ist die Spätfrostgefahr gering
	Siegerrebe	wegen des frühen Austriebes hoch
relativ hoch	Grauer Burgunder	spätfrostgefährdet, da die Beiaugen weniger fruchtbar
	Weißburgunder	spätfrostgefährdet, da Beiaugen nicht übermäßig fruchtbar
	Auxerrois	spätfrostgefährdet und da Beiaugen weniger fruchtbar
	Johanniter***	besitzt eine gute Winterfrosthärte, spätfrostgefährdet wegen frühen Austriebes
	Juwel	Austrieb ist mittel – spät und deswegen Spätfrostlagen meiden
	Merzling***	Austrieb ist mittel und ebenso Spätfrostlage umgehen; jedoch sind die Beiaugen fruchtbar
	Regent***	gute Winterfrostfestigkeit; Austrieb früher als bei Müller-Thurgau = „Spätfrostgefahr!“
	Rieslaner	wegen späten Austriebes nicht ausgeprägt
	Rondo***	Winterfrosthärte besser als bei Spätburgunder; Austrieb früher als bei Portugieser – bedeutet spätfrostgefährdet
	Frühburgunder	empfindlich
	Spätburgunder	empfindlich
	Phoenix***	besitzt eine gute Winterfrosthärte; für Müller-Thurgau-Lagen geeigne etwas anfälliger gegen Spätfröste

relativ hoch	Domina	sehr winterfrosthart;
	Prinzipal***	Beiaugen besonders fruchtbar
	Lemberger	hoch, da Austrieb früh scheidet Spätfroststandort aus
	Muskateller	benötigt eine gute Lage, deshalb scheiden Spätfrostlagen aus
	Schwarzriesling	ist ziemlich Winterfrostfest; wegen späterem Austrieb und intensiver weißwolliger Behausung weniger spätfrostgefährdet
	Traminer	Beiaugen nicht fruchtbar, daher nicht geeignet in Spät-frostlagen
	Blauer Zweigelt	besitzt eine sehr gute Winterfrosthärte, benötigt eine gute Lage
mittel	Albalonga	ausgeprägte Säure, „erfordert gute Lage“, mittel bis später Austrieb
	Bacchus	hoch, das Austrieb früh
	Cabernet Sauvignon	ausreichende Winterfrosthärte, jedoch spätfrostgefährdet, benötigt warme und gute Lagen
	Freisamer	spätfrostgefährdet
	Mariensteiner	Austrieb ist mittel bis spät, Spätfrostgefahr geringer als bei Silvaner, hohe Lageansprüche
	Optima	wegen des späten Austriebes – eine geringe Spätfrostgefährdung
	Staufer***	Winterfrosthärte besser als bei Silvaner; Austrieb mittel = spätfrostgefährdet
	St. Laurent	ihre Maifrostanfälligkeit verbietet einen Anbau in Frostlagen
	Dornfelder	mittlere Anfälligkoit
	Dunkelfelder	früher Austrieb spricht für eine entsprechende Gefährdung
	Dakapo	Winterfrostfestigkeit wesentlich besser als bei Portugieser; verlangt mindestens mittlere bis gute Lagen
gering	Silvaner	spätfrostgefährdet, da Beiaugen wenig fruchtbar
	Müller-Thurgau	da Beiaugen fruchtbar sind, ist nach Spätfrost noch mit einem gewissen Ertrag zu rechnen
	Schönburger	nicht überbetont
	Rotberger	aufgrund des späten Austriebes nicht überbetont
	Scheurebe	wegen des späten Austriebes gering anfällig
	Faberrebe	der vor dem Müller-Thurgau liegende Austrieb führt zu einer etwas höheren Spätfrostgefährdung
	Gutedel	ist spätfrostgefährdet und Beiaugen wenig fruchtbar
	Morio Muskat	früher Austrieb = große Gefährdung. Sehr fruchtbare Beiaugen garantieren einen guten Ertragsausgleich

gering	Merlot	durch frühen Austrieb ist diese Sorte spätfrostgefährdet
	Nobling	durch späten Austrieb nicht sehr hoch
	Regner	Austrieb mit Müller-Thurgau = mittlere Spätfrostgefährdung
	Elbling	wegen frühem Austrieb empfindlich
	Heroldrebe	mit Portugieser vergleichbar = hohe Empfindlichkeit
	Helfensteiner	geringer als Trollinger
	Sauvignon blanc	infolge schlechter und später Holzausreife ist die Winterfrosthärte gering – erfordert eine gute Lage
sehr gering	Trollinger	benötigt zur Reife eine gute Lage, deshalb scheiden Spätfrostlagen aus
	Portugieser	hat eine hohe Empfindlichkeit
	Huxelrebe	hoch, da Austrieb früh
	Würzer	vergleichbar mit Müller-Thurgau, verlangt aber eine Silvanerlage
	Kanzler	hoch, da Austrieb früh
	Reichensteiner	erhöhte Spätfrostgefährdung, da Austrieb früh

*Die Winterfrosthärte ist genetisch festgelegt und wird jeweils von der Winterruhe beeinflußt. Das Frostkisiko kann somit durch einen späteren Rebschnitt reduziert bzw. durch einen verstärkten Anschnitt ausgeglichen werden (siehe Kapitel: Empfehlung zum Rebschnitt verschiedener Rebsorten). Hinzu kommt, daß die Reben bei großer Ertragsbelastung oder Chlorore zusätzlich geschwächt in den Winter gehen. Unter solchen Voraussetzungen kommt es in einer Frostlage schon nach mäßig kalten Wintern (bei ca. - 15-18°C) zu Frostschäden und Stockausfällen.

** Die Spätfrostanfälligkeit ist abhängig von dem Austriebs-Zeitpunkt. Rebsorten mit spätem Austrieb sind allerdings nur dann geschützt, wenn der Frost vor dem Austrieb erfolgt. Treten die Spätfröste vor den Eisheiligen auf, werden alle Sorten - bedingt durch den bereits vorhandenen Austrieb - gleichmäßig geschädigt. Der zweite Austrieb bringt gegebenenfalls noch einen gewissen Ertrag bei Sorten mit fruchtbaren Beiaugen oder auch fruchtbaren Adventivknospen. Die Einteilung der Rebsorten aufgrund ihrer Spätfrostgefährdung, kann somit nur richtungsweisend nach ihrem Zeitpunkt des Austriebs und der Fruchtbarkeit der Beiaugen erfolgen.

***Pilztolerante Neuzüchtungen - bereits zugelassene Sorten sind in der Sortenübersicht. „Zugelassene Rebsorten für Qualitätswein der deutschen Weinbaugebiete“ aufgeführt

*Empfehlungen zum Rebschnitt verschiedener Rebsorten

a) Zeitliche Festlegung des Rebschnittes

Das Rebensortiment in den dreizehn deutschen Anbaugebieten ist sehr vielfältig und die Winterfrosthärte sehr unterschiedlich. Grundsätzlich kann das Frostrisiko durch einen Rebschnitt nach der Frostperiode --anfangs März – am stärksten reduziert werden, weil dann noch die Möglichkeit besteht – sofern es nicht zu Totalschäden gekommen ist – durch einen verstärkten Anschnitt, Augenschäden auszugleichen. Der zusätzliche Anschnitt einer Frostrute, die nach den Eisheiligen entfernt werden muss, reduziert gleichzeitig das Risiko von Spätfrösten. Diese Forderung ist aus arbeitswirtschaftlichen Gründen kaum zu realisieren. Ein praktikabler Kompromiss bietet die Verlegung des Rebschnitts entsprechend der Frostempfindlichkeit der Rebsorte und der Ertragsgefährdung der Lage in die Schnittzeiträume: früh, mittelfrüh und spät. Der "frühe" Schnitt-Zeitpunkt sollte auf frosthärtere Rebsorten und weniger frostgefährdete Lagen beschränkt werden und beginnt in der Regel Anfang Januar. Mit dem "mittelfrühen" Rebschnitt sollte erst Ende Januar begonnen werden. Hingegen schneidet man die frostempfindlichen Rebsorten zum Zeitpunkt "Spät" und zwar am besten Mitte Februar nach der Hauptfrostperiode. Bei diesem Schnitt-Zeitpunkt handelt es sich vornehmlich um die winterfrostempfindlichen Rebsorten und die typischen Frostlagen. Die Frostresistenz der Rebe ist einerseits genetisch bedingt und damit sortenabhängig, andererseits aber wird sie von vielen anderen Faktoren (Kulturmaßnahmen, Standort, Witterung während der Vegetation, Erträge, u. a.) sehr beeinflusst.

In der Übersicht Rebsorten- und termingerechter Anschnitt sichert Menge und Güte"Kriterien zum Rebschnitt verschiedener Rebsorten" sind für alle wichtigen Rebsorten die Schnittzeitpunkte in Abhängigkeit von der genetischen Frosthärte zusammengestellt. Diese Übersicht möge als Orientierungshilfe zur Senkung des Frostrisikos dienen.*

b) Anschnittsstärke – Augenzahl pro Quadratmeter

Durch eine Regulierung der Ertragsmenge ergibt sich die Gelegenheit, einen echten Einfluss auf die Weinqualität auszuüben. Da der Mengenertrag am stärksten durch die Zahl der am Rebstock belassenen Augen beeinflusst wird, bietet sich mit dem Rebschnitt die Möglichkeit, eine frühzeitige positive Beeinflussung der Qualität durch die Beschränkung der Erntemenge über einen sortenspezifischen bzw. kurzen Anschnitt vorzunehmen. Der Hauptregulator der Qualität ist die Zügelung über den Rebschnitt.

Unter Berücksichtigung der Rebsorten und der Standortverhältnisse können in der Regel sechs bis neun Augen pro Quadratmeter bei vielen Rebsorten angeschnitten werden. Die in der Spalte "Augenzahl pro Quadratmeter" für die

Rebsorten- und termingerechter Anschnitt sichert Menge und Güte*

Rebsorten	Schnitt-Zeitpunkt			Augenzahl pro m_		
	früh	mittel-früh	spät	5 – 7	6 – 8	7 – 9
Weißweinsorten						
Albalonga		X			X	
Auxerrois		X			X	
Bacchus		X		X		
Sauvignon blanc			X			X
Chardonnay	X					X
Ehrenfelser	X					X
Faberrebe			X	X		
Grauburgunder		X			X	
Gutedel			X		X	
Huxelrebe			X	X		
Juwel		X			X	
Kanzler			X			X
Kerner		X			X	
Kernling		X			X	
Morio Muskat		X		X		
Müller-Thurgau			X	X		
Muskateller		X			X	
Muskat Ottonel	X				X	
Optima	X					X
Ortega	X				X	
Reichensteiner			X	X		
Regner			X	X		
Rieslaner		X				X
Riesling	X					X
Scheurebe			X			X
Schönburger			X		X	
Siegerrebe	X					X
Silvaner			X	X		
Weißburgunder		X			X	
Würzer			X	X		
Traminer	X					X
Rotweinsorten						
Cabernet Mitos					X	
Cabernet Sauvignon		X				X
Domina	X				X	
Dornfelder			X		X	
Dunkelfelder		X		X		
Frühburgunder		X			X	
Heroldrebe			X		X	
Limberger		X			X	
Merlot			X		X	
Palas			X		X	
Portugieser			X			X
Regent	X			X		
Rondo		X		X		
Rotberger			X		X	
Saint Laurent			X		X	
Samtrot		X			X	
Schwarzriesling		X			X	
Spätburgunder		X			X	
Trollinger			X			X

einzelnen Rebsorten vorgegebenen Fruchtaugen können nur als Richtwerte angesehen werden. Beim Rebschnitt spielen noch weitere Anschnittkriterien eine beachtliche Rolle und zwar: der Standort, die Wüchsigkeit der Rebsorte, die Vorjahreserträge, die produktionstechnischen Maßnahmen im Weinberg, Ertrags- und Qualitätsverhalten einer Rebsorte und andere Faktoren, welche den Anschnitt beeinflussen. Der Rebschnitt kann nicht schematisch erfolgen, sondern muss den Sorteneigenschaften und den jeweiligen Gegebenheiten individuell angepasst werden. In der Regel treiben ca. 10 % der Augen nicht aus und bleiben sitzen. Die Übersicht soll helfen, den Rebschnitt standort-, termin- und sortengerecht nach vorgegebenen Kriterien auszuführen.*

Rebenzüchtung

Die *Rebenzüchtung* vollzieht sich auf vier Ebenen, nämlich

1. als Auslesezüchtung in der Rebenselektion und Klonenzüchtung
2. als Mutationszüchtung und
3. als Kreuzungszüchtung
4. Gentechnik in der Rebenzüchtung

Auslesezüchtung
(Rebenselektion und Klonenzucht)

Um 1870 begannen Froelich in der Pfalz und Englerth in Franken mit der Auslesezüchtung (Einzelstockauslese) bzw. mit der Rebenselektion die Leistungseigenschaften der Rebstöcke zu verbessern, um dem Leistungsverfall (Degeneration) entgegenzuwirken. Man hat zu damaliger Zeit erkannt, dass bei der Rebenselektion nicht nur die äußerlichen Sortenmerkmale für die Verbesserung wichtig sind, sondern auch das erblich bedingte Leistungsvermögen einer Rebsorte für den Selektionserfolg mitzunutzen. Es bleibt festzustellen, dass Froelich und Englerth mit ihrer Selektionsarbeit als die Begründer und die Wegbereiter der modernen Klonenselektion zu bezeichnen sind.

Die Auslesezüchtung dient der Erhaltung und Verbesserung der Leistungseigenschaften von Rebsorten, da diese im Weinberg einem langsamen aber stetigen Leistungszerfall (Degeneration) unterliegen. So ist ein wirtschaftlicher Anbau mancher Sorten erst durch die Auslesezüchtung wieder möglich geworden. Es sei nur an die Sorte Spätburgunder erinnert. Die Auslesezucht hat sich in 3 Stufen entwickelt, nämlich

1. Als **negative Selektion,** die darin bestand, dass in einem Weinberg die schlechten Rebstöcke gekennzeichnet wurden und nur die nicht gezeichneten zur Vermehrung kamen.

2. Als **positive Selektion**, die darin bestand, dass nur gute Rebstöcke – in Ertrag, Wuchs und Blattfarbe – gekennzeichnet wurden und zur Vermehrung kamen. Auf diese Weise gelang es, die Ertragssicherheit schon bedeutend zu verbessern.

3. Als **Einzelstockauslese** (Klonenzucht) mit Nachkommenschaftsprüfung.

   Aus dieser Arbeit sind die heutigen leistungsfähigen Klone unserer Standardsorten Riesling usw. hervorgegangen. Klone sind die vegetativen Nachkommen einer Ausgangspflanze. Der "Klon" (griech. Zweig) ist bei der Rebe das Auge, die kleinste vegetative (ungeschlechtliche) Vermehrungseinheit. Bei der Einzelstockauslese (Klonenzucht) wird auf folgende Zuchtziele geachtet:

Zuchtziele:

- Virussymptome,
- Stiellähme, Stielfäule, Beerenfäule,
- Anfälligkeit gegen Oidium und Phomopsis,
- lockerbeerige Trauben, die besser für die mechanische Traubenernte geeignet sind und nicht so botrytisanfällig sind,
- gute Farbausprägung bei roten Sorten,
aufrechter Wuchs und geringe Neigung zur Geiztriebbildung, was die Laubarbeiten verringert,
- Blühfestigkeit,
- frühe und gute Holzreife, Winterfrosthärte,
- Menge, Güte und andere Kriterien.

Die Erhaltungszucht erfordert einen Zeitraum von 15 bis 20 Jahren. Erst dann kann der Klon eines Erhaltungszüchters beim Bundessortenamt eingetragen werden.

Um die Leistungsfähigkeit der Klone zu erhalten, ist bei ihnen ständig eine positive Selektion durchzuführen. Durch Einzelstockauslese mit Nachkommenschaftsprüfung können erneut neue Klone (Folgeklone) gewonnen werden. Erhaltungszüchtung ist daher eine fortlaufende Aufgabe. Das gilt auch für Neuzüchtungen.

Betrachtet man das Verzeichnis der Erhaltungszüchter mit den eingetragenen Rebsorten-Klonen genauer, so muss man feststellen, dass bei einigen Sorten durch die Vielzahl der Klone eine gewisse Verunsicherung besteht, denn auch hier kann man sagen, dass weniger mehr ist bzw. überschaubarer für Züchter und Winzer. Die gesamte Problematik der Klonenzüchtung muss neben dem

Menge-Güte-Gesetz den betriebs- und marktwirtschaftlichen Erfordernissen und insbesondere der Qualität gerecht werden. Über die Erhaltungszüchtung alter und neuer Rebsorten kann die Qualität erheblich gesteigert werden. Ein Klon bleibt in seiner Erbanlage konstant, solange keine Mutation (lat. Veränderung) eintritt und die Stabilität durch seltene Mutationen durchbrochen werden kann.

Schema der Klonenzüchtung

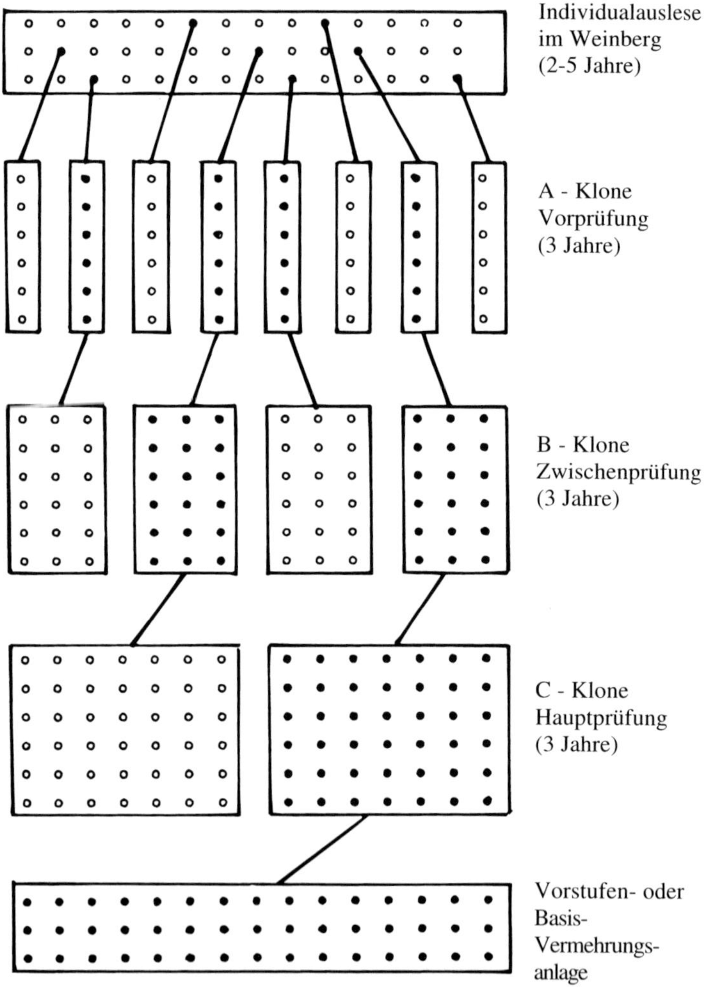

Liste der Erhaltungszüchter und ihrer Klone von Ertrags- und Unterlagsrebsorten

Lfd. Nr.	Sortenname und Klonenbezeichnung	Anzahl der Klone	Züchter
	<u>A Weiße Ertragsrebsorten</u>		
1.	**<u>Albalonga</u>** Wü 2	1	I
2	**<u>Arnsburger</u>** 1 Gm	1	II
3	**<u>Auxerrois</u>** Pauly 60 Gm 5, 6Gm, 7 Gm, 8 Gm, 11 Gm, 12 Gm, 14 Gm, 15 Gm, 18 Gm, 20 Gm, 21 Gm, 22 Gm D 61, D 64, D 68	1 12 3	III II IV
4.	**<u>Bacchus</u>** Gf 1	1	V + VI
5.	**<u>Bronner</u>** FR 320	1	IV
6.	**<u>Burgunder, Weißer</u>** Dreher 209 + Dreher 212 St 15 36 Wm 1 Gm, 2 Gm, 3 Gm, 5 Gm, 7 Gm, 10 Gm 80 N, 81 N, 84 N D 55, D 57, FR 70, FR 71, FR 72, FR 74	2 1 1 6 3 6	VII V VIII II XXXV IV
7.	**<u>Chardonnay</u>** Dreher 250, Dreher 253, Dreher 258, Dreher 259, Dreher 260, Dreher 261, Dreher 263, Dreher 264, Dreher 269, Dreher 274, Dreher 276, Dreher 278 ST 130 1 Gm, 2 Gm, 3 Gm FR 150, FR 151, FR 152	12 1 3 3	VII V II IV
8.	**<u>Ehrenbreitsteiner</u>** 1 Gm	1	II
9.	**<u>Ehrenfelser</u>** 2-13 Gm, 2-57 Gm, 2-82 Gm, 2-86 Gm, 2-87 Gm	5	II
10.	**<u>Elbling, Roter</u>** Schmitt 13 100 Trier, 200 Trier, 300 Tier, 400 Trier, 500 Trier	1 5	X XI
11.	**<u>Elbling, Weißer</u>** Pauly 100 Schmitt 11 1 Trier, 2 Trier, 3 Trier, 4 Trier, 5 Trier	1 1 5	III X XI

Lfd. Nr.	Sortenname und Klonenbezeichnung	Anzahl der Klone	Züchter
12.	**Faberrebe** Az 22 - 60	1	XII
13.	**Findling** ME 84	1	IX
14.	**Freisamer** FR 130, FR 131	2	IV
15.	**Goldriesling**	1	XIV
16.	**Gutedel, Roter** FR 36-28, FR 40, FR 41, FR 42, FR 43	5	IV
17.	**Gutedel, Weißer** Dreher 26, Dreher 50, Dreher 136 S Z 59 – 15, Z59 – 22, Z 59 – 36, Z 59 – 40 FR 30, FR 31, FR 32, FR 36-5, Scho 2	 3 4 5	 VII XV IV
18.	**Hibernal** 4 Gm	1	II
19.	**Hölder** We 50	1	XVI
20.	**Huxelrebe** Az 100	1	XII
21.	**Johanniter** FR 340	1	IV
22.	**Juwel** We 70	1	XVI
23.	**Kanzler** Az 28 - 57	1	XII
24.	**Kerner** We 1	1	XVI
25.	**Kernling** LH 74	1	XVII
26	**Malvasier, Früher roter** RM 1/61, RM 3/6	2	XVIII
27	**Mariensteiner** Wü 20	1	I
28	**Merzling** **F 300**	1	IV

Lfd. Nr.	Sortenname und Klonenbezeichnung	Anzahl der Klone	Züchter
29	**Morio Muskat**		
	15	1	XIX
	WWS 23	1	XX
30.	**Müller-Thurgau**		
	Wü 1-8, Wü 3-7, Wü 7-5, Wü 12-4, Wü 18-8	5	I
	Dreher 505, Dreher 517	2	VII
	DH 21	1	XXI
	AF 1, AF 800	2	XIX
	K 5, K 5/73	2	XXII
	Müller 50, Müller 70	2	XXIII
	Pauly 400, Pauly 800	2	III
	Heinz 1	1	XXIV
	Schäffer 5	1	XXV
	ST 19, ST 20, ST 30, ST 40	4	V
	Veit 10, Veit 17	2	XXVI
	9 N, 50 N, F 1000, F 2000	4	VI
	Weis 210	1	VIII
	21	1	XXVII
	2 Gm, 3 Gm, 4 Gm, 6 Gm, 6-11 Gm, 6-13 Gm, 18 Gm, 21 Gm, 22 Gm, 23 Gm, 6-15 Gm, 6-19 Gm,	12	II
	Jä 20, Jä 30, Jä 40, Jä 50, Jä 90, Jä 100, Jä 200, Jä 201	8	XXVIII
	Trier 40, Trier 41, Trier 42, Trier 43, Trier 44, Trier 45, Trier 46, Trier 47, Trier 48, Trier 49	10	XI
	D 100, FR 1, FR 2, FR 3	4	IV
31.	**Muskateller, Gelber**		
	We H 1	1	XVI
	FR 90, FR 92, FR 94	3	IV
32.	**Muskateller, Roter**		
	Zehner RM 720	1	XV
33.	**Muskateller Ottonel**		
	D 90, D 91	2	IV
34.	**Nobling**		
	FR 80	1	IV
35.	**Optima**		
	Gf 1	1	VI
36.	**Orion**		
	Gf 1	1	XXIX
37.	**Ortega**		
	Wü 5	1	I
38.	**Osteiner**		
	1 Gm	1	II

Lfd. Nr.	Sortenname und Klonenbezeichnung	Anzahl der Klone	Züchter
39.	**Perle**		
	Wü 41	1	I
40.	**Phoenix**		
	Gf 1	1	XXIX
41.	**Prinzipal**		
	1 Gm	1	II
42.	**Regner**		
	Az 10	1	XII
43.	**Reichensteiner**		
	1 Gm	1	II
44.	**Rieslaner**		
	Wü 3, Wü 4, Wü 7	3	I
45.	**Riesling, Weißer**		
	DH 20	1	XXI
	DN 378, DN 399, DN 500	3	XXX
	Krötz 22	1	XXXI
	Bernkastel 68, Heinz 65, Heinz 108	3	XXXII
	Müller 2090	1	XXIII
	Schlöder 40	1	XXXIII
	Schäffer 3, Schäffer 4	2	XXV
	Weis 1, Weis 17, Weis 21	3	VIII
	24 Gm, 64 Gm, 94 Gm, 110 Gm, 198 Gm, 237 Gm, 239 Gm, 24-195 Gm, 24-196 Gm, 24-209 Gm, 64-177 Gm, 64-183 Gm, 64-184 Gm, 94-02 Gm, 110-06 Gm, 110 11 Gm, 110-18 Gm, 110-30 Gm, 198-10 Gm, 198-12 Gm, 198-25 Gm,198-30 Gm, 198-44 Gm, 237-20 Gm, 239-12 Gm, 239-17 Gm, 239-20 Gm, 239-25 Gm, 239-34 Gm	30	II
	HN 6, HN 13, HN 25, HN 83, HN 93, HN 99	6	XXXIV
	N 90	1	XXXV
	356 Fin, Trautwein 173, Trautwein 175, Trautwein 252, Trautwein 355, Trautwein 356, Trautwein 388	7	XXXVI
	30 Trier, 31 Trier, 32 Trier, 33 Trier, 34 Trier, 35 Trier, 36 Trier, 37 Trier, 38 Trier, 39 Trier	10	XI
	We 29, We 49, We 158, We E 3, We E 100, We M 76, We O 44, We O 55	8	XVI
	FR 52, FR 53, FR 54, V 9/10	4	IV
	26, 95, 98, 9 I, Ra 69, St. 7	6	XXXVII
46.	**Ruländer (Grauer Burgunder)**		
	H 1	1	XXXVIII
	63 Wm	1	VIII
	1 Gm, 2 Gm, 21 Gm, 26 Gm, 27 Gm, 2/15 Gm, 2/16 Gm, 2/21 Gm, 2/26 Gm	9	II
	D 42, D 43, FR 49-207, FR 52-121	4	IV
47.	**Scheurebe**		
	JF 22, JF 33, JF 44, JF 55, JF 66	5	XIX
	100, 106, 109, 112, 116, 127	6	VI
	1 + 2	2	VII
	6	1	XXXIX

Lfd. Nr.	Sortenname und Klonenbezeichnung	Anzahl der Klone	Züchter
48.	**Schönburger** 1 Gm	1	II
49.	**Siegerrebe** Az 48	1	XII
50.	**Silcher** We 90	1	XVI
51.	**Silvaner, Blauer** ST 25	1	V
52.	**Silvaner, Grüner** Wü 78, Wü 92 1, 184 K 1, K 1/14 ST 90 95, 99, 130, 147 703, 2693, 6404 Ts 78, Wz 214, Wz 226, Wz 298, Scheu 8946 60 N, 62 N 19 Op, 40 Schä, 115 Schä We 21, We 22, We 88, We 89 FR 49-124, FR 49-127	 2 2 2 1 4 3 5 2 3 4 2	 I XL XXII V VI XII XXXVI XXXV XXXIX XVI IV
53.	**Sirius** Gf 1	1	XXIX
54.	**Staufer** Gf 1	1	XXIX
55.	**Traminer, Roter (Gewürztraminer)** 1 Gm, 5 Gm, 7 Gm, 11 Gm, 14 Gm, 28 Gm N 20, N 21, N 22, N 23, N 24, N 25 FR 46 – 106, FR 46 – 107	 6 6 2	 II XXXV IV
56.	**Würzer** Az 20	1	XII
	B Rote Ertragsrebsorten		
1.	**Acolon** We 725	1	XVI
2.	**Blauburger** ST 26	1	V
3.	**Cabernet Mitos** We 650	1	XVI
4.	**Cabernet-Sauvignon** 1 Gm	1	II

Lfd. Nr.	Sortenname und Klonenbezeichnung	Anzahl der Klone	Züchter
5.	**Dakapo**	1	II
6.	**Deckrot** FR 140	1	IV
7.	**Domina** Gf 1	1	V + VI
8.	**Dornfelder** We 700	1	XVI
9.	**Dunkelfelder** 1 Gm N 100	1 1	II XXXV
10.	**Frühburgunder, Blauer** ME 1 1729 1 Gm, 2 Gm, 3 Gm, 4 Gm, 5 Gm, 6 Gm, 7 Gm, 8 Gm, 9 Gm, 10 Gm, 11 Gm, 12 Gm	1 1 12	XIII XLI II
11.	**Hegel** We 525	1	XVI
12.	**Helfensteiner** We 500	1	XVI
13.	**Heroldrebe** We 550	1	XVI
14.	**Limberger** We Elite, We 379, We 419	3	XVI
15.	**Müllerrebe (Schwarzriesling)** We 10, We 36, We 37, We 108, We 163, We 177, We 266, We 271, We 273, We 292 WVW 31 L, WVW 32 L, WVW 33 L, WVW 34 L, WvW 35 L	10 5	XVI XLII
16.	**Palas** We 625	1	XVI
17.	**Portugieser, Blauer** Bu 3, Bu 29 Az 175, Az 1855 N 40, N 41, N 42, N 43, N 44, N 45, N 46, N 47 We II	2 2 8 1	XLIII XII XXXV XVI
18.	**Regent** Gf 1	1	XXIX

Lfd. Nr.	Sortenname und Klonenbezeichnung	Anzahl der Klone	Züchter
19.	**Rondo** 1 Gm	1	II
20.	**Rotberger** 28-18 Gm, 30-39 Gm, 30-40 Gm, 31-20 Gm, 32-38 Gm, 34-32 Gm, 37-2 Gm, 38-25 Gm	8	II
21.	**Saint Laurent** K 1, K 2, K 3 1 Gm, 2 Gm, 3 Gm	3 3	XLIV II
22.	**Spätburgunder, Blauer** F 104, F 105, F 106, F 105 Carisma, F 105 Super, Classic 5/6 A 1522, A 2107 70 Wm, 82 Wm 2 Gm, 13 Gm, 15 Gm, 17 Gm, 18 Gm, 19 Gm, 20 Gm, 1-1 Gm, 1-3 Gm, 1-6 Gm, 1-9 Gm, 1-11, 1-44 Gm, Gm, 1-4 Gm, 1-47 Gm, 1-53 Gm, 1-58 Gm, 1-81 Gm, 1-84 Gm, 1-86 Gm, 2-2 Gm, 2-6 Gm, 2-9 Gm, 20-13 Gm, 20-15 Gm, 20-19 Gm 6/38 FR 10, FR 11, FR 52-78, FR 52-86, FR 54-102, FR 12 L, FR 13 L Samtrot, We M 1, We M 171, We M 242, We M 819, We M 838, We M 847, We M 848 WVW H 40, WVW H 41, WVW H 42, WVW H 43, WVW 44 Clevner, WVW H 45Clevner, WVW 46 Clevner, WVW H 47 Samtrot, WVW 48 Samtrot, WVW H 49 Samtrot	6 1 2 2 25 1 7 8 10	XLV XIX XIII VIII II XLVII IV XVI XLII
23.	**Tauberschwarz** We 600	1	XVI
24.	**Trollinger, Blauer** We 29-5, We 4-7, We BH WVW 11, WVW 12, WVW 13, WVW 14, WVW 15, WVW 16, WVE 17, WVW 18, WVW 19, WVW 20	3 10	XVI XLII
25.	**Zweigelt, Blauer** ST 9	1	V
1.	**C Unterlagsrebsorten** **5 C Geisenheim** 6 Gm, 10 Gm, 6-13 Gm, 6-16 Gm, 6-22 Gm, 6-52 Gm, 6-53 Gm	7	II
2.	**Berl. x Rip. Kober 125 AA** F 261 80 HP 1 Gm, 2 Gm, 3 Gm, 4 Gm, 5 Gm Selektion Dümmler FR 26	1 1 5 1	XLV XLVI II IV

Lfd. Nr.	Sortenname und Klonenbezeichnung	Anzahl der Klone	Züchter
3.	**Berl. x Rip. Kober 5 BB**		
	40 HP	1	XLVI
	Wü 137	1	I
	13 Gm, 13-3 Gm, 13-5 Gm, 13-11 Gm, 13-13 Gm; 13-15 Gm, 13-21 Gm	7	II
	11 Op	1	XXXIX
	N 101	1	XXXV
	FR 148	1	IV
	We 48	1	XVI
4.	**Binova**		
	1 Op	1	XXXIX
5.	**Börner**		
	1 Gm	1	II
6.	**Cina**		
	N 401	1	XXXV
7.	**Geisenheim 26 G**		
	27/7 Gm	1	II
8.	**Rici**		
	N 301	1	XXXV
9.	**Rip. x Rup. 3309 Couderc**		
	2 Gm, 18 Gm	2	II
	FR 465/5	1	IV
10.	**Selektion Oppenheim 4 (SO 4)**		
	50 HP	1	XLVI
	Wü 2, Wü 18, Wü 62, Wü 102	4	I
	2 Gm, 47 Gm, 60 Gm	3	II
	14 Op, 16 Op, 31 Op	3	XXXIX
	N 201, N 202, N 203, N 204	4	XXXV
	FR 78	1	IV
11.	**Teleki 8 B**		
	349-4 Gm, 349-7 Gm, 361-2 Gm, 361-3 Gm, 361-5 Gm, L 6 Gm	6	II

Züchter

I □	Bayerische Landesanstalt für Weinbau und Gartenbau Abt. Weinbau und Rebenzüchtung Sachgebiet Rebenzüchtung Postfach 11 02 64 97029 Würzburg Tel.: 0931/9801-0	XII	Staatl. Lehr- und Versuchsanstalt für Landwirtschaft, Weinbau und Gartenbau Oppenheim Fachbereich Rebenzüchtung Georg-Scheu-Straße 1 55232 Alzey Tel.: 06731/9575-0
II	Forschungsanstalt für Weinbau, Gartenbau, Getränketechnologie und Landespflege Institut für Rebenzüchtung und Rebenveredlung Eibinger Weg 1 65366 Geisenheim Tel.: 06722/502-121	XIII □	Kimmig Michael Rebschule Schwarz Grünstadter Str. 4 67271 Obersülzen Tel.: 06359/919130
III □	Pauly Josef Route de Luxembourg 22 L-5551 Remich/Luxembourg Tel.: 00352/69788	XIV	Sächsische Landesanstalt für Landwirtschaft Fachbereich Gartenbau und Landespflege mit Lehranstalt Dresden-Pillnitz Söbringer Straße 3 a 01326 Dresden Tel.: 0351/2612489
IV	Staatliches Weinbauinstitut Merzhauser Straße 119 79100 Freiburg Tel.: 0761/40165-0	XV □	Zehner Friedhelm Hauptstraße 56 79426 Buggingen Tel.: 07631/13842
V □	Steinmann Kaspar Ochsenfurter Str. 17-19 97286 Sommerhausen Tel.: 09333/225	XVI	Staatliche Lehr- und Versuchsanstalt für Wein- und Obstbau, Weinsberg Referat Rebenzüchtung und Rebenveredlung Traubenplatz 5 74189 Weinsberg Tel.: 07134/504-1
VI □	Waller Karola Adelpfad 166 55270 Bubenheim Tel.: 06130/945866	XVII	Hochdörffer Ludwig Lindenbergstraße 60 76829 Landau-Nußdorf Tel.: 06341/62892
VII □	Dreher Werner Ellengurt 17 – Erzweg 7 79424 Auggen Tel.: 07631/2755	XVIII	Rückrich-Menger Dagmar Hauptstraße 12 67575 Eich/Rhh. Tel.: 06246/298
VIII □	Weis Hermann St. Urbanushof 54340 Leiwen Tel.: 06507/9377-0	XIX □	Freund Kurt Georg Friedelsheimer Straße 13 67098 Bad Dürkheim Tel.: 06322/4844
IX	Kimmig Franz Springstraße 7 77704 Oberkirch Tel.: 07802/91433	XX	Rebenzüchtergesellschaft Waller-Weis-Steinmann-WWS- Adelpfad 166 55270 Bubenheim Tel.: 06130/945866
X □	Schmitt Peter Obermosel Straße 3 54439 Palzem Tel.: 06583/574	XXI □	Duchêne Hans Rheingrafenstraße 3 55543 Bad Kreuznach Tel.: 0671/8459256
XI	Staatl. Lehr- und Versuchsanstalt für Landwirtschaft, Wein- und Gartenbau Egbertstr. 18/19 54295 Trier Tel.: 0651/9776-0	XXII □	Kiefer Heinz Westhofener Weg 1 55234 Monzernheim Tel.: 06244/253

□ = Aktionsgemeinschaft zur Erhaltung von Rebsorte e.V., Am Römerberg, 55232 Alzey
Quelle: Bundessortenamt - Stand 2002

Züchter

XXIII □	Müller Karl Saarburger Straße 15 54441 Kanzem Tel.: 06501/16517	XXXVI	Staatl. Lehr- und Versuchsanstalt für Landwirtschaft, Wein- und Gartenbau Rüdesheimer Str. 68 55545 Bad Kreuznach Tel.: 0671/820-0
XXIV □	Schmitt Matthias Hauptstraße 20 54340 Riol Tel.: 06502/5189	XXXVII	Verwaltung der Staatsweingüter Schwalbacher Str. 56 – 62 65343 Eltville Tel.: 06123/61055
XXV □	Schrank Edwin Weisenheimer Str. 38 67273 Dackenheim Tel.: 06353/91006	XXXVIII □	Hauser Arno Neulindenstraße 34 79235 Vogtsburg-Bickensohl Tel.: 07662/360
XXVI □	Veit Josef und Sohn Weingut Forsthof 54418 Osann-Monzel Tel.: 06535/342	XXXIX	Staatl. Lehr- und Versuchsanstalt für Landwirtschaft, Wein- und Gartenbau Wormser Straße 111 55276 Oppenheim Tel.: 06133/930-111
XXVII □	Zimmer Irma Blaugasse 5 55234 Eppelsheim Tel.: 06735/319	XL □	Husfeld Johanna Edesheimer Str. 42 67480 Edenkoben Tel.: 06323/4586
XXVIII	Jäger Hermann Rheinstraße 17 55437 Ockenheim Tel.: 06725/2330	XLI □	Wasem Julius & Söhne Edelgasse 5 55218 Ingelheim Tel.: 06132/2220
XXIX	Institut für Rebenzüchtung Geilweilerhof 76833 Siebeldingen Tel.: 06345/410	XLII	Weinbauverband Württemberg e.V. Postfach 11 48 74183 Weinsberg Tel.: 07134/8091
XXX □	Gutsverwaltung Niederhausen-Schloßböckelheim 55585 Niederhausen Tel.: 0171/1711980	XLIII □	Bungert Dieter Bergstraße 24 55437 Ockemheim Tel.: 06725/2616
XXXI □	Krötz Hermann Josef Weingut Portnersberg 54516 Wittlich Tel.: 06571/8311	XLIV	Kleinmann Karl-Heinz Hauptstraße 17 76831 Birkweiler Tel.: 06345/3547
XXXII □	Landkreis Bernkastel-Wittlich vertreten durch Kreisrebenveredlungsanstalt Postfach 69 54461 Bernkastel-Kues Tel.: 06531/3151	XLV □	Frank Reinhard Rebenhof 79341 Kenzingen-Nordweil Tel.: 07644/1706
XXXIII □	Schlöder Josef Urbanusstraße 15 54340 Leiwen Tel.: 06507/3838	XLVI	Arbeitsgemeinschaft Jäger, Mandler, Wennesheimer Rheinstraße 17 55437 Ockenheim Tel.: 06725/2330
XXXIV	Genossenschaftskellerei Heilbronn-Erlenbach-Weinsberg e.G. Postfach 1808 74008 Heilbronn Tel.: 07131/15790	XLVII	Staatl. Lehr- und Versuchsanstalt für Landwirtschaft, Wein- und Gartenbau Walporzheimer Str. 48 53474 Bad Neuenahr-Ahrweiler Tel.: 02641/9786-0
XXXV	Staatl. Lehr- und Forschungsanstalt für Landwirtschaft, Wein- und Gartenbau Breitenweg 71 67435 Neustadt-Mußbach Tel.: 06321/671-1		

□ = Aktionsgemeinschaft zur Erhaltung von Rebsorte e.V., Am Römerberg, 55232 Alzey
Quelle: Bundessortenamt - Stand 2002

Mutationszüchtung

Mutationen sind Erbinformationsänderungen, die auf die folgenden Generationen weitergegeben werden. Mutationen führen daher zu neuen Rebsorten mit neuen Eigenschaften.
Die Rebenzüchtung wertet im Weinberg spontan auftretende Mutationen aus und benutzt auch durch Bestrahlung und chemische Behandlung künstlich erzeugte zur Gewinnung neuer Rebsorten.
Künstliche Mutationen können durch Bestrahlung oder chemische Behandlung von Samen, Pollenkörnern, Stecklingen und anderen Pflanzenteilen erzeugt werden. Hierdurch wird versucht, bestimmte Eigenschaften einer Rebsorte, wie z. B. Blühfestigkeit, Frosthärte, Trockenresistenz, Zeitpunkt der Traubenreife, Holzreife u. a. m. zu beeinflussen und somit zu verbessern. In der Rebenzüchtung werden diese Methoden nicht mehr eingesetzt.
Natürliche Mutationen sind sprunghafte Erbveränderungen, die z. B. an Reben im Weinberg auftreten können. Viele davon sind visuell kaum auszumachen. Andere, wie z.B. Farbveränderungen an Beeren und Trauben, sind deutlich erkennbar. So findet sich gelegentlich, z. B. auf einer Fruchtrute, ein Trieb mit rotgrauen Trauben, bei sonst grünen Trauben der übrigen Triebe. Wird der Trieb mit der Mutation über Stecklinge oder Pfropfung von Edelreisern vermehrt, haben die neuen Reben ebenfalls rotgraue Trauben. Eine neue Sorte ist entstanden. Bedeutender sind jedoch Mutationen, die eine frühere Traubenreife beinhalten, wie z. B. beim Kernling, oder bessere Holzreife usw. Rebmutationen haben daher eine Bedeutung in der Rebenzüchtung und sind seit Jahrhunderten Ursprung der unzählbaren Rebsortenvielfalt.
Untersuchungen an Wildreben haben gezeigt, dass die blaue Traubenbeerenfarbe als die Ursprüngliche anzusehen ist, da in dem Verbreitungsgebiet der Vitis vinifera silvestris GMELIN nur wenige Formen mit weißen Trauben nachgewiesen werden konnten. Dies ist ein Indiz dafür, dass der Blaue Spätburgunder die Ausgangssorte ist, von dem der Graue Burgunder und der Weiße Burgunder abstammen. Die Beerenfarbe grau und weiß ist das einzige ampelographische Merkmal zur Unterscheidung der drei Burgundersorten. Die Burgundersorten sind so nahe verwandt, dass sie vor der Färbung der Beeren nur sehr schwer zu unterscheiden sind. Bei der Rebe sind auch Rückmutationen möglich, denn die Sorte Schwarzriesling (Müllerrebe) mutierte in die Sorte "Samtrot" und diese Mutation erwies sich ampelographisch als Blauer Spätburgunder wieder.

Durch Mutation entstandene Rebsorten

Mutante	Elterngeneration
Weißweinsorten	
1. Auxerrois	= vermutlich eine Mutation aus der großen Burgunderfamilie
2. Roter Muskateller	= Mutation aus Gelbem Muskateller oder umgekehrt
3. Dalkauer	= wahrscheinlich Mutation aus Riesling (?)
4. Muskat Ottonel	= wahrscheinlich Mutation aus Muskateller
5. Findling	= Mutation aus Müller-Thurgau
6. Kernling	= Mutation aus der bekannten Weinsberger Neuzüchtung Kerner
7. Senator	= Mutation des grünen Silvaners
8. Blauer Silvaner	= Mutation des grünen Silvaners
9. Grauer Burgunder	= Mutation des Blauen Spätburgunders
10. Weißer Burgunder	= wahrscheinlich Mutation des Ruländers, der seinerseits wieder dem Blauen Spätburgunder entstammt. Häufig findet man bei Burgundern am gleichen Rebstock und Rebtrieb Farbmutationen mit blauen, grauen und grünen Beeren sowie Traubenteile und ganze Trauben einzeln verfärbt.
11. Weißer Gutedel	= man vermutet Mutation aus Roter Gutedel
12. Roter Malvasier	= Mutation aus der großen Malvasierfamilie
Rotweinsorten	
13. Blauer Frühburgunder	= eine alte Mutation des Blauen Spätburgunders
14. Schwarzriesling (Müllerrebe)	= Mutation des Blauen Spätburgunders
15. Samtrot	= unbehaarte Rückmutation der Müllerrebe zum Spätburgunder, die somit als Klon des Blauen Spätburgunders zu sehen ist und daher entfällt der Sortenschutz
16. St. Laurent	= wird allgemein für eine Burgundermutante bzw. Mutation des Blauen Spätburgunders (der Pinot noir) gehalten
17. Muskat Trollinger	= wahrscheinlich Mutation des Blauen Trollingers oder Naturkreuzung zwischen Trollinger und Muskateller

Mutation = Grüner Silvaner - Blauer Silvaner

Kreuzungszüchtung

Die Rebe ist heterozygot (spalterbig). Sie ist außerdem ein Selbstbefruchter. Werden z. B. die Kerne (Samen) der Beeren einer Rieslingtraube ausgesät, dann ergeben sich daraus Reben mit unterschiedlichen Eigenschaften, also neue Sorten. Aus natürlicher Selbstbefruchtung (Selbstung) werden nur sehr selten neue Sorten mit für den Anbau besseren Eigenschaften gewonnen. Der Züchter kreuzt daher zwei verschiedene Sorten miteinander. So entstand z. B. aus der Kreuzung von Silvaner als Mutter und Riesling als Vater die bekannte Scheurebe. Durch Kreuzung von Europäerreben mit Wildreben können pilzresistente und reblausresistente Sorten gewonnen werden. Da die Chance, wertvolle Neuzüchtungen in der ersten Zuchtstufe (F1-Generation oder 1. Filial- oder Tochtergeneration) zu erhalten gering ist, werden weitere Zuchtstufen durchgeführt. Die einfachste ist die Rückkreuzung mit einem Elternteil. Durch mehrfache Rückkreuzungen können negative Eigenschaften eliminiert werden. Dies wird als Verdrängungskreuzung bezeichnet. Befriedigende Rückkreuzungssämlinge können erneut zur Kombinationszüchtung verwandt werden, um zu einer Steigerung erwünschter Eigenschaften zu gelangen. Dies wird als Transgressionszüchtung bezeichnet. Auf diese Weise werden Sorten gewonnen, deren Abstammung nur noch durch ein Zuchtschema darzustellen ist.

Gentechnik in derRebenzüchtung

Mit den Methoden der klassischen Züchtung ist es sehr langwierig und auch teuer, resistente Reben zu züchten, die die Anforderungen der Winzer und der Weintrinker erfüllen. Bisher sind die Erfolge dieser hochgesteckten Ziele keineswegs ausreichend. Eine Ausnahme ist zweifelsohne die Sorte Regent, die als Glückstreffer der Rebenzüchtung bezeichnet werden kann.

Hauptnachteile der klassischen Kreuzungszüchtung sind in der Tatsache begründet, dass alle gewonnenen Sämlinge sich unterscheiden und gute Eigenschaften nur zufällig auftreten. Langjährige Prüfungsverfahren mit ungewissem Ausgang sind die Folge.

Die Gentechnik möchte dieses “Lotteriespiel” abschaffen. Ist ein Gen bekannt, so kann es an geeigneter Stelle eingebaut werden. Es entstehen transgene Reben mit erfolgreich eingebauten Fremdgenen (resistente Reben). Hiermit wird die genetische Information übertragen. Für die Übertragung fremder Gene in die Reben wird das jedem Winzer bekannte Bakterium “Agrobacterium tumefaciens” (Mauke=knollenförmige Wucherungen am Rebstamm und anderen Rebteilen) verwendet.

Die Verfechter traditioneller Rebsorten haben die Hoffnung, dass z. B. der Riesling als wertvollste Rebsorte generell durch Genübertragung widerstandsfähig gegenüber Schaderreger gemacht werden könnte. Diese Möglichkeit besteht bei der klassischen Kreuzungszüchtung nicht.

Der Einbau der Pilzresistenz in unsere herkömmlichen Sorten unter Beibehaltung ihrer guten Eigenschaften ist allerdings mit Schwierigkeiten verbunden und nicht ohne weiteres zu realisieren.

Die Resistenz der pilzresistenten Reben wird durch verschiedene Gene gesteuert, sodass der Gentransfer oft gestört wird oder gar nicht funktioniert. Hinzu kommt, dass mittels der Biotechnologie auch die Gefahr einer Veränderung vorhandener Sorteneigenschaften besteht. Trotz vieler Probleme konnten die ersten transgenen Reben mit erfolgreich eingebauten Fremdgenen hergestellt werden. So gelang es unter anderem beim Riesling Resistenzgene der Gerste einzulagern. Auf dem Geilweilerhof bei Siebeldingen/Pfalz, Institut für Rebenzüchtung, wurden im Jahre 1999 erste transgene Reben ins Freiland ausgepflanzt.

Sie dienen dem Ziel, die Pilzresistenz herkömmlicher Sorten zu erreichen oder mindestens anzuheben. Diese Freilandversuche werden voraussichtlich ca. 20 Jahre in Anspruch nehmen, sodass Wein aus transgenen Reben frühestens in 30 Jahren in den Handel kommen könnte. Ob nach Ablauf dieser Zeitspanne der Wein von genetisch veränderten Standardsorten ein Vermarktungserfolg wird, ist bei der gegenwärtigen Einstellung zur so genannten Genmanipulation noch nicht sicher. Ungeachtet subjektiver Bedenken ist es unerlässlich weiter zu forschen; keinesfalls darf der Anschluss verpasst werden, schließlich besteht die Hoffnung, durch gezielten Einsatz der Gentechnik die Umweltbelastung zu verringern.

Sortenrecht

Die Prüfung neuer Rebsorten und der Verkauf von Rebenpflanzgut sind im Sortenrecht geregelt. Folgende Gesetze und Verordnungen wurden hierzu erlassen.

a.) Sortenschutz

Sortenschutz ist Patentschutz. Das Recht auf Sortenschutz steht dem Ursprungszüchter oder dem Entdecker der Sorte zu. Der Sortenschutz hat die Wirkung, dass der Sortenschutzinhaber oder sein Rechtsnachfolger das Recht haben, Vermehrungsmaterial der geschützten Rebsorten zum gewerbsmäßigen Vertrieb zu erzeugen und zu verkaufen.

Schema für die Eintragung einer Sorte in die Sortenschutzrolle bzw. Sortenliste.

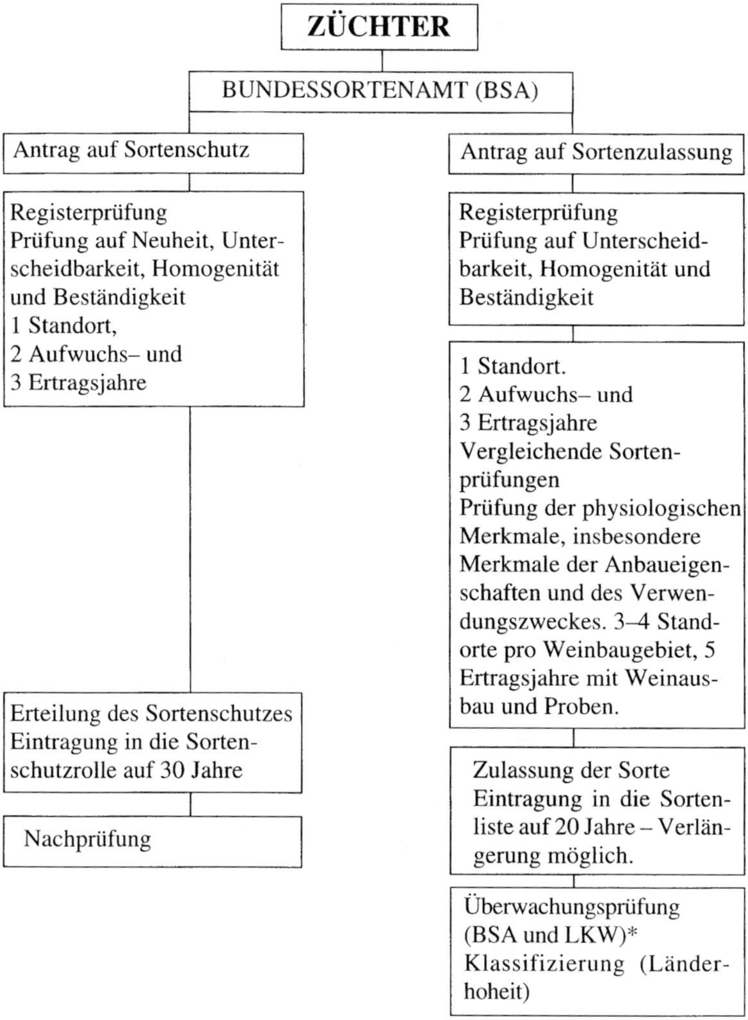

* LWK = Landwirtschaftskammer

b.) Sortenschutzprüfung

Sortenschutz wird erteilt, wenn die Unterscheidbarkeit, Homogenität, Beständigkeit, Neuheit und eine ertragsfähige Sortenbezeichnung gegeben ist. In der so genannten Registerprüfung – dauert bei Reben fünf Jahre – werden vom Bundessortenamt Unterscheidbarkeit, Homogenität und Beständigkeit anhand von Merkmalen geprüft, die in nationalen Prüfungsrichtlinien oder denen des internationalen Verbandes zum Schutz von Pflanzenzüchtungen (UPOV) internationale abgestimmt und festgelegt sind.

Mit Wirksamkeit der EU-Sortenschutzverordnung kann seit April 1995 ein EU-weites Sortenschutzrecht erteilt werden. Die Zentrale des Bundessortenamtes in Hannover wirkt als Antragsteller und Prüfamt daran mit.

Das Sortenrecht kennt:

1. geschützte Sorten (Neuzüchtungen, Mutationen)
2. freie Sorten

> mit Klone

> ohne Klone

Bei Neuzüchtungen (z. B. Cabernet Mitos, Regent, Rondo, Merzling, u. a.) oder bei Mutationen (z. B. Kernling, Findling) erstreckt sich der Sortenschutz auf die ganze Sorte. Bei freien Sorten mit Klonen auf einen Teil der Sorte (z. B. Grauer Burgunder, Hauser
1 Klon).

c.) Saatgutverkehrsgesetz

Das Saatgutverkehrsgesetz beinhaltet die nicht geschützten Sorten. Dieses Gesetz dient dem Schutz des Verbrauchers und der Versorgung des Weinbaues mit hochwertigem Pflanzgut leistungsfähiger Rebsorten. Es schreibt deshalb vor, dass Pflanzgut nur dann vertrieben werden darf, wenn die betreffende Sorte in der Sortenliste des Bundessortenamtes eingetragen ist.
Klone der in der Sortenliste eingetragenen Ertrags- und Unterlagsrebsorten sind nur deren Bestandteile und werden nicht gesondert eingetragen, sondern nur in der Beschlussbegründung aufgeführt. Dies besagt, dass der eingetragene *Erhaltungszüchter* eine systematische Erhaltungszucht für eine oder mehrere Sorten betreibt und als Erhaltungszüchter beim Bundessortenamt eingetragen wird. Die Eintragung in die Sortenliste beträgt 20 Jahre und kann auf Antrag beim Bundessortenamt um jeweils 20 Jahre verlängert werden.

Sortenübersicht der im Rebsortenregister des Bundessortenamtes eingetragenen weiße/rote Rebsorten und Unterlagsrebsorten

Lfd .Nr.	Sortenbezeichnung	Abstammung	Züchter *	Beeren-farbe **	Reben-/ Weinart ***	Sorten-schutz	Sor-ten-liste	**** Sonst. Erzeugnisse u. Eigenschaften
	A.) Weiße + Rote	**Ertragsrebsorten**						
I. In der Sortenliste eingetragene, nichtgeschützte Rebsorten								
a)	**Weiße Ertragsrebsorten**							
1	Albaloga	Rieslaner x Silvaner	WÜ	B	Ww		X	A
2	Auxerrois			B	Ww		X	
3	Burgunder, Weißer			B	Ww		X	S
4	Chardonnay			B	Ww		X	S
5	Ehrenfelser	Riesling x Silvaner	Gm	B	Ww		X	S/E
6	Elbling, Roter			R	Ww		X	S
7	Elbling, Weißer			B	Ww		X	S
8	Faberrebe	Weißburgunder x Müller-Thurgau	Az	B	Ww		X	S
9	Findling	Mutation aus Müller-Thurgau	FKT	B	Ww		X	
10	Freisamer	Silvaner x Ruländer	FR	B	Ww		X	
11	Goldriesling	Riesling x Courtillier musqué	SLD	B	Ww		X	
12	Gutedel, Roter			R	Ww		X	S/TS/TA/I
13	Gutedel, Weißer			B	Ww		X	S/TS/TA/I
14	Huxelrebe	Gutedel x Courtellier musqué	Az	B	Ww		X	S/A/TA
15	Kanzler	Müller-Thurgau x Silvaner	Az	B	Ww		X	A
16	Kerner	Trollinger x Riesling	We	B	Ww		X	S/P
17	Malvasier, Früher Roter			R	Ww		X	TA
18	Mariensteiner	Silvaner x Rieslaner	WÜ	B	Ww		X	
19	Morio Muskat	Silvaner x Weißburgunder	Gf	B	Ww		X	S/TS/P/E
20	Müller-Thurgau	Riesling x Silvaner		B	Ww		X	TS/SR
21	Muskateller, Gelber			B	Ww		X	S/TA/P/E
22	Muskateller, Roter			R	Ww		X	S/TA/P/E
23	Muskat-Ottonel			B	Ww		X	TA
24	Nobling	Silvaner x Gutedel	FR	B	Ww		X	TA
25	Optima	(Silvaner x Riesling) x Müller-Thurgau	Gf	B	Ww		X	A
26	Ortega	Müller-Thurgau x Siegerrebe	WÜ	B	Ww		X	A/SR
27	Perle	Gewürztraminer x Müller-Thurgau	WÜ	R	Ww		X	
28	Rieslaner	Silvaner x Riesling	WÜ	B	Ww		X	S/P
29	Riesling, Weißer			B	Ww		X	A/S/G/P/A
30	Ruländer (Burgunder, Grauer)			G	Ww		X	A/S
31	Scheurebe	Silvaner x Riesling	Az	B	Ww		X	S/TS/TA/I
32	Siegerrebe	Madeleine angevine x Gewürztraminer	Az	R	Ww		X	A/TA/E
33	Silvaner, Blauer		AGA	N	Ww		X	
34	Silvaner, Grüner			B	Ww		X	S/TS/TA/F A
35	Traminer, Roter (Gewürztraminer)			R	Ww		X	A/S/E
b	**Rote Ertragsrebsorten**							
1	Blauburger	Blaufränkisch x Portugieser	AGA	N	Rw		X	
2	Cabernet Sauvignon			N	Rw		X	
3	Deckrot	Ruländer x Färbertraube	FR	N	Rw		X	D
4	Dunkelfelder	unbekannt	Gm	N	Rw		X	D/S
5	Frühburgunder, Blauer			N	Rw		X	S
6	Helfensteiner	Frühburgunder x Trollinger	We	N	Rw		X	
7	Heroldrebe	Portugieser x Limberger	We	N	Rw		X	S/TA
8	Limberger. Blauer			N	Rw		X	S
9	Müllerrebe (Schwarzriesling)			N	Rw		X	S
10	Portugieser, Blauer			N	Rw		X	S/TA
11	Rotberger	Trollinger x Riesling	Gm	N	Rw		X	S(Rosé)/T A
12	Saint Laurent		KKB	N	Rw		X	S
13	Spätburgunder, Blauer			N	Rw		X	S/E/G/E
14	Tauberschwarz		We	N	Rw		X	
15	Trollinger, Blauer			N	Rw		X	S/TA
16	Zweigelt, Blauer	Saint-Laurent x Blaufränkisch	AGA	N	Rw		X	

Lfd. Nr.	Sortenbezeichnung	Abstammung	Züchter *	Beerenfarbe **	*** Reben-/ Weinart	Sortenschutz	Sortenliste	**** Sonst. Erzeugnisse u. Eigenschaften
II. Geschützte und in die Sortenliste eingetragene Rebsorten								
a)	**Weiße Ertragsrebsorten**							
1	Arnsburger	Riesling x Riesling	Gm	B	Ww	X	X	S
2	Bronner	Merzling x Gm 64-94	FR	B	Ww	X	X	PR
3	Ehrenbreitsteiner	Ehrenfelser x -Reichensteiner	Gm	B	Ww	X	X	
4	Hibernal	Seibel 7053 x Riesling Klon 239 Gm F2	Gm	B	Ww	X	X	PR
5	Hölder	Riesling x Ruländer	We	B	Ww	X	X	
6	Johanniter	Riesling x (S.V. 12-481x (Ruländer x Gutedel)	FR	B	Ww	X	X	PR
7	Juwel	Kerner x Silvaner	We	B	Ww	X	X	S
8	Kernling	Mutation aus Kerner	LHN	R	Ww	X	X	S
9	Merzling	Seyve Villard 5-276 x (Riesling x Ruländer)	FR	B	Ww	X	X	PR
10	Orion	Optima x Villard blanc	Gf	B	Ww	X	X	PR
11	Osteiner	Riesling x Silvaner	Gm	B	Ww	X	X	
12	Phoenix	Bacchus x Villard blanc	Gf	B	Ww	X	X	PR
13	Prinzipal	Gm 323 58 x Ehrenfelser	Gm	B	Ww	X	X	S/PR
14	Regner	Luglienca bianca x Gamay früh	Az	B	Ww	X	X	TS/P
15	Reichensteiner	MThurgau. x (Madel angevine x Calabreser Froelich)	Gm	B	Ww	X	X	TS/SR
16	Schönburger	Spbg. x IP 1 (Chasselas rosa x Muskat Hamburg)	Gm	Rs	Ww	X	X	TA/SR/TS
17	Silcher	Kerner x Silvaner	We	B	Ww	X	X	
18	Sirius	Bacchus x Villard blanc (S.V. 12-375)	Gf	B	Ww	X	X	PR
19	Staufer	Bacchus x Villard blanc	Gf	B	Ww	X	X	PR
20	Würzer	Gewürztraminer x Müller-Thurgau	Az	B	Ww	X	X	TS/S/P/E
b)	**Rote Ertragsrebsorten**							
1	Acolon	Limberger x Dornfelder	We	N	Rw	X	X	
2	Cabernet Mitos	Limberegr x Cabernet Sauvignon	We	N	Rw	X	X	D
3	Dakapo	Deckrot x Portugieser	Gm	N	Rw	X	X	D
4	Domina	Portugieser x Spätburgunder	Gf	N	Rw	X	X	
5	Dornfelder	Helfensteiner x Heroldrebe	We	N	Rw	X	X	S/L/TA/G
6	Hegel	Helfensteiner x Heroldrebe	We	N	Rw	X	X	
7	Palas	Trollinger x Rubintraube	We	N	RW	X	X	D
8	Regent	Diana x Chambourcin	Gf	N	Rw	X	X	D/PR
9	Rondo	Zarya Severa x Saint Laurent	Gm	N	Rw	X	X	PR
III.	**Geschützte Rebsorten**							
a)	**Weiße Ertragsrebsorten**							
1	Cantaro	(Rieslander x Silvaner) x Müller-Thurgau	WÜ	B	Ww	X		
2	Fontanara	Rieslaner x Müller-Thurgau	WÜ	B	Ww	X		
3	Gutenborner	Müller-Thurgau x Chasselas Napoleon	Gm	B	Ww	X		
4	Hecker	(S.V. 12-327 x (Rul. x Gutedel) x (Silv. + Gutedel) x Madeleine royale)	FR	B	Ww	X		PR
5	Primera	(Silv.xRiesl.) x (Riesl. x Silv.) F^2 Fbl.	Gm	B	Ww	X		PR
6	Ruling	Ruländer x Riesling	We	B	Ww	X		
7	Saphira	Arnsburgder x S.V. 1-72	Gm	B	Ww	X		PR
8	Serena	Saperavi Servernyi x (Forster's white Seedling x Prachttraube)	Gm	B	Ww	X		PR
9	Sibera	Saperavi Servernyi (Forster's white Seedling x Prachttraube)	Gm	B	Ww	X		PR
10	Solaris	Merzling x Gm 6493	FR	B	Ww	X		PR
b)	**Weiße Tafeltraubensorten**							
1	Palatina	Seyve Villard 12-375 x Königin der Weingärten	VFN	B	TAw	X		TA/PR
c)	**Weiße Zierrebsorten**							
1	Birstaler Muskat	Seyval Blanc x Bacchus	VFN	B	ZRw	X		TA/PR
2	Teréz	Eger 2 x Olimpia	AGA	B	ZRw	X		TA/PR
3	Angela	SV. 12-375 x Halili Kraszunj	JWB	B	ZRw	X		TA/PR
4	Fanny	(S.V. 12-375 x Teli Muskataly) x Olimpia	JWB	B	ZRw	X		TA/PR
5	Lilla	(S.V. 12-375 x Pannonia)xMathias Janos diadala	JWB	B	ZRw	X		TA/PR

Lfd Nr.	Sortenbezeichnung	Abstammung	Züchter *	Beeren-farbe **	Reben/ Weinart ***	Sorten-schutz	Sorten-liste	**** Sonst. Erzeug-nisse u. Eigen-schaften
III.	**Geschützte Rebsorten**							
d)	**Rote Ertragssorten**							
1	Sulmer	Limberger x Schwarzer Elbling	We	N	Rw	X		
e)	**Rote Zierrebsorten**							
1	Esther	Seyve Villard 12375 E.2 x Magaracsi csemege	AGA	N	ZRr	X		TA/PR
IV.	**Zum Sortenschutz und zur Eintragung in die Sortenliste angemeldet**							
a)	**Weiße Ertragsrebsorten**							
1	Helios (FR 242-73)	Merzling x (Seyve-Villard 12-481x Müller-Thurgau)	FR	B	Ww			PR
b)	**Rote Ertragsrebsorten**							
1	Cabernet Cubin	Lemberger x Cabernet Sauvignon	We	N	Rw			
2	Cabernet Dorio	Dornfelder x Cabernet Sauvignon	We	N	Rw			
3	Cabernet Dorsa	Dornfelder x Cabernet Sauvignon	We	N	Rw			
4	Gm 8221-3	Gm 6427-5 x Chancellor	Gm	N	Rw			
5	Gm 8331-1	Chancellor x Rondo	Gm	N	Rw			
6	Neronet	(St. Laurent x Portugieser) x Alibernet	HJO	N	Rw			
7	Cabernet Carbon F2	Cabernet Sauvignon x Merzling x Gm 6494	FR	N	Rw			PR
8	Cabernet Cortis	Cabernet Sauvignon x Solaris	FR	N	Rw			PR
9	Prior	FR 4-61 x FR 236-75	FR	N	Rw			PR
10	Monarch	Solaris x Dornfelder	FR	N	Rw			PR
11	Baron	Cabernet Sauvignon x (Merzling x Gm 6494)	FR	N	Rw			PR
12	Cabernet Cantor	Chancellor x Solaris	FR	N	RW			PR
V.	**Zum Sortenschutz angemeldet**							
a)	**Weiße Ertragsrebsorten**							
1	Gf. 84-21-9	Sirius x Villard blanc	Gf	B	Ww			PR
2	Gf. 84-27-285	Sirius x Vidal blanc	Gf	B	Ww			PR
3	Az 82-14-104	FR 946-60 x Faberrebe	Az	B	Ww			PR
b)	**Rote Ertragsrebsorten**							
1	Muskat-Lemberger		GSH	N	Rw			
2	Gf. 86-2-60	Regent x Limberger	Gf	N	Rw			PR
3	FR 428-82	Cabernet Sauvignon x Solaris	FR	N	Rw			
4	Pinotin		VFN	N	Rw			PR
5	FR 364-80 F	Gm 6423-14 x FR 054-64 F	FR	N	Rw			
6	FR 457-86 F	Gm 6423-5 x FR 236-75 r	FR	N	Rw			
7	FR 503-89 F	FR 091-64 r x Solaris	FR	N	Rw			PR
VI.	**Zum EU-Sortenschutz angemeldet**							
b)	**Rote Ertragsrebsorten**							
1	Ráthay	Blauburger x KI 1189/9/77	HBK	N	Rw			PR
2	Roesler	Zweigelt x KI 1189/9/77	HBK	N	Rw			PR
3	Rubinet (r-27 Tintet)	(Revolta x Alibernet) x André	HJO	N	Rw			
VII.	**Zur Eintragung in die Sortenliste angemeldet**							
a)	**Weiße Ertragsrebsorten**							
1	Saphira (Gm 7815-1)	Arnsburger x Seyve Villard 1-72	Gm	B	Ww	X		PR
2	Solaris	Merzling x Gm 6493	FR	B	Ww	X		PR
b)	**Rote Ertragsrebsorten**							
1	Rubinet (r27 Tintet)	(Revolta x Alibernet) x André	HJO	N	Rw	X		

Muskat Lemberger wurde umbenannt auf den Namen „Wildmuskat".

Lfd. Nr.	Sortenbezeichnung	Abstammung	Züchter *	Beeren-farbe **	Reben-/ Weinart ***	Sorten-schutz	Sorten-liste
B. Unterlagsrebsorten							
I. Geschützte und in die Sortenliste eingetragene Unterlagsrebsorten							
1	Binova	Vitis berlandieri x Vitis riparia	Op	N	U	X	X
2	Börner	Vitis riparia x Vitis cinerea	Gm		U	X	X
3	Cina	Vitis riparia x Vitis cinerea	NW		U	X	X
4	Rici	(V.berl. x V.rip.) x V. cinerea	NW		U	X	X
II. In die Sortenliste eingetragene Unterlagsrebsorten							
1.	5 C Geisenheim	Vitis berlandieri x Vitis riparia	Gm		U		X
2	125 AA Kober	Vitis berlandieri x Vitis riparia	FR		U		X
3	5 BB Kober	Vitis berlandieri x Vitis riparia			U		X
4	SO 4	Vitis verlandieri x Vitis riparia	Op		U		X
5	Teleki 8 B	Vitis berlandieri x Vitis riparia			U		X
6	C 3309	Vitis berlandieri x Vitis rupestris			U		X
7	Geisenheim 26	Trollinger x Vitis riparia	Gm		U		X
III. Zur Eintragung in die Sortenliste angemeldet							
1	161-49 Couderc	Vitis riparia x Vitis berlandieri	Gm		U	X	
2	420 A Mill.et Grass.	Viti berlandieri x Vitis riparia	Gm		U	X	
3	Sori	Vitis solonis x Vitis riparia	Gm		U	X	

Züchter: *)

Az	>	Staatliche Lehr- und Versuchsanstalt für Landwirtschaft, Weinbau und Gartenbau – Berufsbildende Schule – Oppenheim Fachbereich Rebenzüchtung 55232 Alzey
FR	>	Staatliches Weinbauinstitut, 79100 Freiburg/Brsg.
Gm	>	Forschungsanstalt für Weinbau, Gartenbau, Getränketechnologie und Landespflege, Institut für Rebezüchtung und Rebenveredlung, 65366 Geisenheim/Rhg.
Gf	>	Bundesanstalt für Züchtungsforschung an Kulturpflanzen Institut für Rebenzüchtung Geilweilerhof 76833 Siebeldingen
We	>	Staatliche Lehr- und Versuchsanstalt für Wein- und Obstbau, 74189 Weinsberg/Württbg.
HJO	>	Jäger, Hermann, 55437 Ockenheim
Op	>	Staatl. Lehr- und Versuchsanstalt für Wein- und Gartenbau, 55276 Oppenheim/Rhh.
FKT	>	Kimmig, Franz, 77704 Tiergarten/Baden
HBK	>	Höhere Bundeslehranstalt und Bundesamt für Wein- und Obstbau, A-3400 Klosterneuburg
LHN	>	Hochdörffer, Ludwig, 76829 Landau-Nußdorf/Pfalz
KKB	>	Kleinmann, Karl-Heinz, 76831 Birkweiler
VFN	>	Freytag, Volker, 67435 Neustadt-Lachen Weinbau und Gartenbau, 67435 Neustadt-Mußbach
NW	>	Staatl. Lehr- und Forschungsanstalt für Landwirtschaft, Weinbau und Gartenbau, 67435 Neustadt-Mußbach
SLD	>	Sächsische Landesanstalt für Landwirtschaft – FB Gartenbau und Landespflege, 01326 Dresden
GSH	>	Strecker, Gerhard, 74074 Heilbronn
JWB	>	Wolf, Jörg, 67098 Bad Dürkheim
AGA	>	Aktionsgemeinschaft zur Erhaltung von Rebsorten e.V. Landesanstalt für Rebenzüchtung, Am Römerberg, 55232 Alzey
WÜ	>	Bayerische Landesanstalt für Wein- und Gartenbau, Residenzplatz 3, 97979 Würzburg

Zugelassene Rebsorten für Qualitätswein der Deutschen Weinbaugebiete

Bundesländer	1		2	3		4						5	6
Rebsorten / Anbaugebiete	Baden	Württemberg	Franken	Hessische Bergstraße	Rheingau	Ahr	Mittelrhein	Mosel-Saar-Ruwer	Nahe	Pfalz	Rheinhessen	Saale-Unstrut*	Sachsen
I. Weisswein													
Albalonga	-	-	x	x	x	x	x	x	x	x	x	-	x
Arnsburger	-	-	x	-	-	x	x	x	x	x	x	-	x
Auxerrois	x	x	x	x	x	x	x	x	x	x	x	-	x
Bacchus	x	x	x	x	x	x	x	x	x	x	x	x	x
Blauer Silvaner	-	x	x	x	x	x	x	x	x	x	x	-	x
Bronner	-	-	-	-	-	x	x	x	x	x	x	-	x
Chardonnay	x	x	x	x	x	x	x	x	x	x	x	-	x
Ehrenbreitsteiner	-	-	x	-	-	x	x	x	x	x	x	-	x
Ehrenfelser	-	x	x	x	x	x	x	x	x	x	x	-	x
Faberrebe	-	-	x	x	x	x	x	x	x	x	x	x	x
Findling	x	-	x	x	x	x	x	x	x	x	x	-	-
Fontanara	-	-	x	-	-	-	-	-	-	-	-	-	x
Freisamer	x	-	x	x	x	x	x	x	x	x	x	-	x
Früher Malingre	-	-	-	x	x	x	x	x	x	x	x	-	-
Früher roter Malvasier	-	-	x	x	x	x	x	x	x	x	x	-	x
Gelber Muskateller	x	x	x	x	x	x	x	x	x	x	x	-	x
Gewürztraminer	x	x	-	-	-	x	x	x	x	x	x	x	x
Goldriesling	-	-	x	-	-	x	x	x	x	x	x	-	x
Grüner Silvaner	x	x	x	x	x	x	x	x	x	x	x	x	x
Hibernal	-	-	-	-	-	x	x	x	x	x	x	-	x
Hölder	-		x	-	-	x	x	x	x	x	x	x	-
Huxelrebe	-	-	x	x	x	x	x	x	x	x	x	x	x
Irsay Oliver	-	-	-	-	-	-	-	-	-	-	-	x	-
Johanniter	x	x	-	x	x	x	x	x	x	x	x	-	-
Juwel	-	-	x	-	-	x	x	x	x	x	x	-	x
Kanzler	-	-	x	x	x	x	x	x	x	x	x	-	x
Kerner	x	x	x	x	x	x	x	x	x	x	x	x	x
Kernling	-	-	x	-	-	x	x	x	x	x	x	x	x
Mariensteiner	-	-	x	x	x	x	x	x	x	x	x	-	x
Merzling	x	x	x	-	-	x	x	x	x	x	x	-	x
Morio Muskat	-	-	x	x	x	x	x	x	x	x	x	x	x
Müller-Thurgau	x	x	x	x	x	x	x	x	x	x	x	x	x
Muskat Ottonel	x	x	x	x	x	x	x	x	x	x	x	-	x
Nobling	x	-	x	x	x	x	x	x	x	x	x	-	x
Optima	-	-	x	x	x	x	x	x	x	x	x	-	x
Orion	-	-	x	-	-	x	x	x	x	x	x	-	x
Ortega	-	-	x	x	x	x	x	x	x	x	x	x	x
Osteiner	-	-	x	-	-	x	x	x	x	x	x	-	x
Perle	x	x	x	x	x	x	x	x	x	x	x	-	x
Perle von Zala	-	-	-	-	-	-	-	-	-	-	-	-	x
Phoenix	-	-	x	x	x	x	x	x	x	x	x	-	x

Bundesländer: 1=Baden-Württemberg; 2=Bayern; 3=Hessen, 4= Rheinland-Pfalz
5=Sachsen-Anhalt/Thüringen; 6=Sachsen

x = zugelassen
- = nicht zugelassen

*bis Redaktionsschluß zum 1. Dez. 2002 lag noch keine Änderung bzw. neue Mitteilung vom Amt für Landwirtschaft in Weißenfeld Sachsen-Anhalt vor.

Bundesländer	1		2	3		4						5	6
Anbaugebiete / Rebsorten	Baden	Würtemberg	Franken	Hessische Bergstraße	Rheingau	Ahr	Mittelrhein	Mosel-Saar-Ruwer	Nahe	Pfalz	Rheinhessen	Saale-Unstrut	Sachsen
Prinzipal	-	-	-	-	-	x	x	x	x	x	x	-	x
Regner	-	-	x	x	x	x	x	x	x	x	x	-	x
Reichensteiner	-	-	x	x	x	x	x	x	x	x	x	-	x
Rieslaner	-	-	x	x	x	x	x	x	x	x	x	-	x
Roter Elbling	-	-	x	x	x	x	x	x	x	x	x	x	x
Roter Gutedel	x	x	x	x	x	x	x	x	x	x	x	x	x
Roter Muskateller	x	x	x	x	x	x	x	x	x	x	x	-	x
Roter Traminer	x	x	x	x	x	x	x	x	x	x	x	x	x
Ruländer (Grauer Burgunder)	x	x	x	x	x	x	x	x	x	x	x	x	x
Sauvignon blanc	-	x	-	-	-	x	x	x	x	x	x	-	-
Scheurebe	x	x	x	x	x	x	x	x	x	x	x	x	x
Schönburger	-	-	x	x	x	x	x	x	x	x	x	-	x
Septimer	-	-	-	x	x	x	x	x	x	x	x	-	-
Siegerrebe	-	-	x	x	x	x	x	x	x	x	x	-	x
Silcher	-	-	x	-	-	x	x	x	x	x	x	-	x
Sirius	-	-	x	-	-	x	x	x	x	x	x	-	x
Staufer	-	-	x	-	-	x	x	x	x	x	x	-	x
Veltiner Grüner	-	-	-	x	x	x	x	x	x	x	x	-	x
Weißer Burgunder	x	x	x	x	x	x	x	x	x	x	x	x	x
Weißer Elbling	-	-	x	x	x	x	x	x	x	x	x	x	x
Weißer Gutedel	x	x	x	x	x	x	x	x	x	x	x	x	x
Weißer Riesling	x	x	x	x	x	x	x	x	x	x	x	x	x
Welschriesling	-	-	-	-	-	-	-	-	-	-	-	-	x
Würzer	-	-	x	x	x	x	x	x	x	x	x	-	x
II. Rotwein													
Acolon	x	x	-	x	x	x	x	x	x	x	x	-	-
André	-	-	-	-	-	-	-	-	-	-	-	x	-
Blauburger	-	-	-	-	-	x	x	x	x	x	x	-	x
Cabernet Dorsa	-	-	-	-	-	-	-	-	-	-	-	-	x
Cabernet Mitos	x	x	-	x	x	x	x	x	x	x	x	-	-
Cabernet Sauvignon	-	-	-	x	x	x	x	x	x	x	x	-	-
Dakapo	-	-	-	x	x	x	x	x	x	x	x	-	-
Deckrot	x	-	x	x	x	x	x	x	x	x	x	-	x
Domina	-	-	x	x	x	x	x	x	x	x	x	x	x
Dornfelder	x	x	x	x	x	x	x	x	x	x	x	x	x
Dunkelfelder	x	x	x	x	x	x	x	x	x	x	x	x	x
Blauer Frühburgunder	-	x	x	x	x	x	x	x	x	x	x	-	x
Blauer Limberger	x	x	x	x	x	x	x	x	x	x	x	x	x
Blauer Portugieser	x	x	x	x	x	x	x	x	x	x	x	x	x
Blauer Spätburgunder	x	x	x	x	x	x	x	x	x	x	x	x	x

Bundesländer: 1=Baden-Württemberg; 2=Bayern; 3=Hessen, 4= Rheinland-Pfalz
5=Sachsen-Anhalt/Thüringen; 6=Sachsen

x = zugelassen
- = nicht zugelassen

Bundesländer	1		2	3		4						5	6
Anbaugebiete / Rebsorten	Baden	Würtemberg	Franken	Hessische Bergstraße	Rheingau	Ahr	Mittelrhein	Mosel-Saar-Ruwer	Nahe	Pfalz	Rheinhessen	Saale-Unstrut	Sachsen
Blauer Trollinger	x	x	x	x	x	x	x	x	x	x	x	-	x
Hegel	-	-	x	-	-	x	x	x	x	x	x	-	x
Helfensteiner	-	x	x	x	x	x	x	x	x	x	x	-	x
Heroldrebe	-	x	x	x	x	x	x	x	x	x	x	-	x
Merlot	-	x	-	x	x	x	x	x	x	x	x	-	-
Muskat-Trollinger	-	x	-	x	x	-	-	-	-	-	-	-	-
Müllerrebe (Schwarzriesling)	x	x	x	x	x	x	x	x	x	x	x	x	x
Palas	x	x	-	x	x	x	x	x	x	x	x	-	-
Regent	x	x	x	x	x	x	x	x	x	x	x	x	x
Rondo	-	-	-	x	x	x	x	x	x	x	x	-	x
Rotberger	-	-	x	x	x	x	x	x	x	x	x	-	x
St. Laurent	x	x	x	x	x	x	x	x	x	x	x	-	x
Färbertraube	-	-	-	x	x	x	x	x	x	x	x	-	-
Blauer Zweigelt	-	x	x	-	-	x	x	x	x	x	x	x	x
Tauberschwarz	x	x	x	-	-	x	x	x	x	x	x	-	x

**Bundesländer: 1=Baden-Württemberg; 2=Bayern; 3=Hessen, 4= Rheinland-Pfalz
5=Sachsen-Anhalt/Thüringen; 6=Sachsen – Stand: 2002**

x = zugelassen
- = nicht zugelassen

Rebflächenentwicklung der deutschen Anbaugebiete in ha

Jahr	Weinbaugebiete													Hektar
	Ahr	Baden	Franken	Hess. Bergstraße	Mittelrhein	Mosel-Saar-Ruwer	Nahe	Rheingau	Rheinhessen	Pfalz	Württemberg	Saale/Unstrut	Sachsen	Deutschland
1937	638	11417	3369	310	846	8392	2963	2227	15125	17066	9970			73323
1954	574		2670		1299	7803	2864	2198	13672	14734	6892			58942
1964	444	7607	2203	187	870	9835	3006	2674	16441	17576	5825			66685
1974	482	1224	3120	288	854	11525	4206	3018	19813	20217	7264			83027
1984	450	14931	5240	388	768	12747	4607	2943	25082	22853	9600			99608
1994	522	16375	6044	471	642	12720	4665	3288	26351	23807	11209	433	319	106845
2000	525	15880	6029	456	547	11239	4536	3219	26456	23459	11264	643	445	104724
2001	519	15866	6040	456	526	10392	4387	3205	26333	23422	11336	651	446	103605

Quelle: Weinbauerhebung Stand: August und Mai 2001, Statistisches Bundesamt Wiesbaden

Anforderungen an Rebsorten

1. Möglichst große Streubreite bzw. geringe Standortgebundenheit.
2. Einfache Erziehungsarten und Schnittmethoden
3. Ertragsleistung sollte sich im Durchschnitt um 80 bis 100 hl
4. Frühe Reife und eine optimale Zuckereinlagerung bis zur Lese.
5. Mittel – später Austrieb – Spätfrostgefahr
6. Gute Frosthärte
7. Keine Schwächen gegenüber Gescheins- und Beerenbotrytis.
8. Guter und ausgeglichener Wuchs.
9. Aufrechter Wuchs und geringe Geiztriebbildung
10. Gute Holzreife (Frost und Ernter)
11. Rieselfest, bzw. gute Blütefestigkeit.
12. Frei von Abbaukrankheiten.
13. Wenig empfindlich gegen Schädlinge und Krankheiten.
14. Frei von Stiellähme.
15. Gute Kalkverträglichkeit (Chlorose)
16. Geeignet für mechanische Traubenernte (hartschalig, lockerbeerig, leichte Trennung von den Stielen u. a.)
17. Reife und ausgeglichene Säure. Von weißen zu roten Rebsorten ab nehmende Säure.
18. Wein muss sich dem Charakter gebietstypischer Weine anpassen.
19. Einfacher Weinausbau bzw. Ausbauverhalten.
20. Ein günstiges Verhältnis von Säure zum Mostgewicht
21. Gesicherte Vermarktungsmöglichkeiten (als Trauben-, Fass- und Flaschenwein anbieten).
22. Geeignet für die Gewinnung von Prädikatsweinen verschiedener Qualitätsstufen.
23. Geeignet für verschiedene Geschmacksrichtungen (trocken, halb trocken, u. a.).
24. Selbstständiger Wein. Ferner für Traubensaft, Sekt, Brände u. a. Produkte).
25. Gute Lagerfähigkeit.

Anfälligkeit der Rebsorten gegenüber Viruskrankheiten

gering bis selten	mittel	stark und häufig
a.) Weißweinsorten		
Müller-Thurgau	Bacchus	Auxerrois
Riesling	Chardonnay	Faberrebe
	Ehrenfelser	Grauer Burgunder
	Huxelrebe	Gutedel
	Kerner	Morio Muskat
	Muskateller	Optima
	Ortega	Reichensteiner
	Regner	Schönburger
	Rieslaner	Traminer
	Scheurebe	Weißer Burgunder
	Siegerrebe	Welschriesling
	Silvaner	Würzer
b.) Rotweinsorten		
Domina	Dornfelder	Blauer Frühburgunder
Portugieser	Heroldrebe	Blauer Spätburgunder
	St. Laurent	Dunkelfelder
	Regent	Schwarzriesling

Verursacher: Rebvirosen bzw. Viren sind Krankheitserreger ohne eigenen Stoffwechsel. Es handelt sich hierbei um Nucleoproteide (Eiweißstoffe). Die Viren als Wundparasite vermehren sich nur in lebenden Pflanzenzellen und wandeln dort gleichzeitig deren Eiweiß in Viruseiweiß um. Dies führt somit zu den verschiedenartigsten und charakteristischen Erkennungsmerkmalen und den typischen Krankheitsbildern viruskranker Rebstökke und Weinberge. Die hauptsächliche Übertragung geschieht über krankes Holz, gegenseitige Wurzelkontakte im Boden, Pfropfung, durch Saftübertragung beim Reb- und Laubschnitt, wandernde Wurzelnematoden im Boden und andere Übertragungsmöglichkeiten, die noch unbekannt sind.

Schadbilder: Herdförmige Rückgangserscheinungen, Schwachwüchsigkeit, Triebdefekte wie Kurzinternodien (engknotig); Vergabelungen, Verbänderungen und Doppelknoten; Rankenverwachsungen und Rankenverschiebungen; deformierte bzw. asymmetrische, sektoren- oder bandartige gelb- bis weißlich verfärbte Blätter entlang der Blattnerven bis hin zur Adernpanaschüre. Ferner findet man sehr häufig veränderte Blatt- und Stielbuchten sowie schorfartige Nekrosen, Knotenverdickungen an den grünen und verholzten Rebtrieben. Außerdem sind die Trauben sehr verrieselt, klein- und lockerbeerig.
Weitere Informationen im Rebschutz-Taschenbuch im gleichen Verlag.

Einteilung der Rebsorten nach ihrer Chloroseanfälligkeit *

stark	**mittel**	**gering**
a.) Weißweinsorten		
Albalonga	Auxerrois	Elbling
Grauer Burgunder	Bacchus	Faberrebe
Huxelrebe	Chardonnay	Juwel
Muskat-Ottonel	Ehrenfelser	Kerner
Muskateller	Findling	Kernling
Nobling	Freisamer	Morio Muskat
Ortega	Gutedel	Riesling
Regner	Hölder	Scheurebe
Rieslaner	Kanzler	Welschriesling
Siegerrebe	Müller-Thurgau	
Silvaner	Optima	
Traminer	Perle	
Würzer	Reichensteiner	
Schönburger	Sauvignon blanc	
Septimer	Veltliner	
Weißer Burgunder		
b.) Rotweinsorten		
Helfensteiner	Cabernet Sauvignon	Lemberger, Blauer
Regent	Domina	Portugieser, Blauer
Blauer Zweigelt	Dornfelder	Trollinger, Blauer
	Dunkelfelder	
	Frühburgunder, Blauer	
	Heroldrebe	
	Merlot	
	Rotberger	
	Schwarzriesling	
	Spätburgunder, Blauer	
	St. Laurent	

Chlorose in einem Rebenbestand

*Die Chlorose der Rebe oder auch Gelbsucht genannt, gehört zu den ältesten und bekanntesten Erkrankungen im Rebenwachstum. Die Chlorose hat vielfältige Ursachen, die noch nicht alle restlos erforscht und aufgeklärt sind. Meist tritt die Chlorose unmittelbar nach dem Austrieb und zum Zeitpunkt der Rebblüte in Verbindung mit niedrigen Temperaturen auf staunassen, schweren und verdichteten Böden auf. Hierdurch wird der Gasaustausch des Bodens gestört. Kohlendioxyd reichert sich an und vergiftet die Wurzeln. In Kalkböden kommt es verstärkt zur Bildung von Bicarbonat.Dieser Stoff legt in Rebe und Boden das Eisen fest. Die Folge ist ein "induzierter" Eisenmangel. Eine schnelle und wirksame Beseitigung einer akuten Chlorose ist durch Bodeninjektion oder Blattapplikation mit Eisenchelaten möglich. Eisenchelate sind Komplexsalze, die Eisenatome vor der Festlegung schützen und deshalb erst am Ort des Verbrauchers, nämlich in den Blättern, ihre "Fracht" freisetzen und zur Wiederergrünung bzw. zur Heilung führen. Bereits bei der Planung und Standortwahl eines neuen Weinberges muss auf die unterschiedliche Chloroseanfälligkeit von Rebsorten (stark, mittel, gering), aber auch auf die Chloroseanfälligkeit von Unterlagsrebsorten geachtet werden. Je nach dem Kalkgehalt und der Wuchskraft des Bodens sollten die kalkverträglicheren Sorten SO4, Binova, 8B oder 125 AA gewählt werden.

Anfälligkeit der Sorten gegen Stiellähme *

gering	mittel	stark
a.) Weißweinsorten		
Auxerrois	Chardonnay	Albalonga
Ehrenfelser	Kerner	Bacchus
Grauer Burgunder	Morio Muskat	Faberrebe
Huxelrebe	Müller-Thurgau	Freisamer
Kernling	Scheurebe	Gutedel
Nobling	Sirius	Kanzler
Ortega	Würzer	Muskat-Ottonel
Phoenix		Optima
Reichensteiner		Rieslaner
Regner		Riesling
Schönburger		Traminer
Siegerrebe		Veltliner
Silvaner		
Weißer Burgunder		
b.) Rotweinsorten		
Dunkelfelder	Blauer Portugieser	Blauer Limberger
Blauer Frühburgunder	Domina	Blauer Trollinger
Blauer Spätburgunder	Dornfelder	Cabernet Sauvignon
Helfensteiner Rotberger		
Heroldrebe		
Merlot		
Regent		
Schwarzriesling		
St. Laurent		

*Die Stiellähme ist eine lokale, auf das Traubengerüst beschränkte Stoffwechselstörung. Sie tritt meistens schlagartig auf, sobald die Reife zwischen 30 und 60 Grad Oechsle liegt. Das Ausmaß ist abhängig von Trocken- und Nassperioden, sowie der Rebsorte, der Jahreswitterung und anderen Faktoren. Es treten Ertragsverluste durch Bodentrauben und Qualitätseinbußen auf. Siehe auch Rebschutz-Taschenbuch im gleichen Verlag.

Eignung verschiedener Rebsorten für die mechanische Traubenernte *

Rebsorten	Eignung	
Riesling, Kerner, Kernling, Müller-Thurgau, Bacchus, Schönburger, Rotberger, Dornfelder	sehr gut	
Faberrebe, Kanzler, Regner, Reichensteiner, Perle, Septimer, Lemberger, Cabernet Dorsa,Cabernet Mitos	gut	Zunehmende Saftverluste ↓ abnehmende Eignung
Auxerrois, Ortega, Scheurebe, Silvaner, Siegerrebe, Sauvignon blanc, Traminer, Rieslaner, St. Laurent, Trollinger, Regent, Merlot, Cabernet Sauvignon, Cabernet Dorio, Spätburgunder L-Klone (=lockerbeerig)	mittel	
Chardonnay, Weißburgunder, Grauburgunder	befriedigend	
Albalonga, Ehrenfelser, Huxelrebe, Würzer, Morio Muskat, Portugieser, Schwarzriesling, Spätburgunder, Heroldrebe	nicht befriedigend	

*Eine Rebsorte ist für die mechanische Beerntung dann geeignet, wenn die Trauben möglichst groß und schwer, der Traubenstiel möglichst lang und dünn, die Trauben mitBeeren locker besetzt und die Beerenhäute so stabil wie möglich sind. Bei Rebsorten mit dünnen Beerenschalen, wie z. B. Huxelrebe, Morio Muskat und anderen kommt es zum Platzen der Schale und so zum Ausspritzen des Saftes. Ebenso scheiden Rebsorten mit Neigung zur Fäulnis aus. Der hohe technische Stand der Traubenvollernter entspricht voll und ganz den Anforderungen der unterschiedlichen Rebsorten, des Rebstockes, der Spalierverziehung mit Bogrebenschnitt, der Lesegutqualität und letztlich der Weinqualität. Seit einigen Jahren können Ernter zusätzlich mit Abbeermaschinen ausgerüstet werden. Der hohe Abbeereffekt der mschinellen Ernte wirkt sich positiv auf die Qualität aus. Allerdings ist nicht jede Rebsorte gleich gut geeignet. Von ganz besonderer Bedeutung sind neben den Rebsorten, die Bestandspflege, die Spaliererziehung und vor allem die Gesundheit der Trauben sowie deren Reife und Schalenfestigkeit.

Trauben-vollernter

Weiß- und Rotweinsorten zur Bereitung von Traubensaft und Sekt

Traubensaft	Sekt
a.) Weißweinsorten	
Müller-Thurgau	Riesling
Reichensteiner	Silvaner
Bacchus	Elbling
Silvaner	Kerner
Scheurebe	Kernling
Morio Muskat	Faberrebe
Muskateller	Arnsburger
Faberrebe	Rieslaner
Gutedel	Ehrenfelser
Regner	Scheurebe
Kerner	Sauvignon blanc
Schönburger	Bacchus
Huxelrebe	Huxelrebe
Gutedel	Morio Muskat
Kernling	Muskateller
Phoenix*	Weißer Burgunder
Würzer	Grauer Burgunder
	Chardonnay
	Traminer
	Juwel
	Nobling
	Primera**
	Gutedel
	Würzer
b.) Rotweinsorten	
Blauer Portugieser	Blauer Spätburgunder
Dornfelder	Domina
Heroldrebe	Dornfelder
Blauer Trollinger	Blauer Trollinger
Rotberger	Rotberger
	Blauer Lemberger
	Merlot
	Schwarzriesling
	St. Laurent
	Blauer Portugieser
	Samtrot
	Regent*
	Rondo*

* Bei diesen Rebsorten handelt es sich um pilztolerante Neuzüchtungen. Beim gegenwärtigen Stand der Züchtungsergebnisse pilztoleranter weißer und roter Rebsorten kann diesen ein beachtlich hohes Qualitätsniveau zugesprochen werden. Resistente Rebsorten erscheinen für die Traubensaftgewinnung besonders geeignet, da die Rückstandsfrage bei Traubensaft relevanter ist als beim Wein und beim Sekt.

** Die pilztolerante Sorte "Primera" von Geisenheim ist noch nicht für den Anbau zugelassen.

Zulässige Synonyme für Wein und Sekt *)

Sortenbezeichnung	**Zulässige Synonyme**	
Rebsortennamen der zugelassenen Rebsorten für Deutschland	Allgemeine	Für Ausfuhr oder Versand nach anderen Mitgliedstaaten
Weißweinsorten Weißer Burgunder	Weißburgunder	Pinot blanc Pinot bianco
Ruländer	Grauer Burgunder Grauburgunder	Pinot gris Pinot grigio
Früher roter Malvasier	Malvasier	
—		
Weißer Riesling	Riesling Klingelberger 2)	Rheinriesling Riesling renano
Roter oder Weißer Elbling	Elbling	—
Roter oder Weißer Gutedel	Gutedel	Chasselas
Früher Malinger	Malinger	—
Müller-Thurgau	Rivaner	—
Gelber oder Roter Muskateller	Muskateller	Muscato Muscat
Traminer	Clevner Roter Traminer2)	—
Rotweinsorten Blauer Spätburgunder	Spätburgunder Samtrot 1)	Pinot noir Pinot nero
Blauer Frühburgunder	Frühburgunder Clevner 1)	—
Blauer Portugieser	Portugieser	—
Blauer Limberger	Lemberger Blaufränkisch	—
Müllerrebe	Schwarzriesling	Pinot Meunier
Blauer Trollinger	Trollinger	—
Blauer Zweigelt	Zweigelt	—

*) Synonyme der Rebsortennamen (VO Nr. 3201/90 Anh. III), die für die Bezeichnung von Tafelwein, Qualitätswein b. A., Sekt und Sekt b. A. verwendet werden dürfen.

1)Ausschließlich für Qualitätsweine aus dem bestimmten Anbaugebiet Württemberg und Tafelwein aus dem Weinbaugebiet Neckar.

2)Ausschließlich für Qualitätsweine aus dem bestimmten Anbaugebiet Baden und Tafelweine aus dem Weinbaugebiet Oberrhein.

Die wichtigsten Rebsorten und die bestockte Rebfläche der deutschen Weinbaugebiete in ha

Weiße Rebsorten	Ahr	Mittel-rhein	Mosel-Saar-Ruwer	Nahe	Rhein-hessen	Pfalz	Rhein-gau	Hess. Berg-straße	Baden	Württem-berg	Franken	Saale-Unstrut	Sachsen	Bundes-gebiet
1. Riesling Weißer	41	372	5748	1127	2594	4863	2518	243	1309	2336	251	40	72	21514
2. Müller Thurgau	23	36	1894	788	5268	3568	75	46	3779	516	2354	147	99	18609
3. Silvaner Grüner		4		378	2987	1211	10	24	297	200	1252	58		6422
4. Kerner	4	24	684	321	1979	1914	22	15	137	544	335	47	29	6054
5. Bacchus		3	143	222	1460	283	1	1	56	6	748	34	8	2967
6. Scheurebe		6	5	209	1538	722	3	5	45	4	140	7	10	2693
7. Ruländer		5	39	136	443	601	15	38	1466	71	27	25	39	2905
8. Burgunder Weißer	1	6	145	149	501	689	30	12	1046	33	47	76	59	2795
9. Faberrebe		1	3	71	1077	133	1				17	2		1305
10. Huxelrebe		2	4	34	685	404			1		2			1132
11. Gutedel Weißer					1	1			1146			24	5	1177
12. Morio Muskat			1	18	385	480					5	12	3	905
13. Elbling Weißer			870						1				18	890
14. Ortega	1	1	47	22	558	291			1	1	26	3		951
15. Traminer Rot		1	2	21	118	350	5	4	203	50	34	29	29	845
16. Chardonnay		1	19	29	227	303	7	2	107	21	3			719
17. Reichensteiner			45	4	140	20	6	1			1			217
18. Ehrenfelser		2	7	28	67	72	21	8		1	2			207
19. Optima		2	60	21	84	11	1			1	4			184
20. Siegerrebe				3	94	43					1			145
21. Perle			1	2	44	4			2		41			93
Sonstige Weißweinsorten	2	2	71	57	429	177	13	2	248	39	86	7	16	1152
Ges. Weißweinsorten	75	466	9787	3642	20678	16140	2728	401	9847	3824	5377	512	386	73882

Rote Rebsorten	Ahr	Mittel-rhein	Mosel-Saar-Ruwer	Nahe	Rhein-hessen	Pfalz	Rhein-gau	Hess. Berg-straße	Baden	Württem-berg	Franken	Saale-Unstrut	Sachsen	Bundes-gebiet
1. Spätburgunder bl.	306	36	292	201	966	1254	394	29	5290	772	207	24	29	9806
2. Portugieser bl.	66	8	3	124	1852	2601	12	3	35	211	73	47	3	5039
3. Dornfelder	23	12	240	308	2115	2302	17	10	30	268	78	30	18	5530
4. Trollinger bl.					5	5			7	2598				2615
5. Müllerrebe		1	9	8	66	161	2		250	1901	81		2	2461
6. Limberger bl.					6	20			28	1204	1	7		1267
7. Regent	6	2	35	41	153	171	2	2	159	35	24	12	3	649
8. Dunkelfelder	3	1	7	22	59	149	15	1	58	1			1	317
Sonstige Rotweinsorten	39		21	42	352	619	35	8	162	520	198	19	4	2019
Ges. Rotweinsorten	444	60	605	745	5655	7282	477	54	6019	7512	662	139	60	29723

Weiß- u. Rotweinsorten	519	526	10392	4387	26333	23422	3205	456	15866	11366	6040	651	446	103605

Quelle: Weinbauerhebung Stand: August 2002, Statistisches Bundesamt Wiesbaden

Literatur

Alleweldt, G. u. Koepchen, W.: Die Neuzuchten der Bundesforschungsanstalt für Rebenzüchtung, Geilweilerhof. Der Deutsche Weinbau 1970, 1030-1032

Ambrosi, H.: Farbatlas Rebsorten. Ulmer Verlag, Stuttgart, 1994.

Bassermann-Jordan, F.: Geschichte des Weinbaus. Frankfurter Verlagsanstalt, 1923.

Bauer, W.: Ausbreitung und Bewertung des Veltliners. Der Winzer, Faltblatt des österreichischen Weinbaues 1987/4,24 – 28.

Becker, H.: Zur Sortenfrage neuer Rebsorten für die Weißweinbereitung. Der Deutsche Weinbau 1965, 935 - 938.

Becker, H.: Über die Züchtung der neuen Rotweinsorten in Geisenheim. (Dunkelfelder, Rotberger). Deutsches Weinbau-Jahrbuch 1979, 53 – 57.

Becker, H., Schumann, F. u. Hillebrand, M.: Über Geisenheimer Ertragssorte, Der Deutsche Weinbau, 1970, 10333 – 10338.

Becker, N.: Pilzresistente Neuzuchten – eine Möglichkeit zum umweltschonenden Weinbau. Der Badische Weinbau, 1991, 320 – 329.

Benda, J.: Aus der Arbeit der Würzburger Rebenzüchtung. Der Deutsche Weinbau 1980, 770.

Birk, H. u. Schenk, W.: Reifeuntersuchungen 1964 an Geisenheimer Neuzüchtungen. Weinberg und Keller, 1955, 111 – 114.

Birk, H.: Neue Rebsorten für geringe Weinbergslagen. Deutscher Weinbaukalender, 1964, 89 – 94.

Böll, K. P.: Die gegenwärtige und zukünftige Bedeutung von Rotweinsorten und Rotweinzüchtungen für das Weinbaugebiet Ahr. Deutsches Weinbau-Jahrbuch 1980, 75 –94.

Bourquin, H. D. u. Cappel, F.: Ergebnisse aus einer Neuzüchtungsanlage (1973 – 1980) unter besonderer Berücksichtigung der Witterungseinflüsse. Deutsches Weinbau-Jahrbuch 1983, 29 – 42.

Breider, H.: Lagebericht der Rebenzüchtung Würzburg. Der Deutsche Weinbau 1955, 113 – 115.

Breider, H.: Neue Rebsorten in der Prüfung. Der Deutsche Weinbau, 1970, 276 – 278.

Breider, H.: Neuzuchten der Bayerischen Landesanstalt für Wein-, Obst- und Gartenbau, Veitshöchheim. Der Deutsche Weinbau 1970, 1054 – 1056.

Breider H.: Die neuen Rebsorten aus Franken. Weinberg und Keller 1971, 299 – 316.

Buchter, H.: Tafeltrauben – nicht nur für Direktvermarkter. Landbote 2002, 20 – 21.

Bundessortenamt/BSA: Beschreibende Sortenliste 2000 "Reben" – Prüfstelle Haßloch/Pfalz. Landbuch Verlagsgesellschaft mbH, Hannover.

Currle, Bauer, Hofäcker, Schumann, Frisch: Biologie der Rebe. Verlag D. Meininger, Neustadt/Weinstraße, 1983.

Dettweiler, E. u. Jung, A.: Die Müller-Thurgau-Rebe – das Kreuzungsprodukt von Riesling x Madeleine Royale. Deutsches-Weinbau-Jahrbuch 2001.

Eibach, R.: Pilzresistente Rebsorten. Weinwirtschaft Anbau 1991, 18 – 22.

Eibach, R.: Regent auf Erfolgskurs. Der Deutsche Weinbau 1993, 16 – 18.

Geiger, K. u. Schottdorf, W.: Neue Rebsorten und ihr Anbauwert in Franken. Rebe und Wein 1987/1,29.

Grosser, H. U.: Erfahrungen mit dem Anbau alter und junger Rebenneuzüchtungen in der Pfalz. Rebe und Wein 1969/22.

Hill, B. H. E.: Beschreibung und Versuchsergebnisse der Neuzucht Hölder. Deutsches-Weinbau-Jahrbuch 1982, 75 – 78.

Hill, B. H. E.: Der Dornfelder, eine farbkräftige Rotweinzüchtung aus Weinsberg. Deutsches-Weinbau-Jahrbuch 1980, 71 –74.

Hill, B. H. E.: Juwel – eine Weißweinneuzucht. Deutsches-Weinbau-Jahrbuch 1989, 61 –67.

Hillebrand, W.: Die Leistung der Rebsorte Riesling im Anbaugebiet Nahe. Deutsches-Weinbau-Jahrbuch 1979, 37 – 41.

Hillebrand, W.: Hat die Rebsorte Silvaner heute noch einen Anbauwert? Deutsches-Weinbau-Jahrbuch 1980, 63 – 70.

Hochdörfer, L.: Kernling – Mutation mit Zukunft. Das Deutsche Weinmagazin 1993/11.

Lott, H. u. Pfaff, F.: Rebsortenratgeber. Erzeugergemeinschaft Rheinhessischer Rebenveredler, Alzey, 1978.

Lott, H. u. Pfaff, F.: Leistungen und Grenzen von Rotwein-Neuzuchten. Oppenheimer Weinbaubroschüre 1977.

Lott, H. u. Pfaff, F.: Eignung von Standardrebsorten und Neuzuchten für die Sektbereitung. Der Deutsche Weinbau 1987/19.

Lott, H. u. Pfaff, F.: Keltertrauben – nicht nur für Wein – auch für Tafeltrauben. Der Deutsche Weinbau 1992/24.

Lotz, F. M.: Bundessortenamt, Haßloch. Mündliche Mitteilungen 1984.

Moeckli, B. u. Weniger, H. P.: Reben in der Schweiz 1970 – Geigy AG, Basel.

Moog, H.: Einführung in die Rebsortenkunde. Verlag E. Ulmer, Stuttgart, 1957.

Moser, L.: Weinbau einmal anders. Österreichischer Agrarverlag, 1966.

Müller, K.: Weinbau-Lexikon. Verlag P. Parey, Berlin, 1930.

Müller, K. und Peternel, M.: Rebsorteneignungs-Prüfung in Franken. Rebe und Wein 1982, 149 - 200.

Pfaff, F.: Spätburgunder und Co. Deutschlands – wichtigste Rotweinsorten. Das Deutsche Weinmagazin 1995/13 – 14.

Pfaff, F.: Welche Rebsorten für Rheinhessen. Der Winzerkurier 1975.

Pfaff, F.: Klassiker und bewährte Neue. Das Deutsche Weinmagazin 1998, 24 –30.

Porten, M.: Der "richtige" Spätburgunder-Klon. Das Deutsche Weinmagazin 2001, 38 –42.

Regner, F.: Erkenntnisse über Rebsorten mittels genetischer Analyse. Deutsches-Weinbau-Jahrbuch 1999/ 83 – 88.

Röder, K.: Die Problematik des einseitigen Rieslinganbaus in den nördlichen Weinbaugebieten der Bundesrepublik. Der Deutsche Weinbau 1968, 381 – 387.

Ritter, F. u. Hoffmann, E. L.: Erfahrungen bei der Klonenselektion und beim Klonenanbau. Weinberg und Keller 1963, 350 – 376.

Ritter, F.: Traubensorten und Eignung zur Weinbereitung. Der Deutsche Weinbau 1954, 115 – 117.

Ruckenbauer, W. u. Traxler, H.: Weinbau aktuell. Österreichischer Agrarverlag 1992.

Schenk, W.: Die Ampelographie der Ertragsreben-Neuzuchten, Geisenheim. Die Weinwissenschaft 1961, 17 – 28.

Schenk, W.: Kleine Sortenkunde unserer Ertragsreben. Deutsches Weinbau-Jahrbuch 1968, 66 – 67.

Schenk, W.: Beitrag zur Ampelographie der Rebsorte Silvaner. Deutsches-Weinbau-Jahrbuch 1972, 67 – 73.

Schenk, W.: Die Stellung der Rebe im Pflanzensystem. Deutsches-Weinbau-Jahrbuch 1980, 17 – 22.

Schenk, W.: Beitrag zur Kenntnis der Rebsorte Traminer. Deutsches-Weinbau-Jahrbuch 1981, 37 – 47.

Schenk, W.: Beitrag zur Ampelographie der Geisenheimer Rebsorten Ehrenfelser, Reichensteiner, Schönburger, Rotberger und Dunkelfelder, Deutsches-Weinbau-Jahrbuch 1982, 59 – 74.

Schlamp, H.: Von der Qual der Sortenwahl. Das Deutsche Weinmagazin 1999, 40 – 42.

Schmid, J. u. Konrad, H.: Frühburgunder. Das Deutsche Weinmagazin 1995, 14 – 17.

Schöffling, H.: Steigerung der Ertragsfähigkeit durch Anbau von neuen Vitis vinifera Sorten. Deutsches-Weinbau-Jahrbuch 1984, 59 – 72.

Schropp, A., Zink, M. u. Jung, A. K.: Rici und Cina – Zwei neue reblausresistente Unterlagensorten für die Praxis. Deutsches-Weinbau-Jahrbuch 2002, 175 – 182.

Schumann, F.: Der Blaue Portugieser – eine Rebsorte mit umstrittener Herkunft. Deutsches-Weinbau-Jahrbuch 1982, 51 – 57.

Schumann, F.: Der Chardonnay. Der Deutsche Weinbau 1991/46, 754.

Schumann, F.: Sortenwahl und Anbautechnik. Der Deutsche Weinbau 1993, 16 – 20.

Schwab, A., Knott, R. u. Schottdorf, W.: Blaufränkisch – eine Sorte für Franken? Rebe und Wein 2001, 34 – 37.

Szöke, L. u. Kozma, P.: Pilzresistente Rebsorten aus Ungarn. Schweiz. Zeitschrift für Obst- und Weinbau 1997, 466 – 467.

Wagner, H.: Neue Rebsorten der Landesanstalt für Rebenzüchtung Alzey. Der Deutsche Weinbau 1970, 1088 – 1090.

Zimmermann, J.: Die Wildrebe und ihre Beziehung zur Kulturrebe. Die Weinwissenschaft 1957, 20 – 21.

Bildquellen

- *LD Franz Pfaff*, Worms
- *A.Frhr. Babo u. E. Mach*: Handbuch des Weinbaues und der Kellerwirtschaft
- *K. Kroemer u. H. Moog*, die Rebenveredlung; Verlag P. Parey, Berlin 1932
- *H. Moog*, Einführung in die Rebsortenkunde; Verlag E. Ulmer, Stuttgart
- *Dr. B. Hill*, Leiter der Rebenzüchtung in Weinsberg
- *Dr. W. Hofäcker*, SLVA Oppenheim - Fachbereich Rebenzüchtung

Für freundliche Unterstützung wird gedankt:

Weinbauamt Eltville
Statistisches Bundesamt Wiesbaden und Bonn
LD Dr. H. Michel, SLVA Oppenheim
LD H. Schlamp, SLVA Oppenheim
Dr. B. Prior, SLVA Oppenheim
Dipl. Ing. N. Breier, SLVA Oppenheim
OAR - H.O. Stemper, Ministerium für Wirtschaft, Mainz
Dipl. Ing. Fr. Seemann, Amt für Landwirtschaft, Weißenfels, Sachsen-Anhalt
H. Josef Weinmann, Worms-Herrnsheim
Dipl. Ing. H. Höhne, Amt für Landwirtschaft, Coswig/Sachsen
Dr. W. Hofäcker, Fachbereich Rebenzüchtung, SLVA Oppenheim
WAR U. Krieg, Fachbereich Rebenzüchtung, SLVA Oppenheim
Dipl. Ing. Danner, Bundessortenamt, Außenstelle Mußbach/Pfalz
LD Dr. V. Jörger, Leiter der Rebenzüchtung - Weinbauinstitut Freiburg
Dr. A. Becker, Leiter der Rebenzüchtung, Würzburg
Prof. Dr. R. Eibach, Leiter der Rebenzüchtung Geilweilerhof, Siebeldingen
Dr. B. Hill, Rebenzüchtung der SLVA in Weinsberg
Prof. Dr. E. Rühl, Institut für Rebenzüchtung, Geisenheim
LD Dr. Bescher, Bundessortenamt, Haßloch
WT H. Pfrängle, Bundessortenamt, Haßloch, Würzburg-Veitshöchheim
WT F. Worf / F.r. Jordan, Mainz-Ebersheim
Dipl. Ing. Peter Cech, Concept 2000, Partenheim
VA M. Kettering, Fraund-Verlag, Kaiserslautern
Dipl. Ing. H. Seibert, Fraund-Verlag, Mainz

Stichwortverzeichnis

A

B

C

D

E

F

G

L

M

N

O

P

Q

R

S

T

U

W

Z

Notizen

Notizen

Notizen